KB037573

The Archetypes and the Collective Unconscious

원형과
집단 무의식

원형과 집단 무의식

초판 1쇄 발행   2024년 5월 10일

원제	The Archetypes and the Collective Unconscious(1968)
지은이	칼 구스타프 융
옮긴이	정명진
펴낸이	정명진
디자인	정다희
펴낸곳	도서출판 부글북스
등록번호	제300-2005-150호
등록일자	2005년 9월 2일
주소	서울시 노원구 공릉로63길 14, 101동 203호(하계동, 청구빌라) (01830)
전화	02-948-7289
전자우편	00123korea@daum.net
ISBN	979-11-5920-163-9 03180

*잘못된 책은 구입하신 서점에서 바꾸어 드립니다.

The Archetypes and the Collective Unconscious

원형과
집단 무의식

칼 구스타프 융 지음 정명진 옮김

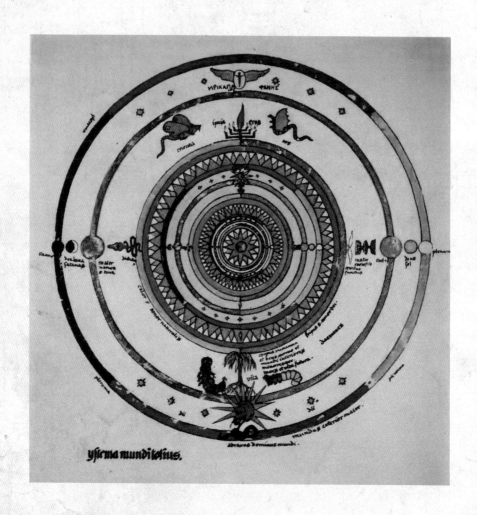

어느 현대인이 그린 만다라

차례

1장
집단 무의식의 원형들[1]

1   1934년 '에라노스 연감'(Eranos-Jahrbuch)에 실렸다.

집단 무의식이라는 가설은 처음에는 사람들이 낯설어 하다가도 금방 익숙하게 사용하게 되는 그런 종류의 개념에 속한다. 무의식이라는 개념도 대체로 그랬다. 카루스(Carl Gustav Carus: 1789-1869)와 폰 하르트만(Eduard von Hartmann: 1842-1906)이 주로 제시한, 무의식이라는 철학적 개념은 물질주의와 경험주의의 압도적인 물결에 눌려 거의 아무런 흔적도 남기지 못하고 사라졌다가 의학 심리학이라는 과학의 영역에서 점진적으로 다시 나타났다.

처음에 무의식이라는 개념은 억눌렸거나 망각된 내용물의 상태를 나타내는 것으로 한정되었다. 무의식이 실질적인 주제로서 무대에 오르도록 한 프로이트(Sigmund Freud: 1856-1939)에게도, 무의식은 망각되고 억눌린 내용물이 모여 있는 장소에 불과했으며, 그런 내용물 때문에 무의식은 단지 기능적 중요성을 지닐 뿐이었다. 따라서 비록 프로이트가 무의식의 케케묵고 신화적인 사고 형태들에 대해 알고 있었을지라도, 그에게 무의식은 대단히 개인적인 성격을 지니는 것이었다.

무의식 중에서 표면과 가까운 층은 틀림없이 개인적이다. 그 층을 나는 개인 무의식이라고 부른다. 그러나 이 개인 무의식은 그보다 더 깊은 층 위에 놓여 있다. 이 깊은 층은 개인적 경험에서 비롯되는 것이 아니며, 개인적인 습득도 아니고 타고난다. 보다 깊은 이 층을 나는 집단 무의식이라고 부른다. 그런 이름으로 부르는 이유는 무의식의 이 부분이 개인적이지 않고 집단적이기 때문이다. 개인적인 정신과 정반대로, 집단 무의식은 어디서나, 그리고 모든 개인에게서 다소 동일한 내용물과 행동 유형을 보인다. 달리 표현하면, 집단 무의식은 모든 인간의 내면에서 동일하며, 따라서 초(超)개인적인 성격의 공통적인 정신 기층을 형성한다. 바로 이 정신 기층이 우리 모두에게 있다.

정신의 존재는 오직 지각할 수 있는 내용물이 있는 경우에만 인정받을 수 있다. 따라서 무의식의 내용물을 증명할 수 있을 때에만 무의식에 대해 논할 수 있을 뿐이다. 개인 무의식의 내용물은 주로 감정이 실린 콤플렉스이며, 그 내용물은 정신적 삶 중에서 개인적이고 사적인 측면을 구성한다. 한편, 집단 무의식의 내용물은 원형으로 알려져 있다.

"원형"(元型)이라는 용어는 일찍이 인간의 내면에 있는 신의 이미지에 대해 언급한 필론(Philo Judaeus: B.C. 1세기)의 글에도 보인다. 이 용어는 이레네우스(Irenaeus: A.D. 2세기)의 글에서도 발견된다. 이레네우스는 "세상의 창조자는 사물들을 직접 자신을 바탕으로 다듬은 것이 아니라 그의 밖에 있는 원형들을 베꼈다"[2]고 말한다. '코르푸스 헤르메티쿰' (Corpus Hermeticum)[3]에서, 신은 '원형적인 빛'이라 불린다. 원형이라는 용어는 위(僞)디오니시우스 아레오파기테스(Dionysius the Areopagite: A.D. 5세기-6세기)의 글에도 몇 차례 등장한다. 예를 들면, '데 카일레스티 히에라르키아'(De caelesti hierarchia)에 "비물질적인 원형들"이라는 표현이 나오고, '데 디비니스 노미니부스'(De divinis nominibus)에 "원형적인 돌"이라는 표현이 나온다.

레비 브륄(Lévy-Bruhl:1857-1939)이 원시인의 세계관에 등장하는 상징적인 형상들을 나타내기 위해 사용한 "집단 표상"이라는 용어도 마찬가지로 무의식의 내용물에 쉽게 적용될 수 있다. 집단 표상이 실질적으로 동일한 것을 의미하기 때문이다. 원시 부족의 민간전승은 특별한 방식으로 변형된 원형들에 관한 이야기를 들려준다. 그런 원형들은 더 이상 무의식의 내용물이 아니고, 이미 의식적인 공식으로 바뀌었으며, 이 의식적인 공식은 전통에 따라, 일반적으로 비전(秘傳)의 형식으로 가르쳐진다. 이 비전의 가르침은 원래 무의식에서 비롯된 집단적인 내용물을 전달하는 전형적인 수단이다.

잘 알려진, 원형들의 또 다른 표현은 신화와 동화이다. 그러나 신화와 동화에서도 마찬가지로 우리는 어떤 특별한 특성을 부여받아 오랜 세월 동안 대대로 내려오고 있는 형태들을 다룬다. 따라서 "원형"이라는 용어는 "집단 표상"에는 간접적으로만 적용된다. 이유는 원형이라는 용어가

2 'Adversus haereses' Ⅱ, 7,5.
3 그리스 신 헤르메스와 이집트 신 토트가 결합한, '세 번 위대한 헤르메스'라는 뜻을 가진 헤르메스 트리스메기투스(Hermes Trismegitus)의 저술로 알려져 있다.

단지 아직 의식의 정교한 다듬기를 거치지 않아서 정신적 경험의 직접적 자료로 남아 있는 정신적 내용물을 가리키기 때문이다.

이런 의미에서 보면, 오랜 시간을 두고 역사적으로 발달해 온 인습적 공식과 원형 사이에 꽤 차이가 있다. 특히 비전의 가르침이라는 보다 높은 차원에서, 원형들은 의식적(意識的) 다듬기의 비판적이고 평가적인 영향을 꽤 분명하게 드러내는 형태로 나타난다. 꿈과 환상에서 보듯이, 원형들의 직접적 표현은 훨씬 더 개인적이고, 이해하기 어렵고, 예를 들어, 신화들에 나타나는 것보다 더 순박하다. 기본적으로 원형은 의식되고 인식됨에 따라 바뀌게 되는 무의식적 내용물이며, 어쩌다 나타나게 된 그 개인의 의식의 영향을 받는다.

그렇다면, "원형"이라는 단어가 명목상 무엇을 의미하는지는 원형과, 신화와 비전의 가르침과 동화 등의 관계를 통해서 충분히 명확해진다. 그러나 원형이 심리학적으로 의미하는 바가 무엇인지를 알기를 원한다면, 문제가 아주 복잡해진다.

지금까지 신화학자들은 태양이나 달, 기상(氣象), 생장(生長)과 연결시키거나 그런 종류의 다른 사상을 동원하며 언제나 원형을 멋대로 해석해 왔다. 신화가 무엇보다 영혼의 본질을 드러내는 정신적 현상이라는 사실을 신화학자들은 지금도 직시하기를 완강히 거부하고 있다.

원시인은 명백한 것을 놓고 객관적으로 설명하는 일에 그다지 관심을 두지 않는다. 원시인은 모든 외적인 감각 경험을 내부의 정신적 사건으로 동화시킬 필요성을 긴급히 느낀다. 어쩌면, 원시인의 무의식적 정신은 외부 사건을 내적으로 동화시키려는, 억누를 수 없는 충동을 갖고 있을지도 모른다.

원시인에게는 해가 뜨고 지는 것을 보는 것만으로는 충분하지 않다. 이런 외적 관찰이 하나의 정신적 사건이 되어야 하기 때문이다. 하늘을 이동하고 있는 태양은 최종적으로 인간의 영혼이 아닌 다른 곳에서는 절대로 거주하지 않는 어떤 신이나 영웅의 운명을 나타내야 한다.

여름과 겨울, 달의 위상, 장마철 등 신화화된 자연의 모든 과정들은 객관적인 이 사건들의 비유가 절대로 아니다. 오히려 신화화된 자연의 과정들은 인간의 내면에서 일어나는, 정신의 무의식적 드라마의 상징적인 표현들이다. 이 무의식적 드라마는 투사에 의해서만 인간의 의식에 접근 가능해진다. 말하자면, 자연의 사건들에 비춰진다.

투사가 너무나 근본적이기 때문에, 투사를 외부 대상으로부터 어느 정도 떼어내는 데 몇 천 년의 문명이 필요했다. 점성술을 예로 들면, 예로부터 내려오는 이 "직관적 인식"은 인간이 성격에 대한 심리학적 설명을 별들과 무관한 것으로 아직 제시하지 못했다는 이유로 어처구니없는 이단적 주장이라는 낙인이 찍히게 되었다. 오늘날에도, 여전히 점성술을 믿는 사람들은 거의 예외 없이 별의 영향이라는 오래된 미신적인 가정에 넘어간다. 그럼에도, 별점을 계산할 줄 아는 사람은 누구나 알렉산드리아의 히파르코스(Hipparchus: B.C. 190년경 - B.C. 120년경) 시대 이후로 늘 춘분점이 양자리 0°에 고정된 것으로 여겨져 왔다는 사실을, 따라서 모든 별점이 근거하고 있는 황도 십이궁이 꽤 임의적이라는 사실을 알아야 한다. 그 후로 춘분점이 지구의 세차운동(歲差運動) 때문에 점점 한 자릿수 도(度)의 물고기자리로 들어갔으니 말이다.

원시인은 주관성으로 현대인에게 매우 강한 인상을 남긴다. 그렇기 때문에 우리는 신화들이 정신의 무엇인가를 가리킨다는 점을 오래 전에 짐작할 수 있어야 했다. 자연에 대한 원시인의 지식은 기본적으로 무의식적인 어떤 정신 과정의 언어이자 겉옷이다. 그러나 이 과정이 무의식이라는 사실이야말로 인간이 신화를 설명하려고 노력하며 정신을 제외한 모든 것에 대해 생각했던 이유를 제시한다. 인간은 정신이 신화들을 낳은 그 모든 이미지들을 포함하고 있다는 것을, 그리고 우리의 무의식이 내면의 드라마에서 역할을 하며 고통을 겪는 하나의 주체라는 것을 그냥 몰랐다. 이 내면의 드라마를 원시인은 크고 작은 자연의 과정들에서 유추를 통해 재발견한다.

"그대의 운명의 별들은 그대의 가슴 안에 있어요."[4]라고 세니가 발렌슈타인에게 말한다. 이 말은 우리가 가슴의 비밀에 대해 조금이라도 아는 경우에 모든 점성술사들을 만족시켜야 하는 단언이다. 이 단언이 없었더라면, 지금까지 인간들은 거의 아무런 이해력을 얻지 못했을 것이다. 나도 그 문제가 오늘날 더 나아졌다고 감히 단정하지 못했을 것이다.

원시 부족의 민간전승은 언제나 신성하고 위험하다. 모든 비전의 가르침은 정신에 일어나는 눈에 보이지 않는 사건들을 이해하려고 노력하고 있으며, 그것들은 예외 없이 스스로 최고의 권위를 지녔다고 주장한다. 원시인의 민간전승에 적용되는 것은 지배적인 세계 종교들에게는 훨씬 더 적절하게 적용된다.

세계 종교들은 원래 숨겨져 있다가 계시된 어떤 지식을 포함하고 있으며, 그 종교들은 영혼의 비밀을 장엄한 이미지들로 설명한다. 그 종교들의 신전과 경전은 예로부터 신성시된 교리를 이미지와 단어로 선언함으로써, 그 교리가 신앙심 있는 모든 가슴과 섬세한 모든 시각과 대단히 넓은 범위

---

4 Friedrich Schiller, 'The Piccolomini', Ⅱ, 6.

의 모든 사고에 다가가도록 만든다. 정말로, 점진적으로 진화하면서 전통에 의해 전달되는 이미지가 아름답고 숭고하고 포괄적일수록, 그 이미지는 개인적 경험으로부터는 더욱 멀어진다. 우리는 그런 이미지 속으로 들어가는 것을 느끼고 그 이미지에 대해 무엇인가를 깨달을 수는 있지만, 원래의 경험은 실종되고 없다.

심리학이 경험 과학들 중에서 가장 젊은 이유는 무엇인가? 오래 전에 무의식을 발견하여 무의식이 가진 영원한 이미지들의 보고(寶庫)를 밖으로 끌어내지 못한 이유는 무엇인가? 답은 간단하다. 정신적인 모든 것을 위한 어떤 종교적 공식이 있었기 때문이다. 더구나 이 종교적인 공식은 정신적인 것을 직접적으로 경험하는 것보다 훨씬 더 아름답고 훨씬 더 쉽게 이해된다.

비록 기독교의 세계관은 많은 사람들에게 흐릿해졌을지라도, 동양의 상징의 보물 창고는 여전히 경이로운 것들로 가득하다. 이 경이로운 것들은 앞으로도 오랫동안 겉꾸밈과 새로운 옷에 대한 열정을 키울 수 있다. 더욱이, 이 이미지들은 기독교의 것이든 불교의 것이든 아니면 다른 종교의 것이든 불문하고 사랑스럽고, 신비하고, 대단히 직관적이다. 당연히, 이 이미지들은 사람들과 친숙해지며 지속적으로 사용될수록 더욱 매끈하게 다듬어진다. 그러면 남게 되는 것은 단지 천박한 껍질과 의미 없는 역설뿐이다.

처녀 강탄(降誕)의 신비 또는 성자와 성부의 동일 본질, 또는 3인 1조가 아닌 삼위일체 등. 이런 것들은 더 이상 철학적 상상을 촉진하지 않는다. 그것들은 단순히 믿음의 대상으로 굳어졌다. 그렇기 때문에 교육 받은 유럽인의 종교적 욕구와 신앙심과 철학적 고찰이 동양의 상징에, 말하자면 인도에서 확인되는 과장된 신의 개념들과 중국 도교 철학의 무한한 깊이에 끌린다 하더라도 절대로 놀라운 일이 아니다. 그것은 고대의 가슴과 마음이 기독교 사상에 사로잡혔던 것과 조금도 다르지 않다.

기독교 상징의 영향에 자신을 완전히 맡겼다가 다시 동양의 상징들의 마법과 신기함에 넘어가는 유럽인들이 많다. 그러다가 급기야 그들은 키르케고르(Søren Kierkegaard: 1813-1855)의 신경증 같은 것을 일으키게 되거나, 신과의 관계가 상징체계의 점진적 불모화로 인해서 극히 복잡한 '나와 당신'의 관계로 발달하고 말았다.

유럽인들이 동양의 상징에 넘어가는 현상은 반드시 패배인 것만은 아니다. 오히려 그런 현상은 종교적 감각의 감수성과 생명력을 증명하고 있다. 교육 받은 동양인에게서도 거의 동일한 현상이 관찰된다. 그런 동양인은 기독교 상징이나 동양인의 마음과 어울리지 않는 과학에 자주 끌리며, 심지어 기독교 상징과 과학에 대한 이해력을 놀라울 정도로 풍부하게 보여주고 있다.

사람들이 이런 영원한 이미지들에 넘어가는 것은 지극히 정상이며, 따지고 보면 그것이 바로 그 이미지들이 존재하는 이유이다. 그 이미지들은 사람들을 끌어당기고, 설득시키고, 매료시키고, 압도하게 되어 있다. 그 이미지들은 계시의 근본적인 자료를 바탕으로 창조되고, 신에 대한 독특한 경험을 나타낸다. 그것이 그 이미지들이 언제나 인간에게 신성에 관한 예감을 주는 동시에 신성을 직접적으로 경험하는 것으로부터 인간을 안전하게 보호하는 이유이다. 인간의 정신이 수많은 세기에 걸쳐 수고를 아끼지 않은 덕분에, 이 이미지들은 세상에 어떤 질서를 부여하는 사고 체계에 깊이 박히게 되었다. 동시에 이 이미지들은 교회라 불리는, 강력하고 광범위하고 존경할 만한 제도에 의해서 표현되고 있다.

내가 의미하는 바를 가장 쉽게 설명하기 위해, 나는 최근에 시성된 스위스의 신비주의자이자 은둔자인 플뤼에의 브라더 니콜라스(Niklaus von Flüe: 1417-1487)를 예로 제시하고 싶다. 그의 가장 중요한 종교적 경험은 소위 삼위일체 환상이었을 것이다. 이 환상이 그를 너무나 강하게 사로잡았기 때문에, 그는 암자의 벽에다가 그것을 직접 그렸거나 누군가에게 그리도록 했다. 그 그림은 작센이라는 마을의 교구 교회에 지금도 보존되고 있다.

그림은 6개 부분으로 나뉜 만다라이며, 중심은 왕관을 쓴 하느님의 얼굴이 차지하고 있다. 지금 우리는 브라더 클라우스[5]가 어느 독일인 신비주의자가 그림을 곁들여 쓴 기도서의 도움을 받아 자신의 환상의 본질을 연구했다는 사실을, 또 그가 원래의 경험을 자신이 이해할 수 있는 어떤 형태로 담아내려고 노력했다는 사실을 알고 있다.

그는 몇 년 동안 그 작업에 매달렸다. 이것이 내가 상징의 "퇴고"(推敲)라고 부르는 작업이다. 그 환상의 본질에 관한 그의 숙고는 당연히 그가 길잡이로 이용한 그 신비주의 도형의 영향을 받았으며, 따라서 자신이 성삼위일체 자체를, 그러니까 최고선(善)인 영원한 사랑을 보았음에 틀림없다는 결론으로 당연히 이어졌다. 이것은 지금 작센에 있는, "수정판"에 의해 뒷받침되고 있다.

그러나 원래의 경험은 완전히 달랐다. 브라더 클라우스가 무아경에 빠졌을 때, 너무도 끔찍한 광경이 모습을 드러냈다. 그 장면이 얼마나 끔찍했던지, 그의 얼굴 자체가 그 일로 인해 일그러지게 되었다. 그의 얼굴에

5 브라더 니콜라스는 이 이름으로도 불렸다.

나타난 변화 또한 너무나 끔찍했기 때문에 사람들이 그의 앞에서 두려움을 느꼈다. 그가 보았던 것은 더없이 강렬한 환상이었다. 현재까지 전해오는 가장 오래된 출처인 하인리히 뵐플린(Heinrich Woelflin:1864-1945)은 다음과 같이 적고 있다.

> 그를 찾은 사람들 모두가 그를 처음 보는 순간 공포에 사로잡혔다. 그렇게 된 이유에 대해, 그는 자신이 인간의 얼굴을 닮은 예리한 빛을 보았기 때문이라고 설명하곤 했다. 그 얼굴 형상을 보았을 때, 그는 가슴이 산산조각 터져버리는 것은 아닌가 하고 겁이 났다. 따라서 그는 공포에 휩싸여 즉시 얼굴을 돌리며 땅바닥에 쓰러졌다. 그것이 그의 얼굴이 지금 다른 사람들에게 끔찍해 보이는 이유였다.

이 환상은 '요한 계시록' 1장 13절에 나오는 환상과 제대로 비교되었다. 이상하게 생긴 그 종말론적인 그리스도의 이미지 말이다. 이 그리스도 이미지의 끔찍함과 특이성을 능가하는 것은 7개의 뿔과 7개의 눈을 가진, 괴물 같은 그 양('요한 계시록' 5장 6절)뿐이다. 클라우스가 본 형상과 복음서들 속의 그리스도 사이에 어떤 관계가 있는지를 파악하는 것은 매우 어려운 일이다. 따라서 브라더 클라우스의 환상은 초기의 출처들에 의해서 꽤 명확하게 해석되었다. 1508년에, 인문주의자 카를 보빌루스(Karl Bovillus)는 어느 친구에게 이런 글을 썼다.

> 별이 빛나는 밤에 그가 기도하는 마음으로 명상에 잠겨 있을 때 하늘에서 나타난 어떤 환상에 대해 자네에게 이야기하고 싶네. 그는 분노와 위

협으로 가득한, 끔찍한 얼굴을 한, 어떤 인간 형상의 머리를 보았네.

이 해석은 '요한 계시록' 1장 13절이 제시하는 부연 설명과 완벽하게 일치한다. 우리는 브라더 클라우스의 다른 환상들, 예를 들면 곰 가죽을 걸친 그리스도의 환상, 성부와 성모, 성자인 그 자신에 관한 환상 등을 잊지 말아야 한다. 이 환상들은 교리를 크게 벗어나는 특징을 보인다.

전통적으로, 이 위대한 환상은 작센에 있는 그 교회의 삼위일체 그림과 연결되는 것으로 여겨졌다. 소위 "순례자의 소책자"[6]에 나오는 바퀴의 상징체계도 마찬가지로 그렇게 연결되는 것으로 여겨졌다. 브라더 클라우스는 자기를 방문한 어느 순례자에게 그 바퀴 그림을 보여주었던 것으로 전해지고 있다. 이 그림이 상당한 기간에 걸쳐 그의 마음을 사로잡았음에 틀림없다.

블랑케(Fritz Blanke:1900-1967)는 전통과는 반대로 그 환상과 삼위일체 그림 사이에 전혀 아무런 관계가 없다는 의견을 제시한다. 나에게는 이 같은 회의론이 너무 멀리 나간 것처럼 보인다. 틀림없이 브라더 클라우스가 바퀴에 관심을 갖게 된 이유가 있었을 것이다. 그가 보았던 것과 같은 환상들은 정신적 혼란과 붕괴를 야기한다(그 증거가 바로 가슴이 "산산조각으로" 터져버릴 것 같다고 한 부분이다).

경험을 통해서, 우리는 보호의 효과를 발휘하는 원인 만다라가 혼란스런 마음 상태에 대한 전통적인 해독제라는 것을 알고 있다. 따라서 브라더 클라우스가 바퀴의 상징에 매료된 이유는 너무나 분명하다. 그 끔찍한 환상을 하느님을 경험하는 것으로 해석하는 것은 그렇게 엉뚱하지 않다.

6 Ein nutzlicher und loblicher Tractat von Bruder Claus und einem Bliger(1488).

따라서 그 위대한 환상과 삼위일체 그림을, 그리고 이 두 가지와 바퀴 상징을 연결시키는 것은 심리학적 관점에서 아주 그럴듯해 보인다.

틀림없이 무섭고 매우 혼란스러웠을 이 환상은 교리에 관한 서막이나 해석적 논평 같은 것 없이 그의 종교적 세계관 위로 화산처럼 폭발했다. 그렇기 때문에 그 환상을 정신의 전체 구조에 맞추고, 깨어진 정신의 균형을 복구하기 위해서는 상당히 긴 시간의 동화 작업이 필요했다. 브라더 클라우스는 교리의 토대 위에서 자신의 경험을 받아들이고, 그것을 하나의 반석으로 굳게 다졌다. 그리고 삼위일체 교리는 무서울 만큼 생생하게 살아 있는 무언가를 삼위일체 사상이라는 아름다운 추상 개념으로 바꿔 놓음으로써 그 동화력을 입증했다. 그러나 조정은 환상 자체와 이 세상의 것과 너무나 다른, 그 환상의 실재성이 제공하는 꽤 다른 바탕에서도 이뤄질 수 있었다. 그렇게 되었더라면, 결과는 기독교의 신 개념에 상당히 불리하게 작용했을 것이고, 틀림없이 브라더 클라우스 본인에게는 더더욱 불리하게 작용했을 것이다. 아마 그는 성인이 아니라 이단자(미치광이가 아니라면)가 되었을 것이고, 화형으로 삶을 끝냈을 수도 있었을 것이다.

이 예는 교리와 관련 있는 상징을 사용하는 방법을 잘 보여주고 있다. 이 예는 무섭고 위험할 만큼 결정적인 어떤 정신적 경험을, 말하자면 "신성의 경험"이라고 적절히 불릴 수 있는 경험을, 그 경험의 범위를 제한하거나 절대적인 중요성을 훼손하지 않고 인간의 이해력에 허용될 수 있는 방식으로 조직적으로 표현하고 있다. 야코프 뵈메(Jakob Böhme: 1575-1624)를 통해서도 만나는 신의 분노에 관한 환상은 '신약성경'의 신, 그러니까 천국에 있는 애정 깊은 아버지와 어울리지 않으며, 이 때문에 그 환상은 쉽게 내면의 갈등의 원인이 될 수도 있었다. 그 환상은 15세기 말이었던 그 시대의 정신과 꽤 일치했을 것이다. 그때는 니콜라스 쿠자누스(Nicholas Cusanus: 1401-1464)가 제시한 '상반된 것들의 결합'이라는 사상이 실제로 곧 닥칠 분열을 예고하던 때였다. 오래지 않아서 야훼 신앙의 신의 개념은 프로테스탄티즘에서 일련의 부활을 거쳤다. 야훼는 상반된 것들을 아직 구분되지 않은 상태로 그대로 포함하고 있는 신의 개념이다.

브라더 클라우스는 가정과 가족을 떠나서 오랫동안 홀로 살며 어두운 거울 속을 깊이 응시함으로써 스스로 전통과 습관이라는 일반적인 틀에서 벗어났다. 그래서 경이롭고 무서운 그 희한한 경험이 그에게 일어났다. 이 같은 상황에서, 여러 세기 동안 발달해 온 교리상의 신성의 이미지가 치료제로 작용했다. 그 이미지는 브라더 클라우스가 원형적인 이미지의 치명적인 침입을 동화시키도록, 따라서 그가 분열을 피하도록 도왔다. 안겔루스 질레지우스(Angelus Silesius: 1624-1677)는 그렇게 운이 좋지 않았다. 내면의 갈등이 그를 산산조각 찢어놓았으니 말이다. 그의 시대에는 교리가 보장하는 교회의 안정성이 이미 깨어진 상태였기 때문이다.

야코프 뵈메도 어떤 "분노의 불"의 신을, 진정한 '숨은 신'(Deus absconditus)을 알았다. 뵈메는 한편으로는 심오하고 고통스런 모순을 성부와 성자라는 기독교 교리를 이용해 극복하고, 그 모순을 자신의 세계관에 이론적으로 담아낼 수 있었다. 그의 세계관은 그노시스(영지(靈智))주의에 속했음에도 불구하고 근본적인 모든 측면에서 기독교적이었다. 그렇지 않았더라면 그는 이원론자가 되었을 것이다. 다른 한편으로, 그를 돕고 나선 것은 틀림없이 오랫동안 상반된 것들의 결합을 비밀리에 추구하고 있었던 연금술이었다. 그럼에도 불구하고, 그 대립은 그의 책『영혼에 관한 40가지 질문들』(XL Questions concerning the Soule)에 첨부된, 신성의 본질을 보여주는 만다라에 뚜렷이 흔적을 남겼다. 이 만다라는 어두운 반과 밝은 반으로 나뉘어 있으며, 그 반쪽들 주위에 그려진 반원들은 서로 결합하여 하나의 원을 형성하는 것이 아니라 서로 등을 맞대고 있다.

교리는 집단 무의식의 내용물을 대규모로 공식화함으로써 집단 무의식을 대신한다. 이 점에서 보면, 가톨릭교도의 삶의 방식은 심리적인 문제를 전혀 모른다. 집단 무의식의 삶의 거의 전체가 교리상의 원형적인 사상들 속으로 들어가서, 제대로 통제되고 있는 강물처럼 교리와 의례의 상징체계 안에서 순조롭게 흐른다. 집단 무의식의 삶은 가톨릭교회의 정신의 내성(內省)에서 표현된다. 집단 무의식은, 오늘날 우리가 이해하는 바와 같이, 절대로 "심리학"의 문제가 아니었다. 기독교 교회가 존재하기 전에도 이미 고대의 신비 의식들이 있었고, 이 의식들은 신석기 시대의 흐릿한 안개 속으로까지 거슬러 올라가기 때문이다. 인류가 정신의 깊은 곳에 살고 있는 그 모든 불가사의한 것들에 맞서는 데 필요한 마법적 도움을 얻을 강력한 이미지들을 갖지 않았던 적은 결코 없었다. 언제나 무의식의 형상들은 보호하고 치료하는 이미지들로 표현되었으며, 그런 식으로 그 형상들은 정신에서부터 우주 공간으로 추방되었다.

그러나 종교 개혁의 성상 파괴가 신성한 이미지들의 보호적인 벽에 꽤 실질적인 구멍을 냈으며, 그 후로 이미지가 하나씩 무너져 내렸다. 신성한 이미지들은 이성과 충돌을 일으키면서 의심스러운 것이 되었다. 게다가, 사람들은 그 이미지들이 의미하는 바를 오래 전에 망각한 터였다. 아니, 사람들이 망각했다는 말이 맞는가? 사람들이 그 이미지들의 의미를 진정으로 안 적이 한 번도 없었고, 겨우 최근에 와서야 인류 중에서 프로테스탄티즘을 믿는 사람들에게 우리가 처녀 강탄이나 그리스도의 신성, 삼위일체의 복잡성 등이 의미하는 것에 대해 조금도 알지 못했다는 깨달음이 일어났을 수도 있지 않는가? 이 이미지들은 그냥 살았던 것 같고, 이미지들의 생생한 존재는 아무 생각 없이 그냥 받아들여졌던 것 같다. 모든 사람이 크리스마스트리를 장식하거나 부활절에 달걀을 숨기는 관습이 의미하는 바를 모르면서도 그렇게 하고 있듯이.

사실은 이렇다. 원형적인 이미지들이 그 자체에 의미를 너무나 많이 담고 있기 때문에 사람들이 그것들의 진정한 의미에 대해 물을 생각을 절대로 하지 않는다는 것이다. 신들이 간혹 죽는 이유는 신들이 아무것도 의미하지 않는다는 것을, 신들이 인간의 손에 만들어진, 나무와 돌로 된 쓸데없는 우상에 지나지 않는다는 것을 인간이 갑작스레 발견하기 때문이다. 그러나 실제로 보면 인간은 단순히 그때까지 자신의 이미지들에 대해한 번도 생각하지 않았다는 사실을 발견했을 뿐이다. 그리고 인간은 자신의 이미지들에 대해 생각할 때 "이성"이라 불리는 것의 도움을 받는다. 그런데 이성이란 것이 따지고 보면 인간의 온갖 편견들과 근시안적인 관점들의 총합에 지나지 않는다.

프로테스탄티즘의 역사는 상습적인 성상파괴의 역사였다. 벽들이 하나씩 차례로 무너져 내렸다. 그리고 교회의 권위가 깨어지자마자, 파괴작업은 그다지 어렵지 않았다. 작은 것만 아니라 큰 것에서도, 특별한 것만 아니라 일반적인 것에서도 모든 것이 하나씩 어떤 식으로 붕괴하였는지를, 지금 우리의 삶의 조건이 된, 걱정스러울 만큼 심각한 상징의 빈곤이 어떤 식으로 초래되었는지를 우리는 잘 알고 있다. 그것으로 인해, 교회의 힘도 사라져 버렸다. 이제 교회는 보루와 포대를 강탈당한 요새나 벽들을 빼앗긴 집과 같은 곳이 되어, 세상의 온갖 바람과 위험에 그대로 노출되었다.

정확히 말하면, 비록 이것이 서양인의 역사 감각에 개탄스럽게 느껴지는 붕괴일지라도, 프로테스탄티즘이 400개 가까운 종파로 분열된 것은 그럼에도 불안이 계속되고 있음을 보여주는 확실한 증거이다. 프로테스탄트는 틀림없이 자연적인 인간을 떨게 만드는 그런 무방비 상태로 내던져지고 있다. 물론 프로테스탄트의 계몽된 의식은 이 같은 사실을 인정하길 거부하며, 유럽에서 사라진 것을 다른 곳에서 조용히 찾고 있다. 유럽인들은 효과적인 이미지들을, 가슴과 마음의 불안을 달래줄 사고 형태들을 찾다가 동양의 보물을 발견하고 있다.

이런 현상에는 그 자체로 반대할 것이 전혀 없다. 어느 누구도 로마인들에게 아시아의 숭배를 무더기로 받아들이라고 강요하지 않았다. 만약에 기독교가 그렇게 자주 묘사되는 것처럼 게르만 부족들에게 진정으로 "이질적"이었다면, 게르만 부족들은 로마 군단의 위세가 기울기 시작할 때 쉽게 기독교를 거부할 수 있었을 것이다. 그러나 기독교는 그대로 정착했다. 왜냐하면 기독교가 이미 존재하는 원형적인 패턴과 맞아떨어지기 때문이다. 그러나 기독교는 수 세기가 흐르는 과정에 창설자가 그때까지 살아 있어서 볼 수 있었더라면 크게 놀랐을 무엇인가로 바뀌고 말았다. 흑인들과 피부색이 짙은 다른 개종자들의 기독교는 확실히 역사적으로 고찰해 봐야 할 문제이다. 그렇다면 서양이 동양의 형태들을 동화하지 말아야 할 이유가 무엇인가? 로마인들도 비법을 전수받기 위해 엘레우시스와 사모트라케와 이집트로 갔다. 이집트에는 이 목적을 위한 관광이 주기적으로 이뤄졌던 것으로 보인다.

그리스와 로마의 신들은 기독교 상징들과 똑같은 병에 걸려 사라졌다. 당시의 사람들도 지금과 마찬가지로 자신들이 그 주제에 대해 어떠한 생각도 갖고 있지 않다는 사실을 깨달았던 것이다. 한편, 이방인들의 신들은 여전히 초자연적인 힘을 지니고 있었다. 그 신들의 이름은 기묘하고 쉽게 이해되지 않았으며, 행동은 놀랄 만큼 모호했다. 그 신들의 품행은 올림포스 신들의 진부하고 창피스런 연대기와는 완전히 달랐다. 적어도 유럽 사람들은 아시아의 상징들을 이해할 수 없었으며, 그런 이유로 그 상징들은 전통적인 신들처럼 진부하지 않았다. 사람들이 낡은 것을 버릴 때나 마찬가지로 새로운 것을 받아들일 때에도 경솔하게 처신한다는 사실은 당시에 문제가 되지 않았다.

그것이 오늘날에는 문제가 되는가? 외국의 토양에서 성장하고, 외국의 피에 흠뻑 젖어 있고, 외국의 언어로 말하고, 외국의 문화에 의해 배양되고, 외국의 역사와 깊이 얽혀 있는, '기성품 같은' 상징들을 우리가 새 옷처럼 걸칠 수 있는가? 왕의 의상을 걸친 거지처럼, 아니면 거지로 위장한 왕처럼. 틀림없이, 이것은 가능한 일이다. 아니면 우리의 내면에 우리에게 어리석은 겉치레 연기에 전적으로 반대하며 옷을 직접 지어 입으라고 명령하는 그 무엇이 있는가?

점점 심화되고 있는 상징의 빈곤화가 어떤 의미를 지닌다고 나는 확신한다. 상징의 빈곤화는 내적 일관성을 갖고 있는 어떤 발달이다. 우리가 생각해 주지 않은 모든 것, 따라서 발달하고 있는 우리의 의식과 의미 있는 연결을 박탈당하게 된 모든 것은 사라졌다. 신지론자들이 하는 것처럼, 만약에 지금 우리의 헐벗음을 동양의 화려한 장식으로 가리려 노력한다면, 서양인은 자신의 역사를 그릇되게 다루는 꼴이 될 것이다. 사람은 단지 훗날 인도의 유력자처럼 행세하기 위해서 거지 신세로까지 떨어지지는 않는다. 내가 볼 때, 유럽인이 절대로 정당한 계승자가 될 수 없는 유산을 가진 척 가장하느니 차라리 영적 빈곤을, 상징의 부재를 솔직히 인정하는 것이 훨씬 더 바람직하다. 틀림없이, 유럽인은 기독교 상징체계의 정당한 상속자이지만, 어쨌든 그 유산을 낭비하고 말았다. 유럽인들은 자신의 아버지들이 지은 집이 무너지도록 가만 내버려 두었으며, 지금 유럽인들은 아버지들이 전혀 알지 못했던 동양의 궁전들 안으로 침입하려고 노력하고 있다.

역사적인 상징을 잃고 그 대체물에 만족하지 못하는 사람은 누구나 오늘날 틀림없이 매우 어려운 처지에 놓여 있다. 그 사람 앞에 허공이 입을 크게 벌린 채 버티고 서 있으며, 그는 놀라서 그곳을 외면하고 있다. 설상가상으로, 그 진공은 터무니없는 정치적, 사회적 사상들로 채워지고 있으며, 이 사상들은 단 하나의 예외도 없이 영적 황폐가 두드러진 특징이다.

그러나 만약에 그 사람이 현학적인 이 교조주의들과 조화롭게 지내지 못한다면, 그는 신에 대한 자신의 믿음에 대해 다시 진지하게 생각해 봐야 한다고 느낀다. 그럼에도 대체로 보면 그가 그렇게 하는 경우에 일들이 잘못될 수 있다는 두려움이 훨씬 더 설득력 있게 다가온다. 이 같은 두려움은 근거가 없는 것이 아니다. 신이 가장 가까이 있는 곳에서, 위험이 가장 커 보이기 때문이다. 영적 빈곤을 솔직히 인정하는 것은 위험하다. 이유는 빈곤한 사람은 욕망을 품게 되고, 욕망을 품는 사람은 자신에게 어느 정도의 불행을 내려달라고 비는 것이나 마찬가지이기 때문이다. 스위스의 격언이 그것을 극적으로 표현하고 있다. "모든 부자의 뒤에는 악마가 하나 서 있고, 모든 가난한 사람의 뒤에는 악마가 둘 서 있다."

기독교에서 세속적 빈곤에 대한 서약이 이 땅의 부를 멀리하도록 하듯이, 영적 빈곤은 영(靈)의 그릇된 부를 버리려고 노력한다. 목적은 영적 빈곤이 오늘날 스스로 프로테스탄트 교회라고 부르는, 위대한 과거의 가엾은 잔존물을 멀리할 뿐만 아니라, 향기로운 동양의 모든 유혹들까지 멀리하고, 따라서 최종적으로 의식(意識)의 차가운 빛 속에서 세상의 텅 빈 불모가 별들에까지 닿는 곳에서 홀로 거주하기 위해서다.

유럽인은 이 빈곤을 아버지들로부터 물려받았다. 나는 나 자신이 아버지로부터 직접 받았던 견진성사 수업을 기억하고 있다. 교리 문답은 나를 형용하기 어려울 만큼 지루하게 만들었다. 어느 날 나는 재미있는 뭔가를 발견하기를 기대하면서 자그마한 책의 책장을 한 장씩 넘기고 있었다. 그러다가 나의 눈길이 삼위일체에 관한 단락에서 멈추었다. 이 부분은 즉시 나를 자극했으며, 나는 아버지의 수업이 거기에 닿기를 조바심치며 기다렸다. 그러나 아버지의 수업이 그렇게 기다렸던 거기에 이르렀을 때, 아버지는 이렇게 말씀하셨다. "이 부분은 건너뛰어야겠어. 무슨 말을 하는지 도무지 알 수가 없으니." 그것으로 나의 마지막 희망은 물거품이 되고 말았다. 나는 아버지의 정직성을 존경했지만, 그 같은 사실은 그때 이후로 종교에 관한 모든 대화가 나를 지극히 따분하게 만들었다는 사실을 바꿔놓지는 못했다.

우리의 지성은 너무도 멋진 것들을 성취해냈지만, 그 사이에 우리의 영적 주거 환경은 황폐해지고 말았다. 현대인은 지금 미국에서 제작되고 있는, 가장 새롭고 가장 큰 반사 망원경의 도움을 받으면 가장 먼 성운의 뒤에서 불의 성격이 전혀 없는 하늘을 발견할 것이라고 절대적으로 확신하고 있다. 또 우리의 눈이 성간(星間) 공간의 죽은 허공을 절망적으로 떠돌 것이라는 점도 알고 있다. 수리 물리학이 무한히 작은 것의 세계를 우리에게 드러내 보여줄 때, 우리의 영적 주거 환경은 조금도 더 나아지지 않고 있다. 결국에는 모든 시대와 민족들의 지혜를 뒤지게 되지만, 우리에게 가장 귀하고 소중한 모든 말은 이미 최고의 언어로 발표되었다는 사실을 발견할 뿐이다.

탐욕스런 아이들처럼, 우리는 손을 뻗으며 무엇이든 잡을 수만 있으면 그것을 소유하게 될 것이라고 생각한다. 그러나 우리가 소유하고 있는 것은 더 이상 유효하지 않으며, 우리의 손은 잡는 행위에 점점 싫증을 내고 있다. 재물이 눈길이 닿는 범위 안의 온 곳에 널려 있으니 말이다. 이 모든 소유는 물 쪽으로 방향을 틀고 있고, 마법사의 제자는 자신이 일으킨 홍수에 빠져 죽었을 것이다. 만약 그 제자가 먼저 이 지혜는 좋고 저 지혜는 나쁘다는 식의 편리한 망상에 넘어가지 않았다면 말이다. 스스로 예언자의 사명을 띠고 있다고 생각하는 끔찍한 병자들은 바로 이 숙련자들 중에서 나온다. 진정한 지혜와 그릇된 지혜를 인위적으로 분리하는 것이 정신에 긴장을 일으키고, 이 긴장으로부터 모르핀 중독자의 외로움과 갈망과 비슷한 것이 생겨나기 때문이다. 그래서 모르핀 중독자는 자신의 부도덕한 행위에 언제나 동료들을 가담시키길 원하게 되어 있다.

자연적으로 타고난 유산이 다 탕진되었을 때, 헤라클레이토스(Heraclitus)가 말하듯이, 영(靈)도 원래 있던, 불의 높은 곳에서 아래로 내려왔다. 영은 무거워질 때 물 쪽으로 향하지만, 지성은 마왕 같은 뻔뻔함을 보이며, 한때 영이 왕관을 쓰고 앉았던 자리를 빼앗는다. 영은 영혼에 대해 부권(父權)을 합당하게 주장할 수 있지만, 땅에서 태어난, 인간의 칼이자 망치인 지성은 그런 주장을 하지 못한다. 지성은 영적 세계들의 창조자도 아니고 영혼의 아버지도 아니다. 따라서 루드비히 클라게스(Ludwig Klages: 1872-1956)와 막스 셸러(Max Scheler: 1874-1928)가 영의 명예를 회복하기 위해 펼친 노력은 상당히 온건했다. 두 사람이, 영이 더 이상 위에 있지 않고 아래에 있고, 영이 더 이상 불이 아니고 물인 그런 시대의 자식들이었기 때문이다.

그러므로 뷔토스[7]를 찾고 있는 소피아처럼, 잃어버린 아버지를 찾는 영혼의 길은 물로, 물의 밑바닥에 놓여 있는 시커먼 거울로 이어진다. 자체의 논리적 결말에까지 이른 프로테스탄티즘의 진정한 유산인 영적 빈곤의 상태를 위해 선택된 사람들은 누구나 물로 이어지는 영혼의 길을 걷는다. 이 물은 절대로 비유적인 표현이 아니며, 어두운 정신의 살아 있는 상징이다. 이 점을 나는 구체적인 예를 통해 가장 쉽게 전할 수 있다. 다음 이야기는 많은 예 중 하나일 뿐이다. 어느 프로테스탄트 신학자는 이런 내용의 꿈을 종종 꾸었다.

그는 아래로 깊은 계곡이 보이는 산등성이에 서 있었다. 계곡에는 시커먼 호수가 있었다. 그는 꿈속에서 늘 무엇인가가 자신이 호수에 다가서지 못하도록 막는다는 것을 알았다. 그래도 이번에는 어떤 일이 있어도 물로 가기로 결심했다. 그가 물가로 접근할 때, 모든 것이 점점 더 시커멓게 변하고 불가사의하게 변했다. 돌연 수면 위로 한 줄기 광풍이 불었다. 그는 두려움에 사로잡힌 상태에서 잠에서 깨어났다.

7 그노시스주의에서 신을 이르는 여러 이름 중 하나이며, 심원한 존재라는 뜻이다.

이 꿈은 자연스런 상징체계를 보여주고 있다. 꿈을 꾼 사람은 자신의 깊은 곳으로 내려가고 있으며, 그 길이 그를 신비한 물로 이끈다. 그리고 지금 베데스다 못의 기적[8]이 일어난다. 어떤 천사가 내려와서 물을 건드리며 물에 치료의 힘을 부여한다. 꿈에서 물이 일렁이도록 하는 것은 바람, 즉 프네우마[9]이다. 물이 생명을 얻는 기적이 일어나도록 하기 위해서는 인간이 물로 내려와야 한다. 그러나 시커먼 물 위로 뿜어지는 영의 숨결은 우리가 원인을 모르는 모든 것들처럼 불가사의하다. 그 숨결이 우리 자신의 것이 아니기 때문이다. 그 숨결은 눈에 보이지 않는 어떤 존재를, 인간의 기대도, 의지의 음모도 활기를 불어넣지 않은 어떤 신령을 암시한다. 그것은 스스로의 힘으로 살아가며, 그때 싸늘한 전율이 그 사람의 전신에 느껴진다. 그때까지 그가 "영"은 단지 그가 믿는 것이고, 그가 스스로 만드는 것이고, 책에서 논해지거나 사람들이 얘기하는 것이라고 생각했으니 말이다. 그러나 영의 숨결이 자연적으로 일어날 때, 그것은 겁을 먹게 하고, 원시적인 공포가 순진한 마음을 엄습한다.

케냐의 엘고니 부족의 어른들은 "공포의 제조자"라고 부르는 밤의 신에 대해 꼭 그런 식으로 설명했다. "그가 서늘한 광풍처럼 당신에게 오고, 그러면 당신은 몸을 떨게 된다. 아니면 그는 높이 자란 풀들 사이를 휘파람을 불며 돌아다닌다." 그 신은 정오 시간에 피리를 불며 갈대 사이를 미끄러지듯 다니며 양치기들을 놀라게 하는 아프리카의 판(Pan) 같은 존재이다.

8   베데스다 못은 예루살렘에 있다. 성경에 따르면, 간혹 천사가 내려와 물을 움직이게 한다. 그런 움직임이 있은 뒤에 가장 먼저 물에 들어가는 사람은 어떤 병에 걸렸든 낫게 되어 있었다. 여기서 그리스도는 38년이나 앓던 병자를 고쳤다.

9   공기나 호흡을 뜻하는 고대 그리스 단어.

따라서 꿈에서 프네우마의 숨결은 양떼를 돌보는 양치기라고 할 수 있는 목사를 놀라게 했다. 이 목사는 밤의 어둠 속에서 정신의 깊은 계곡의 잡초 우거진 호숫가를 거닐고 있었다. 그렇지, 그 옛날의 불 같은 영(靈)은, 인간에게 신물이 나서 창조주에게 경의를 표하며 곰들과 으르렁거리기 위해 숲으로 물러난, 니체(Friedrich Nietzsche)의 『차라투스트라는 이렇게 말했다』(Thus Spoke Zarathustra)에 나오는 그 늙은이처럼, 자연의 영역으로, 정신의 나무와 바위와 물로 내려왔다.

만약에 보물을, 아버지의 소중한 유산을 건져 올리길 원한다면, 틀림없이 우리는 언제나 아래로 흐르는 물의 길을 따라야 한다. 영혼에게 바치는 그노시스주의의 찬가를 보면, 부모가 왕의 왕관에서 떨어진 진주를 찾기 위해 아들을 보낸다. 진주는 이집트인들의 땅에 있는, 용이 지키고 있는 깊은 샘의 바닥에 놓여 있다. 그곳은 물질적, 영적 풍요가 넘치는 환락과 무절제의 땅이다. 상속자인 아들은 보물을 찾아 오기 위해 길을 나서지만 곧 이집트의 세속적 탐닉에 빠져 그만 자기 자신과 임무를 망각해 버린다. 그런 가운데 그의 아버지에게서 온 편지가 그에게 의무를 상기시킨다. 이어 그는 물을 찾아 다시 길을 떠나며, 샘의 깊은 곳으로 몸을 던진다. 바닥에서 진주를 발견하여 마지막에 최고의 신에게 바친다.

바르데사네스(Bardesanes: A.D. 154년경-222년경)의 작품으로 여겨지는 이 찬가는 몇 가지 점에서 우리 시대와 닮은 시대에 쓰였다. 인류는 찾고 기다렸으며, 치료를 초래하는 존재, 즉 구세주의 상징이 되었던 것은 깊은 곳에서 끌어올린 한 마리 물고기였다.

이 대목을 쓸 때, 밴쿠버에 사는, 내가 알지 못하는 사람으로부터 편지가 한 통 왔다. 그 사람은 자신의 꿈이 언제나 물과 연결된다는 사실에 당황하고 있었다. "나의 꿈은 거의 언제나 물에 관한 것이랍니다. 내가 목욕을 하거나, 수세식 변소에 물이 넘치거나, 수도관이 터지거나, 나의 집이 물가로 떠내려가거나, 지인이 물에 빠지기 직전이거나, 내가 물에서 빠져나오려고 허우적거리거나, 목욕을 하려는 하는데 욕조가 물로 넘치는 따위의 내용이지요."

물은 무의식의 가장 일반적인 상징이다. 계곡의 호수는 말하자면 의식 밑에 자리 잡고 있는 무의식이다. 그래서 무의식은 종종 열등한 의식이라는 경멸적인 암시가 담긴 "잠재의식"이라는 이름으로 불린다. 물은 "계곡의 영"이고, 도교의 수룡(水龍)이다. 수룡의 본성은 물을 닮았으며, 음(陰)에게 안긴 양(陽)과 비슷하다. 그러므로 심리학적으로 보면 물은 무의식이 된 영을 의미한다. 그렇다면 그 신학자의 꿈은 그에게 물가로 내려가면 살아 있는 영이 베데스다 못의 치료의 기적처럼 작용하는 것을 경험할 수 있다는 이야기를 들려주고 있다. 깊은 곳 속으로 하강하는 것은 언제나 상승에 앞서 일어나는 것 같다. 따라서 또 다른 신학자는 산 위에서 성배의 성(城) 같은 것을 꿈에서 보았다.

그는 곧장 산기슭으로 이어질 것 같은 길을 따라 걸었다. 그러나 산기슭에 다가섰을 때, 그는 깊은 협곡이 자신과 산을 떼어놓고 있다는 사실을 알고는 크게 실망했다. 바닥에서 지하의 물이 솟아나오고 있는 음침한 골짜기였다. 가파른 길이 아래로 향하다가 반대편에서 다시 힘들게 올라가는 모습이 보였다. 아무래도 전망이 밝지 않아 보였으며, 그때 그가 잠에서 깨어났다.

여기서도 다시, 꿈을 꾼 사람은 빛나는 높은 곳을 갈망하는 상태에서 먼저 시커먼 깊은 곳으로 내려가야 한다. 높이 올라가기 위해서 반드시 거쳐야 하는 조건이다. 신중한 그 사람은 깊은 곳에 도사리고 있는 위험을 피하지만, 동시에 그는 대담하고 무모한 모험이 가져다 줄 선(善)까지 버리고 있다.

꿈의 진술이 "영"을 높은 곳에서 발견되는 그 무엇으로만 알고 있는 의식적 마음의 강한 저항에 봉착하고 있다. "영"은 언제나 위에서 오는 것 같은 반면에, 야비하고 무가치한 모든 것은 아래에서 오는 것처럼 보인다. 이런 식으로 생각하는 사람들에게, 영은 가장 높은 자유를 의미하고, 깊은 곳들 위로 높이 솟아오르는 것을, 지하 세계의 감옥으로부터 해방되는 것을, 따라서 다른 것이 되고 싶어 하지 않는 겁 많은 영혼들의 안식처를 의미한다. 그러나 물은 세속적이고 손에 만져지며, 물은 또한 본능에 휘둘리는 육체의 액체이고, 피이고, 피의 흐름이고, 짐승의 냄새이고, 감정으로 인해 무거운 세속성이다.

무의식은 정신적으로나 도덕적으로나 똑같이 명료한 의식의 햇빛에서 아래로, 오랫동안 "교감 신경계"로 알려진 신경계 속까지 깊이 내려가는 정신이다. 교감 신경계는 중추 신경계처럼 지각과 근육의 활동을 지배하지 않고, 따라서 환경을 통제하지 않는다. 그러나 교감 신경계는 감각기관 없이 기능함에도 불구하고 삶의 균형을 유지하고, 교감 신경의 자극이라는 신비로운 경로를 통해서 우리가 다른 존재들의 가장 깊은 삶에 대해 알게 할 뿐만 아니라 다른 존재들에게 내적으로 영향을 끼치게도 한다. 이런 측면에서 보면, 교감 신경계는 지극히 집단적인 체계이며, 모든 '신비적 참여'가 작동하는 토대이다. 반면에 중추 신경계의 기능은 자아의 구체적인 특성들을 분리시키는 데서 최고의 능력을 발휘하며, 오직 표면과 바깥쪽만을, 그것도 언제나 공간이라는 매체를 통해서 이해할 뿐이다. 중추 신경계는 모든 것을 외부자의 입장에서 경험하는 반면에, 교감 신경계는 모든 것을 내부자의 입장에서 경험한다.

무의식은 일반적으로 우리의 가장 개인적이고 가장 내밀한 삶 중에서 캡슐에 싸여 보호되고 있는 부분과 비슷한 것으로 여겨진다. '성경'이 "마음"(heart)이라고 부르며 모든 사악한 생각의 원천으로 여기는 그것과 비슷하다. 마음의 방들 안에 사악한 피의 영(靈)들, 말하자면 재빠른 분노와 감각적인 허약이 거주하고 있다. 이런 것이 의식 쪽에서 본 무의식의 모습이다. 그러나 의식은 기본적으로 대뇌의 일인 것 같다. 대뇌는 모든 것을 분리시켜 고립된 상태로 보고, 따라서 대뇌는 무의식도 마찬가지로 그런 식으로 보며 그것을 '나'의 무의식이라고 여긴다. 따라서 무의식 속으로 내려가는 사람은 누구나 자아중심적인 주관성의 억압적인 분위기 속으로 들어가는 것으로 여겨지며, 이 막다른 골목에서 그 사람은 정신의 지하 세계의 동굴이 숨기고 있는 온갖 포악한 짐승들의 공격에 노출되는 것으로 여겨진다.

정말로, 물의 거울을 들여다보는 사람은 누구나 무엇보다 먼저 자신의 얼굴부터 보게 된다. 자기 자신에게 다가가는 사람은 누구나 자신을 직면할 위험을 감수해야 한다. 거울은 절대로 아첨하지 않는다. 거울은 들여다보는 모든 것을 충실하게 비춰준다. 말하자면, 우리가 배우의 가면인 페르소나로 가리고 있는 까닭에 세상에 절대로 보여준 바가 없는 얼굴을 그대로 비춘다는 뜻이다. 거울은 가면 뒤의 맨얼굴을 보여준다.

이 대면은 내면의 길에서 치르는 첫 번째 용기 테스트이며, 대부분의 사람들이 놀라서 달아나도록 하기에 충분한 테스트이다. 자기 자신과의 만남이 대단히 불쾌한 일이기 때문이다. 그 일이 얼마나 불편한지, 사람들은 부정적인 모든 것을 환경 속으로 투사할 수 있는 한 그 만남을 피하려 든다. 그러나 만약에 우리가 자신의 그림자를 볼 수 있고 또 그림자에 대해 알면서도 꿋꿋이 버틸 수만 있다면, 그 문제의 작은 부분은 이미 해결된 것이나 마찬가지이다. 적어도 개인 무의식을 끌어냈으니 말이다.

그림자는 인격의 살아 있는 한 부분이며, 따라서 어떤 형태로 인격과 함께 살기를 원한다. 그림자가 존재하지 않는다고 주장하거나, 무해하다는 식으로 합리화해 봐야 아무런 소용이 없다. 이 문제는 지극히 어렵다. 왜냐하면 그림자가 한 인간의 전체에 도전할 뿐만 아니라, 그와 동시에 그 인간에게 무력과 무능을 상기시키기 때문이다. 강한 천성들(아니 이들을 허약하다고 표현하는 것이 더 맞을까?)은 그 같은 사실을 떠올리길 원하지 않으며, 스스로를 선과 악을 넘어서는 영웅으로 여기는 쪽을, 고르디오스의 매듭[10]을 풀기보다는 끊어버리는 쪽을 선호한다. 그럼에도 불구하고, 문제는 조만간 풀려야 한다.

결국 사람은 자신의 자원만으로 해결할 수 없는 문제들이 있다는 사실을 인정해야 한다. 그 같은 인정은 정직하고, 진실하고, 현실과 조화를 이루는 이점을 누리며, 이 단계는 집단 무의식에서 보상적인 반응이 나오게 하는 바탕을 준비한다. 이제 당신은 유익한 생각이나 직관에 주의를 기울

10　프리기아의 고르디오스 왕의 전차에는 매우 복잡하게 얽힌 매듭이 달려 있었다. 아시아를 정복하는 사람만이 풀 수 있다고 전해졌는데, 알렉산더가 그 지역을 지나다가 그 이야기를 듣고는 칼로 매듭을 끊어버렸다는 전설이 내려온다.

이거나, 그때까지 목소리를 내는 것을 허용하지 않았던 사상들에 주목하는 경향을 더 강하게 보이게 된다. 아마 당신은 그런 순간에 당신을 찾는 꿈들에도 관심을 기울이거나, 바로 그 시점에 일어나는 내적, 외적 사건들에 대해 깊이 생각하게 될 것이다.

만약 당신이 이런 태도를 보인다면, 인간 본성의 깊은 층에서 잠자고 있는 유익한 힘들이 잠에서 깨어나며 개입하고 나설 것이다. 이유는 무력과 허약이 인류의 영원한 경험이고 영원한 문제이기 때문이다. 이 문제에는 마찬가지로 영원한 어떤 대답이 있다. 그렇지 않다면 그 문제는 오래전에 인간의 곁에서 사라졌을 것이다. 당신이 행해질 수 있는 모든 것을 다 행했을 때, 그래도 남아 있는 유일한 것은 당신이 알기만 하면 금방 행할 수 있는 것이다. 하지만 우리는 우리 자신에 대해 얼마나 알고 있는가? 경험을 바탕으로 판단한다면, 아주 조금밖에 알지 못한다. 따라서 무의식을 위해 남겨진 공간이 아직 엄청나게 크다. 우리가 알고 있는 바와 같이, 기도가 매우 비슷한 어떤 태도를 요구하고, 따라서 상당히 동일한 효과를 낳는다.

집단 무의식의 유익한 반응은 원형적으로 형성된 생각으로 표현된다. 자기 자신과의 만남은 우선 자신의 그림자와의 만남이다. 그림자는 갑갑한 통로나 좁은 문과 비슷하며, 깊은 샘으로 내려가는 사람이라면 누구나 고통스런 그림자의 압박을 피하지 못한다. 그러나 사람은 자신이 어떤 존재인지 알기 위해서 자신을 아는 방법부터 배워야 한다. 왜냐하면 그 문 뒤에 나타나는 것이 정말 놀랍게도 전례 없는 불확실성으로 가득한, 무한한 공간이기 때문이다. 거기에는 안도 없고 밖도 없으며, 위도 없고 아래도 없으며, 여기도 없고 저기도 없으며, 나의 것도 없고 너의 것도 없으며,

선한 것도 없고 나쁜 것도 없다. 그곳은 모든 생명이 부유하고 있는 물의 세계이다. 거기서 교감 신경계의 영역이, 살아 있는 모든 것의 영혼이 시작된다. 거기서 나라는 존재는 분리할 수 없는 이것이고 저것이며, 거기서 나는 나 자신 안에서 타자를 경험하고 나 자신이 아닌 타자가 나를 경험한다.

집단 무의식은 절대로 캡슐에 담겨 있는 개인적인 체계가 아니다. 집단 무의식은 그야말로 객관적인 실체이며, 세상만큼 넓으며 세상에 완전히 열려 있다. 거기서 나는 모든 주체의 대상이다. 나 자신이 언제나 어떤 대상을 갖는 주체가 되는 곳인 일상적인 의식과는 완전히 정반대이다. 집단 무의식에서 나는 세상과 완전히 하나가 된다. 일치의 정도가 너무나 크기 때문에, 거기서 나는 나라는 존재를 아주 쉽게 망각한다. "자기 자신에게 몰두하다"는 표현은 이 상태를 묘사하는 것으로 아주 적절하다. 그러나 이 자기가 바로 세상이다. 의식이 그것을 볼 수만 있다면 말이다. 그것이 우리가 자신이 누구인지를 알아야 하는 이유이다.

무의식이 우리를 건드리기만 하면, 우리는 곧 무의식이 된다. 우리가 자신을 의식하지 않게 되는 것이다. 그 같은 현상은 이 플레로마(Pleroma)[11]와 매우 가까이 서 있는 원시인이 본능적으로 알며 두려워했던, 옛날부터 알려진 위험이다. 원시인의 의식은 여전히 불확실하고 심하게 동요한다. 원시인의 의식은 이제 막 원초적인 물에서 나온 터라 여전히 유치하다. 원시인의 의식 위로 무의식의 물결이 쉽게 흐를 수 있으며, 그러면 원시인은 자신이 누구인지를 망각하고 이상한 짓을 한다. 그래서 원시인들은 통제되지 않는 감정을 두려워한다. 그런 감정 상태에서 의식

---

11 충만하거나 완전한 상태를 뜻하는 그리스어 단어.

이 붕괴하며 쉽게 사로잡히기 때문이다. 그래서 인간의 모든 노력은 의식을 강화하는 쪽으로 이뤄져 왔다. 이것이 의례와 교리의 목적이었으며, 의례와 교리는 무의식의 위험을, "영혼의 위기"를 막아주는 댐과 벽이었다. 따라서 원시인의 의례들은 신령을 쫓아내고, 마법을 풀고, 흉조를 막고, 신령의 비위를 맞추고, 정화하고, 공감 주술을 통해 이로운 일을 만들어내는 것으로 이뤄져 있다.

훗날 교회의 토대가 된 것은 원시 시대에 세워진 이런 장벽들이다. 세월이 흐름에 따라 상징들이 약해질 때 붕괴하는 것도 바로 이 장벽들이다. 그러면 물이 위로 솟아오르고, 무한한 재앙이 인류를 덮친다. '로코 테넨테 고베르나도르'(Loco Tenente Gobernador)로 알려진 타오스 푸에블로의 종교 지도자가 언젠가 나에게 이렇게 말했다. "미국인들은 우리 종교를 간섭하는 일을 중단해야 합니다. 왜냐하면 종교가 죽고 우리가 우리의 아버지인 태양이 하늘을 가로지르는 일을 더 이상 돕지 못하게 될 때, 미국인들과 세상 전체가 10년 안에 뭔가를 배우게 될 테니까요. 그때쯤이면 아마 태양이 더 이상 떠오르지 않을 것입니다." 달리 말하면, 밤이 닥치고, 의식의 빛이 꺼지고, 느닷없이 무의식의 시커먼 바다가 밀고 들어올 것이라는 뜻이다.

원시적이든 원시적이지 않든, 인류는 언제나 통제하지 못하는 행동을 할 위험에 처해 있다. 한 가지 예만 든다면, 세상 전체가 평화를 원하면서도 세상 전체가 전쟁을 준비하고 있는 사실이 있다. 인류는 인류를 지키는 일에 무력하며, 신들은 여느 때와 마찬가지로 인류에게 죽음의 길들을 보여주고 있다. 오늘날 우리는 신들을, '만들다'라는 뜻의 라틴어 단어 'facere'에서 파생된 "요인"(factor)이라고 부른다. 세상이라는 극장의 무대 뒤에는 '만드는 존재들'이 서 있다. 작은 일에서도 그렇고, 큰 일에서도 그렇다.

의식의 영역에서 우리는 자신의 주인이다. 우리 자신이 "요인"인 것처럼 보이기 때문이다. 그러나 그림자의 문을 통과하자마자, 우리는 자신이 보이지 않는 요인들의 대상이라는 사실을 깨달으며 공포감을 느낀다. 이런 사실을 아는 것은 틀림없이 불쾌한 일이다. 자신의 약점을 발견하는 것보다 더 환멸스런 것은 없으니까. 그것은 심지어 원초적인 공황까지 일으킬 수 있다. 왜냐하면 불안하게 지켜온 의식의 우월성이 믿음의 대상이 아니라 매우 위험한 방식으로 의심의 대상이 되고 있기 때문이다. 이 의식의 우월성이 인간이 이룬 성공의 비밀 중 하나이니 말이다. 그러나 무지는 절대로 안전을 보장하지 못하며 불안을 더욱 심화시킬 뿐이다. 그렇기 때문에, 두려움에도 불구하고 위험이 어디에 도사리고 있는지를 아는 것이 바람직하다.

질문을 적절히 던지는 것은 언제나 문제를 반쯤 해결하는 것이나 마찬가지이다. 제대로 의문을 제기하는 경우에, 어쨌든 우리는 자신을 위협하는 최대의 위험이 정신의 반응이 예측 불가능하다는 사실에서 비롯된다는 것을 알 수 있다. 분별력 있는 사람들은 종류를 불문하고 외적인 역사적 조건들만이 우리의 삶을 위협하는 위험을 야기하는 사건들이라고 꽤 오랫동안 생각해 왔다. 현재의 기만적인 정치 사회적 체제들이 바로 그런 사건들이다. 그 체제들을 우리는 인과적으로, 그러니까 외적 조건의 필연적 결과로 보아서는 안 되며, 집단 무의식에 의해 촉진된 결정들로 보아야 한다.

이것은 새로운 문제이다. 우리 앞의 시대들은 예외 없이 어떤 형태로든 신을 믿었다. 오직 전례 없는 상징체계의 빈곤 때문에 우리는 신들을 정신적 요인들로서, 즉 무의식의 원형들로서 다시 발견할 수 있었다. 틀림없이 이 발견은 현재 거의 신뢰를 받지 못하고 있다. 확신을 품기 위해서, 우리에게는 앞에 소개한 신학자의 꿈에 묘사된 그런 경험이 필요하다. 그래야만 우리가 물의 표면 위를 움직이는 영(靈)의 자주적인 움직임을 경험할 것이기 때문이다.

별들이 하늘에서 떨어지고, 우리의 최고의 상징들이 희미해졌기 때문에, 어떤 비밀스런 생명이 무의식을 지배하고 있다. 그것이 오늘날 우리가 어떤 심리학을 갖게 된 이유이고, 우리가 무의식에 대해 말하고 있는 이유이다. 이 모든 것은 상징들을 소유했던 시대나 문화에서는 꽤 불필요했을 것이다. 상징들은 위에서 오는 영(靈)이며, 그런 조건에서는 영도 위에 있다. 그러므로 그런 조건에 사는 사람들이 방해 받지 않는 고요한 자연의 움직임만을 포함하고 있는 무의식을 경험하거나 조사하길 원하는 것은 바보스럽고 터무니없는 일이다. 한편, 우리의 무의식은 살아 있는 물을, 자연이 된 영을 숨기고 있으며, 그것이 무의식이 방해를 받는 이유이다. 현대인에게 하늘은 물리학자들의 우주 공간이 되었으며, 신성한 최고천은 한때 존재했던 것들의 아련한 추억이 되었다. 그러나 "가슴은 달아오르고", 어떤 은밀한 불안이 우리의 존재의 뿌리를 갉아먹고 있다. 우리는 '무녀의 예언'(Völuspa)[12]의 내용을 빌려 이렇게 물을 수 있다.

12　아이슬란드와 스칸디나비아 반도 등에서 8세기-14세기에 쓰였던 고대 노르드어로 쓴 시이다.

보탄이 미미르[13]의 머리 위로 무슨 말을 속삭이는가?
이미 샘이 소용돌이 치고 있어 ….

무의식에 대한 우리의 관심이 우리에게 대단히 중대한 문제, 말하자면 영적 존재가 되느냐 영적 비(非)존재가 되느냐 하는 문제가 되었다. 그 꿈에 언급된 것과 비슷한 경험을 한 사람들은 모두 보물은 물 속 깊은 곳에 놓여 있다는 것을 알고 있으며, 또 그것을 구하려고 노력할 것이다. 그런 사람들은 자신이 누구인지를 절대로 망각해서는 안 되기 때문에 어떤 일이 있어도 자신의 의식을 위태롭게 해서는 안 된다. 그들은 자신의 관점을 땅에 확고히 고정시킬 것이며, 따라서 그들은 비유하자면 물속에서 헤엄치는 것들을 낚싯바늘과 그물로 잡는 어부가 될 것이다. 어부가 하는 일이 무엇인지를 모르는 터무니없는 얼간이도 있을 수 있지만, 어부들은 자신의 행위의 영원한 의미를 절대로 오해하지 않을 것이다. 어부들의 기술의 상징이 지금도 퇴색되지 않고 있는 성배 이야기보다도 몇 세기는 더 오래되었으니 말이다. 그러나 모든 사람이 어부는 아니다. 가끔 어부의 형상은 초기의 본능적 차원에서 정지한 상태로 남아 있으며, 그러면 그 형상은, 오스카 슈미츠(Oskar Schmitz: 1873-1931)의 동화들을 통해 알 수 있듯이, 한 마리의 수달에 불과하다.

물속을 들여다보는 사람은 누구나 자신의 이미지를 보지만, 곧 그 이미지의 뒤에서 살아 있는 생명체들이 보이기 시작한다. 아마 깊은 곳의 무

---

13 북유럽 신화에서 오딘의 상담자 역할을 하는 현자의 신이다. 에시르 신들이 휴전 협정을 맺기 위해 미미르를 바니르 신들에게 보냈으나, 바니르 신들이 미미르를 살해하고 말았다. 그러자 오딘이 미미르의 머리를 갖고 와서 마법으로 살려내어 중요한 일이 있을 때마다 그 머리에 조언을 청했다고 한다.

해한 거주자인 물고기들일 것이다. 호수에 유령이 찾아오지 않는 한, 물고기들은 무해하다. 물고기들은 특이한 종류의 물의 존재들이다. 반은 인간인 암컷 물고기 닉시(nixie)[14]가 간혹 어부의 그물에 걸린다. 닉시들은 유혹하는 생명체이다.

> 반은 그녀가 그를 잡아끌었고
> 반은 그가 잠겼으니,
> 그 후로 그는 다시 보이지 않았어.

닉시는 내가 아니마라고 부르는 마법적인 여성적 존재의 훨씬 더 본능적인 버전이다. 그녀는 사이렌이나 인어, 숲의 요정, 카리스[15], 얼킹(Erlking)[16]의 딸, 또는 젊은 남자들을 얼빠지게 만들어 그들의 생명력을 들이키는 마녀가 될 수도 있다.

도덕을 앞세우는 비평가들은 이 형상들이 영혼이 실린 감정 상태의 투사이며 무가치한 공상에 불과하다고 말할 것이다. 이 말도 어느 정도 진리라는 점을 인정해야 한다. 그러나 그것이 완전한 진리인가? 닉시가 정말로 도덕적 방종의 한 산물에 불과한가? 오래 전에, 그러니까 이제 막 생겨나던 인간의 의식이 아직 자연에 전적으로 얽매여 있던 시대에는 그런 존재들이 없었는가? 분명히, 도덕적인 양심의 문제가 존재하기 오래 전에도 숲과 들판과 강의 신령들이 있었다. 더욱이 이런 존재들은 숭배의

---

14 게르만 민족의 민담에 등장하는 일종의 물귀신이다.
15 그리스 신화에 나오는 미(美)의 세 여신 중 하나.
16 유럽 신화에 숲을 떠돌아다니는 사악한 난쟁이로 나온다.

대상 못지않게 두려움의 대상이었으며, 그래서 그들의 다소 특이한 성적 매력은 단지 그들의 특징 중 하나에 지나지 않았다. 그때 남자의 의식은 훨씬 더 단순했으며, 남자가 소유한 의식의 크기는 터무니없을 만큼 작았다. 우리가 지금 정신적 존재에 불가결한 부분이라고 느끼는 것들 중에서 많은 것들은 대단히 넓은 범위에 걸쳐 일어나는 투사에서 원시인을 위해 즐겁게 놀아준다.

엄격히 말하면, "투사"라는 단어는 적절한 표현이 아니다. 정신에서 넌 져지는 것이 아무것도 없기 때문이다. 그보다는 정신이 일련의 내사(內射)[17] 행위를 통해서 현재와 같은 복잡성을 획득했다고 말하는 것이 더 정확하다. 정신의 복잡성은 자연에서 영적인 것을 빼앗는 속도에 비례하여 증대되었다.

희미한 과거의 사건에서 비롯되는 유혹하는 닉시 같은 존재는 오늘날 "성적 공상"이라 불리고 있으며, 그녀는 우리의 정신적 삶을 대단히 고통스런 방향으로 복잡하게 만들 수 있다. 그녀는, 닉시가 그렇듯이, 우리에게 우연히 닥치며, 잠자는 남자와 성교를 일삼는다는 여자처럼 우리 위에 앉고, 마녀처럼 온갖 모습으로 변신하고, 정신의 내용물에 절대로 적절하지 않아 보이는 그런 견딜 수 없는 독립성을 대체로 드러낸다. 가끔 그녀는 대단히 강력한 마력에 버금가는 사로잡힘을 야기하거나, 그 어떤 악마의 출현보다도 더 큰 공포심을 우리의 내면에 폭발시킨다. 그녀는 다양하게 변형되고 위장한 모습으로 우리의 앞길을 수시로 가로지르는 짓궂은 존재이다. 그러면서 그녀는 우리에게 온갖 속임수를 동원하며 행복하거나 불행한 망상과 우울과 황홀경, 감정 폭발을 야기한다. 심지어 합리적

17 외부 환경이나 타인의 행동과 속성 들을 자신의 자아 체계로 받아들이는 것을 말한다.

인 내사의 상태에서도 닉시는 짓궂은 장난을 중단하지 않았다. 그 마녀는 지독한 사랑과 죽음의 약을 조제하는 행위를 멈추지 않았으며, 그녀의 마법의 독약은 세련되게 다듬어지면서 음모와 자기기만이 되었으며, 이것들은 보이지 않지만 바로 그 점 때문에 위험하다.

하지만 이 작은 요정 같은 존재를 어떻게 감히 "아니마"라 부를 수 있는가? 아니마는 영혼을 의미하며, 따라서 아니마는 매우 경이롭고 불멸인 무엇인가를 뜻해야 한다. 그렇지만 늘 그랬던 것은 아니다. 이런 종류의 영혼은 초자연적으로 살며 활동하는 무엇인가를 콕 집어서 파악하기 위한 그런 독단적인 개념이라는 것을 잊지 말아야 한다.

독일어 단어 'Seele'는 고트 문자 'saiwalô'를 통해서, '민첩한 움직임' '변하기 쉬운 경향' '경쾌한 움직임'을, 그러니까 취한 듯 이 꽃에서 저 꽃으로 나풀나풀 날아다니며 꿀과 사랑을 먹고 사는 나비(그리스어로 'ψυχή') 같은 뭔가를 뜻하는 그리스어 단어 'αἰόλος'와 밀접히 연결된다. 그노시스주의의 표상에서, '정신적 인간'은 '영적 인간'보다 열등하고, 마지막에, 지옥에서 영원히 불에 구힐 사악한 영혼들이 있다. 갓 태어나 세례를 받지 않은 아기의 꽤 순진한 영혼조차도 신의 응시를 받지 못한다. 원시인들 사이에서 영혼은 생명의 마법적인 숨결(그래서 "아니마"라는 단어로 불린다) 또는 불꽃이다. 정경(正經)에 속하지 않는 예수 그리스도의 어느 말씀은 "내 가까이에 있는 자는 누구나 불 가까이 있다."고 적절히 선언한다. 헤라클레이토스에게 최고 수준의 영혼은 불 같고 건조하다.

영혼을 가진 존재는 살아 있는 존재이다. 영혼은 인간 안에 살아 있는 것이며, 스스로 살아가며 생명을 야기한다. 그러므로 신은 아담이 살 수 있도록 그에게 살아 있는 숨결을 불어넣었다. 영혼은 망상을 갖고 교묘하게 장난을 치면서, 살고 싶어 하지 않는 물질의 불활성을 유혹하여 살도록 한다. 영혼은 우리로 하여금 믿기지 않는 것을, 생명을 살 수 있다는 것을 믿도록 만든다. 영혼은 덫과 함정으로 가득하다. 인간이 떨어져 땅에 닿고, 거기에 얽혀서 머물도록 하기 위해서다. 그러면 생명을 살 수 있을 테니까. 에덴동산의 이브가 아담에게 금단의 사과의 선(善)에 대해 설득시킬 때까지 만족하고 있을 수 없었듯이.

영혼의 도약과 경쾌한 움직임이 없다면, 인간은 최대의 열정인 게으름에 빠져 그만 썩어 사라지고 말 것이다. 어떤 종류의 사려 분별은 게으름의 대변자이고, 어떤 종류의 도덕성은 게으름에 대한 찬양이다. 그러나 영혼을 갖는 것은 인생을 걸어야 하는 중요한 모험이다. 이유는 영혼이 인간적인 존재 그 위와 아래에서 개구쟁이 같이 장난을 치는, 생명을 불어넣는 하나의 악령이기 때문이다. 바로 그런 이유로, 악령은 교리의 영역에서 인간의 능력을 훨씬 넘어서는 초인간적인 처벌과 축복으로 협박도 받고 달래어지기도 한다. 천국과 지옥은 영혼에게 할당된 운명이지 문명인에게 할당된 운명이 아니다. 영적 결핍과 소심이 두드러진 특징인 문명인은 천상의 예루살렘에서 어떻게 처신해야 하는지에 대해 전혀 아무것도 모른다.

아니마는 교리상의 의미에서 말하는 영혼도 아니고, 철학적 개념인 '합리적 영혼'(anima rationalis)도 아니며, 무의식의 진술들과 원시적인 마음의 진술들, 그리고 언어와 종교의 역사의 진술들을 모두 만족스럽게 요약하는 하나의 자연적인 원형이다. 아니마는 "요인"이라는 단어의 본래의 의미에서 말하는 하나의 요인이다. 인간은 아니마를 만들지 못한다.

반대로, 아니마는 언제나 인간의 기분과 반응, 충동, 그리고 정신적 삶에서 저절로 일어나는 그 외의 모든 것들에 담겨 있는 선험적 요소이다. 아니마는 스스로 살고 있는 그 무엇이고, 우리가 살아가도록 하는 그 무엇이다. 아니마는 의식의 뒤에 있는 어떤 생명이다. 아니마는 의식과 절대로 완전히 통합될 수 없으며, 거꾸로 아니마로부터 의식이 생겨난다. 최종적으로, 정신적 삶이 대개 의식을 사방에서 둘러싸고 있는 무의식적 삶이기 때문이다. 예를 들어, 하나의 감각 인상을 새기는 데 필요한 무의식적 준비가 얼마나 많은지에 대해 생각해 보기만 해도, 그 같은 사실은 충분히 분명해진다.

우리의 무의식적인 정신적 삶의 전체가 아니마에게로 돌려질 수 있는 것처럼 보일지라도, 아니마는 많은 원형들 중 하나에 지나지 않는다. 그러므로 아니마는 전체 무의식의 특징이 아니다. 아니마는 무의식의 양상들 중 하나일 뿐이다. 이 같은 사실은 바로 아니마의 여성성에 의해 분명히 드러난다. '내'가 아닌 것, 남성적이지 않은 것은 거의 틀림없이 여성적이다. '내'가 아닌 것은 나에게 속하지 않는 것으로, 따라서 나의 밖에 있는 것으로 느껴지기 때문에, 아니마 이미지는 일반적으로 여자들에게로 투사된다.

남녀 어느 쪽에나 이성(異性)이 어느 정도 갖춰져 있다. 생물학적으로 말하자면, 저울이 남성 쪽으로 기울도록 건드리는 것이 단지 남성 유전자의 숫자가 더 크다는 사실이기 때문이다. 작은 수의 여성 유전자들은 여성적인 성격을 형성하는 것 같다. 그런데 이 여성적인 성격은 일반적으로 종속적인 위치 때문에 무의식에 남는다.

아니마 원형을 시작으로, 우리는 지금 신들의 영역, 또는 형이상학이 스스로를 위해 남겨둔 영역으로 들어간다. 아니마가 건드리는 모든 것은 초자연적인 것이 된다. 말하자면, 무조건적이고, 위험하고, 금기시되고, 마법적인 것이 된다는 뜻이다. 아니마는 선한 결심과 그보다 더 선한 의도를 가진 순진한 남자의 낙원에 사는 뱀이다. 아니마는 무의식을 들추지 않을 가장 확실한 이유들을 제공한다. 무의식을 들여다보며 캘 경우에, 도덕적 금지들을 무너뜨리게 되고, 아무런 방해를 받지 않는 상태로 무의식에 그냥 그대로 남는 것이 더 좋은 힘들을 풀어놓게 되기 때문이다.

여느 때처럼, 아니마가 하는 말에는 뭔가 담겨 있다. 삶 자체가 그저 선하기만 한 것이 아니라 나쁘기도 하기 때문이다. 아니마는 생명력을 원하기 때문에 좋은 것과 나쁜 것을 똑같이 원한다. 이런 범주들은 작은 요정의 영역에는 존재하지 않는다. 정신적 삶뿐만 아니라 육체적 삶도 인습적인 도덕이 없는 경우에 상황을 훨씬 더 잘 헤쳐 나가며, 두 종류의 삶은 종종 그런 뻔뻔함 때문에 훨씬 더 건강한 모습을 보인다.

아니마는 미학과 도덕 사이의 충돌이 발견되기 전의 원초적인 개념인 '아름답고 선한 것'을 믿는다. 선한 것이 언제나 아름다운 것은 아니고 아름다운 것이 언제나 선한 것은 아니라는 사실이 분명해지기까지, 1,000년 이상의 기독교의 분화가 필요했다. 사상들의 이런 결합에 따르는 역설은 원시인들뿐만 아니라 고대인들에게도 별로 어렵게 느껴지지 않았다.

아니마는 보수적이며, 몹시 화나게 할 만큼 인류 초기의 방법들에 집착한다. 그녀는 그리스와 이집트를 편애하는 성향이 뚜렷한 역사적 의상을 걸치고 나타나기를 좋아한다. 이 맥락에서, 라이더 해거드(Rider Haggard: 1856-1925)와 피에르 브누아(Pierre Benoît: 1886-1962)

의 고전적인 아니마 이야기에 대해 언급할 수 있다. '폴리필로의 꿈' (Ipnerotomachia of Poliphilo)으로 알려진 르네상스 시대의 꿈과 괴테 (Johann Wolfgang von Gothe: 1749-1832)의 '파우스트'도 마찬가지로 그 상황을 진정으로 표현할 단어를 발견하기 위해 고대 속으로 깊이 들어간다. 폴리필로는 베누스 여왕을 떠올렸고, 괴테는 트로이의 헬레네를 떠올렸다. 아니엘라 야페(Aniela Jaffé: 1903-1991)는 비더마이어의 시대[18]와 낭만주의 시대의 아니마의 그림을 생생하게 묘사했다. 아니마가 현대 사회에 나타나는 경우에 무슨 일이 벌어질 것인지를 알기를 원하는 사람에게, 나는 존 어스킨(John Erskine: 1879-1951)의 『트로이의 헬레네의 사생활』(Private Life of Helen of Troy)을 권한다.

아니마는 천박한 창조물이 아니다. 영원의 숨결이 진정으로 살아 있는 모든 것들 위로 흐르고 있기 때문이다. 아니마는 모든 범주들 그 너머에서 살고 있으며, 따라서 칭송으로부터도 벗어나 있고 비난으로부터도 벗어나 있다. 시간이 시작된 이후로, 건강한 동물적 본능을 가진 남자는 자신의 영혼과 영혼의 악령 숭배에 맞서 싸움을 벌여왔다. 만약에 영혼이 일률적으로 어둡다면, 싸움은 간단한 문제일 것이다. 불행하게도 영혼은 그렇지 않다. 아니마가 빛의 천사로도 나타나고, '파우스트'를 통해 알고 있듯이, 최고의 의미에 닿는 길을 가리키는 길잡이로도 나타날 수 있기 때문이다.

그림자와의 조우가 개인의 발달에서 "도제의 작업"에 해당한다면, 아니마와의 조우는 "명인의 작업"이라고 할 수 있다. 아니마와의 관계는 다

---

18 나폴레옹 전쟁이 끝난 1815년부터 1848년 혁명이 시작될 때까지, 중부 유럽에서 예술이 중산층의 감성에 호소하던 시대를 일컫는다.

시 용기 테스트이며, 남자의 영적, 도덕적 힘을 단련하는 데 필요한, 불에 의한 시련이다. 아니마를 다룬다는 것은 곧 남자가 그 전에 한 번도 경험하지 못한 정신적 사실들을 다루는 것이라는 점을 잊지 말아야 한다. 그 사실들이 언제나 남자의 정신의 영역 "밖"에서, 말하자면, 투사의 형태로만 발견되기 때문이다.

아들에게 아니마는 어머니의 지배적인 힘 안에 숨어 있으며, 가끔 아니마는 아들에게, 평생 이어지면서 어른이 된 아들의 운명까지 심각하게 훼손시킬 수 있는 감정적 집착을 남길 수 있다. 그런 한편, 아니마는 아들이 더없이 높은 곳을 향해 비상하도록 박차를 가하기도 한다.

고대의 남자들에게 아니마는 여신이나 마녀로 나타났던 반면에, 중세의 남자에게는 여신이 천국의 여왕과 어머니 교회로 대체되었다. 상징을 잃어버린 프로테스탄트의 세계는 가장 먼저 건강하지 않은 어떤 감상성을 낳았으며, 이어서 도덕적 갈등의 첨예화를 낳았다. 이 도덕적 갈등은 대단히 견디기 어려웠던 까닭에 논리적으로 니체의 "선과 악을 넘어"로 이어졌다.

문명의 중심들에서, 이 같은 상태는 결혼생활의 불안정이 점점 심화되는 현상으로 나타나고 있다. 많은 유럽 국가들의 이혼율이 미국을 넘어서지는 않았지만 거의 근접했으며, 이 같은 사실은 아니마가 우선적으로 이성(異性)에게로 스스로를 투사하고, 따라서 남녀 관계를 대단히 복잡하게 만든다는 점을 증명하고 있다. 이런 사실은 대부분 아니마의 병적 효과 때문인데, 그것이 현대 심리학의 성장을 낳았다. 그 중에서 프로이트의 심리학은 모든 장애의 근본적인 원인이 성(性)에 있다는 믿음을 고수했다. 이 심리학은 단지 기존에 이미 존재하는 갈등을 더욱 악화시키는 관점일 뿐이다. 여기서 원인과 결과 사이에 혼동이 일어나고 있다. 성적 장애는 절대로 신경증적 문제의 원인이 아니다. 성적 장애는 신경증적 문제처럼 의식의 부적응에 따른 병적 효과 중 하나일 뿐이다. 의식이 감당할 수 없는 상황과 과제에 직면할 때처럼 말이다. 그런 장애를 겪는 사람은 단순히 세상이 어떻게 변했는지를, 세상에 적응하기 위해 어떤 태도를 취해야 하는지를 이해하지 못하고 있다.

그림자나 아니마를 다룰 때, 단순히 이 개념들에 대해 알고 깊이 생각하는 것만으로는 절대로 충분하지 않다. 또 우리의 길이 그림자나 아니마 속으로 들어가는 것을 느끼거나 다른 사람들의 감정을 느끼려 노력하는 것만으로는 그것들의 내용물을 경험하지 못한다. 원형들의 목록을 외우는 것은 전혀 아무런 소용이 없다. 원형들은 우리에게 운명처럼 닥치는, 경험의 복합체들이며, 원형들의 효과는 아주 개인적인 삶에서 느껴진다. 아니마는 더 이상 여신으로서 우리의 길을 가로지르지 않으며, 매우 개인적인 불운 또는 최고의 모험으로 그렇게 한다. 예를 들어, 매우 존경받는 교수가 70대에 가족을 버리고 젊은 배우와 눈이 맞아 달아난다면, 우리는 신들이 또 한 사람을 희생시켰다는 것을 안다. 악마의 힘이 우리에게 모습을 드러내는 방식은 늘 그런 식이다. 그리 오래되지 않은 과거였다면, 그 젊은 여자를 마녀로 여겨 제거하는 일은 쉬웠을 것이다.

나의 경험에 따르면, 지적이고 교육 수준이 높은 사람들 중에서 아니마와 아니마의 상대적 자율성이라는 개념을 이해하는 데 전혀 어려움을 겪지 않는 사람이 많다. 그들은 또한 여성들의 내면에 나타나는 아니무스의 현상학도 쉽게 이해한다. 이 측면에서는 오히려 심리학자들이 극복해야 할 어려움을 더 많이 안고 있는 것 같다. 이유는 아마 심리학자들이 무의식의 심리학에 고유한 복잡한 사실들을 다루고자 하는 충동을 전혀 느끼지 못하기 때문일 것이다. 만약에 그런 심리학자들이 의사이기도 하다면, 그들의 신체 심리학적 사고가 심리적 과정은 지적, 생물학적, 생리학적 조건들로 표현될 수 있다고 가정하면서 그들을 방해하고 나설 것이다. 그러나 심리학은 생물학도 아니고 생리학도 아니며, 정신에 관한 지식 이외의 다른 과학은 절대로 아니다.

지금까지 내가 아니마를 그린 그림은 완전하지 않다. 아니마가 삶의 혼란스런 충동일 수 있을지라도, 묘하게 의미 있는 무엇인가가 그녀에게 달라붙어 다닌다. 그것은 바로 그녀의 비합리적인 작은 요정 같은 본성과 이상하게도 두드러진 대조를 이루는 은밀한 지식 또는 숨겨진 지혜이다.

여기서 나는 앞에서 언급한 저자들을 다시 불러내고 싶다. 라이더 해거드는 그녀를 "지혜의 딸"이라고 부른다. 브누아의 아틀란티스의 여왕은 잃어버린 플라톤의 책까지 포함하고 있는 탁월한 서재를 두고 있다. 트로이의 헬레네는 아니마의 화신으로서 현명한 시몬 마구스(Simon Magus: A.D. 1세기 활동)에 의해서 티루스의 한 매음굴에서 구조되어 마구스의 여행길에 동행한다.

대단히 두드러진 아니마의 이런 측면을 나는 앞에서 언급하는 것을 의도적으로 자제했다. 왜냐하면 그녀와의 첫 번째 조우가 일반적으로 사람들로 하여금 지혜가 아닌 다른 것을 추론하도록 만들기 때문이다. 지혜의 측면은 아니마를 진지하게 대하는 사람에게만 나타난다. 오직 그런 때에만, 말하자면 이 힘든 과제를 정면으로 마주할 때에만, 사람은 아니마가 인간의 운명을 갖고 잔인하게 장난을 치는 그 이면에 숨겨진 목적 같은 것이 있다는 사실을 절실하게 깨닫게 된다. 이 숨겨진 목적은 삶의 법칙에 관한 탁월한 지식을 보여주는 것 같다.

보다 깊은 어떤 의미를 드러내는 것은 바로 거의 예상하지 않았고 끔찍할 만큼 혼란스러운 것들이다. 그리고 이 의미가 그 사람에게 분명하게 인식될수록, 아니마는 충동적이고 강박적인 성격을 그만큼 더 잃게 된다. 점진적으로, 카오스의 돌진을 막을 방파제가 건설되고, 의미 있는 것은 의미 없는 것과 스스로를 분리시킨다. 센스와 난센스가 더 이상 동일하지 않을 때, 카오스의 힘은 센스와 난센스의 제거로 인해 약화된다. 그러면 센스는 의미의 힘을 부여받고, 난센스는 무의미의 힘을 부여받는다. 이런 식으로, 새로운 질서가 일어난다. 이것은 의학 심리학 영역의 새로운 발견이 아니라, 한 인간의 풍부한 경험에서 아버지가 아들에게 전할 수 있는 어떤 가르침이 온다는, 옛날부터 내려오는 진리이다.

작은 요정의 본성에서, 지혜와 어리석음은 동일한 것으로 나타나며, 지혜와 어리석음은 아니마에 의해서 행해지는 한에는 동일하다. 삶은 미친 것 같으면서도 동시에 의미 있다. 그리고 우리가 미친 것 같은 측면에 웃지 않고 의미 있는 측면에 대해 골똘히 생각할 때, 삶은 극도로 단조로워지고, 모든 것이 최소한의 규모로 축소되고 만다. 그러면 의미도 거의 없고 무의미도 거의 없어진다. 그런 상태에 대해 생각해 보면, 그 어떤 것도 의미를 지니지 않는다. 생각할 사람이 아무도 없을 때, 일어난 일을 해석할 사람 또한 아무도 없으니 말이다. 해석은 오직 이해하지 못하는 사람들을 위한 것이며, 어떠한 의미든 지니는 것은 오직 우리가 이해하지 못하는 것들뿐이다. 남자는 자신이 이해하지 못하는 세상에서 깨어났으며, 그것이 남자가 세상을 해석하려고 노력하는 이유이다.

따라서 아니마와 생명 자체는 해석을 전혀 제시하지 않는 한 무의미하다. 그럼에도 아니마와 생명은 해석될 수 있는 어떤 본성을 갖고 있다. 이유는 모든 카오스 안에 어떤 우주가 있고, 모든 무질서 안에 어떤 은밀한 질서가 있고, 모든 예측 불허의 변화 속에 어떤 확고한 법칙이 있기 때문이며, 또 작용하는 모든 것은 정반대의 것에 근거를 두고 있기 때문이다. 이 진리를 알기 위해서는 모든 것을 이율배반적인 판단으로 바꿔놓는, 남자의 분석적인 이해력이 필요하다.

남자가 아니마를 정면으로 직시하기만 하면, 아니마의 혼란스런 변덕성이 그에게 그녀의 본성 외에 어떤 비밀스런 질서나 계획, 의미, 목적을 의심할 근거를 제공할 것이다. 그러면 심지어 아니마가 남자로 하여금 그런 것을 "가정하도록" 하는 것이 아닌가 하는 생각까지 들지만, 그것은 진실이 아니다. 실제 현실을 보면, 우리에게 냉철하게 숙고할 수 있는 힘이 없고, 과학이나 철학도 우리를 돕지 못하며, 종교의 전통적인 가르침도 오직 제한적으로만 도울 수 있을 뿐이기 때문이다.

우리는 목적 없는 경험에 갇혀 있으며, 범주들을 바탕으로 판단하는 지성은 그 자체로 무력한 것으로 드러나고 있다. 인간의 해석은 실패하고 있다. 인간의 해석에게 배정된 전통적인 의미들과 일치하기를 거부하는 난폭한 삶의 상황이 일어났기 때문이다. 그것은 붕괴의 순간이다. 우리는 최종적인 깊이 속으로 가라앉고 있다. 아풀레이우스(Apuleius: A.D. 2세기)는 그런 상황을 "일종의 고의적인 죽음"이라고 부른다. 그것은 우리 자신의 힘들을 완전히 포기하는 것이다. 그 포기는 인위적으로 의도한 것이 아니라 자연에 의해 우리에게 강요된 것이며, 도덕적 옷으로 장식한 자발적 복종과 겸손이 아니라 사기 상실에 대한 극도의 공포를 수반하는 완전한 패배이다. 모든 받침대와 버팀목이 부서질 때에만, 그리고 뒤쪽으로부터의 어떠한 보호도 안전에 대한 희망을 전혀 주지 않을 때에만, 우리가 원형을 온전히 경험하는 것이 가능해진다. 그때까지, 원형은 아니마가 행하는 의미 있는 난센스의 뒤에 숨어 있다. 이것이 의미의 원형이다. 아니마가 그 자체로 생명의 원형이듯이.

생명과 비교하는 경우에, 의미가 언제나 역사가 더 짧은 사건처럼 보인다. 이유는, 어느 정도 정당하기도 한데, 우리가 의미를 우리 스스로 부여한다고 단정하고, 또 똑같이 정당한데, 우리가 위대한 세상은 해석되지 않아도 제대로 돌아간다고 믿기 때문이다.

하지만 우리가 어떻게 의미를 부여할 수 있는가? 종국적으로, 우리가 어느 원천에서 의미를 끌어내는가? 우리가 의미를 부여하기 위해 사용하는 형태들은 시간적으로 아득히 먼 옛날까지 거슬러 올라가는 역사적인 범주들이다. 이것은 우리가 충분히 고려하지 않는 하나의 사실이다. 해석은 원초적인 이미지에서 비롯된 어떤 언어적 모체들을 이용한다. 그래서 이 문제에 어떤 측면에서 접근하든, 모든 곳에서 우리는 언어의 역사와, 거꾸로 원초적인 경이의 세계에까지 닿는 이미지들과 모티브들을 직면한다.

"관념"(idea)이라는 단어를 예로 들어 보자. 그것은 플라톤의 '에이도스'(eidos: 형상) 개념으로 거슬러 올라가며, 영원한 관념들은 하늘 그 너머의 어느 장소에 영원하고 초월적인 형태로 저장된 원초적인 이미지들이다. 예언자의 눈은 그 이미지들을 "그림과 수호신" 또는 꿈속의 이미지와 계시적인 환상으로 본다.

혹은 물리적인 사건들에 관한 한 해석인 에너지의 개념을 보자. 옛날에 에너지는 연금술사들의 비밀스런 불 또는 플로지스톤[19], 스토아학파의 "원초적 온기" 같은, 물질에 고유한 열의 힘, 또는 모든 곳을 스며드는 활력이라는 원시적인 개념과 비슷한, 헤라클레이토스의 영원히 살아 있는 불이었다. 여기서 말하는 활력은 일반적으로 마나라 불리는, 성장과 마법적인 치료의 힘을 뜻한다.

불필요하게 예를 더 제시하고 싶지는 않다. 역사적으로 선례를 갖지 않은 중요한 사상이나 견해는 하나도 없다는 사실을 아는 것만으로도 충분하다. 결국, 사상과 견해는 모두 원초적인 원형적 형태들에 근거하고 있다. 이 형태들의 구체성은 의식이 '생각'하지 않고 단지 지각만 하던 때부터 비롯되었다. 그때 "생각"은 내적 지각의 대상이었으며, 전혀 생각되지 않았으며 외적 현상으로 느껴졌다. 말하자면, "생각"이 보이거나 들렸던 것이다. 생각은 기본적으로 계시였으며, 발명되지 않고 그 직접성과 현실성을 통해 우리에게 강요되거나 확신을 주었다.

이런 종류의 사고는 원시적인 자아의식보다 앞서며, 원시적인 자아의식은 사고의 주체이기보다는 사고의 대상이다. 그러나 우리는 아직 의식의 마지막 봉우리를 오르지 않았다. 그렇기 때문에 우리에게도 기존에 존재하는 어떤 사고가 있으며, 우리가 전통적인 상징들의 뒷받침을 받는 한, 또는 꿈의 언어로 표현한다면 아버지나 왕이 죽지 않는 이상, 우리는 그 사고를 의식하지 않는다.

무의식이 어떤 식으로 "생각"하고 어떤 식으로 해결책을 위한 길을 닦는지를 예를 통해 쉽게 보여주고 싶다. 내가 개인적으로 알지 못하는 어느 젊은 신학생의 예이다. 그는 자신의 종교적 믿음들 때문에 곤경에 처

<hr>

19 산소가 발견되기 전에 연소성 물질의 주성분으로 여겨졌던 가상의 원소.

해 있었으며, 그때를 전후해 그는 다음과 같은 내용의 꿈[20]을 꾸었다.

그가 검정색 옷을 걸친 잘 생긴 노인 앞에 서 있었다. 그는 노인이 검은 옷을 입었음에도 백(白)마법사라는 것을 알았다. 지금까지 노인이 그에게 말을 꽤 길게 늘어 놓았지만, 그가 기억하는 말은 마지막 한 마디뿐이었다. "그러니 흑(黑)마법사의 도움이 필요해." 그 순간 문이 열리고, 또 다른 늙은 남자가 들어왔다. 흰색 옷을 입은 것만 빼고는 첫 번째 사람과 똑같았다. 흰색 옷을 입은 사람은 흑마법사였다.

흑마법사가 백마법사에게 "당신의 조언이 필요해요."라고 말하며 꿈을 꾸는 사람 앞에서 망설이는 모습을 보였다. 그러자 백마법사가 "말해 봐요, 저 친구는 순진해요."라고 말했다. 이어 흑마법사가 이상한 이야기를 하기 시작했다.

그는 괴상한 일이 벌어진 먼 땅에서 왔다. 그 나라를 통치하던 늙은 왕은 죽을 날이 가까워졌다고 느끼고 있었다. 그래서 왕은 자신이 묻힐 무덤을 찾았다. 그곳엔 고대로부터 내려오는 무덤들이 많았는데, 왕은 그 중에서 자신에게 가장 잘 어울리는 곳을 선택했다. 전설에 따르면, 그 무덤에는 처녀가 묻혀 있었다. 왕은 자신이 쓸 목적으로 그 무덤을 파도록 했다. 그러나 거기에 묻힌 뼈들이 햇빛에 노출되자마자 생명을 얻어 한 마리의 검은 말로 변하여 사막으로 달아났다. 흑마법사는 이 소리를 들은 즉시 말을 찾아 나섰다. 말의 흔적을 추적하며 며칠을 달린 끝에 그는 사막에 닿았으나 거기서도 쉬지 않고 달려 사막이 끝나고 초원이

---

20 나는 이 꿈을 '동화들에 나타나는 영(靈)의 현상학'과 '심리학과 교육'에서 이미 소개한 바가 있다.

다시 시작되는 지점에 이르렀다. 그는 마침내 그곳에서 풀을 뜯고 있던 말을 만났으며, 그와 동시에 지금 백마법사의 조언을 들으러 오게 만든 물건을 발견할 수 있었다. 잃어버린 낙원의 열쇠들을 다시 찾았지만, 그 것을 어떻게 처리해야 하는지 도무지 생각이 떠오르지 않았다. 그런 놀라운 일이 벌어지는 순간에, 꿈을 꾸는 사람은 잠에서 깨어났다.

앞에서 언급한 내용에 비춰보면, 이 꿈의 의미를 짐작하는 것은 어렵지 않다. 늙은 왕은 자신과 비슷한 "지배적인 존재들"이 묻혀 있는 자리에서 영원히 안식에 들기를 원하는 지배의 상징이다. 왕의 선택은 아주 적합하게도 아니마의 무덤이다. 이 아니마는 왕이 살아 있는 한, 말하자면 어떤 타당한 원리(군주)가 생명을 규제하고 표현하는 한, '잠자는 숲속의 미녀'의, 죽음과도 같은 비몽사몽 상태로 누워 있다. 그러나 왕이 죽음에 가까워지자, 그녀는 다시 살아나 플라톤의 우화에서 열정의 난폭함을 상징하는 검은 말로 변한다. 이 말을 추격하는 사람은 누구든 사막으로, 인간들로부터 멀리 떨어진 황무지로 들어간다. 황무지는 영적, 도덕적 고립을 나타내는 이미지이다. 그러나 거기에 낙원의 열쇠가 있다.

그렇다면 낙원은 무엇인가? 분명히, 양면적인, 생명과 지혜의 나무와 4개의 강이 있는 에덴동산이다. 기독교 버전에서 낙원은 또한 '요한 계시록'의 천상의 도시이다. 이 도시는 에덴동산처럼 하나의 만다라로 인식된다. 그러나 만다라는 개성화의 상징이다. 그래서 이 꿈을 꾼 사람을 짓누르고 있는 믿음의 문제를 해결할 열쇠를, 말하자면 개성화의 길을 열어줄 열쇠를 발견하는 사람은 흑마법사이다. 그러므로 사막과 낙원의 대조는 개성화, 즉 자기가 되는 것과 대조되는 것으로서 고립을 의미한다.

꿈의 이 부분은 옥시링쿠스[21] 파피루스에 담긴 예수의 말씀을 바꿔 바꿔 말하는 것 같다. 그 파피루스를 보면 천국의 왕국에 이르는 길을 동물들이 가리키고 있으며, 이런 훈계가 있다. "그러므로 너희 자신을 알도록 하라. 너희가 도시이고, 도시가 왕국이기 때문이니라." 이 꿈은 또한 인류의 최초의 부모가 죄를 짓게 만들고 최종적으로 신의 아들을 통해서 인류의 구원을 낳게 하는 낙원의 뱀에 관한 이야기를 바꿔 말하고 있다. 모두가 알고 있듯이, 이 인과적 연결은 오피스파가 뱀과 구세주를 동일시하도록 만들었다.

검은 말과 흑마법사는 반쯤 사악한 요소들이며, 그것들이 선함과 관계가 있다는 것은 옷을 바꿔 입었다는 사실에 의해 암시되고 있다. 정말로, 두 마법사는 탁월한 거장이자 스승이며 영(靈)의 원형인 늙은 현자의 두 가지 양상이다. 늙은 현자는 삶의 혼란 속에 숨어 있는, 기존에 존재하는 의미를 상징한다. 그는 영혼의 아버지이며, 그럼에도 그 영혼은 다소 기적적인 방식으로 그의 처녀 어머니이기도 하다. 바로 그런 이유로 늙은 현자는 연금술사들 사이에 "처녀 어머니의 첫 아들"로 불리었다. 흑마법사와 검은 말은 앞에 언급한 꿈들에 나타나는, 어두운 곳으로의 하강에 해당한다.

젊은 신학생에게 얼마나 견디기 힘든 가르침인가! 다행히도, 신학생은 모든 예언자들의 아버지가 꿈에서 그에게 말을 걸었다는 것을, 위대한 어떤 비밀을 그의 손길이 거의 닿을 수 있는 곳에 놓아두었다는 것을 조금도 눈치 채지 못했다. 사람들은 그런 사건들의 부적절성에 놀란다. 도대

---

21 이집트 중부의 나일강 서안에 있는 유적지를 말한다. 1897년에 거기서 파피루스가 발견되었다.

체 왜 이런 난리인가? 그러나 나는 이 꿈이 장기적으로 그 학생에게 어떤 식으로 영향을 끼쳤는지 알 수 없다는 점을 인정해야 한다. 아울러 나는 적어도 나에게는 이 꿈이 대단히 많은 이야기를 들려주고 있다는 점을 강조해야 한다. 비록 꿈을 꾼 사람은 이해하지 못했을지라도, 길을 잃는 것은 허용되지 않았다.

이 꿈 속의 늙은이는 아마도 기독교인의 정신에서 아직 해결되지 않고 있는 도덕적 갈등에 대한 대답으로, 선과 악이 어떻게 동시에 기능하는지를 보여주려고 노력하고 있다. 상반된 것들을 이처럼 특이하게 상대화함으로써, 우리는 동양 사상에, 상반된 것들로부터의 자유를 뜻하는 힌두 철학의 니르드반드바(nirdvandva)[22]에 가까이 다가서고 있다. 힌두 철학의 이 개념은 화해를 통해 갈등을 해결하는 한 방법으로 제시되고 있다.

선과 악을 보는 동양의 이런 상대성에 의미가 얼마나 위태롭게 담겨 있는지를 보여주는, 인도의 경구 같은 질문이 있다. "신을 사랑하는 사람과 신을 증오하는 사람 중에서, 누가 완벽에 도달하는 데 더 오랜 시간이 걸리겠는가?" 대답은 이렇다. "신을 사랑하는 사람은 완벽을 이루는 데 일곱 번의 윤회가 필요하고, 신을 증오하는 사람은 세 번의 윤회만 필요하다. 이유는 신을 증오하는 사람이 신을 사랑하는 사람보다 신에 대해 더 자주 생각할 것이기 때문이다."

상반된 것들로부터의 자유는 상반된 것들이 기능적으로 동등하다는 것을 전제하며, 이것은 기독교인의 감정을 해친다. 그럼에도 불구하고, 우리의 꿈이 보여주듯이, 도덕적으로 상반된 것들의 균형 잡힌 협력은 동양이 자연스럽게 인정하는 자연적인 진리이다. 이것을 가장 명쾌하게 보

---

22 양쪽 극단으로부터 자유로운 곳이라는 뜻이다.

여주는 예는 도교 철학에서 발견된다. 그러나 기독교 전통에도 이 관점과 매우 가까운 다양한 말씀이 있다. 이 대목에서 불의한 청지기의 우화를 상기시키는 것만으로도 충분할 것이다.

우리의 꿈은 이 점에서 절대로 독특하지 않다. 상반된 것들을 상대화하는 경향이 무의식의 주목할 만한 특성이기 때문이다. 그러나 이 말은 과도한 도덕적 감수성이 문제가 되는 경우에만 적용된다는 말을 즉시 덧붙여야 한다. 다른 경우에는 무의식이 상반된 것들의 불화를 단호하게 주장할 수 있기 때문이다. 대체로, 무의식의 관점은 의식적인 태도와 상대적이다. 그러므로 우리의 꿈은 프로테스탄트 종파의 어느 신학자의 의식(意識)의 특별한 믿음과 회의(懷疑)들을 전제하고 있다고 말할 수 있다. 이 점은 꿈의 진술을 일단의 명확한 문제들로 국한시킨다. 그러나 그 프로테스탄트 종파의 타당성을 이런 식으로 축소하더라도, 꿈은 그 종파의 관점의 우월성을 분명히 보여주고 있다.

꽤 적절하게도, 꿈은 원시 사회의 주술사 형상과 직접적으로 연결되는 현명한 마법사의 의견과 목소리를 통해서 꿈의 의미를 나타내고 있다. 아니마처럼, 현명한 마법사는 광포한 삶의 혼란스런 어둠을 의미의 빛으로 꿰뚫는 불멸의 수호신이다. 그는 계몽자이고, 거장이자 스승이며, 서판들의 파괴자인 니체까지도 인격화하지 않을 수 없었던, 영혼을 저승으로 인도하는 길잡이이다. 니체가 거의 호메로스 시대의 고고한 영(靈)이었던 차라투스트라(Zarathustra)에게서 그 자신의 "디오니소스적" 깨달음과 황홀경의 대변자로서 자신의 화신을 보았다. 니체에게 신은 죽었지만, 대신에 지혜의 맹렬한 수호신이 그의 육체적 더블(double)이 되었다. 니체는 이렇게 말한다.

그때 하나가 둘로 바뀌고

차라투스트라가 나를 스치듯 지나쳤다.

차라투스트라는 시적 형상이 아니라 니체를 나타내고 있다. 차라투스트라가 일종의 무의식적 고백이고 증거이기 때문이다. 니체도 신과 기독교에 등을 돌린 삶의 어둠 속에서 길을 잃고 말았으며, 그것이 계시자(啓示者)와 계몽자, 말하자면 그의 영혼이 쏟아내는 말의 원천이 그에게 온 이유였다. 여기에 『차라투스트라는 이렇게 말했다』에 나오는, 신관(神官)의 언어의 원천이 있다. 그런 것이 이 원형의 스타일이기 때문이다.

이 원형을 경험하면서, 현대인은 대단히 오래된 형태의 사고를 하나의 자율적인 작용으로 알게 되는데, 그 작용의 대상은 바로 그 현대인이다. 헤르메스 트리스메기스투스 또는 연금술 문헌의 토트(Thoth), 오르페우스, 포이만드레스(인간들의 목자)와 그의 가까운 친척 헤르메스의 포이멘(목자) 등은 동일한 경험을 달리 표현한 예들이다. 만약에 "루시퍼"라는 이름이 편향적이지만 않다면, 그 이름도 이 원형에 매우 적절한 이름이 될 것이다. 그러나 나는 그것을 노인 현자의 원형 또는 의미의 원형이라고 부르는 것으로 만족한다. 모든 원형들과 마찬가지로, 이 원형도 긍정적인 측면과 부정적인 측면을 동시에 갖고 있다. 그래도 이 문제에 대해서는 여기서 논하고 싶지 않다. '동화에 등장하는 영의 현상학'에서 노인 현자의 양면성에 대한 설명이 자세히 제시될 것이다.

지금까지 논한 3가지 원형, 즉 그림자와 아니마, 노인 현자의 원형은 구체화된 형태로 직접적으로 경험될 수 있는 종류의 원형이다. 앞의 글에서 나는 그런 경험이 일어나는 일반적인 심리적 상태에 대해 설명하려고 노력했다. 그러나 내가 독자들에게 전한 것은 추상적인 일반화뿐이다. 그런 경험이 현실 속에서 일어나는 과정에 대한 설명도 당연히 있어야 한다. 그 과정이 전개되는 동안에, 원형들은 꿈과 공상에 능동적인 인격으로 등장한다. 그러나 그 과정 자체는 또 다른 부류의 원형들을 수반한다. 변형의 원형들이라고 부를 수 있는 것들이다.

그것들은 인격이 아니라, 문제가 되고 있는 변형의 종류를 상징하는 전형적인 상황과 장소, 수단과 방법이다. 인격들과 마찬가지로, 이 원형들은 기호나 비유로서, 엄격히 해석될 수 없는, 진정하고 순수한 상징들이다. 이 원형들이 순수한 상징인 이유는 바로 그것들이 모호하고, 반쯤 이해되는 의미로 가득하고, 마지막으로, 절대로 밑바닥을 드러내지 않기 때문이다. 무의식의 기초 원리들은 그 자체로 인식이 가능함에도 불구하고 매우 풍성한 관련성 때문에 말로 묘사가 불가능하다.

구별을 추구하는 지성은 당연히 그 기초 원리들의 의미의 단일성을 확립하려고 지속적으로 노력하고 있으며, 따라서 지성은 본질적인 것을 놓치고 있다. 이유는 우리가 무엇보다 먼저 그 기초 원리들의 본질과 일치하는 것으로 확립할 수 있는 한 가지가 바로 그 원리들의 다면적인 의미이기 때문이다. 그 기초 원리들이 지닌 관련성이 거의 무한할 만큼 풍성하며, 바로 이 점 때문에 어느 한 면만을 공식화하는 것은 불가능하다. 이것 외에도, 기초 원리들은 원칙적으로 역설적이다. 그것은 연금술사들에게 영이 "노인이자 젊은이"로 인식되었던 것과 다를 바가 없다.

만약에 그 상징적인 과정을 그림으로 그리기를 원한다면, 연금술에서 발견된 일련의 그림들이 좋은 예가 될 것이다. 연금술의 그림들에 담긴 상징들이 모호한 기원과 의미에도 불구하고 대부분 전통적이긴 하지만 말이다. 동양의 한 탁월한 예는 탄트라교의 차크라 체계나 중국 요가의 신비한 신경체계이다. 또한 타로 카드의 그림들도 변형의 원형들에서 내려온 것 같다. 이것은 베르누이(Rudolf Bernoulli: 1880-1948) 교수의 매우 계몽적인 강연에서 확인된 견해이다.

상징적인 과정은 이미지를 통해 이뤄지는 경험이다. 그 과정의 발달은 보통 '주역'의 해설처럼 에난티오드로미아(enantiodromia)[23]의 구조를 보이며, 그래서 부정적인 것과 긍정적인 것, 상실과 획득, 어둠과 빛의 리듬을 탄다. 그 과정은 거의 틀림없이 사람이 막다른 골목에 갇히거나 도저히 있을 수 없는 상황에 처한 시점에 시작되는 것이 두드러진 특징이다. 그 과정의 목적은 넓게 말해 계몽, 즉 보다 높은 단계의 의식이며, 그것에 의해서 원래의 상황이 보다 높은 차원에서 극복된다.

시간적 요소에 대해 말하자면, 그 과정은 단 한 차례의 꿈이나 짧은 순간의 경험으로 압축되어 나타날 수도 있고, 원래 상황의 본질이나 그 과정에 개입되는 사람, 도달하려는 목표에 따라 몇 개월 또는 몇 년까지 확장될 수도 있다. 상징의 풍요로움은 당연히 예에 따라 크게 달라진다. 모든 것이 이미지로, 말하자면 상징적으로 경험되지만, 그것은 허구적인 위험의 문제가 절대로 아니며 매우 실질적인 위험의 문제이다. 그 위험에 전체 삶의 운명이 좌우될 수도 있다. 주된 위험은 원형들의 매혹적인 영향에 굴복하는 것이며, 원형의 이미지들이 아직 의식적인 것이 되지 않았을 때 그런 일이 일어날 확률이 가장 높다. 만약에 이미 정신병의 소인이 있다면, 어쨌든 자연적인 신비성 때문에 어느 정도의 자율성을 부여받은

---

23 어떤 한 요소의 힘이 과해지는 경우에 그 균형을 맞추기 위해서 그것과 정반대 요소가 나타나는 현상을 말한다.

원형적인 형상들이 의식적인 통제로부터 완전히 벗어나서 철저히 독립적인 것이 되고, 따라서 사로잡힘의 현상을 낳을 수도 있다.

예를 들어, 아니마에 사로잡힌 어떤 환자는 자기 거세를 통해서 자신을 여자로 바꾸기를 원하거나, 그런 종류의 무엇인가가 강제로 자신에게 행해지지 않을까 두려워할 것이다. 그런 예로 가장 널리 알려진 것은 슈레버(Daniel Paul Schreber: 1842-1911)의 『나의 신경병의 회고록』(Memoirs of My Nervous Illness)이다.

환자들은 케케묵은 모티브들을 많이 가진 순수한 아니마 신화를 종종 발견한다. 이런 종류의 한 예가 얼마 전에 넬켄(Jan Nelken: 1878-1940)에 의해 발표되었다. 또 다른 환자는 책을 통해 자신의 경험을 직접 묘사하고 그 경험에 대해 논평했다. 내가 이런 예들에 대해 언급하는 이유는 원형들이 나 자신의 뇌에서 나온 주관적인 괴물이라고 생각하는 사람들이 여전히 있기 때문이다.

정신 이상 상태에서 잔인하게 겉으로 드러나는 것들은 신경증의 상태에서는 뒤에 숨어 있지만, 그럼에도 불구하고 그것들은 의식에 지속적으로 영향력을 행사한다. 따라서 분석이 의식적인 현상의 배경을 파고들 때, 거기서 정신병 환자들의 섬망을 일으키는 것과 동일한 원형적인 형상들이 발견된다. 마지막으로, 이 원형들의 경우에 우리가 실질적으로 모든 곳에서 일어나는 정상적인 유형의 공상을 다루고 있으며, 광기의 괴상한 산물을 다루고 있지 않다는 점을 입증하는 문헌적, 역사적 증거가 상당히 많다. 병적인 요소는 이 생각들의 존재에 있는 것이 아니라, 더 이상 무의식을 통제하지 못하는 의식의 분열에 있다. 따라서 모든 분열의 예에서 무의식을 의식 속으로 통합시키는 것이 필요하다. 이것이 내가 "개성화 과정"이라고 부르는 통합 과정이다.

사실 이 과정은 삶의 자연스런 경로를 따른다. 그런 삶 속에서 개인은 과거에 늘 그랬던 그런 모습이 된다. 인간이 의식을 갖고 있기 때문에, 이런 종류의 발달은 그다지 부드럽게 돌아가지 않는다. 종종 바뀌고 방해를 받는다. 왜냐하면 의식이 자체의 원형적이고 본능적인 토대로부터 거듭 벗어나며 토대와 정면으로 맞서고 있다는 사실을 깨닫기 때문이다. 그때 두 가지 입장을 통합시킬 필요성이 대두된다.

이 통합은 회복 의식(儀式)의 형태를 취하는 원시적인 수준에서도 심리 요법에 해당한다. 그런 예로, 나는 오스트레일리아 원주민인 애버리진이 '알케링가'(alcheringa)[24] 시대의 조상들과 동일시하고, 타오스 푸에블로 부족이 "태양의 아들"과 동일시하고, 이시스 신비 의식의 헬리오스 신격화를 들고 싶다. 따라서 콤플렉스 심리학의 치료 방법은 한편으로는 관련 있는 무의식의 내용물을 최대한 의식적인 것으로 만드는 데에, 다른 한편으로는 인식 행위를 통해서 무의식의 내용물을 의식과 통합시키는 데에 있다. 그러나 문명인이 상당한 정도의 분리 가능성을 가진 상태에서 온갖 위험을 피하기 위해서 그 분리 가능성을 지속적으로 이용하기 때문에, 인식이 반드시 적절한 행위를 낳는다는 결론은 절대로 불가능하다. 반대로, 우리는 인식의 특이한 무력함을 감안해야 하며, 따라서 인식을 의미 있는 방향으로 적용할 것을 고집해야 한다. 대체로 인식은 혼자 힘으로는 의미 있는 방향을 추구하지 못하며, 그런 것으로서 인식은 어떤 도덕적 힘도 암시하지 않는다. 이런 예들에서, 신경증의 치료가 하나의 도덕적 문제라는 점이 매우 분명하게 확인된다.

24 황금시대를 뜻한다.

원형들이 모든 초자연적인 내용물처럼 비교적 자율적이다. 그렇기 때문에 원형들은 단순히 합리적인 수단에 의해서는 통합되지 못하며 변증법적인 절차를 필요로 한다. 원형들을 받아들이는 법을 진정으로 배우는 이 절차는 종종 환자에 의해 대화 형식으로 실행된다. 그러면 환자는 자기도 모르는 사이에 연금술에서 말하는 명상, 즉 "자신의 선한 천사와의 내적 대화"를 하게 된다. 대체로 그 과정은 상승과 하강이 자주 나타나는 극적인 경로를 밟는다. 그 과정은 아주 오랜 옛날부터 신화적인 모티브의 형태로 변형의 정신 과정을 묘사했던 "집단 표상"과 관련 있는 꿈 상징들을 통해 표현된다.

　한 차례의 강연이라는 짧은 시간 안에, 나는 원형의 몇 가지 예를 제시하는 것으로 만족해야 한다. 나는 남자의 정신을 분석하는 데 중요한 역할을 하는 원형들을 선택해서 그 원형들이 나타나는 변형 과정이 어떤 것인지를 전하려고 노력했다. 이 강연이 처음 발표된 이후로, 그림자와 아니마와 노인 현자의 형상들은 여자의 무의식에 나타나는, 그것들에 해당하는 형상들과 함께 자기의 상징체계에 관한 나의 논문에서 보다 상세하게 다뤄졌다. 개성화 과정도 연금술 상징체계와의 연결 속에서 더욱 세밀하게 다뤄졌다.

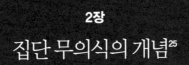

2장

집단 무의식의 개념[25]

---

25 1936년 10월 19일 런던 성 바톨로뮤 병원의 애버네시언 학회(Abernethian Society)에서 한 강연이다.

경험에서 비롯된 나의 개념들 중에서 집단 무의식이라는 개념만큼 오해를 많이 부른 것도 아마 없을 것이다. 이어지는 글에서 나는 집단 무의식 개념에 대해 정의를 내리고, 집단 무의식이 심리학에 지니는 의미를 설명하고, 집단 무의식을 증명하는 방법에 대해 논하고, 집단 무의식의 예를 제시할 것이다.

1. 정의

집단 무의식은 개인 무의식과 반대 방향으로 뚜렷이 구별되는, 정신의 한 부분이다. 집단 무의식은 개인 무의식과 달리 그 존재를 개인의 경험에 근거하지 않으며, 따라서 개인적으로 습득되는 것이 아니다. 개인 무의식은 기본적으로 한때 의식이었다가 망각이나 억압에 의해 의식에서 사라진 내용물로 이뤄져 있는 반면에, 집단 무의식의 내용물은 의식 안에 있었던 적이 한 번도 없으며, 따라서 절대로 개인적으로 획득되지 않으며, 그 존재를 전적으로 유전에 기대고 있다. 개인 무의식은 대부분 콤플렉스로 구성되어 있지만, 집단 무의식의 내용물은 기본적으로 원형들로 구성되어 있다.

집단 무의식이라는 사상과 불가분의 관계가 있는 원형의 개념은 정신 안에 명확한 형태들이 존재한다는 것을 암시한다. 그런데 이 형태들은 때와 장소를 불문하고 두루 존재하는 것 같다. 신화학의 연구는 그 형태들을 "모티브"라고 부른다. 원시인의 심리학에서, 그 형태들은 레비 브륄의 "집단 표상" 개념과 일치한다. 비교 종교 분야에서 그 형태들은 위베르(Henri Hubert: 1872-1927)와 모스(Marcel Mauss: 1872-1950)에 의해서 "상상의 범주들"로 정의되었다. 아돌프 바스티안(Adolf Bastian: 1826-1905)은 오래 전에 그 형태들을 "기초적인" 또는 "원초적인 생각들"이라고 불렀다. 이런 참조 사항들을 바탕으로, 글자 그대로의 의미가 "선재(先在)하는 형태"라는 뜻인 원형이라는 나의 개념은 홀로 서 있는 것이 아니라, 지식의 다른 분야에서 인식되고 명명된 그 무엇이라는 것이 분명히 확인되어야 한다.

그렇다면 나의 주장은 이렇다. 우리가 즉각적으로 확인하는 의식, 그러니까 전적으로 개인적인 성격을 지녔고 (우리가 개인 무의식을 하나의 부속물로 첨가할지라도) 유일하게 경험할 수 있는 정신으로 믿어지는 의식 외에, 집단적이고 보편적이고 비개인적인 성격을 지닌 두 번째 정신 체계가 존재한다는 것이다. 이 집단 무의식은 개인적으로 발달하지 않고 유전된다. 그것은 선재하는 형태들, 즉 원형들로 이뤄져 있다. 이 원형들은 오직 이차적으로만 의식적인 것이 될 수 있으며, 정신의 내용물에 명확한 형태를 부여한다.

2. 집단 무의식의 심리학적 의미

의학 심리학은 전문가의 전문적 활동을 바탕으로 발달해 왔기 때문에 정신의 '개인적' 본질을 강력히 주장한다. 프로이트와 아들러(Alfred Adler: 1870-1937)의 견해를 두고 하는 말이다. 의학 심리학은 개인의 심리학이고, 그 심리학의 병인학적 또는 인과적 요인들은 거의 전적으로 성격상 개인적인 것으로 여겨진다. 그럼에도 불구하고, 이 심리학마저도 일반적인 생물학적 요소에, 예를 들어 성적 본능이나 자신을 내세우려는 충동에 근거하고 있다. 이것들은 절대로 개인적인 특성만은 아니다.

의학 심리학은 이렇게 하지 않을 수 없는 상황에 처해 있다. 왜냐하면 스스로 설명을 중요하게 여기는 과학이라고 고집하기 때문이다. 이 견해들 중 어느 것도 인간과 동물에게 똑같이 있는 선험적인 본능의 존재를 부정하지 않을 것이고, 선험적인 본능들이 개인의 심리에 큰 영향을 끼친다는 점도 부정하지 않을 것이다. 본능들은 비개인적이고, 보편적으로 널리 퍼져 있으며, 역동적인 성격을 지닌 유전적인 요인들이다. 그런데 이 유전적인 요인들이 종종 의식에 닿지 않기 때문에, 현대의 심리 요법은 환자가 그 본능들을 의식하도록 돕는 과제를 떠안고 있다. 더욱이, 본능들은 성격상 모호하지도 않고 불명확하지도 않으며, 구체적으로 형성된 원동력들이다. 이 원동력은 의식이 있기 오래 전부터, 또 어느 정도의 의식이 있음에도 불구하고, 고유의 목표를 추구한다. 따라서 본능은 원형과 매우 비슷한 것을 형성한다. 사실 본능이 형성하는 것과 원형이 서로 너무나 비슷하기 때문에, 원형이 본능들 자체의 무의식적 이미지들이라고, 달리 말하면 원형이 본능적인 행동의 패턴들이라고 짐작하는 것도 충분히 이해가 된다.

따라서 집단 무의식이라는 가설은 본능이 있다고 가정하는 것보다 결코 더 과감하지 않다. 사람들은 인간의 행동이, 의식적인 마음의 합리적인 동기 부여와는 꽤 별도로, 본능의 영향을 강하게 받는다는 점을 별 거리낌 없이 인정한다. 그렇다면 만약에 우리의 상상과 지각과 사고도 타고나는 보편적인 형태적 요소의 영향을 마찬가지로 받는다고 단언한다면, 내가 보기에는 정상적으로 작동하는 지성이라면 이 같은 생각에서 본능 이론에서 발견하는 정도의 모호성밖에 발견하지 않을 것 같다.

나의 개념에 대해 모호하다는 비난이 자주 제기되지만, 나는 집단 무의식은 이론적이지도 않고 철학적이지도 않으며 경험적인 문제라는 점을 또 다시 강조해야 한다. 문제는 간단히 이것이다. 이런 종류의 무의식적이고 보편적인 형태들이 존재하는가, 아니면 존재하지 않는가? 만약에 그런 형태들이 존재한다면, 집단 무의식이라고 부를 수 있는 정신의 영역이 있는 것이 확실하다.

집단 무의식을 식별하는 것이 언제나 쉬운 일은 아니라는 말은 진실이다. 종종 명백하게 드러나는, 무의식적 산물들의 원형적인 성격을 강조하는 것으로는 충분하지 않다. 왜냐하면 무의식적 산물들이 언어와 교육을 통한 습득에서도 나올 수 있기 때문이다. 잠복 기억[26]도 배제되어야 한다. 일부 환자들의 경우에 잠복 기억을 배제하는 것이 거의 불가능하다. 이런 어려움에도 불구하고, 신화적인 모티브들의 자생적 재현을 의심의 여지없이 보여주는 개별적인 예들은 충분히 많다. 그러나 만약에 그런 무의식이 어쨌든 존재한다면, 심리학적 설명은 그것을 고려해야 하고, 개인적 병인(病因)으로 여겨지는 것을 더욱 비판적인 입장에서 조사해야 한다.

내가 의미하는 바는 구체적인 예를 드는 경우에 가장 명확하게 전달된다. 여러분은 아마 레오나르도 다빈치(Leonardo da Vinci: 1452-1519)의 그림 '성 안나와 성 모자'(St. Anne with the Virgin Mary and the Christ-child'에 관한 글을 읽었을 것이다. 프로이트는 이 훌륭한 그림을 다빈치 본인이 어머니를 둘 두었다는 사실을 바탕으로 해석한다. 이 인과관계는 개인적이다. 이 그림이 독특한 것과 거리가 멀다는 사실이나, 성 안나가 그리스도의 할머니이고 프로이트의 해석이 요구하는 어머니가 아니라는 사소한 부정확성 앞에서 미적거릴 생각은 없지만, 겉보기에 개인적인 심리와 얽혀 있는 것들 중에서 다른 분야에서 잘 알려져 있는 비개인적인 어떤 모티브가 있다는 점을 지적하고 싶다. 그것은 바로 이중적인 어머니의 모티브이다. 이중적인 어머니는 신화학과 비교 종교학에서 다양한 변형으로 발견되고, 무수한 "집단 표상"의 토대를 이루고 있는 원형이다. 예를 들면, 무심코 헤라의 양자가 됨으로써 불멸성을 얻은 헤라클레스의 경우처럼 이중적인 혈통, 즉 인간 부모와 신성한 부모의 혈통이라는 모티브가 있다. 그리스에서 하나의 신화였던 것은 이집트에서는 실제로 하나

---

26   과거의 경험을 잊었다가 어느 순간에 그것을 독창적인 것으로 여기며 떠올리는 현상을 말한다.

의 의례가 되었다. 파라오가 본래 인간이면서 신이었으니 말이다. 이집트 신전들의 출산의 방에는 파라오의 두 번째 신성한 임신과 출생이 벽에 묘사되어 있다. 파라오는 "두 번 태어난다". 그것은 기독교를 포함한 모든 부활 신비의 바닥에 깔려 있는 생각이다.

그리스도도 "두 번 태어난다". 요르단 강에서의 세례를 통해서, 그리스도는 물과 영(靈)으로부터 재생하며 다시 태어났다. 따라서 로마 가톨릭교의 전례에서 성수반은 "교회의 자궁"이라 불리며, 로마 가톨릭 교회의 미사 전서(典書)에서 그것은 지금도 부활절 전의 성 토요일에 행하는 "성수반의 축복"에서 그런 이름으로 불린다. 더욱이, 초기 기독교 그노시스주의 사상에 따르면, 비둘기 형태로 나타난 영은 소피아-사피엔티아, 말하자면 지혜와 그리스도의 어머니로 해석되었다. 이중적인 출생이라는 이 모티브 덕분에, 오늘날에도 아이들에게 출생 즉시 축복 또는 저주로 그들을 마법적으로 "양자"로 택하는 선한 요정이나 악한 요정 대신에, "대부"와 "대모"가 주어지고 있다.

두 번째 출생이라는 사상은 시대와 장소를 불문하고 발견된다. 의학이 시작될 시기에 두 번째 출생은 마법적 치료의 수단이었으며, 많은 종교에서 그것은 핵심적인 신비 경험이다. 두 번째 출생은 중세의 비교(秘敎) 철학에서도 핵심적인 사상으로 통했으며, 마지막으로 열거한다고 해서 중요성이 떨어지는 것은 절대로 아닌데, 그것은 크거나 작은 무수한 어린 이들에게 일어나는 유아기 공상이기도 하다. 이런 아이들은 자신의 부모가 실제로 자신을 낳은 부모가 아니라 단순히 자신을 넘겨받아 키우는 양어버이에 불과하다고 믿었다. 벤베누토 첼리니(Benvenuto Cellini: 1500-1571)도 자서전에서 밝히는 바와 같이 그런 생각을 품었다.

이중의 출생을 믿는 개인들이 모두 2명의 어머니를 실제로 가졌거나, 거꾸로 다빈치의 운명을 공유하는 소수의 사람들이 자신의 콤플렉스로 인류의 나머지를 전염시키는 것은 절대로 불가능한 이야기이다. 오히려, 이중의 출생이라는 모티브가 2명의 어머니라는 공상과 함께 보편적으로 일어나고 있는 것은 이 모티브들에 반영된 인간의 보편적인 어떤 욕구에 대한 대답이라는 가정이 불가피하다. 나는 의심하는 쪽이지만, 레오나르도 다빈치가 '성 안나와 성 모자'에서 정말로 자신의 두 어머니를 그렸다 하더라도, 그럼에도 불구하고 그는 단지 그의 앞과 뒤로 무수히 많은 사람들이 믿었던 무언가를 표현하고 있었다.

독수리 상징[27](이에 대해 프로이트도 앞에 언급한 책에서 논한다)이 이 견해를 훨씬 더 그럴듯하게 만든다. 프로이트는 그 상징의 원천으로 다빈치의 시대에 꽤 널리 이용되었던 호라폴로(Horapollo)의 '히에로글리피카'(Hieroglyphica)를 적절히 제시하고 있다. 거길 보면 독수리가 여성적이고 어머니를 상징한다는 내용이 나온다. 독수리는 바람(프네우마)을 통해 임신한다. 프네우마라는 단어는 주로 기독교의 영향 아래에서 "영"(靈)의 의미를 얻었다. 성령 강림절의 기적에 대해 설명할 때에도, 프네우마는 여전히 바람과 영이라는 이중적인 의미를 지닌다. 나의 의견에는, 이 같은 사실은 틀림없이 본래 처녀로서 독수리처럼 프네우마를 통해 임신한 마리아를 가리킨다. 게다가, 호라폴로에 따르면, 독수리는 또한 생식 과정을 거치지 않고 제우스의 머리에서 곧장 나온, 처녀이며 영적 모성애만을 아는 아테나를 상징한다. 이 모든 것은 정말로 마리아와 부활

---

27   프로이트에 따르면, 그림 '성 안나와 성 모자'를 옆으로 보면 독수리의 이미지가 보인다고 한다.

모티브를 암시한다. 다빈치가 자신의 그림으로 그 외의 다른 것을 의미했다는 것을 뒷받침할 증거는 조금도 없다. 그가 자신을 아기 그리스도와 동일시했다고 가정하는 것이 옳다 하더라도, 그가 이중적인 어머니라는 신화적인 모티브를 표현하고 있었을 가능성이 훨씬 더 크지, 자신의 개인적 역사를 표현했을 가능성은 전혀 없다. 그리고 동일한 주제를 그린 다른 화가들은 어떻게 되는가? 틀림없이, 그들 모두가 어머니를 둘 두지는 않았지 않는가?

이제 다빈치의 예를 신경증 분야로 옮겨놓고, 어머니 콤플렉스를 가진 어떤 환자가 자신의 신경증의 원인이 실제로 2명의 어머니를 두고 있기 때문이라는 망상에 시달리고 있다고 가정해 보자. 개인적인 해석은 그의 생각이 옳다는 점을 인정해야 할 것이다. 그럼에도 그 해석은 꽤 잘못되었을 수 있다. 실제로 그의 신경증의 원인이 그에게 어머니가 1명인가 2명인가 하는 문제와 꽤 상관없이 이중적인 어머니라는 원형의 활성화에 있을 것이기 때문이다. 우리가 본 바와 같이, 이 원형은 비교적 드물게 일어나는, 2명의 어머니를 둔 상황과 아무런 관계없이 개인적으로, 또 역사적으로 작동하고 있으니 말이다.

그런 경우에 아주 단순하고 개인적인 이유를 제시하고 싶은 마음이 당연히 생기게 마련이다. 그럼에도 그 가설은 정확하지도 않을 뿐만 아니라 완전히 엉터리이다. 의학만 배운 의사에게는 알려져 있지도 않은 이중적인 어머니의 모티브가 어떻게 정신적 충격을 낳을 만큼 그렇게 큰 힘을 지니는지를 이해하는 것은 틀림없이 어려운 일이다. 그러나 인간의 신화적, 종교적 영역에 숨어 있는 거대한 힘들을 고려한다면, 원형의 병인학적 중요성은 훨씬 덜 이상해 보인다.

수많은 신경증의 예에서, 장애의 원인은 환자의 정신적 삶이 이 원동력들 사이의 협력을 결여하고 있다는 사실에 있다. 그럼에도 불구하고, 순수한 개인주의 심리학은 모든 것을 개인적인 원인들로 환원함으로써 원형적인 모티브들의 존재를 부정하려고 노력하고 있으며, 심지어 개인적분석을 통해서 그런 모티브들의 파괴까지 추구하고 있다. 나는 이것을 의학적으로 정당화되지 않는 위험한 방법으로 여긴다.

오늘날 여러분은 관련된 힘들의 본질을 20년 전보다 훨씬 더 잘 판단할수 있다. 우리는 어느 한 민족 전체가 케케묵은 어떤 상징을, 심지어 케케묵은 종교적 형태들을 어떻게 되살리고 있는지를 볼 수 있지 않는가? 또이 집단적인 감정이 어떻게 개인의 삶에 비극적인 방향으로 영향을 끼치며 혁명을 일으키고 있는지를 볼 수 있지 않는가? 과거의 인간은 오늘날우리의 안에 전쟁 전에는 상상도 못했을 만큼 생생하게 살아 있으며, 최종적으로, 두드러진 민족의 운명도 개인들 안에서 일어나는 정신적 변화들의 총합이 아니고 무엇인가?

신경증의 뿌리가 전적으로 개인적인 원인에 깊이 박혀 있어서 신경증이 그야말로 사적인 문제인 한, 원형들은 전혀 아무런 역할을 하지 않는다. 그러나 만약에 신경증이 전반적인 어떤 양립 불가능성의 문제이거나비교적 큰 숫자의 개인들에게 신경증을 낳고 있는 해로운 상황의 문제라면, 거기엔 활성화된 원형들이 있다고 단정해야 한다. 신경증들이 대개사적인 사건일뿐만 아니라 사회적인 현상이기도 하기 때문에, 이런 경우에도 원형들이 활성화되었다고 단정해야 한다. 상황과 일치하는 원형이자극을 받았으며, 따라서 원형에 숨어 있는 폭발적이고 위험한 힘들이 활동에 들어가며 종종 예측 불가능한 결과를 낳는다.

원형의 지배를 받고 있는 사람들이 넘어가지 않을 광기는 절대로 없다. 만약 30년 전에 누군가가 우리의 심리적 전개가 중세의 유대인 박해의 재현 쪽으로 나아가고 있다고, 또 유럽이 고대 로마의 권표(權標)와 군단의 발걸음 앞에서 다시 떨게 될 것이라고, 사람들이 2,000년 전처럼 한 번더 로마식 경례를 하게 될 것이라고, 그리고 그리스도의 십자가 대신에 케케묵은 스와스티카(卍자 또는 역(逆)만자)가 수백 만 명의 전사들이 목숨을 걸도록 할 것이라고 감히 예언했더라면, 그 사람은 괴상한 바보라는 야유를 들었을 것이다. 그런데 오늘날 어떤가? 놀라움으로 다가올지 모르지만, 터무니없어 보였던 이 모든 것들이 끔찍한 현실이 되었다. 사적인 삶, 사적인 병인(病因), 사적인 신경증은 오늘날의 세상에서 거의 픽션이 되다시피 했다. 케케묵은 "집단 표상"의 세상에서 살았던 과거의 인간이 매우 두드러지고 무서울 만큼 현실적인 삶 속에서 다시 살아났다. 과거의 인간은 균형 감각을 잃은 소수의 개인뿐만 아니라 수백 만 명의 사람들의 안에서도 살아났다.

원형들은 삶에 일어나는 전형적인 상황의 숫자만큼이나 많다. 끝없는 반복이 이 경험들을 우리 정신의 조직 속에 각인시켰다. 이때 정신에 새겨지는 것은 내용물이 가득 담긴 이미지의 형태가 아니라, 단순히 어떤 유형의 지각과 행동의 가능성을 나타내는, '내용물 없는 형태'이다. 정해진 어떤 원형과 일치하는 상황이 일어날 때, 그 원형이 활성화되고 강박성이 나타난다. 이 강박성은 본능적인 욕구처럼 모든 이성과 의지에 맞서 자신의 길을 확보하거나, 병적 차원의 갈등, 말하자면 신경증을 낳는다.

3. 입증 방법

이제 원형들의 존재를 어떤 식으로 증명할 수 있는가 하는 문제를 살펴야 한다. 원형들이 어떤 정신적인 형태들을 낳게 되어 있기 때문에, 우리는 이 형태들을 보여주는 자료를 얻을 수 있는 방법과 장소에 대해 논해야 한다. 그렇다면 주요 원천은 꿈이다. 꿈은 무의식적 정신의 자동적인 산물이고, 따라서 꿈은 의식적 목적에 의해 왜곡되지 않은 순수한 자연의 산물이라는 이점을 지닌다.

개인에게 질문을 던짐으로써, 꿈에 나타나는 모티브들 중에서 어느 것이 그 사람에게 알려진 것인지를 찾아낼 수 있다. 그에게 알려지지 않은 모티브들 중에서, 그에게 알려졌을 수도 있는 모티브들을 전부 배제해야 한다. 그런 예를 든다면, 레오나르도 다빈치의 경우에 독수리 상징이 있다. 다빈치가 이 상징을 호라폴로로부터 얻게 되었는지 여부에 대해 우리는 확실히 모른다. 그 시대의 화가들이 인문 쪽에 광범위한 지식을 소유한 것으로 유명하기 때문에, 다빈치가 당시의 교육 받은 사람으로서 그랬을 수 있을지라도 말이다. 그러므로 그 새의 모티브가 탁월한 원형일지라도, 다빈치의 공상에 그 새가 존재한다는 사실은 아직 아무것도 증명하지 못한다. 따라서 꿈을 꾼 사람에게 알려져 있지 않았으면서도 그의 꿈에서 기능적으로 역사적 원천으로부터 알려진 원형의 기능과 일치하는 방향으로 작용했을 수 있는 모티브를 찾아내야 한다.

우리가 필요로 하는 자료를 찾을 또 다른 원천은 "적극적 상상"이다. "적극적 상상"이라는 용어를 나는 의도적인 집중에 의해 생겨난 일련의 공상을 의미하는 것으로 쓰고 있다. 실현되지 않은 무의식적 공상들이 꿈의 횟수와 강도를 증대시킨다는 사실을, 또 이 공상들이 의식이 될 때 꿈들의 성격이 바뀌고 횟수가 줄어들고 강도가 점점 약해진다는 사실을 나는 발견했다. 이것을 바탕으로 나는 꿈들이 종종 의식이 되기를 "원하는" 공상을 포함하고 있다는 결론에 이르렀다.

꿈의 원천은 종종 의식적 정신에 당연히 영향을 미치게 되어 있는, 억눌린 본능이다. 이런 예인 경우에, 환자에게는 단순히 공상 중에서 그에게 중요해 보이는 부분을 놓고 깊이 생각하는 과제만 주어진다. 그 부분은 우연한 생각이나, 아마도 꿈속에서 그가 의식하게 된 그 무엇일 것이다. 그 같은 숙고는 중요해 보이는 그 부분의 맥락이 분명하게 드러날 때까지, 말하자면 그것이 깊이 새겨져 있는 관련 연상 자료가 나타날 때까지 계속된다. 그것은 프로이트가 꿈 분석을 위해 권하는 "자유 연상"의 문제가 아니라, 그 부분에 자연스럽게 추가되는 공상 자료를 관찰함으로써 공상을 더욱 뚜렷하게 다듬는 문제이다.

이곳은 그 방법의 기술적인 측면을 논할 수 있는 곳이 아니다. 그 결과 나오는 공상들의 연속이 무의식을 해방시키고 동시에 원형적 이미지들과 연상들이 풍부한 자료를 낳는다고 말하는 것만으로도 충분하다. 분명히, 이것은 신중하게 선택된 일부 환자들에게만 사용할 수 있는 방법이다. 그 방법은 위험이 전혀 수반되지 않는 것이 아니다. 왜냐하면 그것이 환자를 현실로부터 너무 멀리 떼어놓을 수 있기 때문이다. 그러므로 경솔한 적용에 대한 경고가 반드시 필요하다.

마지막으로, 원형적인 자료의 매우 흥미로운 출처는 편집증 환자의 망상과, 무아경에서 관찰되는 공상들, 출생 3년차에서 5년차 사이의 어린 시절의 꿈들에서 발견된다. 그런 자료는 아주 풍부하지만, 그것으로부터 신화와 비슷한 것들을 끌어낼 수 없다면, 그 자료는 무가치하다. 물론, 뱀에 관한 꿈을 신화에 뱀들이 나타나는 사건과 단순히 연결시키는 것으로는 충분하지 않다. 꿈 속의 뱀이 갖는 기능적 의미가 신화적인 상황에서 뱀이 갖는 기능적 의미와 동일하다고 보장할 수는 없지 않는가? 근거 있는 비슷한 것을 끌어내기 위해서, 개인적 상징의 기능적 의미를 알아낸 다음, 겉보기에 비슷한 신화적인 상징이 그와 유사한 맥락을 갖고 있고, 또 동일한 기능적 의미를 갖고 있는지를 확인하는 작업이 필요하다. 그런 사실들을 확립하는 과정은 길고 지루한 연구를 요구할 뿐만 아니라, 겉으로 증명해 보여주기가 지극히 힘들다. 상징들이 맥락에서 떨어져 나와서는 안 되기 때문에, 상징학적 묘사뿐만 아니라 개인적 묘사도 충실해야 하며, 이 작업은 강연의 틀 안에서는 사실상 불가능하다. 나는 청중의 반이 졸게 할 위험을 안으면서 그렇게 하려고 지금까지 거듭 노력해 왔다.

4. 하나의 예

한 예로, 나는 이미 발표했음에도 그 간결성 때문에 설명을 위한 실례로 아주 적절한 환자를 다시 선택한다. 그래도 앞서 발표할 당시에 제외시켰던 내용을 덧붙일 수 있다.

1906년경에 나는 여러 해 동안 억류되었던 편집성 정신분열증 환자로부터 매우 흥미로운 망상을 한 가지 확인할 수 있었다. 환자는 젊은 시절부터 고통을 겪고 있었으며, 치료가 불가능한 상태였다. 그는 공립학교에서 교육을 받고 어느 사무실에 사무원으로 고용되었다. 그에게는 특별한 재능이 전혀 없었으며, 그 시절에 나 자신은 신화나 고고학에 대해 아는 것이 아무것도 없었다. 그래서 그 상황은 조금도 의문스럽지 않았다.

어느 날, 나는 환자가 창가에 서서 머리를 흔들고 눈을 깜박이며 해를 바라보는 것을 발견했다. 그는 나에게도 똑같이 해보라고 했다. 그렇게 하면 나도 매우 흥미로운 것을 보게 된다는 것이었다. 내가 그에게 무엇을 보았느냐고 묻자, 그는 내가 아무것도 보지 못한다는 사실에 놀라며 이렇게 말했다. "틀림없이 태양의 페니스가 보일 겁니다. 내가 머리를 앞뒤로 움직이면, 그것도 같이 움직여요. 그곳이 바람이 나오는 곳이랍니다." 당연히 나는 이런 이상한 생각을 전혀 이해할 수 없었지만, 그것을 기록으로 남겨 두었다.

4년 정도 지난 시점에 신화학을 공부하던 중에, 나는 유명한 문헌학자인 고(故) 알브레히트 디트리히(Albrecht Dieterich: 1866-1908)의 책[28]을 우연히 접하게 되었다. 바로 이 공상을 설명하는 내용을 담고 있는 책이었다. 1910년에 출간된 이 책은 파리의 국립 도서관에 소장된 어느 그리스 파피루스를 다루고 있다. 디트리히는 자신이 그 텍스트의 한 부분에서 미트라교의 의례를 발견했다고 믿었다. 그 텍스트는 틀림없이 미트라의 이름이 불리는 어떤 마법의 실행에 관한 종교적 규정이다. 그것은 신비주의 경향이 있던 알렉산드리아 학파에서 나온 것이며, 레이덴(Leiden) 파피루스[29]와 '코르푸스 헤르메티쿰'에 나오는 일부 단락과 비슷한 점을 보여주고 있다. 디트리히의 텍스트에 다음과 같은 지시들이 보인다.

---

28 'Eine Mithrasliturgie'. 1903년에 처음 출간되었으며 1910년에 두 번째 판이 나왔다.
29 19세기 초에 이집트 테베에서 발굴된 파피루스를 말한다.

광선으로부터 숨을, 최대한 힘 있게 세 번 들이쉬어라. 그러면 당신 자신이 높이 올라가며 높은 곳을 향해 걸어가는 것을 느낄 것이고, 대기의 영역의 한가운데에 있는 느낌을 받을 것이다. … 눈에 보이는 신들의 경로가 나의 아버지 신인 태양의 원반 사이로 나타날 것이다. 마찬가지로, 구원의 바람의 기원인 이른바 관(管)도 나타날 것이다. 태양의 원반에서 아래로 관처럼 보이는 무엇인가가 드리워져 있는 것이 보일 것이다. 그리고 서쪽으로 무궁한 동풍이 부는 것처럼 보인다. 그러나 만약에 다른 바람이 동쪽으로 우세하다면, 당신은 마찬가지로 그 환상이 그 쪽으로 방향을 바꾸는 것을 볼 것이다.

틀림없이, 저자의 의도는 자신이 보았거나 적어도 믿고 있는 환상을 독자가 경험할 수 있도록 하는 것이다. 독자는 저자의 내적 종교 경험, 또는 이것이 더 그럴 듯한데, 유대인 필론이 설명하는 동시대의 신비주의 종파 중 하나의 내적 종교 경험을 전수받게 되어 있다. 여기서 간절히 불러내고 있는 불의 신 또는 태양신은 역사적으로 예를 들어 '요한 계시록'의 그리스도 형상과 비슷한 점이 많은 형상이다. 그러므로 그 형상은 하나의 "집단 표상"이다. 그 환상은 틀림없이 무아경의 성격을 지닌 종교적 맥락에 포함되어 있으며, 신비한 신성의 경험 같은 것을 묘사하고 있다.

환자는 나보다 열 살 가량 많았다. 과대망상의 상태에서, 그는 자신이 신이자 그리스도라고 생각했다. 나를 대하는 그의 태도는 보호자의 태도였다. 그는 아마 자신의 난해한 생각에 공감한다는 이유로 나를 좋아했을 것이다. 그의 망상은 주로 종교적이었다. 그가 나에게 자신이 하는 것처럼 눈을 깜박이며 해를 바라보며 머리를 앞뒤로 움직여 보라고 권했을 때, 그는 틀림없이 내가 자신의 환상을 공유하기를 원했다. 그는 신비주의 현자의 역할을 맡았고, 나는 초심자였다. 그는 자신이 머리를 앞뒤로 움직여 바람을 일으키는 태양신이라고 느꼈다. 의례를 통해서 신으로 변형되는 것은 아풀레이우스에 의해서 이시스 신비 의식에서, 더 나아가 헬리오스 신격화의 형태에서 증명되고 있다. "구원의 바람"의 의미는 아마 태양신에서부터 영혼 속으로 흘러가서 영혼이 결실을 맺게 하는, 생식력을 가진 프네우마와 같을 것이다. 태양과 바람의 연결은 고대 상징체계에 자주 나타난다.

지금쯤은 이것이 두 가지 고립된 예들의 순수한 우연의 일치가 아니라는 점이 분명히 드러나야 한다. 따라서 우리는 신이나 태양과 연결된 바람의 관(管)이라는 생각이 이 두 가지 증거와 별도로 존재한다는 것을, 그리고 그 생각이 다른 시대와 다른 장소에서도 일어난다는 것을 보여줘야 한다. 실제로 마리아가 신의 왕관에서부터 그녀의 몸 속으로 이어지는 관 또는 호스로 결실을 맺는 것으로 묘사한 중세의 그림들이 있다. 그림에서 비둘기 또는 아기 예수가 관 아래로 내려오는 것이 보인다. 비둘기는 열매를 맺게 하는 힘인 성령의 바람을 나타낸다.

이제 그 환자가 4년 후에 공개된 그리스 파피루스에 대해 조금이라도 알고 있었는가 하는 것은 문제가 되지 않는다. 그의 환상이 마리아의 잉태를 묘사한 중세의 희귀한 그림들과 관계있을 가능성은 거의 없다. 그야말로 우연히 그가 그런 그림을 한 점 보았다 할지라도 말이다. 환자는 20대 초반에 정신적 장애를 가진 것으로 확인되었다. 환자는 여행을 한 적이 한 번도 없었다. 그리고 그의 고향인 취리히의 공공 미술관에는 그런 그림이 하나도 없다.

나는 그 환상이 하나의 원형이라는 것을 입증하기 위해서가 아니라, 단지 나의 방법이 거치는 과정을 최대한 간단하게 보여주기 위해서 이 예에 대해 언급하고 있다. 세상에 그런 환자들만 있다면 병을 조사하는 과정은 상대적으로 쉬울 테지만, 실제로 보면 증명은 훨씬 더 복잡하다. 무엇보다 먼저, 어떤 상징이 우연의 문제가 아니라 전형적인 현상으로 인식될 수 있을 만큼 충분히 분명하게 분리되어야 한다. 이 작업은 전형적인 형상들을 찾아 일련의 꿈을, 아마 몇 백 개의 꿈들을 조사하고, 그 꿈들이 시리즈 속에서 발달하는 과정을 관찰하는 것으로 이뤄진다. 적극적 상상의 산물에도 동일한 방법이 적용될 수 있다. 이런 식으로 접근하면, 똑같은 형상의 지속 또는 변화를 확보하는 것이 가능해진다. 여러분은 일련의 꿈이나 환상에서 그 행동을 통해 원형이라는 인상을 주는 것이면 어떤 형상이든 선택할 수 있다. 만약에 그때 활용할 수 있는 자료가 잘 관찰되고 충분히 풍부하다면, 그 한 가지 유형이 겪는 변화에 관한 흥미로운 사실들이 발견될 수 있다. 그 유형 자체뿐만 아니라 그것의 변형들도 비교 신화학과 민족학에서 나오는 증거에 의해서 입증될 수 있다. 나는 다른 곳[30]에서 조사 방법을 묘사하고 필요한 사례도 제시했다.

30 'Psychology and Alchemy', Part II.

3장
아니마 개념과 특별한 관계가 있는 원형들에 대하여[31]

31 1936년에 '심리 요법과 인접 분야를 위한 저널'(Zentralblatt für Psychotherapie und ihre Grenzgebiete)이라는 잡지에 발표되었다.

현대인은 경험을 바탕으로 하지 않는 심리학은 이제 옛날 일이라고 믿는
것 같다. 그럼에도, 현대인의 일반적인 태도는 과거와, 그러니까 심리학
이 정신에 관한 어떤 이론과 동일시되던 때와 상당히 똑같다.

심리학이 경험의 영역이고 철학적 이론이 아니라는 점을 과학계에 분
명히 밝히기 위해서는, 학계에서 페흐너(Gustav Fechner: 1801-1887)와
분트(Wilhelm Wundt: 1832-1920)가 주도한 방법론의 과감한 혁명이 필
요했다. 그러나 19세기 말에 강화되고 있던 물질주의에게, 그 혁명은 한
때 "실험 심리학"이 있었다는 의미로밖에 다가오지 않았다. 이 실험 심리
학에 우리는 오늘까지도 소중한 많은 설명을 빚지고 있다. 이 대목에서는
유스티누스 케르너(Justinus Kerner: 1786-1862) 박사의 『프레포르스트
의 선각자』(Seherin von Prevorst)를 언급하기만 해도 된다. 심리학의 모

든 "비현실적인" 묘사들은 과학적 방법에 새롭게 일어나고 있던 발달에는 꽤 혐오스러웠다. 실험적인 연구실 과학에 대한 과도한 기대는 페흐너의 "정신 물리학"(psychophysics)에 반영되었으며, 그 결과로 오늘날 "심리 테스트"의 형태가 존재하고 또 과학적 관점이 전반적으로 현상학을 선호하는 쪽으로 이동하고 있다.

그럼에도 불구하고, 현상학적 관점이 상당한 진척을 이뤘다고 말할 수는 없다. 이론은 당연히 현상학 속에 포함되어야 하는데도 그렇지 않고 여전히 대단히 큰 역할을 하고 있다. 경험을 중요시하는 태도를 의심할 수 없는 프로이트마저도 자신의 이론을 하나의 필수 조건으로 여기며 그것을 자신의 방법과 결합시키고 있다. 마치 정신적 현상이 의미를 지니기 위해서는 특정한 어떤 측면에서만 봐야 한다는 듯이. 그렇지만, 적어도 신경증 분야에서 복잡한 현상의 조사를 위한 토대를 말끔히 닦은 사람이 바로 프로이트이지 않은가. 그러나 프로이트가 다진 토대는 단지 기본적인 생리학적 개념들이 허용하는 범위까지만 확장했다. 그러다 보니 심리학은 본능들의 생리학의 한 가지처럼 비치기에 이르렀다.

심리학의 이 같은 한계는 거의 50년 전인 그 시대의 물질주의 관점에는 대환영이었으며, 세계관이 변했음에도 불구하고, 그 한계는 대부분 지금도 그대로 남아 있다. 그 한계는 우리에게 "범위가 정해진 연구 분야"라는 편리함을 안겨주었을 뿐만 아니라, 보다 넓은 세계에서 벌어지고 있는 일들을 놓고 고민하지 않아도 좋은 멋진 변명을 제공했다.

그리하여 프로이트의 심리학 같은 신경증의 심리학은 일반적인 현상에 대한 지식을 결여할 경우에 공중에 붕 뜨게 된다는 사실을 의학 심리학 전체가 간과하게 되었다. 또한 신경증 분야에서 피에르 자네

(Pierre Janet: 1859-1947)가 프로이트보다 앞서 이론적이고 철학적인 가정을 많이 포함시키지 않는 기술적(記述的) 방법론을 이미 구축하기 시작했다는 점도 간과되었다.

엄격히 의학적인 분야를 벗어나고 있는, 정신 현상에 관한 전기식(傳 記式) 묘사는 주로 제네바의 철학자 테오도르 플루르누이(Théodore Flournoy: 1854-1920)의 저작 중에 특이한 어느 인격의 심리를 설명하 는 대목에서 제시되었다. 이어 통합을 꾀하려는 최초의 시도가 있었다. 바로 윌리엄 제임스(William James: 1842-1910)의 『종교 경험의 다양 성』(Varieties of Religious Experience: 1902)이다. 내가 정신적 장애의 본질을 인간 정신이라는 전체 배경에서 이해하는 방법을 배운 것은 주 로 이 두 연구자를 통해서였다. 나 자신도 몇 년 동안 실험을 통한 연구 를 실시했지만, 신경증과 정신병에 관한 집중적인 연구를 통해서 나는 양적 정의들이 아무리 바람직할지라도 질적으로 기술적 방법을 동원하 지 않고 연구하는 것은 불가능하다는 사실을 인정해야 했다.

의학 심리학은 두드러진 사실들이 대단히 복잡하기 때문에 각 환자 의 자료를 바탕으로 한 기술(記述)을 통해서만 이해될 수 있다는 점을 인정했다. 그러나 이 방법은 먼저 이론적인 편견으로부터의 자유를 전 제로 한다. 모든 과학은 더 이상 실험적으로 나아갈 수 없는 지점에서 기술적일 수밖에 없으며, 그것 때문에 과학적이지 않은 것이 되지도 않 는다. 그러나 실험적인 과학은 자체의 이론적 개념에 맞춰 연구 분야에 한계를 둘 때 스스로를 불가능한 존재로 만들어 버리고 만다. 정신은 생리학적 가정이 멈추는 곳에서 끝나지 않는다. 달리 표현하면, 과학적 으로 관찰하는 환자 각각의 예에서, 우리는 정신의 표현들을 그것들의 전체 속에서 고려해야 한다.

아니마와 같은 경험적인 개념에 대해 논할 때, 그런 식의 고찰은 기본이다. 아니마가 이론적인 발명이라거나, 설상가상으로 순수한 신화라는 식으로 지속적으로 반복되는 편향에 맞서, 나는 아니마 개념이 순수하게 경험적인 개념이며, 이 개념의 유일한 목적은 서로 관련 있거나 비슷한 일단의 정신적 현상에 어떤 이름을 부여하기 위한 것이라는 점을 강조해야 한다. 그 개념은 이를테면 몸체와 다리가 여러 부분으로 나눠진 모든 동물을 포함하는 집단에 하나의 이름을 부여하는 "절지동물"이라는 개념 그 이상의 일을 하지도 않고 그 이상을 의미하지도 않는다.

내가 언급한 편견은 유감스럽게도 무지에서 비롯된다. 나를 비판하는 사람들은 문제의 현상들을 잘 모르고 있다. 왜냐하면 그 현상들 대부분이 단지 의학적 지식의 울타리 밖에, 보편적인 인간 경험의 영역에 속하기 때문이다. 그러나 의사가 다루는 정신은 의사의 지식의 한계에 대해 전혀 걱정하지 않는다. 정신은 자신만의 어떤 삶을 표현하고 인간 경험의 모든 분야에서 나오는 영향에 반응한다. 정신의 본성은 개인적인 영역이나 본능적 또는 사회적 영역에서뿐만 아니라 세계적으로 분포되어 있는 현상에서도 드러난다. 그래서 만약에 정신을 이해하길 원한다면, 우리는 전체 세계를 포함시켜야 한다. 실용적인 이유로, 우리는 연구 분야들을 한정시켜야 하고 정말로 그렇게 해야 하지만, 한계를 의식적으로 인식하고 있는 한에서만 그렇게 해야 한다. 실제 치료에서 다뤄야 하는 현상이 복잡할수록, 우리가 참고해야 할 분야의 폭은 더욱 넓어져야 하고 거기에 해당하는 지식도 더욱 풍성해져야 한다.

그러나 원시인들의 심리와 신화학, 비교 종교학, 문학의 역사 등에 나타나는 '시지지'(syzygy)[32] 모티브의 보편적 분포와 중요성을 모르는 사람은 아니마의 개념에 대해 어떤 말도 하지 못한다. 신경증의 심리학에 관한 그 사람의 지식이 아니마가 대략적으로 어떤 것인지 짐작할 수 있게 할 수는 있지만, 그가 개별 환자를 치료하면서 종종 병적으로 왜곡된 형태로 조우하는 것의 진정한 의미를 알 수 있도록 해 주는 것은 단지 아니마의 일반적인 현상학에 대한 지식뿐이다.

비록 일반적인 편견은 우리의 지식의 유일하게 근본적인 토대가 전적으로 외부에서 온다고 믿고, 또 "먼저 감각 속에 있지 않는 것은 정신 안에 존재하지 않는다"고 믿을지라도, 그럼에도 불구하고 레우키포스(Leucippus: B.C. 5세기에 활동)와 데모크리토스(Democritus: B.C. 460년경-B.C. 380년경)의 존경할 만한 원자론은 원자핵 분열의 관찰을 바탕으로 한 것이 아니라, 가장 작은 입자라는 "신화적" 개념을 바탕으로 한 것이라는 사실은 그대로 진실로 남는다. 가장 작은 입자라는 개념은 생기 있는 가장 작은 부분으로서, 말하자면 영혼 원자로서 오스트레일리아 중부의 구석기 시대 주민들에게도 이미 알려져 있다.

어느 정도의 "영혼"이 외적인 겉모습의 세상 속에 있는 미지의 것으로 투사되고 있다는 것은 고대의 자연 과학과 자연 철학을 잘 아는 사람에게는 익숙하다. 실은 외부로 투사되는 영혼의 비중이 너무나 크기 때문에, 우리는 세상이 그 자체로 어떻게 구성되어 있는지에 대해 절대로 말하지 못하며, 앞으로도 아마 그럴 것이다. 이유는 우리가 지식에 대해 무슨 말이든 하기를 원하는 순간에 물리적인 사건을 정신적 과정으로 전환시키

32 우주적인 아버지와 어머니, 빛과 어둠, 오른쪽과 왼쪽 등 서로 반대되는 것들의 결합을 일컫는다.

지 않을 수 없기 때문이다. 이 전환이 세상의 그림을 적절히 "객관적"으로 그렸다고 누가 보장할 수 있는가? 물리적인 사건이 정신적인 사건이기도 할 때에만 그런 그림이 가능할 것이다. 그러나 그런 단정을 할 수 있기까지는 아직 엄청난 거리가 남은 것 같다. 그런 그림이 가능할 때까지, 우리는 정신이 대상들에 대한 지식을 가능하게 하는 이미지들과 형태들을 공급한다는 가정에 좋든 싫든 만족해야 한다.

이 형태들은 일반적으로 전통에 의해 전달되는 것으로 여겨진다. 그래서 오늘날 우리는 직접적으로나 간접적으로 데모크리토스의 원자론에 대해 들었기 때문에 "원자"에 대해 말할 수 있다. 그러나 데모크리토스 또는 가장 작은 구성 요소에 대해 처음 말했던 사람은 어디서 원자에 대해서 들었는가? 그 같은 견해는 원형적인 생각들에, 말하자면 원초적인 이미지들에 그 기원을 두고 있다. 원초적인 이미지들은 절대로 물리적인 사건을 반영하는 것이 아니며, 정신적인 요인의 자동적인 산물이다.

정신을 물리적, 화학적 과정의 단순한 반영 또는 각인으로 이해하려는 물질주의적 경향이 있음에도 불구하고, 이 가설을 뒷받침하는 증거는 전혀 없다. 정반대로, 무수히 많은 사실들은 정신이 물리적 과정들을, 객관적인 물리적 과정과 인식 가능한 연결을 거의 갖지 않는 연속적인 일련의 이미지들로 바꾼다는 것을 증명하고 있다. 물질주의적 가설은 너무나 대담하며 거의 형이상학적인 가정을 내세우며 경험을 노골적으로 무시하고 있다. 현재의 지식 상태에서 확실히 확립할 수 있는 유일한 것은 우리가 정신의 본질에 대해 무지하다는 점이다. 그러므로 정신을 부차적인 그무엇이나 하나의 부수 현상으로 여길 근거는 전혀 없다. 반대로, 적어도 가설상으로 정신을 독특한 한 요인으로 여길 이유는 충분하다. 정신적 과정들이 제조용의 도구 안에서 만들어질 수 있다는 것이 충분히 증명될 때까지, 정신을 계속 그런 것으로 여겨야 한다.

우리는 육체와 영혼과 정신으로 이뤄진 철학자의 돌을 만들 수 있다는 연금술사들의 주장을 불가능한 것으로 여기며 비웃었다. 따라서 우리는 이 중세의 가정의 논리적인 결론을, 말하자면 정신을 마치 입증된 하나의 사실처럼 여기는 물질주의적 편견을 질질 끌고 다니는 행위를 당장 그만 둬야 한다.

복잡한 정신적 사실들을 하나의 화학적 공식으로 환원하는 것은 그렇게 쉽지 않을 것이다. 따라서 정신적 요인은 가설적으로 당분간 수수께끼 같은 성격을 지닌 자율적인 실체로 여겨져야 한다. 주된 이유는 우리가 알고 있는 것을 근거로 판단할 때 정신적 요인이 물리 화학적 과정과 근본적으로 다른 것처럼 보이기 때문이다. 설령 우리가 정신적 요인의 실체에 대해 종국적으로 알지 못한다 하더라도, 대체로 물리적인 대상들과 물질의 실체에 대해서도 모르긴 마찬가지이다. 그렇기 때문에 만약에 정신을 하나의 독립적인 요인으로 여긴다면, 논리적으로 우리의 의지의 변덕에 종속되지 않는 어떤 정신적 삶이 있다고 결론을 내려야 한다.

그렇다면, 만약에 알기 어려운 점과 피상성, 모호성, 무익 등의 특성들이 정신적인 모든 것에 해당된다면, 이것은 주로 주관적인 정신, 즉 의식의 내용물에 적용되며, 객관적인 정신, 즉 의식과 의식의 내용물에 꼭 필요한 선험적인 한 요인인 무의식에는 적용되지 않는다. 이 무의식으로부터, 모든 개인의 내면에서 전통과 상관없이 경험의 유사성과 심지어 동일성까지, 또 그 경험이 상상력 풍부하게 표현되는 방식의 유사성과 심지어 동일성까지 보장하는 결정적인 영향들이 나온다. 이것을 뒷받침하는 중요한 증거 하나가 바로 신화적인 모티브들 사이에 거의 보편적으로 나타나는 유사성이다. 이 모티브들을 나는 그것들이 원초적인 이미지의 특성을 지녔다는 이유로 원형이라고 불렀다.

이 원형들 중에서 정신 요법 의사에게 실질적으로 대단한 중요성을 지니는 한 원형에 나는 아니마라는 이름을 붙였다. 이 라틴어 단어는 영혼에 관한 기독교의 독단적인 사상과 예전에 나왔던, 영혼에 관한 철학적 인식과 혼동해서는 안 되는 무엇인가를 뜻한다. 만약에 이 용어가 가리키는 것을 구체적으로 떠올리길 원한다면, 마크로비스(Macrobius: A.D. 370년경-A.D. 430년경) 같은 고전적인 저자나 고전적인 중국 철학을 살피는 것이 바람직하다. 중국 철학에서 아니마(婆 또는 鬼)는 영혼의 여성적이고 지하적인 부분으로 여겨진다.

이런 종류의 문제는 언제나 형이상학적 구체주의[33]의 위험을 안게 되는데, 생생하게 묘사하려는 시도가 어느 정도의 구체주의를 피할 수 없다 할지라도, 나는 이 위험을 피하기 위해 최선의 노력을 기울이고 있다. 형이상학적 구체주의를 피하기 힘든 이유는 여기서 우리가 추상적인 개념을 다루는 것이 아니라 경험적인 개념을 다루고 있고, 그 개념이 나타나는 형태가 필연적으로 구체주의를 고수하고, 따라서 그 개념이 구체적인 현상학의 측면이 아닌 다른 측면으로는 절대로 묘사될 수 없기 때문이다.

시대의 철학적 찬성이나 반대에 흔들리지 않는 가운데, 과학적 심리학은 모든 시대의 인간의 마음에서 나온 초월적인 직관들을 투사로, 말하자면 형이상학적 공간에서 추론하고 실체화한 정신의 내용물로 여겨야 한다. 우리는 역사적으로 아니마를 무엇보다도 신성한 시지지에서, 즉 한

---

33 논리적으로 비물질적인 것도 추상적이지 않고 구체적일 수도 있다는 견해를 말한다.

쌍의 남신과 여신에서 만난다. 신성한 시지지는 한편으로는 원시적인 신화의 어둠 속까지, 다른 한편으로는 그노시스주의의 철학적 고찰과 고전적인 중국 철학의 고찰까지 닿는다. 중국 철학에서 우주발생론적인 개념들의 짝은 양(陽: 남성적)과 음(陰: 여성적)으로 불린다. 이런 시지지는 남자와 여자의 존재만큼이나 보편적이라고 단정해도 무방하다. 이 같은 사실을 근거로, 우리는 인간의 상상력은 이 모티브에 속박되고, 따라서 인간은 언제 어디서나 그것을 거듭 투사하지 않을 수 없었다고 합리적으로 결론을 내릴 수 있다.

심리 치료 경험을 통해서 알고 있는 바와 같이, 투사는 무의식적이고 자동적인 과정이다. 투사를 통해서, 주체에게 의식되지 않는 어떤 내용물이 스스로 어떤 대상으로 옮겨가고, 그러면 그 내용물은 그 대상에 속하는 것처럼 보인다. 투사가 멈추는 때는 투사가 의식적인 것이 되는 순간, 말하자면 투사가 주체에게 속하는 것처럼 보이는 때이다. 따라서 고대인들의 다신론적 천국이 힘을 잃게 된 것은 특히 신들이 인간 성격의 반영에 불과하다는, 에우헤메로스(Euhemeros:B.C. 4세기-B.C. 3세기)가 처음 제안한 견해 때문이었다. 한 쌍의 신들은 단순히 어떤 이유로 천국에 나타나게 된 부모 또는 다른 인간 쌍의 이상화에 불과하다는 점을 보여주는 것은 정말 쉬운 일이다.

만약에 투사가 무의식적 과정이 아니라 의식적 의도라면, 이 가정으로도 충분할 것이다. 자신의 부모가 모든 개인들 중에서 가장 잘 알려져 있고, 또 일반적으로 주체가 가장 깊이 의식하고 있는 존재로 여겨진다. 그러나 바로 그런 이유 때문에 부모는 투사될 수 없다. 투사는 언제나 주체가 의식하지 않는 것을, 그에게 속하지 않는 것 같은 것을 포함하기 때문이다. 부모의 이미지는 너무나 강하게 의식되고 있기 때문에 투사가 거의 되지 않는 이미지이다.

그러나 실제로 보면 가장 빈번하게 투사되고 있는 것 같은 것이 바로 부모의 이미지이다. 이것이 너무나 분명한 사실이기 때문에, 투사되는 것이 의식적 내용물이라는 결론도 가능할 것처럼 보인다. 전이의 예에서 이같은 사실이 가장 뚜렷이 보인다. 전이가 일어나는 경우에, 환자 본인에게도 아버지의 이미지(혹은 어머니의 이미지까지)가 분석가에게 투사되고 있는 것이 아주 분명하게 드러난다. 심지어 환자는 아버지 이미지나 어머니 이미지와 연결되는 근친상간 공상까지 간파한다. 그래도 환자는 자신의 투사의 반발적인 효과, 즉 전이로부터 자유로워지지 못한다. 달리 말하면, 환자는 마치 자신의 투사를 전혀 보지 않는 것처럼 행동한다.

경험에 따르면, 투사는 절대로 의식적이지 않다. 언제나 투사가 먼저 일어나고 나중에야 인식된다. 그러므로 우리는 근친상간 공상 외에 매우 감정적인 내용물이 여전히 부모의 이미지들과 얽혀 있다고, 그리고 그 내용물을 의식적인 것으로 만들 필요가 있다고 가정해야 한다. 그 내용물을 의식적인 것으로 만드는 작업은 근친상간을 의식적인 것으로 만드는 작업보다 틀림없이 더 어렵다. 근친상간 공상은 격한 저항을 통해 억압되었고, 그런 이유로 무의식이 된 것으로 여겨지니 말이다. 이 견해를 옳다고 본다면, 근친상간 공상 외에 그보다 더 큰 저항을 통해서 억눌린 내용물이 있음에 틀림없다는 결론이 불가피해진다. 근친상간보다 더 불쾌한 것을 상상하기가 어렵기 때문에, 우리는 이 문제에 대답하려 노력하면서 당황하는 모습을 보인다.

의료 현장의 경험은 근친상간 공상과 별도로 종교적인 사상들이 부모의 이미지와 연결된다는 이야기를 들려준다. 그런 종교적인 사상들이 우리 모두에게 알려져 있기 때문에, 나는 이것을 뒷받침하는 역사적 증거를 제시할 필요성을 느끼지 않는다. 그러나 종교적 연상(聯想)에 따르는 것으로 여겨지는 불쾌감은 어떻게 해야 하는가?

일상적인 사회에서 식사 자리에서 신에 대해 이야기하는 것이 음란한 이야기를 하는 것보다 더 당혹스럽다는 사실을 누군가가 관찰했다. 정말로, 많은 사람들에게는 자신의 분석가가 구원자라고 고백하도록 강요받는 것보다 성적 공상을 인정하는 것이 더 견딜 만하다. 이유는 성적 공상의 경우에는 생물학적으로 합당한 반면에, 자신의 분석가가 구원자라고 고백하는 것은 분명히 병적이고 그것이 우리가 대단히 두려워하는 그 무엇이기 때문이다. 그러나 나에게는 우리가 "저항"에 중요성을 지나치게 많이 부여하는 것 같다. 논의 중인 현상은 환자의 의식적 깨달음을 너무도 어렵게 만드는, 상상력과 깊은 고찰의 결여로 쉽게 설명될 수 있다. 환자는 종교적인 사상에 특별한 저항을 전혀 하지 않을 수도 있으며, 그가 자신의 분석가를 진지하게 신이나 구원자로 여길 수 있다는 생각이 그냥 그에게 떠오르지 않았을 수도 있다. 이성만으로도 환자를 그런 망상으로부터 충분히 보호할 수 있다. 그러나 환자는 자신의 분석가가 스스로를 그런 존재로 생각하고 있다고 단정하는 데는 재빠른 모습을 보인다. 어떤 사람이 독단적인 존재일 때, 그 사람이 다른 사람을 종교의 예언자나 창설자로 받아들이는 것은 무서울 만큼 쉽다.

역사가 보여주듯이, 새로운 종교 사상은 극히 암시적이고 감정적인 힘으로 충만하다. 그런 종교 사상에, 나는 모든 집단 표상들과 우리가 종교의 역사에서 배운 모든 것, 그리고 모든 "-이즘"(ism)을 당연히 포함시킨다. "-이즘"은 단지 분파적인 종교들의 현대적인 변형일 뿐이다. 어떤 사람이 자신에게는 종교적인 사상이 전혀 없다고 정직하게 말할 수 있지만, 어느 누구도 지배적인 집단 표상을 더 이상 갖고 있지 않다고 말할 수 있을 만큼 인류로부터 멀리 떨어져 지낼 수는 없다. 그 사람의 물질주의, 무신론, 공산주의, 사회주의, 자유주의, 주지주의, 실존주의 등은 그의 순수에 불리한 증언을 하고 있다. 어딘가 또는 다른 곳에서, 공개적으로나 은밀히, 그는 상위의 어떤 사상에 사로잡혀 있다.

심리학자는 종교 사상들이 부모의 이미지와 얼마나 깊은 관계를 맺고 있는지 알고 있다. 현대의 의학적 발견과 꽤 별도로, 역사는 이를 뒷받침하는 증거를 대단히 많이 간직하고 있다. 그 때문에 어떤 사람들은 부모와의 관계가 종교적 사상의 진정한 기원이라고 짐작하기도 한다. 이 가설은 사실들에 관한 형편없는 지식을 바탕으로 하고 있다. 가장 먼저, 현대인의 가족 심리학을 현대와 모든 면에서 너무나 동떨어진 원시적인 조건들의 어떤 맥락 속으로 단순히 옮겨서는 안 된다. 둘째, 충분히 고려되지 않은 족장과 원시 부족의 공상들을 경계해야 한다. 셋째이자 가장 중요한 것은 종교적 경험의 현상학에 대해 아주 정확한 지식을 갖춰야 한다는 점이다. 이 종교적 경험의 현상학은 그 자체로 하나의 주제이다. 이 분야에서 이뤄진 심리학 연구는 지금까지 이 3가지 조건 중 어느 것도 성취하지 못하고 있다.

심리학적 경험을 통해서 확실히 알 수 있는 유일한 것은 일신교의 사상들이 부모의 이미지와 연결되어 있다는 것과 환자들 대부분은 그런 이미지들에 대해 모르고 있다는 사실이다. 만약에 그에 해당하는 투사들이 통찰력을 통해서 제거되지 않는다면, 환자의 합리적인 저항에도 불구하고,

종교적인 본질을 가진 감정적인 내용물이 존재한다고 의심할 이유가 충분하다.

인간에 관해 알고 있는 범위 안에서 본다면, 인간은 언제 어디서나 지배적인 사상의 영향을 받아 왔다. 그런 사상의 영향을 받지 않는다고 자신 있게 주장하는 사람은 그 즉시 이미 알려진 형태의 믿음을 버리고 그 사람 자신과 타인들에게 똑같이 덜 알려진 어떤 변형을 선택했다는 의심을 살 수 있다. 그 사람은 일신론 대신에 무신론을 열성적으로 믿고, 디오니소스 대신에 보다 현대적인 미트라를 선호하고, 천국 대신에 땅 위의 천국을 추구할 수 있다.

지배적인 집단 표상을 갖지 않은 사람은 완전히 비정상적인 현상이다. 그런 인간은 자신에 대해 망상을 품고 있는 고립된 개인들의 공상 속에서만 존재한다. 그런 사람들은 종교적인 사상들의 존재에 대해서만 오해하고 있는 것이 아니라, 그런 사상들의 강도에 대해서도 오해하고 있다. 어떤 종교적 사상의 뒤에 자리 잡고 있는 원형은 모든 본능처럼 특별한 에너지를 품고 있다. 그 원형은 의식적인 마음이 무시하더라도 그 에너지를 잃지 않는다. 모든 인간이 평균적인 인간의 기능들과 특징들을 갖고 있다고 주장할 수 있듯이, 누구에게나 정상적인 종교적 요인들, 즉 원형들이 있다고 예상할 수 있다. 이 같은 예상은 합리적인 것으로 드러난다. 신앙의 망토를 버리는 데 성공한 사람은 누구나 다른 신앙이 가까이 있기 때문에 그렇게 할 수 있을 뿐이다. 어느 누구도 인간이 되는 데 따르는 편견으로부터 달아나지 못한다.

집단 표상들은 지배적인 힘을 갖고 있으며, 따라서 그 표상들이 대단히 강한 저항으로 억눌러지는 것은 놀라운 일이 아니다. 그런 식으로 억압될 때, 집단 표상들은 사소한 것의 뒤에 숨지 않고 이미 다른 이유로 문제가 되고 있는 사상과 형상의 뒤로 숨으면서 그 사상이나 형상의 의심스러운 성격을 더욱 강화하고 복잡하게 만든다. 예를 들면, 우리가 유치하게도 부모의 탓으로 돌리고 싶어 하는 모든 것은 이 은밀한 원천에 의해 터무니없을 만큼 커지며, 바로 그런 이유 때문에, 평판이 나쁜 근친상간 공상을 어느만큼 진지하게 받아들여야 하는가 하는 문제가 아직 미해결의 상태로 남아 있다. 한 쌍의 부모나 한 쌍의 연인들의 뒤에는 극도의 긴장을 품은 내용물이 자리 잡고 있다. 그런데 이 내용물은 의식에 통각되지 않으며, 따라서 오직 투사를 통해서만 지각될 수 있다. 이런 종류의 투사가 단순한 이론이 아니라 실제로 일어나고 있다는 사실은 역사적인 문서들에 의해 확인되고 있다. 이 문서들은 시지지들이 전통적인 믿음과 정반대로 투사되었다는 것을, 또 시지지들이 종종 환상의 형태로 경험되었다는 것을 보여준다.

이 측면에서 가장 두드러진 예 중 하나가 바로 15세기 스위스의 신비주의자로 최근에 시성된 브라더 클라우스의 환상이다. 그의 동시대 인물들이 그의 환상에 대해 전하는 글들이 지금까지 내려오고 있다. 그가 신에게 선택되는 상황을 보여주는 환상들에서, 신은 이중적인 형태로, 한 번은 장엄한 아버지로 한 번은 장엄한 어머니로 나타났다. 교회가 1,000년이나 앞서서 삼위일체로부터 여성적인 요소를 이단으로 여겨 배제했기 때문에, 그 같은 표상은 대단히 이단적이었다.

브라더 클라우스는 교육을 받지 않은 평범한 농민이었다. 그런 입장에서 그는 틀림없이 교회가 승인한 가르침만을 받아들였으며, 성령을 여성적이고 모성적인 소피아로 보던 그노시스주의의 해석을 알지 못했다.

소위 그의 삼위일체 환상은 투사된 내용물의 강렬함을 보여주는 완벽한 예이기도 하다. 브라더 클라우스의 심리적 상황은 이런 종류의 투사에 아주 적절했다. 신에 대한 그의 의식적 생각이 무의식적 내용물과 거의 일치하지 않은 탓에, 무의식적 내용물이 이질적이고 충격적인 경험으로 나타나야 했기 때문이다. 이것을 근거로, 우리는 환상의 형태로 나타난 것은 신에 대한 전통적 생각이 아니라 정반대로 "이단적인" 이미지였다고, 다시 말해 전통과 별도로 다시 자발적으로 활기를 띠게 된 원형적 해석이었다고 결론을 내려야 한다. 그것은 신성한 한 쌍, 즉 시지지의 원형이었다.

『영혼의 순례』(Le Pèlerinage de l'âme)에 묘사된, 기욤 드 디귈르빌(Guillaume de Digulleville: 1295-1358년경)의 환상들에도 아주 유사한 예가 있다. 기욤은 가장 높은 천국의 신을 빛을 발하는 둥근 권좌에 앉은 왕으로 보았다. 그의 옆에 천국의 왕비가 갈색 수정 권좌에 앉아 있다. 우리가 아는 바와 같이 엄격함이 두드러진 특징인 시토 수도회의 수도사에게, 이 환상은 대단히 이단적이었다. 그래서 여기도 투사를 위한 조건이 갖춰져 있었다.

시지지 환상의 또 다른 인상적인 설명은 애나 킹스포드(Anna Kingsford: 1846-1888)의 전기를 쓴 에드워드 메이틀랜드(Edward Maitland: 1824-1897)의 책에서 발견된다. 거기서 메이틀랜드는 자신이 신을 경험한 것에 대해 상세하게 묘사하고 있다. 그의 경험도 브라더 클라우스의 경험처럼 빛의 환상으로 이뤄져 있다. 그는 이렇게 말한다. "이 것은 … 하느님으로서의 신이었다. 그 신은 자신의 이중성을 통해서 신은 힘이자 본질이고, 의지이자 사랑이고, 남성적이자 여성적이고, 아버지이자 어머니라는 점을 증명한다."[34]

이 몇 가지 예들만으로도 투사의 경험과, 전통과 별개인, 투사의 특성들을 규정하기에 충분하다. 감정이 실린 내용물이 언제든 준비된 상태로 무의식 안에 있다가 어느 순간에 투사된다는 가설을 비켜갈 수 있는 길은 거의 없다. 바로 그 내용물이 시지지 모티브이며, 그것은 남성적인 요소는 언제나 여성적인 요소와 짝을 짓는다는 사실을 나타내고 있다. 개별 정신 요법 의사나 심리학자가 이 모티브가 자신의 특별한 연구 분야에 어디서 어떤 식으로 영향을 미치고 있는지를 이해하고 있는지 여부와 상관없이, 이 모티브의 폭넓은 분포와 엄청난 감상성은 그것이 실용적으로 대단한 중요성을 지니는 근본적인 한 정신적 요인이라는 점을 증명한다. 우리 모두가 잘 아는 바와 같이, 세균은 발견되기 오래 전부터 위험한 역할을 했다.

내가 말했듯이, 모든 시지지에서 부모를 의심하는 것은 자연스럽다. 여성적인 부분, 즉 어머니는 아니마에 해당한다. 그러나 앞에서 논한 이유들 때문에 대상에 대한 의식이 그 대상의 투사를 막기 때문에, 부모는 또한 모든 인간들 중에서 가장 덜 알려져 있고, 따라서 무의식에 반영된 부모의 짝은, 신과 비교되는 인간처럼, 실제의 부모와 다르고, 완전히 이질적이고, 인간과 비교될 수 없다고 가정하지 않을 수 없다. 무의식에 비친 부모는 어린 시절 초기에 습득되고 과대평가되었다가 훗날 근친상간 공상 때문에 억압된 아버지와 어머니의 이미지에 불과하다는 생각도 가능하며, 우리가 아는 바와 같이, 지금까지 그런 식으로 받아들여져 왔다. 이 가설은 그 이미지가 한 때 의식되었다는 것을 전제한다. 그렇지 않다면 그것이 "억압될" 수 없었을

---

34 'Anna Kingford: Her Life, Letters, Diary, and Work」 Ⅰ, pp. 130.

테니까. 이 가설은 또한 도덕적 억압의 행위 자체가 무의식적이라는 점을 전제한다. 그렇지 않다면 그 억압 행위가 억압적인 도덕적 반응에 대한 기억과 함께 의식 안에 간직되었을 것이고, 그러면 그 기억을 바탕으로 억압된 것의 본질을 쉽게 파악할 수 있을 것이니까.

이런 염려들에 대해 길게 설명하고 싶은 마음은 없지만, 나는 한 가지에 대해서만은 일반적인 동의가 이뤄지고 있다는 사실을 강조하고 싶다. 바로 부모의 이미지가 사춘기 이전이나 의식이 다소 발달한 시점에 존재하게 되는 것이 아니라, 생후 1년차와 4년차 사이의 초기 단계에서, 그러니까 의식이 진정한 연속성을 보이지 않고 일종의 섬 같은 단절을 보이는 시기에 존재하게 된다는 점이다. 이 단계에는 의식의 지속성에 요구되는 자아 관계가 부분적으로만 존재하며, 따라서 정신적 삶의 큰 부분은 비교적 무의식으로 묘사될 수 있는 상태에서 계속된다. 어쨌든 그 상태는 어른에게서 관찰된다면 몽유병이나 꿈이나 몽롱 상태 같다는 인상을 줄 것이다. 어린이들을 대상으로 한 관찰을 통해서 알고 있듯이, 이런 상태들은 언제나 현실을 공상이 가득한 것으로 통각하는 것이 특징이다. 공상 이미지들은 감각 자극들의 영향을 압도하면서 그 자극들이 선재(先在)하는 어떤 정신의 이미지와 일치시킨다.

갓 태어난 아기를 내면에 전혀 아무것도 갖고 있지 않다는 뜻에서 '빈 서판'(tabula rasa)으로 보는 것은 큰 실수인 것 같다. 아이는 유전에 의해 미리 결정되는 까닭에 개성까지 갖춘 분화된 뇌를 갖고 태어난다. 그렇기 때문에 아이는 외부에서 들어오는 감각 자극들을 어떠한 성향도 없이 그냥 만나는 것이 아니라 특별한 성향을 가진 상태에서 만난다. 이런 현상은 당연히 특별한 어떤 개인적 선택과 통각의 패턴을 낳는다. 이 성향들이 타고난 본능과 미리 형성된 패턴인 것으로 확인된다. 이 패턴들이 본능에 근거한 통각의 선험적이고 형태적인 조건들인 것이다. 이 패턴들의 존재가 아이와 꿈을 꾸는 사람의 세계에 인간을 닮은 모습을 부여한다.

이 패턴들이 바로 원형이다. 원형들은 모든 공상 활동을 정해진 경로로 이끌며, 그렇게 함으로써 원형들은 정신 분열증의 망상에서뿐만 아니라 어린이들의 꿈들의 공상 이미지에서도 신화와 놀랄 만큼 비슷한 것들을 낳는다. 그리고 신화와 비슷한 것들은 정도만 덜할 뿐 정상적인 사람과 신경증 환자의 꿈에서도 발견된다. 그러므로 그것은 유전된 '생각들'의 문제가 아니라 유전된, 생각들의 '가능성들'의 문제이다. 원형들은 또 개인적인 습득이 아니라, 보편적으로 일어나고 있는 데서 알 수 있듯이, 대개 모든 사람에게 공통적이다.

원형들이 신화로서 민족적 차원에서 일어난다. 그렇기 때문에 원형들은 모든 개인의 안에서 발견된다. 그리고 그것들의 효과는 언제나 대단히 막강하다. 말하자면, 의식이 가장 약하고 심하게 제한을 받는 곳에서, 그리고 공상이 외부 세상의 사실들을 압도할 수 있는 곳에서, 원형들은 현실을 최대한 의인화한다. 이 같은 조건은 틀림없이 생후 몇 년 동안 아이의 내면에 자리 잡고 있다. 그러므로 나에게는 신성한 시지지의 원형적인 형태가 처음에 진짜 부모의 이미지를 덮으며 동화시킨다는 말이 더 그럴듯하게 들린다. 그러다가 의식이 점점 증가함에 따라, 부모의 진짜 모습이 인식되고, 이때 아이가 종종 실망을 겪는다. 부모를 신화화하는 현상이 종종 어른이 될 때까지 이어지다가 엄청난 저항 끝에야 포기하게 된다는 것을 정신 요법 의사보다 더 잘 아는 사람은 없다.

정신 분석 치료에도 불구하고 여전히 극복되지 않은, 심각한 수준의 어머니 콤플렉스와 거세 콤플렉스를 가진 환자로 소개 받았던 사람이 기억난다. 나로부터 아무런 암시를 받지 않은 상태에서, 그 남자 환자는 어머니를 처음에 초인간적인 존재로, 이어서 피를 흘리는 상처를 가진 채 비탄에 신음하는 형상으로 그렸다. 나는 거세 행위 같은 것이 그의 어머니에게 행해지고 있다는 사실에 특별히 충격을 받았다. 피투성이가 된 어머니의 성기 앞에 잘린 남성의 성기가 놓여 있었으니 말이다.

그 환자의 그림들은 분명히 어떤 절정이 점점 약해지고 있는 현상을 표현했다. 처음에 어머니는 신성한 자웅동체였다. 이어 아들이 실망스런 현실을 경험함에 따라, 신성한 자웅동체는 남녀 양성의 특징을, 즉 플라톤 철학이 말하는 완벽성을 강탈당하고 평범한 늙은 여인의 형상으로 변했다. 따라서 시작 단계부터, 그러니까 아들의 어린 시절 초기부터 어머니는 시지지, 즉 남자와 여자의 결합이라는 원형적인 생각에 동화되었으며, 그런 이유로, 당시에 어머니는 완벽하고 초인간적인 모습으로 나타났다. 초인간적인 특성은 원형에 반드시 따르게 되어 있다. 이 초인적인 특성은 원형이 이상하게도 의식에 속하지 않는 것처럼 보이는 이유를, 또 주체가 원형과 동일시하는 경우에 그 원형이 일반적으로 과대망상증을 낳거나 그것과 정반대의 형태로 인격에 파괴적인 변화를 부르게 되는 이유를 설명해준다.

아들의 실망이 자웅동체 어머니의 거세를 불렀다. 이것은 소위 환자의 거세 콤플렉스였다. 그는 어린 시절의 올림포스 산[35]에서 굴러 떨어졌으며, 더 이상 신성한 어머니의 아들이자 영웅이 아니었다. 소위 그의 거세 공포는 현실 생활에 대한 공포였다. 현실이 그가 어린 시절에 품었던 기

---

35 그리스 테살리아 주 북부에 위치한 높은 산으로 꼭대기에 그리스의 여러 신들이 살았다는 전설이 내려오고 있다.

대를 충족시키기를 거부했고, 또 그가 어린 시절부터 지금까지 흐릿하게 기억하는 신화적인 의미를 온 곳에서 결여하고 있었으니 말이다. 그의 삶에는 그야말로 "신이 없었다". 그 자신은 깨닫지 못하고 있었을지라도, 그에게 그 같은 사실은 희망과 에너지의 끔찍한 상실을 의미했다. 그는 자신을 "거세당한" 존재로 여겼다. 이 거세는 신경증 분야에서 아주 그럴듯한 오해를 낳고 있다. 얼마나 그럴듯하게 보였던지, 거세가 심지어 신경증의 한 이론으로 변하기에 이르렀다.

사람들은 본능적이고 원형적인 단계의 의식과의 연결이 삶의 과정에 상실될 수 있다는 사실을 언제나 두려워해 왔다. 그래서 새로 태어난 아이에게 생물학적 부모 외에 대자(代子)의 영적 행복을 책임질 2명의 대부모, 즉 "대부"와 "대모"를 정해주는 관습이 오래 전에 채택되었다. 대부모는 아이의 출생 때 나타나는 한 쌍의 신들을 상징하며, 따라서 "이중적인 출생"의 모티브를 보여준다.

아들의 눈에 어머니가 그런 초인간적인 존재처럼 비치게 했던 아니마 이미지는 진부한 현실에 의해 점차 퇴색하다가 다시 무의식 속으로 가라 앉지만, 그래도 그 이미지는 어쨌든 원래의 긴장과 본능적 성격을 잃지 않는다. 아니마 이미지는 기회가 오기만 하면, 그러니까 어떤 여자가 평범하지 않은 인상을 안길 때면 언제든 튀어나와서 스스로를 투사할 준비를 갖추고 있다. 그래서 우리는 괴테가 프라우 폰 슈타인(Frau von Stein: 1742-1827)을 친구로 사귀는 것을 본다. 그 경험은 미뇽[36]과 그레첸[37]이

---

36 괴테의 소설 '빌헬름 마이스터의 수업 시대'에 등장하는 소녀이다. 미뇽은 오래 전에 곡예단 사람들에게 유괴된 이후로 자신의 과거에 대해 입을 다문다.

37 괴테의 '파우스트'에 등장하는 아름답고 순수한 젊은 여자이다. 그녀의 삶은 파우스트의 꾐에 빠져 혼외 아들을 낳음에 따라 파괴된다.

라는 인물에서도 거듭 메아리친다. 그레첸의 예에서, 괴테는 또한 그 바닥에 깔려 있는 전체 "형이상학"을 보여주었다. 한 남자의 연애 생활은 무한한 매료와 과대평가와 심취 또는 온갖 변형의 여성 혐오의 형태로 이 원형의 심리학을 드러낸다. 이런 것들 중 그 어느 것도 문제가 된 그 "대상"의 진정한 본질로는 설명되지 않으며, 오직 어머니 콤플렉스의 전이에 의해서만 설명될 수 있다. 그러나 어머니 콤플렉스는 맨 먼저 어머니를 상반된 것들의 원형적인 "남녀" 짝 중에서 선재하는 여성적인 측면과 동화시키는 현상(이것 자체로는 정상적이고 보편적이다)에 의해, 둘째로 어머니의 원초적 이미지로부터의 분리가 비정상적으로 지체되는 현상에 의해 야기되었다.

실제로 보면, 어느 누구도 원형의 완전한 상실을 견뎌내지 못한다. 그런 일이 일어나면, 그 무서운 "문화 속의 불만"이 생겨난다. 그런 상태에서는 어느 누구도 편안함을 느끼지 못한다. 어떤 "아버지"와 "어머니"가 실종되었기 때문이다. 종교가 언제나 이 측면에서 필요한 교리를 제시했다는 것을 우리는 잘 알고 있다. 그런데 불행하게도 이 교리들이 "진실한지" 여부에 대해 아무 생각 없이 지속적으로 묻는 사람들이 아주 많다. 진짜 중요한 것은 심리적 필요성의 문제인데도 말이다. 그 교리들을 놓고 합리적으로 둘러대며 설명하는 것으로는 아무것도 이루지 못한다.

투사될 때, 아니마는 언제나 명확한 특징을 지닌 여성적인 형태를 취한다. 경험을 바탕으로 한 이 발견은 아니마 원형이 본래 그런 식으로 구성되어 있다는 것을 뜻하지는 않는다. 남자와 여자의 시지지는 치료 현장에서 가장 중요하고 가장 흔한 것임에도 불구하고 상반된 것들의 가능한 짝들 중 하나에 불과하다. 남자와 여자의 시지지는 남녀 성별 차이를 전혀 드러내지 않는, 따라서 성적 범주로는 억지로 욱여넣어질 수 있을 뿐인 다른 짝들과 무수히 많은 연결을 맺는다. 이 연결들은 신경증과 정신병 환자의 자료에 나타나는 자동적인 공상적 산물 외에, 쿤달리니 요가[38]와 그노시스주의, 무엇보다 연금술 철학에서 보다 구체적으로 발견된다. 다양한 영역에서 나오는 자료들을 면밀히 고려하다 보면, 투사되지 않고 정지된 상태에 있는 원형은 확정적인 형태를 전혀 갖지 않으며, 투사에서만 명확한 형태를 취할 수 있는, 그 자체로 불명확한 구조라는 생각이 들기 시작한다.

이것은 "유형" 개념과 모순되는 것처럼 보인다. 내가 틀리지 않다면, 그것은 모순처럼 보일 뿐만 아니라 실제로 모순이다. 경험을 바탕으로 말하자면, 우리는 언제나 "유형들"을, 말하자면 명명할 수 있고 구분할 수 있는 명확한 형태들을 다루고 있다. 그러나 이 유형들로부터 실제 환자의 자료가 제시하는 현상을 제거하고, 그 유형들을 다른 원형적인 형태들과의 관계 속에서 조사하려고 시도하자마자, 유형들은 상징의 역사에서 아주 멀리까지 뻗어나가며 확장된다. 그렇기 때문에 그런 사실 앞에서 정신의 기본적인 요소들은 무한히 다양하며 우리의 상상력을 철저히 거부할 만큼 늘 변화한다는 결론이 불가피하다. 그러므로 경험주의자는 이론적인 "가정"으로 만족하지 않을 수 없다. 이 측면에서 경험주의자는 원자 물리학자보다 절대로 더 불리한 입장이 아니다. 비록 경험주의자의 방법이 양적 측량에 근거하지 않고 형태론적으로 기술하는 방법일지라도 말

---

38   힌두교에서 쿤달리니는 척추의 기저부, 즉 물라다라에 위치한 것으로 여겨지는 여성적 에너지의 한 형태이며, 쿤달리니 요가는 만트라(주술), 탄트라(경전), 얀트라(도형), 명상 등을 이용해서 쿤달리니 에너지를 깨우는 것에 초점을 맞춘다.

이다.

감정과 애정이 작용하는 곳마다, 아니마는 남자의 심리에서 가장 중요한 요소이다. 아니마는 남자가 일과 다양한 남녀들과 맺는 모든 감정적 관계를 강화하고, 과장하고, 왜곡하고, 신화화한다. 그 결과 나타나는 공상들과 연애 관계들은 모두 아니마의 행위이다. 강하게 활성화될 때, 아니마는 종종 남자의 성격을 연약하게 만들고, 남자가 과민하게 반응하고, 쉽게 짜증을 내고, 변덕을 부리고, 질투하고, 허영심 강하게 굴고, 환경에 제대로 적응하지 못하도록 만든다. 그러면 그는 "불만"의 상태에 빠지고, 그 불만을 주변의 온 곳으로 퍼뜨린다. 가끔 그 남자와, 그의 아니마를 붙잡은 여자의 관계가 그런 상태가 존재한다는 사실을 드러낸다.

내가 다른 곳에서 지적한 바와 같이, 아니마는 시인들의 관심을 벗어나지 않았다. 아니마 원형이 일반적으로 자리 잡고 있는 상징적 맥락에 대한 이야기까지 들려주며 아니마를 탁월하게 묘사한 작품들이 있다. 나는 라이더 해거드의 소설 '그녀'(She)와 '그녀의 귀환'(The Return of She), '지혜의 딸'(Wisdom's Daughter), 그리고 브누아의 '라틀랑티드'(L'Atlantide)를 최고로 꼽는다. 브누아는 둘의 서술이 비슷하다는 이유로 라이더 해거드를 표절했다는 비난을 들었다. 그러나 그는 그 같은 비난에 대해 해명할 수 있었던 것 같다. 슈피텔러(Carl Spitteler: 1845-1924)의 '프로메테우스'(Prometheus)도 매우 예리한 관찰을 포함하고 있으며, 그의 소설 '이마고'(Imago)는 투사를 아주 훌륭하게 묘사하고 있다.

치료의 문제는 짧은 글로는 절대로 처리하지 못하는 문제이다. 여기서 치료를 다루는 것은 나의 의도가 아니었다. 나는 나의 관점을 요약하고 싶었을 뿐이다. 중년(35세 전후)을 넘기지 않은 젊은이들은 아니마의 완전한 상실까지도 별 탈 없이 견뎌낼 수 있다. 그 단계에서 남자에게 중요한 것은 한 사람의 남자가 되는 것이다. 점점 성숙해지는 청년은 자신을 자기 어머니의 아니마 매력으로부터 해방시킬 수 있어야 한다. 그 문제가 종종 다른 방향으로 나타나는 예외들, 특히 예술가들이 있으며, 일반적으로 아니마와의 동일시가 뚜렷한 특징인 동성애도 있다. 이 같은 현상의 빈도를 근거로 할 때, 그것을 병적 도착으로 해석하는 것은 매우 의문스럽다. 심리학적 발견들은 그것이 오히려 자웅동체 원형으로부터의 불완전한 분리의 문제라는 것을 보여주고 있다. 거기에는 일방적인 성적 존재의 역할과 동일시하는 데 대한 명백한 저항이 수반된다. 그 같은 성향을 모든 상황에서 부정적으로 판단해서는 안 된다. 그 성향이 일방적인 성적 존재가 어느 정도 상실한 '원래의 인간'(Original Man)의 원형을 간직하고 있기 때문이다.

그러나 중년 이후에는 아니마의 영원한 상실은 활력과 유연성과 인간다운 친절의 감소를 의미한다. 대체로 그 결과는 때 이른 엄숙과 무뚝뚝함, 상투성, 광적 편파성, 완고함, 현학 취미, 체념, 싫증, 감상, 무책임, 그리고 마지막으로 알코올에 의지하려는 경향을 보이는 유치한 허약성이다. 그러므로 중년 이후에는 가능하다면 아니마 원형을 경험하는 영역과의 연결을 다시 확립해야 한다.

4장

어머니 원형의 심리학적 양상들[39]

　1938년 '에라노스 연감'에 강연 형식으로 실렸다.

1. 어머니 원형의 개념에 대하여

'위대한 어머니'(Great Mother)[40]라는 개념은 비교 종교학의 영역에 속하며, 매우 다양한 유형의 어머니 여신을 포함한다. 그 개념 자체는 심리학과 직접적 관계를 전혀 갖지 않는다. 왜냐하면 이런 형태의 위대한 어머니의 이미지를 치료 현장에서 실제로 만나는 일이 꽤 드물고, 그런 이미지는 대단히 특별한 상황에서만 나타나기 때문이다. 그 상징은 틀림없이 어머니 원형의 한 파생물이다. 만약에 위대한 어머니의 이미지의 배경을 심리학적 관점에서 감히 조사한다면, 어머니 원형이 둘 중에서 보다 포괄적인 것으로서 우리의 논의의 바탕을 형성할 것임에 틀림없다. 이 단계에

40 모성애, 다산, 창조, 풍요 등을 관장하는 어머니 여신을 말한다.

서 한 원형의 개념을 놓고 길게 논하는 것이 거의 필요하지 않을지라도, 일반적인 성격을 지니는 예비적인 언급은 어색하지 않다.

아리스토텔레스(Aristoteles: B.C. 384-B.C. 322)의 일부 반대와 영향력에도 불구하고, 옛날에는 플라톤(Platon: B.C. 424?-B.C. 347?)의 이데아 개념을 모든 현상에 앞서 존재하는 상위의 것으로 이해하는 것이 지나치게 어렵지 않았다. "원형"은 현대적인 용어이기는커녕 성 아우구스티누스(St. Augustinus: A.D. 354- A.D. 430) 이전에도 이미 사용되고 있었으며, 플라톤이 사용하는 "이데아"와 동일한 것을 의미했다.

A.D. 3세기의 저작물로 알려진 '코르푸스 헤르메티쿰'이 신을 "원형적인 빛"이라고 묘사할 때, 그 말은 신이 모든 빛의 원형이라는 뜻이다. 말하자면, 현상적인 "빛"보다 앞서 존재하고 그것보다 상위인 빛을 뜻한다. 만약 나 자신이 철학자라면, 나는 이 같은 플라톤의 맥락에서 계속 앞으로 나아가며 이렇게 말해야 했을 것이다. 어딘가에, "하늘 그 너머의 어떤 장소"에, "어머니다운"이라는 단어의 가장 넓은 의미에서 말하는 "어머니다운" 점이 명백히 드러나는 모든 현상들보다 앞서 존재하고 그 현상들보다 상위인 어머니의 원형 또는 어머니의 원초적인 이미지가 있다고.

그러나 나는 철학자가 아니고 경험주의자이다. 그런 까닭에 나는 나 자신의 특유한 기질을, 말하자면 지적인 문제를 대하는 나 자신의 태도를 보편적으로 타당하다고 가정할 수 없다. 분명히 그것은 자신의 성향과 태도를 당연히 보편적인 것으로 받아들이는 철학자만 쉽게 내릴 수 있는 단정이다. 그런 철학자는 "개인적 성향 차이"가 자신의 철학을 규정한다는 사실을 가능한 한 인정하지 않을 것이다.

한 사람의 경험주의자로서, 나는 생각들을 하나의 진정한 실체로 여기며 단순히 '이름'으로 여기지 않는 기질도 있다는 점을 강조해야 한다. 그런데 그야말로 우연히, 지난 200년 동안 우리는 생각은 결코 이름이 될 수 없다는 가정이 점점 인기를 잃거나 심지어 이해될 수 없는 것으로 여겨지는 시대에 살고 있다. 그래서 지속적으로 플라톤이 했던 것처럼 사고하는 사람들은 이데아의 형이상학적 핵심이 증명 불가능한 신앙과 미신의 영역으로 좌천되거나 너그럽게 시인에게로 넘겨지는 것을 지켜보는 것으로, 자신의 시대착오적 입장에 대한 대가를 치러야 했다. 다시 한 번, 보편성을 둘러싼 역사 깊은 논쟁에서 유명론적 관점이 실재론적 관점을 눌렀으며, 이데아는 허공으로 흩어지며 단순한 '바람 소리'가 되고 말았다. 이 같은 변화는 그 이점이 오직 지성에게만 분명히 보였던 경험주의의 뚜렷한 발흥을 수반했으며, 어떻게 보면 그 변화의 상당 부분이 경험주의의 발흥에 의해 일어났다고 할 수 있다.

그 후로 이데아는 더 이상 선험적인 것이 아니라 부차적이고 파생적인 것이 되었다. 당연히, 새로운 유명론은 즉시 보편적 타당성을 주장하고 나섰다. 이 유명론도 마찬가지로 기질의 영향을 받는, 한정적이고 제한적인 어떤 명제에 근거하고 있을 뿐인데도 말이다. 이 테제는 다음과 같다. 우리는 밖에서 오고 검증될 수 있는 것이면 무엇이든 타당한 것으로 받아들인다. 이상적인 예는 실험에 의한 검증이다. 안티테제는 이렇다. 우리는 내부에서 오고 검증될 수 없는 것이면 무엇이든 타당한 것으로 받아들인다. 이런 입장이 절망적인 것은 너무도 명백하다. 물질에 관심을 두었던 그리스의 자연 철학이 아리스토텔레스의 추론과 함께, 플라톤을 상대로 한 경쟁에서 늦었지만 압도적인 승리를 거두었다.

그럼에도 모든 승리는 미래의 패배의 씨앗을 품고 있다. 우리 시대에 어떤 태도 변화를 예고하는 신호들이 급속도로 증가하고 있다. 옛날의 의미에서 말하는 형이상학을 부활시키려는 모든 노력을 초기 단계에서 파괴함과 동시에, 플라톤의 영(靈)이 부활할 길을 닦은 것은 무엇보다 칸트(Immanuel Kant: 1724-1804)의 범주론이다. 만약에 인간의 이성을 넘어서는 형이상학이 절대로 있을 수 없다는 것이 진리라면, 인식의 선험적 구조에 이미 포착되어 제한을 받지 않는 경험적 지식이 있을 수 없다는 말도 그 못지않게 진리이다.

『순수이성비판』(Critique of Pure Reason)이 나온 후 1세기 반 동안에, 사고와 이해와 추론은 논리학의 영원한 법칙들만을 따르는 독립적인 과정으로 여겨질 수 없었으며, 그것들은 인격에 종속된 가운데 인격과 조화롭게 움직이는 정신적 기능들이라는 확신이 점점 더 지지를 얻어갔다. 이제 더 이상 "이것 혹은 저것이 보이고, 들리고, 다뤄지고, 경중이 따져지고, 헤아려지고, 생각되고, 논리적인 것으로 확인되었는가?"라고 묻지 않는다. 대신에 "누가 보고, 듣거나 생각했는가?"라고 묻는다.

이 같은 비판적인 태도는 미세한 과정들의 관찰과 측정에 나타나는 "개인적 차이"로부터 시작해서 더욱 앞으로 나아가면서 우리 전의 어떤 시대도 알지 못했던 그런 경험 심리학을 창조하기에 이르렀다. 오늘날 우리는 지식의 모든 영역에서 자료의 선택과 조사 방법, 결론의 성격, 가설과 이론의 공식화에 결정적 영향력을 행사하는 심리적 전제들이 존재한다고 확신한다. 심지어 칸트의 인격이 『순수이성비판』에 결정적인 영향을 미친 요소라고 믿기에 이르렀다. 철학자들뿐만 아니라, 철학에 담긴 우리 자신의 편견들과 심지어 우리가 "최고"의 진리로 부르기를 좋아하는 것들까지도 개인적인 전제에 대한 이 같은 인식 때문에 위험할 만큼 훼손된다고 할 수는 없을지 몰라도 크게 영향을 받고 있다. 사람들은 "창조의 자유를 모두 빼앗기고 말았어!"라고 외친다. 그게 무슨 뜻인가? 그렇다면 사람이 자신의 모습 그대로를 놓고 생각하거나 말하거나 행동하는 것이 가능하다는 말인가?

만약에 우리가 또 다시 과장하며 무제한적인 "심리학적 고찰"에 희생되지 않으려면, 나에게는 여기서 정의하는 비판적인 관점이 불가피한 것 같다. 그런 비판적인 관점이 현대 심리학의 핵심과 기원과 방법을 이루고 있다.

인간의 모든 활동에는 선험적인 요소가 있다. 말하자면, 타고나고, 전(前)의식적이고 무의식적인, 정신의 개인적 구조가 있다는 뜻이다. 전의식적 정신, 예를 들면, 갓 태어난 아기의 정신은 호의적인 조건에서 사실상 무엇이든 부어넣을 수 있는 그런 빈 그릇이 아니다. 정반대로, 아이의 정신은 엄청나게 복잡하고 예리하게 정의된 개인적인 한 실체이다. 이 실체는 단지 우리가 직접 볼 수 없는 탓에 막연해 보일 뿐이다. 그러나 정신적 삶의 표상들이 주위 사람들의 눈에 처음 보이기 시작하는 순간, 그 표상들의 개별적인 성격을, 즉 표상들의 뒤에 있는 독특한 인격을 알아차리지 않으려면 아마 맹인이 되어야 할 것이다.

그때 그 모든 세부사항이 현실에 나타나는 그 순간에 존재하게 된다고 가정하는 것은 거의 불가능하다. 개별적인 성격이 이미 부모에게 있는 병적 경향을 보여줄 때, 우리는 생식 세포질을 통한 유전적 전달을 추론한다. 간질 환자인 어머니의 아이에게 나타나는 간질을 설명 불가능한 돌연변이로 여겨야 한다는 생각은 절대로 떠오르지 않을 것이다. 다시, 세대들을 거슬러 올라가며 추적 가능한 재능과 소질은 유전으로 설명 가능하다. 자기 부모들과 눈을 한 번도 맞추지 않아서 부모로부터 "배울" 기회를 전혀 갖지 못한 동물들에게 복잡한 본능적인 행동들이 나타나는 것도 똑같은 방법으로 설명이 가능하다.

경향에 관한 한, 오늘날에는 인간과 그 외의 다른 모든 동물들 사이에 근본적인 차이가 전혀 없다는 가설로부터 시작해야 한다. 모든 동물들처럼, 인간도 미리 형성된 정신을 갖고 있다. 이 정신은 인간 종(種)에게 충실한 방향으로 성장하며, 면밀히 조사하면 가족의 조상까지 거슬러 올라가는 뚜렷한 특성을 드러낸다. 이 원칙에서 예외일 수 있는 인간의 활동이나 기능이 있다고 단정할 근거는 전혀 없다.

동물들이 본능적인 행동을 하도록 만드는 경향이나 태도가 어떤 것인지에 대해 우리는 전혀 알지 못한다. 그리고 어린 아이가 인간적인 방식으로 반응하도록 하는 전의식적 정신적 경향의 본질을 아는 것도 마찬가지로 불가능하다. 우리는 단지 아이의 행동이 기능의 패턴들에서 비롯된다고 짐작할 수 있을 뿐이다. 이 패턴들을 나는 이미지라고 묘사했다. "이미지"라는 용어는 일어나는 활동의 형태를 표현할 뿐만 아니라, 그 활동이 표출되고 있는 전형적인 상황까지 표현한다. 이 이미지들은 전체 종(種)에 고유하기 때문에 "원초적인" 이미지들이다. 만약 그것들이 어쨌든 "기원했다면", 그 기원은 적어도 종(種)의 시작과 일치할 것이다. 그것들은 인간의 "인간적인 특성"이고, 인간의 활동이 취하는 특별히 인간적인 형태이다. 이 특별한 형태는 유전되며, 생식 세포질 안에 이미 있다. 그것이 유전되지 않고 모든 아이의 안에서 새롭게 존재하게 된다는 생각은 아침에 떠오르는 태양이 전날 저녁에 진 태양과 다르다는 원시인의 믿음만큼이나 터무니없다.

정신의 모든 것이 미리 형성되기 때문에, 이 말은 또한 개별적인 기능들, 특히 무의식적 경향으로부터 직접적으로 나오는 기능들에도 그대로 적용될 것이 분명하다. 이 기능들 중에서 가장 중요한 것은 창조적인 공상이다. 공상의 산물들을 통해서 원초적인 이미지들이 모습을 드러내며, 원형 개념이 구체적으로 적용되는 곳이 바로 공상의 산물이다.

나 자신이 이 같은 사실을 처음으로 언급했다고 주장하지 않는다. 그 명예는 플라톤에게 돌아가야 한다. 민족학 분야에서 일부 "기본적인 생각들"이 광범위하게 일어난다는 사실에 관심을 기울이도록 한 인물은 아돌프 바스티안이었다. 그 뒤의 두 연구자들, 그러니까 뒤르켐(Emile Dürkheim: 1858-1917)의 추종자들인 위베르와 모스가 상상의 "범주들"에 대해 말하고 있다. 그리고 그 같은 견해는 "무의식적 사고"처럼 보이는 무의식적 '사전(事前) 형성'을 처음 알아차린 헤르만 우제너(Hermann Usener)에 비해 결코 덜한 공적이 아니었다. 만약에 나 자신이 이 발견들에서 어떤 몫이라도 갖는다면, 그것은 원형들이 전통이나 언어, 이주(移住)에 의해서만 전파되는 것이 아니라 시대와 장소를 막론하고 어떠한 외부 자극 없이도 저절로 다시 생겨날 수 있다는 사실을 보여준 데 있다.

이 진술의 광범위한 암시를 간과해서는 안 된다. 왜냐하면 그것이 모든 정신 안에 무의식임에도 불구하고 작동하고 있는 형태들이 있다는 것을, 말하자면 살아 있는 생생한 경향들이, 플라톤이 말하는 이데아들이 있다는 것을 의미하기 때문이다. 이 형태들이 작동하면서 우리의 사고와 감정과 행위에 끊임없이 영향력을 행사하고 있다.

원형들이 그 내용물에 따라 규정된다는, 바꿔 말하면 원형들이 일종의 무의식적 생각(이런 표현이 허용된다면)이라는 그릇된 의견이 거듭 제기되고 있다. 원형들은 그 내용물에 의해 규정되는 것이 아니라, 그 형태에 의해, 그것도 매우 제한적으로만 규정된다는 점을 한 번 더 강조해야 한다. 원초적인 이미지의 내용물은 오직 그것이 의식적인 것이 되어서 의식적인 경험의 자료로 채워질 때에야 결정될 뿐이다. 그러나 원형의 형태는, 내가 다른 곳에서 설명한 바와 같이, 아마 어떤 결정체(結晶體)의 축 체계와, 말하자면 그 자체로는 물질적인 존재를 전혀 갖고 있지 않음에도 모액(母液)[41] 안에서 결정체의 구조를 사전에 형성하고 있는 체계와 비교할 만하다. 이 축 체계는 이온들과 분자들이 결합하는 특이한 방법에 따라 처음 나타난다.

원형은 그 자체로 비어 있고, 그야말로 형태뿐이고, 하나의 수행 능력에 지나지 않으며, 선험적으로 주어진 표상의 한 가능성이다. 표상 자체가 유전되는 것이 아니라, 형태만 유전된다. 그런 측면에서 보면 표상들은 마찬가지로 형태로만 규정되는 본능들과 모든 점에서 일치한다. 본능들이 구체적으로 스스로를 드러내지 않는 한, 본능들의 존재는 원형들의 존재와 마찬가지로 증명될 수 없다. 형태의 명확함에 대해서는, 결정체와의 비교가 쉽게 설명하고 있다. 그 축 체계가 오직 체적(體積)의 구조만을 결정할 뿐, 개별적인 결정체의 구체적인 형태를 결정하지는 않기 때문이다. 개별적인 결정체는 크거나 작을 수 있으며, 면들의 다양한 크기나 2개의 결정체의 결합 때문에 끝없이 다를 수 있다. 유일하게 변하지 않는 것은 축 체계, 더 정확히 말하면 그 체계의 바탕을 이루고 있는 불변의 기하학적 비율이다.

[41] 용액 중에서 고체나 침전물을 뺀 액체를 말한다.

원형에 대해서도 똑같이 말할 수 있다. 원칙적으로, 원형은 명명될 수 있고 의미의 불변하는 핵심을 갖고 있지만, 언제나 원칙적으로만 그럴 뿐이며, 그것의 구체적인 표상과 관련해서는 절대로 그렇지 않다. 이와 똑같이, 주어진 어떤 시간에 일어나는 구체적인 어머니 이미지의 출현은 어머니 원형 하나만으로는 추론하지 못하며, 수많은 다른 요인에 좌우된다.

2. 어머니 원형

다른 원형들과 마찬가지로, 어머니 원형도 거의 무한할 정도로 다양한 양상을 보인다. 여기서는 보다 특징적인 양상들 중 일부만을 언급할 것이다. 중요성에서 가장 앞서는 것은 개인적인 어머니와 할머니, 계모와 장모이며, 그 다음은 어떤 관계를 맺고 있는 여인이다. 예를 들면, 간호사나 여자 가정교사나 먼 여자 조상이 있다. 그 다음으로는 비유적인 의미에서 어머니라 부를 수 있는 존재들이다. 이 범주에 여신, 특히 신의 어머니인 동정녀 마리아와 소피아[42]가 속한다.

신화학은 어머니 원형의 변형을 아주 많이 제공한다. 예를 들면, 데메테르와 코레의 신화에서 소녀로 다시 나타나는 어머니가 있고, 키벨레와 아티스의 신화에서처럼 아들의 연인이기도 한 어머니가 있다.

어머니의 다른 상징들은 비유적인 의미에서 낙원이나 신의 왕국이나 천상의 예루살렘처럼, 구원을 향한 우리의 갈망의 목표를 표현하는 것으

---

42 지혜를 뜻하는 그리스어 단어이며, 그노시스주의에서 신의 여성적인 측면들 중 하나로 여겨진다. 그노시스주의자들은 그녀를 삼위일체 중 성령으로 여긴다.

로 나타난다. 헌신이나 경외의 감정을 불러일으키는 많은 것들, 예를 들면 교회, 대학, 도시나 국가, 천국, 땅, 숲, 바다나 고요한 물, 저승과 달도 어머니 상징일 수 있다.

어머니 원형은 종종 다산과 풍요로운 결실을 상징하는 사물이나 장소와 연결된다. 풍요의 뿔과 쟁기질을 끝낸 들판, 정원이 그런 것들이다. 어머니 원형은 바위나 동굴, 나무, 수원지, 깊은 샘, 또는 세례반 같은 다양한 그릇들, 장미나 연꽃 같은 그릇 모양의 꽃들과도 결합될 수 있다. 어머니 원형이 암시하는 보호 때문에, 마법의 동그라미나 만다라도 어머니 원형의 한 형태일 수 있다. 솥처럼 속이 빈 물건과 요리용 그릇도 어머니 원형과 결합되며, 자궁과 여음상, 그리고 그것과 비슷한 모양의 모든 것도 당연히 어머니 원형과 연결된다. 이 목록에, 소와 산토끼, 일반적으로 유익한 동물들이 더해진다.

이런 모든 상징들은 긍정적이고 이로운 의미나 부정적이고 나쁜 의미를 가질 수 있다. 양면적인 어떤 양상은 운명의 여신들(모이라, 그라이아이, 노른)에게서 보인다. 사악한 상징들은 마녀, 용(또는 대형 물고기나 뱀처럼 삼키거나 칭칭 감는 동물), 무덤, 석관, 깊은 물, 죽음, 악몽과 악귀(엠푸사, 릴리트 등) 등이다. 물론 이 목록은 완전한 것이 아니다. 이 목록은 단지 어머니 원형의 가장 중요한 특성들을 보여줄 뿐이다.

어머니 원형과 연결되는 특성들은 어머니의 근심과 공감, 여성의 마법적 영향력, 이성(理性)을 능가하는 지혜와 영적 고양, 이로운 모든 본능또는 충동, 온화한 모든 것들, 사랑하고 응원하고 성장과 다산을 촉진하는 모든 것들이다. 마법적인 변형과 재탄생이 일어나는 장소도 저승과 그곳의 거주자들과 함께, 어머니의 지배를 받는다. 부정적인 측면에서 어머니 원형은 은밀하고 숨겨져 있고 어두운 모든 것을, 심연과 죽은 자들의 세계와, 삼키고 유혹하고 독을 주입하고 운명처럼 끔찍하고 피할 수 없는 모든 것을 암시할 수 있다. 어머니 원형의 이런 모든 속성들은 나의 책 『변형의 상징들』(Symbols of Transformation)에 상세히 설명되고 있다. 거기서 나는 이런 속성들의 양면성을 "애정 깊으면서 끔찍한 어머니"로 표현했다.

어머니의 이중적인 성격을 가장 쉽게 보여주는 역사적인 예는 동정녀 마리아이다. 그녀는 구세주의 어머니일 뿐만 아니라, 중세의 비유에 따르면 구세주의 십자가이기도 하다. 인도에서 "애정 깊으면서 끔찍한 어머니"는 역설적인 칼리(Kali)[43]이다. 상키야(Sankyha) 철학[44]은 어머니 원형을 물질(prakrti)의 개념으로 다듬었으며, 거기에 3가지 근본적인 속성, 즉 선(善)과 격정과 어둠을 부여했다. 이것들은 어머니의 3가지 기본적인 측면들이다. 사랑하며 영양을 공급하는 어머니의 선이 있고, 격한 감정을 일으키는 어머니의 감격성이 있고, 어머니의 어둡고 깊은 곳들이 있다. 푸루샤(Purusha)[45]에게 "분석적인 지식"을 상기시키기 위해서 물질이 푸루샤 앞에서 춤을 추는 모습을 보여주는 철학적인 그 신화의 두드러진 특성은 어머니 원형에 속하는 것이 아니라, 남자의 심리에서 반드시 처음에 어머니 이미지와 뒤섞여 나타나는 아니마의 원형에 속한다.

비록 어머니 형상이 민간전승에 나타나는 바와 같이 다소 보편적일지

---

43 시간과 변화, 창조, 파괴, 죽음과 연결되는 힌두교의 중요한 여신이다.

44 힌두교의 정통 육파철학 중 가장 오래된 학파이다. 정신적 원리로서 푸루샤와 물질적 원리로서 프라크르티라는 두 가지 근본 원리를 바탕으로 세계가 전개되고 해체된다는 입장을 보인다.

45 인도 신화에 등장하는 최초의 인간이기도 하다.

라도, 이 이미지는 개인의 정신에 나타날 때 뚜렷하게 변한다. 환자들을 치료하면서, 의사는 처음에 개인적인 어머니의 명백한 중요성에 강한 인상을 받으며, 그로 인해 치료에 방해를 받는다. 개인적인 어머니의 형상은 모든 인격주의 심리학들에서 너무나 큰 모습으로 불안하게 다가온다. 그래서 모두가 아는 바와 같이, 그런 심리학들은 이론적으로도 그 형상을 뛰어넘어 다른 중요한 병적 요소로 절대로 나아가지 못한다.

나의 견해는 개인적인 어머니에게 병인학적 중요성을 제한적으로만 부여한다는 점에서, 다른 의학 심리학 이론들의 견해와 원칙적으로 다르다. 말하자면, 문헌이 어린이들에게 미치는 것으로 묘사하는 그 모든 영향들이 어머니 본인에게서 나오는 것이 아니라, 어머니에게 투사된 어머니 원형에서 나온다. 바로 이 원형이 어머니에게 신화적인 배경을 부여하고, 어머니에게 권위와 신비성을 입힌다. 어머니에 의해서 생긴 병적 효과들은 두 개의 집단으로 나뉘어야 한다. 첫 번째 집단은 어머니에게 실제로 있는 성격 또는 태도들의 특성에 해당하는 효과들이고, 두 번째 집단은 어머니가 갖고 있을 것 같은 특성들을 가리키는 효과들이다. 이런 식으로 구분해야 하는 이유는 현실이 다소 공상적인(즉 원형적인), 어린이의 투사로 이뤄져 있기 때문이다.

프로이트 본인도 신경증의 진정한 병인은 처음에 의심했던 것과 달리, 트라우마를 남기는 영향에 있는 것이 아니라, 유아적인 공상의 어떤 특이한 발달에 있다는 것을 이미 확인했다. 이 말은 그런 발달이 어머니에게서 나오는 불안한 영향들로 거슬러 올라갈 수 있다는 점을 부정하는 것이 아니다. 나도 유아기 신경증들의 원인을 가장 먼저 어머니에게서 찾는 것을 원칙으로 정하고 있다. 경험을 통해서, 아이가 신경증적으로 발달하기보다 정상적으로 발달할 가능성이 훨씬 더 크다는 사실이, 또 환자들의 절대 다수에서 장애의 분명한 원인이 부모, 특히 어머니에게서 발견될 수 있다는 사실이 확인되기 때문이다. 아이의 비정상적인 공상들의 내용물은 오직 부분적으로만 개인적인 어머니와 연결될 뿐이다. 왜냐하면 그 공상들이 인간들과 연결될 수 없는 명백한 암시들을 종종 포함하고 있기 때문이다. 이 말은 명확히 신화적인 산물들이 관련된 곳에서 특별히 사실인 것으로 드러난다. 어머니가 야생 짐승이나 마녀, 귀신, 도깨비, 양성(兩性)의 동물 등으로 자주 등장하고 있으니 말이다.

그러나 그런 공상들도 언제나 명백히 신화적인 기원을 갖는 것은 아니라는 점을 명심해야 한다. 또 설령 그 공상들이 신화적인 기원을 갖는다 하더라도, 그것들이 언제나 무의식적 원형에 뿌리를 두고 있는 것이 아니라 동화나 우연한 발언에 의해 일어날 수 있다는 것도 잊지 말아야 한다. 그러므로 환자마다 철저한 조사가 요구된다. 실질적인 이유들 때문에, 그런 조사는 아이들의 경우에도 성인들의 경우와 마찬가지로 쉽게 이뤄질 수 없다. 아이들이 치료가 이뤄지는 동안에 거의 틀림없이 자신의 공상을 의사에게 전이하기 때문이다. 더 정확히 말하면, 아이들의 공상은 자동적으로 의사에게 투사된다.

그런 일이 벌어질 때, 그 공상들을 터무니없는 것으로 여겨 무시함으로써 얻을 수 있는 것은 아무것도 없다. 이유는 원형들이 모든 정신의 양도할 수 없는 자산에 속하기 때문이다. 원형들은 칸트가 말한, "모호한 생각들의 영역의 보물"을 이루며, 우리도 그런 보물에 관한 증거로 신화에 수없이 등장하는 보물 모티브를 제시할 수 있다. 하나의 원형은 어떤 의미에서도 성가신 편견일 수 없다. 원형이 그런 성가신 편견이 되는 것은 그것이 엉뚱한 곳에 있을 때뿐이다.

원형적인 이미지들은 그 자체로 인간 정신에서 가장 소중한 요소들에 포함된다. 원형적인 이미지들은 태곳적부터 모든 인종들의 하늘을 가득 채웠다. 그 이미지들을 무가치한 것으로 여겨 버리는 것은 명백한 상실이다. 그러므로 우리의 임무는 원형을 부정하는 것이 아니라, 자신의 정신적 내용물을 밖으로 투사함으로써 본의 아니게 그것을 상실해 버린 개인에게 그 내용물을 복원시켜주기 위해서 투사들을 소멸시키는 것이다.

3. 어머니 콤플렉스

어머니 원형은 소위 어머니 콤플렉스의 토대를 형성한다. 어머니가 어머니 콤플렉스의 형성에 증명 가능한 요인으로서 가담하지 않는 상태에서도 어머니 콤플렉스가 발달할 수 있는가, 하는 문제는 아직 미해결의 상태로 남아 있다. 나 자신의 경험을 근거로, 나는 특히 유아의 신경증, 또는 병인이 틀림없이 어린 시절 초기로까지 거슬러 올라가는 신경증에서 어머니가 장애의 기원에 언제나 적극적인 역할을 한다고 믿는다. 아무튼, 아이의 본능이 방해를 받으며, 그 같은 사실은 원형들을 건드린다. 그러면 원형들은 이질적이고 종종 무서운 요소로서 아이와 어머니의 사이를 갈라놓는 공상들을 낳는다. 따라서 만약에 걱정을 지나치게 많이 하는 어머니의 자식들이 어머니가 무서운 동물이나 마녀로 나타나는 꿈을 주기적으로 꾼다면, 이 경험들은 아이의 정신에서 어떤 신경증을 예고하는 분열을 가리키고 있다.

1) 아들의 어머니 콤플렉스

어머니 콤플렉스의 효과는 그것이 아들에게 나타나느냐 딸에게 나타나느냐에 따라 다르다. 아들에게 전형적으로 나타나는 효과는 동성애와 돈 후아니즘(Don Juanism)[46]이며, 간혹 성교 불능도 보인다. 동성애의 경우에, 아들의 이성애 전체는 무의식적인 형태로 어머니와 연결되어 있으며, 돈 후아니즘의 경우에, 아들은 만나는 모든 여자들에게서 무의식적으로 자기 어머니를 찾는다. 아들에게 나타나는 어머니 콤플렉스의 효과는 키벨레와 아티스 유형의 이야기에서도 보인다. 자기 거세와 광기, 요절 등이 그런 효과이다.

성별 차이 때문에, 아들의 어머니 콤플렉스는 순수한 형태로 나타나지 않는다. 이것이 남자의 어머니 콤플렉스를 보면 어머니 원형과 나란히 그의 성적 카운터파트의 이미지인 아니마가 중요한 역할을 하고 있는 것이 공통적으로 확인되는 이유이다. 어머니는 장차 어른이 될 아들이 접하는 최초의 여자이다. 따라서 어머니는 아들의 남성성에 공개적으로나 은밀히, 의식적으로나 무의식적으로 영향을 끼칠 수 밖에 없다. 그것은 아들이 거꾸로 자기 어머니의 여성성을 점점 더 강하게 자각하게 되거나 본능에 의해서 어머니의 여성성에 무의식적으로 반응하는 것과 똑같은 이치이다. 따라서 아들의 경우에 동일시 또는 저항과 구별의 단순한 관계에 성적 끌림 또는 반발이 끊임없이 끼어든다. 이 같은 사실이 문제를 꽤 복잡하게 만든다. 그렇다고 아들의 어머니 콤플렉스가 딸의 어머니 콤플렉

---

46 남자가 다양한 여자들과 성행위를 하길 원하는 욕망을 뜻한다.

스보다 더 심각한 것으로 여겨져야 한다는 뜻은 아니다. 이런 복잡한 정신적 현상들에 대한 연구는 아직 개척 단계에 있다. 활용 가능한 통계가 충분히 확보될 때까지 아들의 어머니 콤플렉스와 딸의 어머니 콤플렉스를 서로 비교하는 것은 가능하지 않으며, 현재까지는 비교의 가능성이 보이지 않는다.

딸의 경우에만 어머니 콤플렉스가 복잡하지 않고 분명하다. 여기서 어머니 콤플렉스는 어머니에 의해 간접적으로 야기된 여성적 본능의 과도한 발달 또는 과도한 약화이다. 후자의 경우에 여성적 본능이 거의 사라져버릴 정도로 약화되기도 한다. 여성적인 본능이 과도하게 발달하는 경우에, 딸이 본능의 우세 때문에 자신의 인격을 의식하지 못하게 된다. 여성적 본능이 크게 약화된 경우에는 그 본능이 어머니에게로 투사된다. 현재로서는 다음과 같이 진술하는 것으로 만족해야 한다. 딸에게 나타나는 어머니 콤플렉스는 여성적인 본능을 과도하게 자극하거나 억제하며, 아들의 어머니 콤플렉스는 아들이 성적 관심을 부자연스러운 방향으로 돌리도록 함으로써 아들의 남성적 본능을 훼손시킨다.

"어머니 콤플렉스"는 정신 병리학에서 차용한 개념이다. 따라서 그것은 언제나 부상과 병이라는 생각과 연결된다. 그러나 만약에 그 개념을 좁은 병리학적 배경에서 끌어내서 거기에 보다 넓은 함축적 의미를 부여한다면, 어머니 콤플렉스가 긍정적인 효과를 발휘하는 것도 확인된다. 따라서 어머니 콤플렉스를 가진 남자는 동성애 대신에, 또는 동성애 외에 대단히 섬세하게 분화된 에로스를 가질 수 있다. (이와 비슷한 것이 플라톤의 『향연』(Symposium)에서 암시되고 있다.)

이것이 그 남자에게 우정을 크게 가꿀 수 있는 능력을 안겨준다. 그는 종종 남자들 사이에 놀라울 정도로 부드러운 관계를 창조하며, 심지어 남녀 사이의 우정까지 불가능의 늪에서 구해낼 것이다. 그는 여성적인 성향을 바탕으로 훌륭한 취향과 미적 감각을 배양할 것이다. 그러면 그는 거의 여성적인 통찰과 재주 덕분에 교사로서 탁월한 재능을 발휘할 수 있다. 그는 역사에 대한 감각이 뛰어날 수 있으며, 최고의 의미에서 보수적이고, 과거의 가치를 중요하게 여길 것이다. 종종 그는 종교적 감정을 풍성하게 가꾸고, 그 감정들은 영적 교회(ecclesia spiritualis)를 현실로 구현하는 것을 돕는다. 또한 그는 계시에 쉽게 반응하는 영적 감수성을 가꾼다.

마찬가지로, 부정적인 측면에서 돈 후아니즘으로 여겨지는 것도 대담하고 결단력 있는 남자다움으로 긍정적으로 나타날 수 있다. 대단히 높은 목표를 추구하는 야심찬 노력, 온갖 어리석음과 편협과 불공평과 게으름에 대한 반대, 정의로운 것을 위해서 기꺼이 희생하려 드는, 간혹 영웅에 가까운 일을 해내려는 의지, 인내, 불굴의 정신, 우주의 수수께끼 앞에서도 움츠러들지 않는 호기심, 마지막으로 세상을 새롭게 바꾸려는 혁명적인 정신이 그런 요소이다. 이 모든 가능성은 앞에서 어머니 원형의 다양한 양상으로 나열되었던 신화적인 모티브들에 반영되고 있다. 내가 다른 곳에서 이미 아니마를 포함한, 아들의 어머니 콤플렉스를 다루었고 현재 나의 주제가 어머니 원형이기 때문에, 이어지는 글에서 나는 남자의 심리를 뒤로 밀어놓을 것이다.

2) 딸의 어머니 콤플렉스

(a) 모성적인 요소의 비대: 딸의 경우에 어머니 콤플렉스가 여성적인 측

면의 비대(肥大)나 위축으로 이어질 수 있다는 것이 확인되었다. 여성적인 측면의 과장은 모든 여성적인 본능들, 특히 모성 본능의 강화를 의미한다. 부정적인 양상은 유일한 목표를 아이 출산에 두고 있는 여자에게서 보인다. 그런 여자에게 남편은 분명히 부차적인 중요성을 지닐 뿐이다. 남편이 가장 먼저 생식의 도구이고, 그녀가 그를 아이들이나 가난한 친척들, 고양이들, 강아지들, 가구들처럼 단순히 보살핌의 대상으로 여기기 때문이다. 심지어 그녀 자신의 인격조차도 부차적인 중요성을 지닐 뿐이다. 그녀는 종종 자신의 인격을 전혀 의식하지 않는다. 그녀의 삶이 그녀의 보살핌을 받는 모든 대상들과 거의 완전히 동일시하는 상태에서 다른 사람들의 안에서, 다른 사람들을 통해서 영위되고 있으니 말이다.

먼저 그녀는 아이들을 낳고, 그 후로는 아이들에게 매달린다. 아이들이 없으면 그녀가 전혀 존재하지 않기 때문이다. 데메테르[47]처럼, 그녀는 완강하게 고집을 부리면서 신들에게 자신의 딸에 대한 소유권을 허용하라고 강요한다. 그녀의 에로스는 전적으로 모성적 관계로서만 발달하고 개인적인 관계로서는 무의식의 상태로 남는다. 무의식적 에로스는 언제나 권력 의지로 모습을 드러낸다. 이런 유형의 여자들은 지속적으로 "다른 사람들을 위해 살고" 있음에도, 실은 진정으로 희생할 줄 모른다.

무자비한 권력 의지와 자신의 모성적 권리에 대한 광적 집착에 휘둘리면서, 그런 여자들은 종종 자신의 인격뿐만 아니라 자식들의 개인적인 삶까지 완전히 파괴해 버린다. 그런 여자가 자신의 인격을 덜 의식할수록,

47 그리스 신화에서 대지의 생산, 즉 농업을 관장하는 여신으로 로마 신화의 케레스에 해당한다.

권력을 추구하려는 그녀의 무의식적 의지는 그 만큼 더 강해지고 더 폭력적으로 변한다. 그런 많은 여자들의 상징으로는 데메테르보다 바우보(Baubo)[48]가 더 적절하다. 그런 여자의 마음은 성숙되지 않고 언제나 원래의 상태로 남는다. 그녀의 마음은 완전히 원시적이고 어떤 인간 관계도 맺지 않고 냉혹하지만, 자연 자체만큼 진실하고 가끔은 심오하다. 그녀 자신은 이 같은 사실을 모르고 있으며, 따라서 그녀는 자신의 마음의 재치를 평가하지 못하거나 자신의 마음의 심오함에 철학적으로 경탄할 줄 모른다. 십중팔구, 그녀는 자신이 한 말을 즉시 망각해 버린다.

(b) 에로스의 과잉 발달: 그렇다고 해서, 그런 어머니에 의해 딸의 내면에 유발된 어머니 콤플렉스가 반드시 모성적 본능의 비대를 낳는 것은 절대로 아니다. 정반대로, 모성적 본능이 깡그리 씻겨나갈 수도 있다. 하나의 대체물로, 에로스가 과도하게 발달하며, 이것은 거의 틀림없이 아버지와의 무의식적 근친상간 관계를 낳는다. 강화된 에로스는 타인들의 인격을 비정상적으로 강조한다. 어머니에 대한 질투와 어머니를 능가하려는 욕망이 그 후에 벌어지는 사건들의 원동력이다. 그런데 그 사건들이 종종 재앙으로 확인된다.

이런 유형의 여자는 낭만적이고 선정적인 에피소드 자체를 위하여 그런 에피소드를 사랑하며 결혼한 남자들에게 관심을 갖는다. 이때 유부남에게 관심을 갖는 것도 그 남자를 위해서가 아니라, 그가 결혼한 몸이라서 그녀에게 결혼을 파괴할 기회를 안겨주기 때문이다. 그런 것이 그녀

---

48 그리스 신화에 등장하는, 중요도가 떨어지는 여자 형상이다. 신화에 따르면, 데메테르가 딸 페르세포네(코레)를 하데스에게 빼앗기고 슬퍼할 때 바우보가 치마를 들치는 행동으로 데메테르를 웃게 만들었다.

의 책략의 핵심이다. 그 목표가 성취되기만 하면, 그녀의 관심은 모성적 본능이 결여된 탓에 금방 사라지고, 이제 그녀는 다른 사람에게로 눈길을 돌릴 것이다.

이런 유형은 예외적일 정도의 무의식으로 유명하다. 그런 여자들은 정말로 자신의 행동에 대해 전혀 모르는 사람처럼 보이며, 그들의 행동은 그들 자신에게도 절대로 이롭지 않고 그들의 희생자들에게도 절대로 이롭지 않다. 이런 유형의 여자들이 수동적인 에로스를 가진 남자들에게 아니마 투사를 낚을 탁월한 갈고리를 제공한다는 점에 대해서는 굳이 언급할 필요가 없을 것 같다.

(c) 어머니와의 동일시: 만약에 어느 여성의 어머니 콤플렉스가 에로스를 과도하게 발달시키지 않는다면, 그 콤플렉스는 어머니와의 동일시와 딸의 여성성의 마비로 이어진다. 그러면 그녀의 인격이 어머니에게로 완전히 투사되는 현상이 일어난다. 그런 현상은 그녀가 자신의 모성적 본능과 에로스를 의식하지 않기 때문에 나타난다. 그녀에게 모성과 책임, 개인적 관계, 성적 요구를 상기시키는 것은 모두 열등감을 불러일으키며 그녀가 달아나도록 만든다. 이때 그녀가 달아나는 곳은 당연히 어머니이다.

그녀의 어머니는 딸에게 성취할 수 없는 것처럼 보이는 모든 것을 완벽하게 삶으로 살아내고 있다. (본의 아니게 딸의 존경을 받게 된) 슈퍼우먼 같은 존재로서, 어머니는 딸이 혼자 힘으로 살았을 모든 것을 미리 그녀를 대신해서 살고 있다. 딸은 욕심 없는 헌신으로 어머니에게 매달리는 것으로 만족한다. 그런 한편으로 무의식적으로 그녀는 자신의 의지와 반대로 어머니 위에 군림하려고 노력한다. 당연히, 딸의 이런 노력은 철저한 충성과 헌신으로 위장한 상태에서 이뤄진다. 딸은 어머니에게 종종 활력을 눈에 띌 정도로 빨린 상태에서 그림자 같은 존재를 영위하며, 그녀는 일종의 지속적인 수혈을 통해서 어머니의 삶을 연장시킨다.

핏기 없는 이런 처녀들은 절대로 결혼에서 배제되지 않는다. 정반대로, 그들은 그림자 같은 분위기와 수동성에도 불구하고, 결혼 시장에서 높은 가격에 팔린다.

먼저, 그런 여자들의 속이 텅 비어 있기 때문에, 남자는 자신이 상상하는 모든 것을 자기 마음대로 여자에게 돌릴 수 있다. 게다가, 그런 여자들은 자신의 무의식이 눈에 보이지 않는 무수한 촉수들을, 말하자면 남자의 온갖 투사들을 빨아들일, 진짜 문어의 촉수 같은 것을 내민다는 사실을 까맣게 모르고 있다. 이 같은 사실이 남자들을 크게 만족시킨다. 여자가 풍기는 온갖 모호함은 남자의 단호함과 일편단심이 오랫동안 갈망해 왔던 짝이다. 남자의 단호함과 일편단심은 그 남자가 자신에게서 의문스럽거나 모호하거나 막연하거나 혼란스런 모든 것을 여성적인 순수함을 간직한 매력적인 어떤 본보기에게 투사함으로써 제거할 수 있을 때에만 만족스럽게 성취될 수 있다.

그 여자의 두드러진 수동성 때문에, 그리고 그녀가 상처받은 순결한 사람의 역할을 지속적으로 맡도록 하는 열등감 때문에, 남자는 자신이 매력적인 역할을 맡고 있다는 사실을 깨닫는다. 그래서 그는 익숙한 여자의 약점들을 진정한 우월로, 그러면서도 진정한 기사(騎士)처럼 인내심으로 참아내는 특권을 누린다. (다행히도, 그는 그 결함들이 주로 자신의 투사로 구성되어 있다는 사실을 모른다.)

소녀의 악명 높은 무력함은 오히려 하나의 특별한 매력으로 작용한다. 소녀는 어머니의 부속물이나 다름없기 때문에 어떤 남자가 접근해 오기라도 하면 당황하며 가슴을 팔딱거릴 뿐이다. 그녀는 세상 물정을 전혀 모른다. 그녀는 경험이 거의 없기 때문에 도움을 절대적으로 필요로 한다. 그래서 지극히 점잖은 구혼자까지도 애정 깊은 어머니로부터 딸을 악랄하게 강탈하는 대담한 유괴범이 된다. 방탕한 로타리오[49]의 역할을 할 경이로운 기회는 매일 오는 것이 아니며, 따라서 그런 기회가 강력한 자극제로 작용한다. 이것이 플루톤[50]이 크게 낙심한 데메테르로부터 페르세포네(코레)를 유괴하게 된 배경이었다. 그러나 플루톤은 신들의 명령에 따라 해마다 여름 동안에 아내를 장모에게 넘겨야 했다. (주의력 깊은 독자는 그런 전설이 그저 생긴 것이 아니라는 사실을 알아차릴 것이다.)

(d) 어머니에 대한 저항: 지금까지 설명한 세 가지 극단적인 유형은 많은 중간 단계들에 의해 서로 연결되고 있으며, 그 단계들 중에서 나는 중요한 한 가지 예에 대해서만 언급할 것이다. 내가 마음에 품고 있는 그 특별한 중간 유형의 경우에, 문제는 여성적인 본능의 과도한 발달이나 억제가 아니라 어머니의 우월에 대한 강력한 저항이다. 어느 정도인가 하면, 종종 어머니에 대한 저항 외에 다른 것은 철저히 배제된다. 이것은 부정적인 어머니 콤플렉스의 극단적인 예이다.

이 유형의 모토는 이렇다. 엄마와 비슷하지만 않다면 무엇이든 오케이! 한쪽에 동일시의 지점까지는 절대로 가지 않는 집착이 있고, 다른 한쪽에는 질투 섞인 저항으로 소진시킬 에로스의 강화가 있다. 이런 부류의 딸은 자신이 원하지 않는 것이 무엇인지는 잘 알지만, 자신의 운명으로 무

---

49 니콜라스 로(Nicholas Rowe)가 1703년에 발표한 '정당한 회개'(The Just Repentance)에 등장하는 인물로, 여성들을 부도덕하게 유혹하는 모습을 보인다.

50 고대 그리스의 신화와 전설에서 저승의 지배자이다.

엇을 선택할 것인지에 대해서는 대체로 아무것도 모른다. 그녀의 모든 본능은 부정적인 저항의 형태로 어머니에게 집중되고 있으며, 따라서 그녀의 본능은 그녀의 삶의 건설에는 전혀 아무런 소용이 없다.

만약에 그녀가 결혼까지 하게 된다면, 그 결혼은 어머니로부터 달아나는 유일한 목적에 이용되거나, 아니면 끔찍한 운명이 그녀에게 자기 어머니의 성격의 근본적인 특성들을 두루 갖춘 남편을 선물할 것이다. 본능적인 이 모든 과정은 예기치 않은 어려움에 봉착한다. 성욕이 제대로 기능하지 않거나, 자식들을 원하지 않거나, 어머니로서 감당해야 할 의무가 견뎌낼 수 없을 것처럼 보이거나, 결혼 생활의 요구 사항들이 초조와 조바심을 낳는다.

이것은 꽤 당연한 일이다. 온갖 형태로 어머니의 권력에 완고하게 저항하는 것이 삶의 지배적인 목표가 될 때, 그 저항의 어떤 부분도 삶의 현실과 전혀 아무런 관계가 없기 때문이다. 그런 환자들에게서 어머니 원형의 속성들이 세세하게 드러나는 것이 종종 확인된다. 예를 들면, 가족(또는 씨족)의 대표로서의 어머니는 가족이나 공동체, 사회, 관습 등에 속하는 모든 것에 대한 맹렬한 저항 또는 완전한 무관심을 야기한다. '자궁'으로서의 어머니에 대한 저항은 종종 생리 불순이나 임신 실패, 임신 혐오, 임신 기간 중 출혈과 과도한 구토, 유산 등으로 나타난다. '물질'로서의 어머니는 이런 여자들이 물건들 앞에서 드러내는 안달이나, 도구나 그릇을 서툴게 다루는 현상이나 옷을 입는 데서 드러내는 악취미 등의 뒤에 도사리고 있다.

또 다시, 어머니에 대한 저항은 가끔 어머니가 어떤 자리도 차지하지 못할 관심 영역을 창조할 목적으로 자연스럽게 지성의 발달을 낳을 수 있다. 이 같은 발달은 딸 자신의 필요에서 비롯되는 것이며, 그녀가 지적인 동반자의 모습으로 강한 인상을 남기거나 현혹하고 싶어 하는 남자를 위한 것은 절대로 아니다. 그 같은 발달의 진정한 목적은 지적 비판과 우월한 지식을 통해서 어머니에게 어머니의 온갖 어리석음과 논리상의 실수, 교육적 결여 등을 열거함으로써 어머니의 권력을 깨뜨리는 것이다. 지적 발달은 종종 남성적인 특성의 출현을 수반한다.

4. 어머니 콤플렉스의 긍정적 측면들

1) 모성애

어머니 콤플렉스의 긍정적인 측면, 즉 모성적 본능의 과도한 발달은 모든 시대에 걸쳐서 모든 언어로 칭송되어 왔던, 잘 알려진 어머니의 그 이미지와 일치한다. 그것은 우리의 삶에서 가장 감동적이고 절대로 잊을 수 없는 기억 중 하나인 어머니의 사랑이며, 모든 성장과 변화의 신비한 뿌리이다. 그것은 귀향과 안식처, 긴 침묵을 의미하는 사랑이며, 그 침묵으로부터 모든 것이 시작하고 그 침묵 속에서 모든 것이 종말을 맞는다.

자연처럼 친밀하게 알려져 있으면서도 여전히 낯설고, 운명처럼 친절할 만큼 부드러우면서도 여전히 잔인하고, 즐거운 마음으로 지칠 줄 모르고 생명을 부여하는 것, 그것이 어머니의 사랑이다. 그것은 또 '슬픔의 어머니'(mater dolorosa)이며 죽은 자의 위로 닫히는 침묵의 무자비한 문이다. 어머니는 모성애이고, '나'의 경험이고 '나'의 비밀이다. 그런데 우리의 어머니인 그 인간에 대해 거짓되고 부적절하고 요점을 벗어나는 말을 많이 할 위험을 무릅쓰는 이유가 무엇인가? 그녀 자신과 나 자신과 모든 인류와, 정말로, 창조된 자연의 전체를 포함하는 그 위대한 경험의 우연한 매개체인 그런 어머니에 대해서 말이다. 이런 것들을 말하려는 시도는 언제나 있어 왔으며, 아마 앞으로도 이어질 것이다. 그러나 이해심 있는 사람은 의미와 책임과 의무와 천국과 지옥의 그 엄청난 짐을 우리의 어머니였던 그 연약하고 그르치기 쉬운 한 인간의 어깨에 얹으며 마음의 평안을 느끼지 못한다. 그녀도 사랑과 관용과 이해와 용서를 받아야 하는 인간이기 때문이다.

이해심 있는 사람은 어머니가 우리를 위해서 어머니 자연(mater natura)과 영적 어머니(mater spiritualis)라는 타고난 이미지를 간직하고 있다는 것을 알고 있다. 그 이미지는 곧 삶의 전체성의 이미지이며, 우리는 그 전체 중 무력하고 작은 일부를 이루고 있다. 이 인간 어머니뿐만 아니라 우리 자신을 위해서라도, 우리는 그녀가 그런 끔찍한 짐을 내려놓도록 돕는 일에 한 순간도 망설여서는 안 된다. 우리를 그 어머니와 연결시키고, 그녀를 그녀의 자식과 묶어 놓음으로써 그녀와 우리에게 똑같이 육체적, 정신적 손상을 입히는 것은 바로 의미의 이 거대한 무게이다.

어머니 콤플렉스는 어머니를 맹목적으로 인간의 크기로 축소하는 것으로는 제거되지 않는다. 그렇게 하는 경우에 오히려 "어머니" 경험을 산산조각 깨뜨리고, 따라서 극히 중요한 무언가를 파괴하고, 착한 요정이 우리의 요람에 놓고 간 황금 열쇠까지 내다 버릴 위험이 따른다. 그것이 인류가 언제나 개인적인 부모에게 선재(先在)하는 신성한 짝을, 말하자면 새로 태어난 아이의 "신" 아버지와 "신" 어머니를 본능적으로 덧씌웠던 이유이다. 그러면 순수한 무의식 또는 근시안적인 합리주의에서 보면,

아이가 자신의 부모에게 신성을 입히는 한에는 분수를 모르는 짓을 절대로 하지 않을 것이기 때문이다.

원형은 과학적인 문제가 아니라 긴급한 정신 건강의 문제이다. 원형의 존재를 뒷받침하는 증거가 부족하고 또 세상의 똑똑한 사람들이 그런 것은 존재하지 않는다는 점을 사람들에게 확신시키는 데 성공할지라도, 우리가 가진 가장 높고 가장 중요한 가치들이 무의식 속으로 사라지는 것을 막기 위해서 즉시 원형들을 발명해야 할 것이다. 이 원형들이 무의식으로 떨어질 때, 원래의 경험의 근본적인 힘이 몽땅 사라져 버리기 때문이다. 그때 그 힘이 있던 자리에 대신 나타나는 것이 어머니 이미지에 대한 병적 집착이다. 이 집착이 충분히 합리화되고 "바로잡아질" 때, 우리는 인간의 이성에 단단히 얽매이게 되고, 그 뒤로는 전적으로 합리적인 것만을 믿게 된다. 그것은 한편으로 미덕이고 이점이지만, 다른 한편으로 보면 일종의 제한이고 불모화(不毛化)다. 왜냐하면 그것이 우리를 공리공론(空理空論)과 "계몽"의 황량함 쪽으로 더욱 가까이 데리고 가게 되기 때문이다.

이 '이성의 여신'은 우리가 이미 알고 있는 것들만을 비추는 기만적인 빛을 발하고, 우리가 가장 긴급히 알고 의식할 필요가 있는 모든 것을 어둠으로 덮는다. "이성"은 독립적인 척 가장할수록 순수한 지성의 성격을 더욱 강하게 띤다. 그러면 이 순수한 지성은 현실의 자리에다가 원칙을 놓고, 또 우리에게 인간의 모습을 그대로 보여주지 않고 지성이 원하는 인간상을 보여준다.

원형들을 이해하는지 여부와 상관없이, 인간은 언제나 원형들의 세계를 의식하는 상태에 있어야 한다. 왜냐하면 그 세계 속에서 인간이 여전히 자연의 일부이고 자신의 뿌리들과 연결되기 때문이다. 인간을 삶의 원초적인 이미지들로부터 차단시키는 세계관이나 사회 질서는 절대로 문화가 될 수 없으며, 점점 억압의 강도를 높여가는 감옥이나 외양간 같은 것일 뿐이다.

만약에 원초적인 이미지들이 이런저런 형태로 의식에 남는다면, 그것들에 속하는 에너지는 자유롭게 인간 속으로 흐를 수 있다. 그러나 그 이미지들과의 접촉을 유지하는 것이 더 이상 가능하지 않게 될 때, 그 이미지들 안에 축적된 거대한 양의 에너지는 다시 무의식 속으로 떨어진다. 바로 이 에너지가 유치한 부모 콤플렉스의 바탕에서 작용하고 있는 집착의 원천이다. 그렇게 되면 무의식에 어떤 힘이 실리게 되는데, 이 힘은 우리가 인간의 지성이 뭔가를 갈망하는 우리의 눈 앞에 유혹적으로 내미는 견해나 사상이나 경향에 저항하지 못하도록 막는 "배후의 힘"으로 작용한다. 이런 식으로, 인간은 자신의 의식 쪽으로 넘어가고, 그러면 이성이 옳고 그른 것을 판단하는 심판관이 된다.

나는 이성이라는 신성한 재능을, 인간의 최고의 기능을 과소 평가할 뜻이 조금도 없다. 그러나 전제적인 폭군의 역할을 하는 이성은 전혀 아무런 의미를 지니지 않는다. 그것은 빛이 그 짝인 어둠이 전혀 없는 세계에서는 아무런 의미를 지니지 못하는 것과 똑같은 이치이다. 인간은 어머니의 현명한 조언에 귀를 기울이고 모든 존재에 한계를 두고 있는 냉혹한 자연의 법칙을 준수하는 것이 바람직하다. 인간은 세상이 단지 상반된 힘들이 서로 균형을 이루는 덕분에 존재한다는 사실을 절대로 망각해서는 안 된다. 그런 균형이 이뤄지면, 합리적인 것은 비합리적인 것에 의해서, 계획하고 의도한 것은 자연 그대로의 것에 의해서 균형이 맞춰진다.

이런 식으로 일반적인 것들의 영역을 둘러보는 것은 불가피했다. 왜냐하면 어머니가 아이의 첫 번째 세계이고 어른의 마지막 세계이기 때문이다. 우리 모두는 이 위대한 이시스[51]의 망토 안에 그녀의 자식으로서 포근하게 감싸여 있다. 그러나 이제는 여자의 어머니 콤플렉스의 다양한 유형으로 돌아가도록 하자. 내가 남자의 어머니 콤플렉스에 비해 여자의 어머니 콤플렉스에 너무 많은 시간을 할애하고 있는 것이 이상하게 보일 수도 있을 것 같다. 그에 대한 이유는 이미 언급되었다. 남자의 경우에는 어머니 콤플렉스가 절대로 "순수하지" 않다. 남자의 어머니 콤플렉스는 언제나 아니마 원형과 결합되어 있으며, 따라서 어떤 남자가 어머니에 대해 하는 진술은 "악의"를 보인다는 의미에서 언제나 감정적으로 편향되어 있다. 여자의 경우에만 악의가 섞이지 않은 상태에서 어머니 원형의 효과를 조사하는 것이 가능하며, 이 조사도 보상적인 아니무스가 전혀 발달하지 않았을 때에만 성공할 가능성이 있다.

2) 과도하게 발달한 에로스

정신 병리학의 분야에서 이 유형을 만날 때, 나는 그 그림을 대단히 불길한 방향으로 그렸다. 그러나 이 유형도 겉보기에 매력 없어 보이지만 나름대로 긍정적인 측면을 갖고 있다. 이런 측면이 없다면, 어쩌면 사회가 제대로 돌아가지 않을지도 모른다. 정말로, 이 같은 태도가 낳을 수 있는 최악의 결과물인 파렴치한 결혼 파괴의 뒤에서, 대단히 중요하고 의미심장한 자연의 계획 같은 것이 보인다.

---

51 이집트 신화에 부활의 신으로 나오는 오시리스의 아내이다. 그녀는 오시리스의 시신 조각들을 다시 결합하여 소생시킨 것으로 전해진다.

이 유형은 순수하게 본능적인 까닭에 모든 것을 집어삼키는, 완전히 자연의 노예인 어머니에 대한 반발로 종종 발달한다. 그런 어머니는 일종의 시대착오이며, 가모장제의 원시적인 상태로, 그러니까 남자가 단순히 아이를 생기게 하는 존재와 땅의 노예로서 재미없는 삶을 영위하는 그런 상태로의 퇴보이다. 딸이 그런 환경에 대한 반발로 추구하는 에로스의 강화는 삶에서 여자나 어머니의 지배적인 요소로부터 벗어날 필요성을 느끼고 있는 남자를 겨냥한다.

이런 유형의 여자는 결혼한 배우자의 무의식에 의해 자극을 받을 때마다 본능적으로 간섭하고 나선다. 그녀는, 한 남자의 인격에 대단히 위험한데도 그에게 성실한 결혼 생활로 여겨지는 그 편안한 안락을 깨뜨릴 것이다. 그런 평온한 만족감은 그 남자가 자신의 인격을 전혀 의식하지 않도록 하고, 이상적인 것으로 추정되는 그런 결혼 생활을 낳을 것이다. 그런 결혼 생활에서는 그도 '아빠'에 불과하고 그녀도 '엄마'에 불과하며, 심지어 그들은 서로를 그런 이름으로 부른다. 이것은 결혼을 단순히 아이를 낳아 기르는 울타리의 수준으로 쉽게 전락시키는 길이다.

이 유형의 여자는 시뻘겋게 타는 자신의 에로스의 빛을 어머니의 근심 때문에 삶 자체가 질식당할 것 같은 느낌을 받는 어느 남자 쪽으로 비추며, 그렇게 함으로써 그녀는 도덕적 갈등을 불러일으킨다. 그럼에도, 이 갈등이 없으면 인격에 대한 의식은 절대로 있을 수 없다. 여기서 이런 질문이 가능하다. "하지만 인간이 무슨 짓을 해서라도 보다 높은 차원의 의식을 성취하는 것이 필요한 이유는 도대체 무엇인가?" 이거야말로 결정적으로 중요한 질문인데, 나는 대답을 쉽게 발견하지 못한다. 그래서 나는 대답 대신에 어떤 믿음을 고백하는 수밖에 없다. 수십 억 년의 세월이 흐른 뒤에, 누군가가 산과 바다, 해와 달, 은하와 성운, 식물과 동물 등으로 이뤄진 경이로운 세상이 '존재한다'는 사실을 깨달았음에 틀림없다고 나는 믿는다.

나는 동 아프리카의 아티 평원의 야트막한 언덕에 앉아서 거대한 무리의 야생 동물들이 고요한 정적 속에서 원초적인 세상의 생명력만을 느끼며 아득한 옛날부터 해온 그대로 풀을 뜯는 광경을 지켜본 적이 있다. 그때 나는 나 자신이 이 모든 것이 '존재한다'는 것을 알게 된 최초의 인간, 최초의 생명체 같은 기분을 느꼈다. 나를 둘러싸고 있는 세상 전체는 여전히 원초적인 상태 그대로였다. 그 세상은 그 세상이 거기에 있다는 것을 몰랐다. 그러다가 내가 알게 된 바로 그 순간에, 세상이 돌연 존재하게 되었다. 그 순간이 없었다면, 세상은 절대로 존재하지 못했을 것이다. 전체 자연은 이 목표를 추구하고 그 목표가 인간의 내면에서 성취되었다는 사실을 확인하지만, 그 성취는 오직 최고로 발달하고 가장 의식적인 인간의 안에서만 이뤄진다. 의식적 깨달음이라는 이 경로를 따라 일어나는 모든 향상은, 심지어 대단히 작은 향상까지도 세상에 그 만큼을 보태게 되어 있다.

상반된 것들에 대한 구분이 이뤄지지 않는다면 어떤 의식도 있을 수 없다. 이것은 어머니의 자궁의 원초적인 따스함과 어둠으로부터, 한마디로 말해 무의식으로부터 스스로를 해방시키려고 영원히 투쟁하는 아버지의 원리인 로고스이다. 신성한 호기심은 태어나기를 간절히 갈망하고 있으며, 갈등이나 고통, 죄 앞에서 위축되지 않는다. 무의식은 로고스에게 원초적인 죄이고 악 자체이다. 따라서 로고스가 가장 먼저 펼친 창조적인 해방의 행위는 어머니 살해이며, 모든 높은 것들과 모든 깊은 것들에게 감히 도전했던 그 영(靈)은 철학자 시네시우스(Synesius: A.D. 373-414)

가 말하듯이 신의 처벌, 즉 코카서스 산의 바위에 쇠줄로 묶이는 처벌을 받아야 한다.

그 어떤 것도 자신과 반대되는 것이 없으면 존재하지 못한다. 둘은 처음에 하나였다가 마지막에 다시 하나가 될 것이다. 의식은 오직 무의식에 대한 지속적 인식을 통해서만 존재한다. 그것은 살아 있는 모든 것이 많은 죽음을 통과해야 하는 것과 똑같다.

갈등을 불러일으키는 것은 마왕이 안겨주는 진정한 미덕이다. 갈등은 불을, 애착과 감정의 불을 낳으며, 다른 모든 불과 똑같이, 그 불도 두 가지 측면을, 말하자면 연소의 측면과 빛을 창조하는 측면을 갖고 있다. 한편으로 보면, 감정은 그 온기로 모든 것을 존재하게 만들고 그 열기로 모든 과잉을 재로 만드는 연금술의 불이다. 그러나 다른 한편으로 보면, 감정은 철이 부싯돌을 만나 불꽃이 튀어나오는 순간이다. 감정이 의식의 중요한 원천인 것이다. 감정이 없으면, 어둠에서 빛으로, 관성에서 운동으로 변하는 일은 있을 수 없다.

방해 요소가 될 운명적인 여자도 병적인 경우를 제외하고는 파괴적이기만 한 것은 아니다. 정상적이라면, 방해하는 그 여자 본인도 그 방해 속에 갇힌다. 그러면 변화를 일으키고 있는 그녀 자신도 변하고, 그녀가 붙인 불의 눈부신 빛은 그 혼란에 말려든 모든 희생자들을 밝게 비추고 계몽시킨다. 무분별한 격변처럼 보였던 것이 정화의 한 과정이 된다.

'그리하여 공허한 모든 것은

점점 쇠퇴하며 이지러질 것이다.'[52]

52 Faust, Part II, Act 5.

만약에 이런 유형의 여자가 자신의 역할의 의미를 알지 못하는 상태로 남는다면, 그래서 그녀가 자신이 '악한 짓을 하지만 선한 것을 낳는 그런 힘의 일부'[53]라는 것을 알지 못한다면, 그녀는 자신이 갖고 오는 칼에 의해서 사라질 것이다. 그러나 의식(意識)은 그녀를 한 사람의 해방자와 구원자로 바꿔놓을 것이다.

3) "딸일 뿐"인 딸

세 번째 유형의 여자는 어머니와 너무나 강하게 동일시하는 탓에 자신의 본능이 투사를 통해 마비되어 버린 여자이다. 그녀는 그 동일시 때문에 영원히 가망 없고 보잘것없는 존재로 남을 필요가 없다. 정반대로, 만약 그녀가 어쨌든 정상적이라면, 그 빈 그릇이 어떤 강력한 아니마 투사로 채워질 가능성이 꽤 크다. 정말로, 그런 여자의 운명은 이 우발적인 사건에 좌우된다. 그녀가 남자의 도움 없이는 자기 자신을 절대로, 아니 대략적으로라도 발견하지 못하기 때문이다. 또 그녀가 글자의 뜻 그대로, 어머니로부터 납치당하거나 강탈당해야 하기 때문이다. 게다가, 그녀는 자신을 위해 계획된 역할을 큰 노력을 기울이며 오랫동안 해야 하며, 그러다 보면 그녀는 실제로 그 역할을 혐오하게 된다. 이런 식으로, 그녀는 자신이 진정 어떤 존재인지 발견하게 될 것이다.

그런 여자들은 직업이나 위대한 재능과의 동일시에서 자신의 존재 가치를 느낄 뿐 나머지 일에 대해서는 아무런 생각이 없는 그런 남편의 헌신적이고 자기희생적인 아내가 될 수 있다. 그런 남편 자체가 가면 같은 존재이기 때문에, 아내도 거기에 수반되는 역할을 자연스럽게 해낼 수 있

---

53 Ibid, Part Ⅰ, Act 1.

어야 한다. 이런 여자들은 가끔 소중한 재능을 갖고 있지만, 그 재능은 그들이 자신의 인격에 대해 전혀 모르는 탓에 개발되지 않은 채로 남는다. 그런 여자들은 그 재능 또는 소질을 그런 것을 갖추지 않은 남편에게로 투사할 수 있으며, 그러면 사람들은 완전히 가망 없어 보였던 시시한 남자가 갑자기 마법의 양탄자를 탄 듯 성취의 최정상까지 날아오르는, 놀라운 광경을 보게 된다. '여자를 찾아라', 그러면 그의 성공의 비밀이 드러날 것이다. 무례한 비교를 용서해 준다면, 그런 여자들은 나로 하여금 덩치 크고 튼튼한 암캐들을, 그러니까 단지 자그마한 똥개가 끔찍한 수컷이고 자신이 그 수컷을 물어뜯는 일은 절대로 일어나지 않을 것이라는 이유로 똥개 앞에서 겁을 먹고 슬슬 도망치는 그런 암캐들을 떠올리게 한다.

마지막으로, 마음의 공(空)이 여성의 위대한 비밀이라는 점에 대해 언급해야 한다. 공(空)은 남자에게 완전히 이질적인 그 무엇이며, 깊이 갈라진 틈이고, 헤아려지지 않는 깊이이고, 음(陰)이다. 이처럼 텅 빈 비(非)실재의 불쌍한 모습이 남자의 가슴에 가닿는다(여기서 나는 한 사람의 남자로서 말하고 있다). 이 대목에서 사람들은 그것이 여자의 진짜 "미스터리"라고 말하고 싶은 유혹을 느낀다. 그런 여자는 운명 그 자체이다. 남자는 그 운명에 대해 자기 하고 싶은 대로 말할 수 있으며, 그것을 좋아하든 싫어하든 아니면 두 가지 감정을 다 느끼든, 결국엔 그는 어리석게도 행복해 하며 그 구덩이로 떨어진다. 혹은 만약에 그가 구덩이로 떨어지지 않는다면, 그는 자신을 한 사람의 남자로 만들 유일한 기회를 놓치는 실수를 저지르는 셈이다. 첫 번째 경우라면, 사람은 그것이 그에게 어리석은 행운이 아니라는 점을 증명하지 못하며, 두번째 경우라면 사람은 그의 불행을 그럴 듯하게 보이도록 만들지 못한다. "어머니들? 어머니들이라고? 너무도 으스스하게 들리는구나!"[54] 남자가 어머니들의 영역으로 접근하면서 항복을 인정하는 이 탄식과 함께, 우리는 네 번째 유형을 볼 것이다.

4) 부정적인 어머니 콤플렉스

하나의 병적인 현상으로서, 이 유형은 남편에게 불쾌하고, 강압적이고, 절대로 만족스러울 수 없는 파트너이다. 이유는 그녀가 존재의 모든 측면에서 자연적인 토양에서 나오는 모든 것에 반항하고 있기 때문이다. 그러나 점점 늘어나는 삶의 경험이 그녀에게 한두 가지를 가르치지 않을 이유는 없다. 그래서 그녀는 우선 개인적이고 제한적인 의미의 어머니와 싸우는 것을 포기한다. 그러나 그녀는 최고의 상태에 있을 때에도 어둡고 불확실하고 모호한 모든 것에 적대적인 모습을 보이며, 확실하고 명확하고 합리적인 모든 것을 양성하고 강조할 것이다.

보다 여성적인 자매를 판단의 객관성과 냉철함에서 능가하면서, 그녀는 남편의 친구이자 누이이자 유능한 조언자가 될 수 있다. 그녀 자신의 남성적인 야망 덕분에, 그녀는 성애의 영역을 꽤 초월하고 있는 남편의 개성을 인간적으로 이해할 수 있다. 이런 유형의 어머니 콤플렉스를 가진 여자는 아마 인생 후반기에 결혼 생활을 특별히 성공적으로 이끌 가능성이 있다. 그러나 그것도 그녀가 "오직 여성다움"이라는 지옥을, 그러니까 부정적인 콤플렉스 때문에 그녀에게 가장 큰 위험이 되고 있는 어머니의 자궁의 혼란을 극복하는 데 성공하는 경우에만 가능하다.

잘 아는 바와 같이, 콤플렉스는 그것을 가진 사람이 그 콤플렉스를 삶

---

54   Ibid, Part Ⅱ, Act 1.

으로 충실히 살아낼 때에만 진정으로 극복될 수 있다. 달리 말하면, 추가적으로 발달하기를 원하는 경우에 우리는 바로 그 콤플렉스 때문에 멀찍이 거리를 두었던 것을 우리에게로 바짝 끌어당겨서 그 찌꺼기까지 깊이 들이켜야만 한다.

소돔과 고모라[55]를 뒤돌아보는 롯의 아내처럼, 이 유형은 얼굴을 다른 쪽으로 돌린 상태에서 세상의 삶을 시작했다. 그리고 그 사이에 세상과 삶은 꿈처럼 그녀를 스쳐 지난다. 그것이 망상과 실망과 짜증의 원인이며, 이 모든 것들은 단지 그녀가 단 한 번도 앞을 똑바로 볼 수 없다는 사실 때문에 일어난다. 그녀가 무의식에서 현실을 반항적으로 대하고 있다는 한 가지 이유 때문에, 그녀의 삶은 실제로 자신이 대단히 강하게 맞서고 있는 바로 그것, 즉 전적으로 모성적이고 여성적인 측면에 지배당하고 있다. 그러나 만약에 나중에 그녀가 얼굴을 똑바로 돌린다면, 그녀는 세상을 성숙의 빛 속에서 처음으로 볼 것이고, 그 세상이 온갖 젊음의 색깔과 매혹적이고 경이로운 것들로, 심지어 어린 시절의 것들로 장식되어 있다는 사실을 확인할 것이다. 그것은 의식의 불가결한 전제 조건인 진리의 발견과 지식을 낳는 어떤 환상이다. 삶의 일부는 상실되었지만, 삶의 의미는 그녀를 위해 구조되었다.

자기 아버지를 상대로 싸우는 여자는 여전히 본능적이고 여성적인 존재를 영위하고 있을 가능성이 있다. 왜냐하면 그녀가 자신에게 이질적인 것만을 거부하기 때문이다. 그러나 어머니와 맞서 싸울 때, 그녀는 자신

---

55 '창세기'에 악행 때문에 신에 의해 파괴된 것으로 나오는 두 도시이다. 이 파괴가 일어날 때 천사들이 망설이던 롯과 그의 아내와 두 딸을 직접 거기서 탈출시키면서 뒤를 돌아보지 말라고 당부했는데 그만 롯의 아내가 뒤를 돌아보았다가 소금기둥이 되었다고 한다.

의 본능을 훼손시킬 위험을 감수하며 보다 큰 의식에 닿을 수 있다. 왜냐하면 그녀가 어머니를 거부하면서 그녀 자신의 본성에서 애매하고 본능적이고 막연하고 무의식적인 모든 것을 거부하기 때문이다.

그런 명쾌함과 객관성과 남성성 덕분에, 이런 유형의 여자는 중요한 지위에서 자주 발견된다. 그 지위에서, 늦게 발견된 그녀의 모성적인 특성은 냉철한 지성의 안내를 받으며 대단히 유익한 영향력을 발휘할 수 있다. 여성성과 남성적인 이해력의 이런 드문 결합은 실용적인 문제에서뿐만 아니라 친밀한 인간관계의 영역에서 소중한 것으로 입증된다. 어느 한 남자의 영적 안내자와 조언자로서, 그런 여성은 세상에 알려지지 않은 채 영향력 있는 역할을 맡을 수 있다.

그녀의 특성들 때문에, 남자의 마음은 이 유형이 다른 형태의 어머니 콤플렉스를 가진 여자들에 비해 이해하기가 더 쉽다는 사실을 확인한다. 이 같은 이유로, 남자들은 종종 그녀에게 긍정적인 어머니 콤플렉스들을 투사하며 호의를 보인다. 지나치게 여성적인 여자는 극도의 예민함이 특징인 그런 어머니 콤플렉스를 가진 남자들을 무서워하게 만든다. 그러나 그런 여자도 어떤 남자에게는 무섭게 다가오지 않는다. 왜냐하면 그녀가 남자의 마음을 위해서 다리를, 말하자면 그 남자가 자신의 감정들을 반대편 강가로 안전하게 안내할 수 있는 다리를 놓을 것이기 때문이다.

그녀의 이해력의 명쾌함은 남자에게 신뢰를 품게 한다. 신뢰는 남녀 사이의 관계에 생각보다 훨씬 더 자주 부재하는 것으로 확인되는 요소이며, 절대로 과소평가될 수 없는 요소이다. 그 남자의 에로스는 언제나 위로만 향하는 것이 아니라 헤카테[56]와 칼리의 그 무시무시하고 어두운 세계로,

---

56 그리스 신화에서 저승의 여신이다.

지적인 남자 누구에게나 공포로 다가오는 그런 세계로도 내려간다. 이런 유형의 여자의 이해력은 삶의 어둠과 결코 끝나지 않을 것 같은 삶의 미궁 속에서 그에게 길을 안내하는 별이 될 것이다.

5. 결론

지금까지 말한 내용을 근거로, 이제는 최종적으로 어머니 콤플렉스의 관찰된 효과뿐만 아니라 이 주제에 관한 신화학의 모든 진술은 혼란스런 세부사항을 배제하는 경우에 어머니 콤플렉스가 기원하는 장소로 무의식을 가리키고 있다는 점이 명확해져야 한다. 만약에 인간이 자신의 안에, 그러니까 의식과 눈에 보이지도 않고 알 수도 없는 무의식의 대립에 어떤 구분의 원형을 갖고 있지 않았다면, 우주를, 밤과 낮, 여름과 겨울에서 유추하여, 밝은 낮의 세계와 가공의 괴물들이 사는 어두운 밤의 세계로 나눈다는 생각이 어떻게 떠오를 수 있었겠는가?

원시인이 대상들을 지각하는 행위는 부분적으로만 사물들 자체의 객관적인 행동의 영향을 받는다. 반면에 지각의 훨씬 더 큰 부분은 종종 투사를 통하지 않고는 외적 대상들과 연결되지 않는, 정신 내부의 사실들에 의해 행해진다. 이것은 원시인이 현대인에게 인식 비판으로 알려진 마음의 금욕적 훈련을 아직 경험하지 못했다는 단순한 사실 때문에 일어나는 현상이다.

원시인에게 세상은 원시인 자신의 공상의 흐름 안에서 다소 유동적인 현상이며, 거기서는 주체와 객체가 분화되지 않고 상호 침투의 상태에 있다. 우리는 괴테와 함께 "밖에 있는 모든 것은 또한 안에도 있다"고 말할 수 있다. 그러나 현대의 합리주의가 "밖"에서 끌어내기를 간절히 바라는 이 "안"은 모든 의식적 경험보다 앞서는 자체의 선험적 구조를 갖고 있다. 가장 넓은 의미의 "경험", 즉 정신적인 것이 어떻게 전적으로 외부 세계에서 기원할 수 있는지를 상상하는 것은 꽤 불가능하다.

정신은 생명의 가장 깊은 신비의 일부이며, 정신은 다른 모든 유기체들과 마찬가지로, 자체의 특유한 구조와 형태를 갖고 있다. 이 정신의 구조와 그 구조의 요소들인 원형들이 어쨌든 "기원했는가" 하는 문제는 형이상학적인 문제이며, 따라서 대답이 불가능하다. 그 구조는 주어진 그 무엇이며, 모든 예에 있는 것으로 확인되는 전제 조건이다. 그리고 구조는 '어머니', 즉 모든 경험이 부어지는 형태인 모체이다. 한편, '아버지'는 원형의 활력을 나타낸다. 원형이 두 가지, 즉 형태와 에너지로 구성되어 있기 때문이다.

어머니 원형의 매개체는 우선적으로 개인적인 어머니이다. 왜냐하면 아이가 처음에 어머니와 완전한 참여의 상태에서, 말하자면 무의식적 동일시의 상태에서 살기 때문이다. 어머니는 아이의 육체적 전제 조건일 뿐만 아니라 정신적 전제 조건이기도 하다. 아이의 자아의식이 일깨워짐에 따라, 참여가 점진적으로 약해지고, 의식은 자체의 전제 조건인 무의식의 반대편으로 들어가기 시작한다. 이것이 자아가 어머니로부터 분화되는 현상을 낳고, 그러면 어머니의 개인적 특성들이 점점 더 뚜렷해진다. 어머니의 이미지에 붙어 있는 터무니없고 신비한 온갖 특성들이 떨어져 나가기 시작하고, 그 특성들은 어머니와 가장 가까운 사람, 예를 들면, 할머니에게로 전이된다. 어머니의 어머니로서, 할머니는 어머니보다 "더 위대하며", "위엄 있는 어머니" 또는 "위대한 어머니"이다.

할머니는 자주 마녀의 속성뿐만 아니라 지혜의 속성도 갖는다. 원형이 의식으로부터 뒤로 더욱 멀리 물러나고 의식이 더욱 분명해질수록, 그 원형이 신화적인 특성들을 더욱 분명하게 띠게 되기 때문이다. 어머니로부터 할머니에게로 이동한다는 것은 원형이 보다 높은 서열로 올라간다는 것을 의미한다. 이것은 바탁 족[57]이 고수하고 있는 어떤 생각에 분명히 담겨 있다. 죽은 아버지를 기리며 바치는 장례 제물은 일상의 음식으로 이뤄져 있어 검소하다. 그러나 만약에 그 아들에게 아들이 있다면, 죽은 아버지는 할아버지가 되어 저세상에서 보다 위엄 있는 지위를 얻게 되고, 따라서 그에게 매우 중요한 공물이 바쳐진다.

의식과 무의식 사이의 거리가 멀어짐에 따라, 할머니의 보다 높은 서열은 그녀를 "위대한 어머니"로 변형시키고, 이 이미지에 포함되었던 상반된 것들이 둘로 분리되는 일이 자주 벌어진다. 그러면 착한 요정과 사악한 요정이 생기거나, 자애로운 여신과 악의적이고 위험한 여신이 생긴다.

서양의 고대와 특히 동양 문화들에서 상반된 것들은 종종 동일한 형상 안에서 결합된 상태로 남는다. 그래도 이 역설은 원시인의 마음을 조금도 방해하지 않는다. 신들에 관한 전설은 신들의 도덕적인 성격 못지 않게 많은 모순으로 가득하다. 서양에서, 신들의 역설적인 행동과 도덕적 양면성은 고대에도 사람들을 분개시켰고, 비판을 불러일으켰다. 이 비판은 최종적으로 한편으로 올림포스 신들에 대한 평가절하를, 다른 한편으로 그들에 대한 철학적 해석을 낳았다. 이것이 가장 분명하게 표현되고 있는 곳은 기독교가 유대인의 신의 개념을 개혁한 부분이다. 도덕적으로 모호

---

57 인도네시아 수마트라섬 북부 토바호 주변에 사는 민족.

한 여호와가 전적으로 선한 신이 된 것이다. 한편, 사악한 모든 것은 악마로 통합되었다. 마치 서양인의 감정 기능의 발달이 서양인에게 도덕적으로 신을 두 조각으로 쪼개는 결과를 낳는 그런 선택을 강요한 것처럼 보인다.

동양에서는 두드러지게 직관적인 지식인의 태도가 감정 가치가 들어설 여지를 조금도 남기지 않았으며, 따라서 신들은 원래의 역설적인 도덕성을 전혀 방해 받지 않고 그대로 간직할 수 있었다. 칼리가 적절한 예이다. 따라서 칼리는 동양을 대표하고, 성모 마리아는 서양을 대표한다. 성모 마리아는 중세의 비유들에서도 여전히 멀찍이 떨어져 그녀를 따르고 있던 그림자를 그 사이에 완전히 잃고 말았다. 그 그림자는 대중의 상상력 속의 지옥으로 추방되었으며, 거기서 그림자는 지금 악마의 할머니로서 미천하기 짝이 없는 존재를 영위하고 있다.

감정 가치들이 발달한 덕분에, "빛"의 신의 영광은 측량할 수 없을 만큼 높아졌지만, 악마에 의해 표현되는 어둠은 인간 안에 자리 잡게 되었다. 이런 이상한 발달은 주로 기독교가 마니교의 이원론에 놀라서 억지로 일신론을 간직하려고 노력했다는 사실에 의해 촉진되었다. 그러나 어둠과 악의 실체가 부정될 수는 없었기 때문에, 인간이 그것을 책임지도록 하는 방법 외에 달리 대안이 없었다. 그리하여 악마마저도 완전히는 아니더라도 대체로 폐지되었으며, 그 결과, 한때 신의 불가결한 부분이었던 이 형이상학적인 형상이 무의식적으로 인간의 것으로 받아들여졌으며, 따라서 인간은 '죄악의 신비'(mysterium iniquitatis)[58]의 진정한 매개체가 되었다. "선한 모든 것은 신에게서, 사악한 모든 것은 인간에게서."

---

58 죄의 이면에 숨겨져 있는 신비를 뜻한다.

최근에 이 같은 발달은 사악한 반전을 겪었으며, 양의 옷을 걸친 늑대가 지금 이리저리 돌아다니며 우리의 귀에 대고 악은 그야말로 선에 대한 오해에 지나지 않으며 진보의 효과적인 도구라고 속삭이고 있다. 따라서 우리는 어둠의 세계가 영원히 폐기되었다고 생각하고 있으며, 어느 누구도 이것이 인간의 영혼에 얼마나 지독한 독이 되는지를 깨닫지 못하고 있다. 이런 식으로, 인간은 자신을 악마로 바꿔놓고 있다. 이유는 악마가 어머니 원형의 반쪽이기 때문이다. 악마의 압도적인 힘이 심지어 신앙 없는 사람들까지도 적절한 때든 부적절한 때든 가리지 않고 "오, 신이시어!"라고 짧게 외치도록 하지 않는가. 피할 수만 있다면, 원형과 동일시하는 일은 절대로 없어야 한다. 정신 병리학과 동시대의 몇몇 사건들이 보여주듯이, 그 결과가 너무나 끔찍하기 때문이다.

서양인은 영적으로 너무나 낮은 수준까지 떨어진 탓에 심지어 길들여지지 않고 길들여질 수 없는 정신적 힘의 신격화, 말하자면 신 자체까지 부정해야 한다. 그러면 서양인이 악을 삼킨 뒤에 마찬가지로 선(善)까지 소유하게 될지도 모르기 때문이다. 니체의 『차라투스트라는 이렇게 말했다』를 심리학적 이해력을 갖고 주의 깊게 읽는다면, 니체가 진정으로 종교적인 열정으로 "초인"의 심리를 일관성 없이 묘사했다는 사실이 확인될 것이다. 신은 "초인"을 위해 죽었는데, 정작 초인은 신성한 역설을 죽을 운명을 타고난 인간의 좁은 틀 안에 가두려고 노력하다가 산산조각 파괴되고 만다.

괴테는 현명하게도 이렇게 말했다. "그러면 어떤 무시무시한 공포가 초인을 사로잡지 않을까?" 그런 괴테에게 속물들은 시건방진 미소를 지어 보였다. 괴테가 천국의 여왕과 이집트의 마리아(Maria Aegyptiaca: A.D.

344?-421?)[59]를 포함할 만큼 충분히 위대한 어머니를 찬미한 것은 최고의 지혜이며, 그 문제에 대해 깊이 생각해 보려는 사람 모두에게 깊은 의미를 지닌다.

하지만 기독교의 공식적 대변인들이 스스로 종교적 경험의 토대를 이해할 능력을 갖추지 못했다는 점을 공공연히 선언하고 있는 시대에, 도대체 사람들이 무엇을 기대할 수 있겠는가! 다음 문장은 어느 프로테스탄트 신학자가 쓴 글에서 끌어낸 것이다. "'신약성경'이 암시하는 바와 같이, 우리는 자연주의적 관점에서든 이상주의적 관점에서든 우리 자신을, 서로 그다지 뚜렷이 구분되지 않아서 외부의 힘이 내면생활에 개입할 수 있는 그런 균질의 피조물로 이해한다."[60] 이 글을 쓴 신학자는 과학이 반세기도 더 전에 의식의 불안정성과 분리 가능성을 보여주고 실험을 통해 그것을 증명했다는 사실을 모르고 있는 것이 분명하다. 우리의 의식적 의도들은 무의식의 침입으로 인해 지속적으로 다소 방해를 받고 좌절한다. 이 침입의 원인들은 처음에 우리에게 낯설다.

정신은 균질한 단위와는 거리가 아주 멀다. 정반대로, 정신은 모순적인 충동들과 억압들, 감정들이 한데 뒤섞여 끓고 있는 가마솥과 비슷하다. 많은 사람들에게 그 요소들 사이의 충돌이 대단히 견디기 힘든 것으로 다가온다. 그 때문에 사람들은 심지어 신학자들이 설교하는 해방을 소망한다. 그런데 무엇으로부터 해방된단 말인가? 틀림없이, 대단히 의심스러운 정신 상태로부터 해방된다는 뜻일 것이다. 의식의 통일성 또는 소위

59　동방 정교회와 콥트 교회에서 높이 숭상하는 이집트 성인이다. 가톨릭에서는 그녀를 참회자의 수호성인으로 받들고 있다. 종교에 귀의하기 전에 몸을 팔며 살았던 것으로 알려져 있다.

60　Buri, "Theologie und Philosophie", p. 117.

인격의 통일성은 절대로 현실이 아니며 어디까지나 희망사항일 뿐이다. 이 통일성을 극찬하면서 자신의 신경증과 관련해 나의 상담을 받았던 어느 철학자에 관한 기억이 아직도 생생하게 남아 있다. 그는 자신이 암에 걸렸다는 생각에 강박적으로 매달리고 있었다. 나는 그가 이미 얼마나 많은 전문가를 거쳤고, X-레이를 얼마나 많이 찍었는지 알지 못한다. 전문가들은 모두 암 세포가 전혀 없다는 말로 그를 안심시켰다. 그가 나에게 한 말이다. "나도 암이 없다는 것을 알고 있지만, 그래도 암이 어딘가에 있는 것 같아요." 이 "가공"의 생각은 누구의 책임인가? 그는 틀림없이 그런 생각을 하지 않았다. 그 생각이 "외계"의 어떤 힘에 의해 그에게 강요되었으니까.

이런 상태와 '신약성경' 속의 귀신 들린 사람의 상태 사이에 다른 점은 거의 없다. 지금 당신이 허공을 떠도는 악마를 믿든 아니면 당신에게 사악한 속임수를 벌이는 무의식의 어떤 요소를 믿든, 나에게는 두 가지가 똑같다. 어느 경우든, 인간의 상상 속의 통일성이 외적 힘의 위협을 받고 있다는 사실은 똑같다. 신학자들은 이런 심리학적 사실들로부터 시대적으로 100년은 더 뒤진 합리주의적 설명을 통해 "신화성을 제거하려 할" 것이 아니라 그 사실들을 한번이라도 고려해 보는 것이 더 바람직하다.

*

앞의 글에서 나는 어머니 이미지의 지배로 돌릴 수 있는 정신적 현상을 조사하려고 노력했다. 비록 나 자신이 언제나 그 현상에 주의를 주지는 않았을지라도, 독자들은 아마도 신화적으로 위대한 어머니를 규정하는 특성들을 파악하는 데 전혀 어려움을 느끼지 않을 것이다. 심지어 그 특성들이 개인주의 심리학을 가장하여 나타날 때조차도 말이다. 특별히 어머니 이미지의 영향을 받고 있는 환자들에게 "어머니"가 의미하는 바를 긍정적인 것이든 부정적인 것이든 말이나 그림으로 표현해 달라고 부탁하면, 신화적인 어머니 형상에서 직접적으로 유추한 것으로 여겨야 할 상징적인 형상들이 틀림없이 나온다. 이 유추들은 아직 설명이 많이 필요한 어떤 분야로 우리를 안내한다. 어쨌든, 나는 그 분야에 대해 어떤 말이든 할 수 있다고 아직 개인적으로 느끼지 못하고 있다. 그럼에도 불구하고 감히 몇 가지 의견을 제시한다면, 그 의견들은 모두 잠정적이고 불확실한 것으로 여겨져야 한다.

우선, 남자의 심리에 나타나는 어머니 이미지는 성격상 여자의 어머니 이미지와 완전히 다르다는 점이 강조되어야 한다. 여자에게 어머니는 여자라는 성에 의해 규정되는 그녀 자신의 의식적인 삶을 나타낸다. 그러나 남자에게 어머니는 이질적인 무언가를 나타낸다. 그 무언가는 그가 아직 경험해야 할 것이고, 그래서 무의식에 잠재하고 있는 이미지로 채워져 있다. 만약 다른 이유가 없다면, 바로 그런 이유 때문에, 남자의 어머니 이미지는 여자의 어머니 이미지와 근본적으로 다르다. 어머니는 처음부터 남자에게 명백히 상징적인 중요성을 지니며, 아마 이 중요성은 어머니를 이상화하려는 남자의 강력한 경향을 설명할 것이다. 이상화는 일종의 감춰진 액막이이다. 사람이 쫓아 버려야 할 숨겨진 어떤 두려움이 있을 때마다 이상화하기 때문이다. 여기서 두려움의 대상은 무의식과 그것의 마법적 영향력이다.

남자에게 어머니는 그 자체로 상징적인 반면에, 여자에게 어머니는 심리적 발달의 과정에서만 상징이 된다. 경험에 따르면, 우라니아[61] 유형의 어머니 이미지가 남자의 심리를 지배하는 반면에, 여성의 경우에는 어둡고 원시적인 유형, 즉 '어머니 대지(大地)'가 가장 자주 나타난다는 놀라운 사실이 확인된다. 이 원형이 의식에 명백히 드러나는 단계에서, 거의 완전한 동일시가 일어난다. 여자는 어머니 대지와 직접적으로 동일시할 수 있지만, 남자는 (정신병이 있는 경우를 제외하고는) 직접적으로 동일시하지 못한다. 신화학이 보여주는 바와 같이, 어머니 대지의 특성 중 하나는 그녀가 남자 짝과 함께 나타나는 예가 잦다는 것이다. 따라서 남자는 소피아의 은총을 입은 아들이자 연인과, 즉 '영원한 소년'(puer aeternus) 또는 '지혜의 아들'(filius sapientiae)과 동일시한다.

그러나 어둡고 원시적인 어머니의 동반자는 정반대이다. 외설적인 헤르메스(이집트의 베스) 또는 링가[62]인 것이다. 인도에서 이 상징은 영적으로 대단히 중요하며, 서양에서 헤르메스는 서양 문명에서 일어난 중요한 영적 발달의 원천이었던 그리스 통합주의의 가장 모순적인 형상들 중 하나이다. 헤르메스는 또한 계시의 신이며, 그는 중세 초기의 비공식적인 자연 철학에서 바로 세상을 창조하는 누스 자체였다. 이 신비는 아마 '타불라 스마라그디나'(Tabula smaragdina)에 나오는 이런 말에 잘 표현되었을 것이다. "모든 것은 아래에도 있듯이 위에도 있다."

이 동일시를 논하는 순간에, 우리가 상반된 것들의 짝이라는 영역으로 들어가게 된다는 것은 하나의 심리학적 사실이다. 거기서 하나는 그것의

61   그리스 신화에서 천문학과 별들의 신이다. 제우스와 므네모시네의 딸로, 제우스로부터 위엄과 권력을, 므네모시네로부터 아름다움과 우아함을 물려받은 것으로 여겨진다. 그녀는 보편적인 사랑과 연결된다. 그녀의 상징물은 구(球)와 컴퍼스이다.
62   인도에서 시바신의 숭배에 사용되는 남근상을 말한다.

대립물인 다른 하나와 절대로 분리되지 않는다. 그것은 자기의 성취, 즉 개성화의 경험으로 직접적으로 이어지는 개인적 경험의 한 영역이다. 서양의 의학 관련 문헌에서 이 과정을 나타내는 상징을 아주 많이 끌어낼 수 있으며, 동양의 지혜의 보고(寶庫)로부터는 그보다 더 많은 양을 끌어낼 수 있지만, 이 문제에서는 말과 생각은 별로 중요하지 않다. 정말이지, 말과 생각은 위험한 샛길이 되고 엉터리 경로가 될 수 있다. 여전히 매우 모호한 이 심리학적 경험의 영역에서, 말하자면 원형과의 직접적인 접촉이 일어나는 곳에서, 원형의 정신적 힘이 온전히 느껴진다. 이 영역은 철저히 즉시적 경험이 일어나는 영역이다. 그렇기 때문에 그곳은 어떠한 공식으로도 포착되지 않으며, 단지 이미 그곳을 아는 사람에게 거기에 대해 암시만 할 수 있을 뿐이다. 그런 사람은 아풀레이우스가 천상의 여왕에게 바치는 장엄한 기도에서 표현한, 상반된 것들 사이의 긴장이 어떤 것인지를 이해하는 데 있어서 어떠한 설명도 필요로 하지 않을 것이다. 그 글에서 아풀레이우스는 "천상의 베누스"와 "한밤의 신음소리로 공포에 떨게 하는 프로세르피나[63]"를 연결시키고 있다. 그것이 원초적인 어머니 이미지의 끔찍한 역설이었다.

*

1938년에 이 논문을 처음 쓸 때, 당연히 나는 12년 뒤에 기독교 버전의 어머니 원형이 교리상 진리의 반열에 올려질 것이라는 점에 대해 전혀 예상하지 못했다. 기독교의 "천상의 여왕"은 올림포스 신들의 특성들 중에

---

63 로마 신화에 나오는 저승의 여왕으로 그리스 신화의 페르세포네에 해당한다.

서 영리함과 선(善), 영원성을 제외하고는 모두 버렸다. 심지어 물질적인 부패에 가장 취약한 그녀의 육체까지도 부패하지 않는 천상의 성격을 얻었다.

그럼에도 불구하고, 신의 어머니의 매우 다양한 비유들은 이시스(이오)와 세멜레에서 그녀의 이교적인 모습과 어떤 연결을 유지했다. 이시스와 아기 호루스는 도상학의 전형일 뿐만 아니라, 원래 죽을 운명을 타고난, 디오니소스의 어머니였던 세멜레의 승천도 마찬가지로 동정녀 마리아의 승천을 예고한다. 더욱이, 세멜레의 이 아들은 죽었다가 되살아난 신이고 올림포스의 신들 중에서 가장 젊다. 세멜레 자신은 땅의 여신이었던 것 같다. 동정녀 마리아가 그리스도가 태어난 땅인 것과 똑같다.

상황이 이렇기 때문에, 심리학자에게는 당연히 이런 의문이 생긴다. 어머니 이미지와, 땅과 어둠, 동물적인 열정과 본능적인 본성을 가진 육체적인 인간의 끔찍한 측면, 그리고 "물질" 사이의 특징적인 관계는 대체로 어떻게 되는가?

동정녀 마리아의 승천이라는 교리의 선언은 과학과 기술의 성취가 합리적이고 물질적인 세계관과 함께 작용하면서 인간의 영적 및 정신적 유산을 전멸시키겠다고 위협하는 때에 나왔다. 인류는 불안과 오싹한 공포를 느끼며 놀랄 만한 범죄를 저지르기 위해 스스로를 무장하고 있다. 수소 폭탄이 사용되고 경악할 만한 행동이 정당한 자기방어로 불가피해지는 상황이 쉽게 일어날 수 있다.

사건들의 이런 끔찍한 흐름과 두드러진 대조를 보이면서, 신의 어머니는 지금 천상의 권좌에 앉아 있다. 정말로, 그녀의 승천은 지하의 힘들이 반란을 일으키도록 자극한 유물론적 교조주의에 대한 정교한 반격으로 해석되어 왔다. 그리스도의 출현이 그리스도 자신의 시대에 원래 하늘에 거주하는 신의 한 아들이었던 것으로부터 신의 진정한 적이자 악마를 창조했듯이, 거꾸로 지금은 천상의 한 형상이 그녀가 원래 있던 지하의 영역에서 떨어져 나와서, 고삐 풀린 땅과 지하 세계의 거대한 힘들과 정면으로 맞서는 자리를 차지했다. 신의 어머니가 물질성의 기본적인 특성들을 모두 벗어던진 것과 똑같은 방법으로, 물질은 영혼을 완전히 벗어던지게 되었다. 그런데 이런 일이 바로 물리학이 어떤 중요한 통찰을 얻으려는 시점에 일어났다. 물질에서 "물질적인 성질을 철저히 제거하지만 않는다면", 적어도 물질에 그 자체의 특성들을 부여하게 되고, 그러면 물질과 정신의 관계를 더 이상 종결된 문제로 여길 수 없게 된다는 인식이다.

과학의 엄청난 발전이 처음에 마음의 조기 폐위(廢位)를 낳고 마찬가지로 제대로 고려되지 않은 물질의 신격화를 낳았듯이, 지금 두 개의 세계관 사이에 생긴 거대한 틈 위로 다리를 놓으려고 노력하고 있는 것도 과학적 지식을 추구하려는 동일한 충동이다. 심리학자는 성모 승천의 교리 자체에서 어떤 의미에서 보면 이런 식의 발달 전체를 예고하는 상징을 보려는 경향을 드러내고 있다. 심리학자에게는 땅과 물질과의 관계가 어머니 원형의 양도할 수 없는 특성 중 하나이다. 그렇기 때문에 이 원형의 영향을 받는 어떤 형상이 천상, 즉 영(靈)의 영역으로 올라가는 것으로 그려질 때, 그것은 땅과 하늘의 결합 또는 물질과 영의 결합을 암시한다.

자연 과학의 접근은 거의 틀림없이 다른 방향으로 이뤄질 것이다. 자연 과학은 물질 자체에서 영에 해당하는 것을 볼 것이지만, 그 "영"은 알려진 특성들 전부 또는 대부분을 벗어던진 상태로 나타날 것이다. 이것은 땅의 물질이 천국으로 들어갈 때 특별한 특징들을 다 벗어던지는 것과 똑같다. 그럼에도 불구하고, 두 가지 원리들이 결합할 길은 점진적으로 닦여질 것이다.

구체적으로 이해한다면, 성모 승천은 물질주의의 정반대이다. 그런 의미에서 보면, 성모 승천은 상반된 것들 사이의 긴장을 누그러뜨리는 데 전혀 아무런 역할을 하지 않으며 오히려 긴장을 극단적으로 몰아붙이는 어떤 반격일 뿐이다.

그러나 상징적으로 이해한다면, 육체의 승천은 물질에 대한 인정이고 승인이다. 그런데 물질은 최종적으로 보면 단지 인간 안에 있는 압도적으로 "영적인" 어떤 경향 때문에 악과 동일시되었다. 영과 물질은 그 자체로 중립적이며, 더 정확히 말하면 영과 물질은 인간이 선이나 악이라고 부르는 것을 모두 할 수 있다. 비록 명칭을 놓고 보면 영과 물질은 대단히 상대적일지라도, 그것들의 바탕에는 상반된 것들이 자리 잡고 있다. 이 상반된 것들은 물리적 및 정신적 세계의 에너지 구조의 일부를 이루고 있으며, 그것들이 없으면 어떤 종류의 존재도 확립될 수 없다.

어떤 입장도 그것을 부정하는 것이 없으면 존재하지 못한다. 극단적 반대에도 불구하고, 또는 바로 그 극단적 반대 때문에, 어떤 것이든 다른 하나가 있어야만 존재할 수 있다. 그 진리는 고대 중국 철학에 정확히 담겨 있다. 양(陽: 빛, 온기, 건조, 남성적 원리)은 그 안에 음(陰: 어두움, 냉기, 습기, 여성적 원리)의 씨앗을 품고 있으며, 반대의 경우도 마찬가지이다. 따라서 물질은 영(靈)의 씨앗을 포함하고 있고, 영은 물질의 씨앗을 포함하고 있다.

지금 라인(Joseph Banks Rhine: 1895-1980)의 실험들에 의해서 통계적으로 증명되고 있는, 오래 전부터 알려진 "공시적"(共時的) 현상들은 모든 증거를 근거로 할 때 분명히 이 방향을 가리키고 있다. 물질의 "영화"(靈化)는 영의 절대적 비물질성에 의문을 제기하도록 만든다. 영에 일종의 실재성을 부여해야만 하기 때문이다.

역사상 가장 심각한 정치적 분열로 고통을 겪고 있는 시대에 선언된 성모 승천 교리는 통일된 세계의 그림을 그리려는 과학계의 노력을 반영하는, 보상적인 어떤 징후이다. 어떤 의미에서 보면, 영과 물질의 발달은 연금술에 의해서 상반된 것들의 히에로스 가모스(hieros gamos)[64]에서 상징적인 형태로만 예고되었다. 그럼에도, 상징은 이질적이거나 심지어 같은 기준으로 잴 수 없는 요소들까지도 하나의 이미지로 결합시키는 대단한 이점을 누린다. 연금술의 쇠퇴로 인해, 영과 물질의 상징적 결합은 깨어지고 말았으며, 그래서 현대인은 영혼을 잃어버린 세상에서 자신이 뿌리 뽑히고 소외되고 있다는 사실을 깨닫고 있다.

연금술사는 나무의 상징에서 상반된 것들의 결합을 보았다. 따라서 현대인의 무의식이 이 세상에 뿌리를 내린 채 하늘을 향해 성장하는 우주나무의 상징을 떠올리는 것은 놀라운 일이 절대로 아니다. 현대인은 자신의 세계에서도 더 이상 편안함을 느끼지 못하고, 자신의 존재의 바탕을 더 이상 없는 과거에 두지도 못하고, 아직 오지 않은 미래에도 두지 못하는 상황에 처해 있다.

상징의 역사에서 이 나무는 생명의 길 그 자체로, 영원히 존재하며 변하지 않는 것으로 성장해가는 어떤 과정으로 묘사된다. 그 성장은 상반된 것들의 결합에서 비롯되며, 그 성장이 영원히 일어나기 때문에 상반된 것들의 결합이 가능하다. 그러므로 자신만의 "존재"를 헛되이 추구하며 그

---

64 남신과 여신의 성교를 일컫는다.

것을 바탕으로 철학을 엮어내고 있는 인간이 더 이상 자신이 이방인이 아닌 세계로 돌아가는 길을 발견할 수 있는 것은 오직 상징적 현실을 경험함으로써만 가능한 것 같다.

5장

부활에 대하여[65]

65 이 논문은 1939년에 에라노스 모임에서 일시적 충동에서 맡았던 강연의 내용을 요약한 것이다. 강연 내용을 글의 형식으로 바꾸면서, 그 모임에서 남긴 메모들을 이용했다. 일부는 생략해야 했다. 주된 이유는 인쇄 텍스트가 요구하는 조건이 강연의 요구 조건과 다르기 때문이다. 그러나 부활이라는 주제에 관한 강연의 내용을 요약한다는 원래의 취지에 최대한 충실했다. 또한 부활 신비의 한 예로서 '코란' 18장의 분석을 다시 담으려고 노력했다. 이 요약은 강연의 틀에서 매우 피상적으로만 다뤄질 수 있는 지식의 한 분야를 대략적으로 스케치하는 그 이상의 의미를 지니지 않는다.

1. 부활의 형태들

부활이라는 개념은 언제나 동일한 의미로 쓰이고 있지는 않다. 이 개념이 다양한 양상을 보이기 때문에, 부활의 서로 다른 의미를 전반적으로 검토하는 것이 유익하다. 더욱 세부적으로 들어가면, 내가 나열하려는 5가지 형태에 보탤 것이 더 있을 것이지만, 나의 정의(定義)들이 적어도 중요한 의미들을 다 포함한다고 나는 감히 생각한다. 이 논문 첫 부분은 다양한 형태의 부활에 대해 간단히 요약한다. 두 번째 부분은 부활 개념의 다양한 심리적 양상들을 다룬다. 세 번째 부분은 '코란'에서 끌어낸 부활 신비의 한 예를 제시한다.

  1) 윤회: 내가 관심을 기울이고 싶은 부활의 다섯 가지 양상 중 첫 번째

는 윤회, 즉 영혼의 환생이다. 이 견해에 따르면, 사람의 삶은 다양한 육체적 존재들을 거침으로써 시간 속에서 연장된다. 혹은 또 다른 관점에서 보면, 사람의 삶은 다양한 영혼의 재생에 의해 중단되는 생명의 연속이다. 이 교리가 특별한 의미를 지니는 불교에서도 인격의 연속성이 보장되는지 여부는 확실하지 않다. 아마 '카르마'(Karma)[66]의 연속성만 있을 것이다. 부처도 그런 부활을 매우 긴 세월에 걸쳐 연속적으로 겪었다. 부처의 제자들이 부처의 살아생전에 이 질문을 제기했으나, 부처는 인격의 지속성이 있는지 여부에 대해 명확한 진술을 제시하지 않았다.

2) 영혼의 재생: 이 부활 개념은 당연히 인격의 지속성을 암시한다. 여기서 인간의 인격은 지속적이고 기억 가능한 것으로 여겨진다. 그래서 누군가가 부활하거나 태어날 때, 그 사람은 적어도 잠재적으로는 자신이 그 전의 존재들을 통해 살았다는 것을, 그리고 그 존재들이 자신의 것이었다는 것을, 말하자면 그 존재들이 현재의 삶과 동일한 자아의 형태를 가졌다는 것을 기억할 수 있다. 대체로 영혼의 재생은 인간의 형태로 다시 태어나는 것을 의미한다.

3) 부활: 이것은 죽은 다음에 인간의 존재를 다시 확립하는 것을 의미한다. 새로운 요소가 여기에 들어온다. 그 사람의 존재에 변화나 변질이나 변형을 부르는 요소이다. 그 변화는 되살아난 존재가 다른 존재라는 의미에서 근본적일 수 있고, 그 사람이 다른 장소나 다르게 구성된 육체 안에서 자신을 발견하는 때처럼, 존재의 일반적인 조건이 변했다는 의미에서 본다면, 그 변화는 근본적이지 않을 수 있다. 이 몸이 부활할 것이라는 기독교의 가정에서처럼, 부활하는 육체가 세속적 육체일 수 있다. 보다 높

---

66 업(業), 업보, 인과응보 등으로 번역된다.

은 차원에서, 그 과정은 더 이상 물질적인 의미로 이해되지 않으며, 죽은 자의 부활은 부패하지 않는 상태의 영광체(corpus glorificationis), 즉 "신비체"가 위로 들어 올려지는 것으로 여겨진다.

4) 소생: 네 번째 형태는 엄밀한 의미에서 말하는 부활이다. 말하자면, 개인의 일생 안에서 일어나는 부활이다. 영어 단어 'rebirth'는 독일어 'Wiedergeburt'와 정확히 일치하지만, 프랑스어에는 "rebirth"의 특이한 의미를 지니는 단어가 없는 것 같다. 이 단어는 특별한 어감을 풍긴다. 단어의 전체 분위기가 재생을, 또는 심지어 마법적 수단에 의한 향상까지 암시한다. 소생은 존재에 어떤 변화도 없이 일어나는 재생일 수도 있다. 새로워진 인격이 근본적인 본질에서 변하지 않고, 오직 인격의 기능들 또는 인격의 부분들만 치료나 강화나 향상의 대상이 되니 말이다. 따라서 심지어 육체적인 병도 소생 의식(儀式)을 통해서 치료될 수 있다.

이 네 번째 형태의 또 다른 양상은 근본적인 변형, 즉 개인의 완전한 소생이다. 여기서 재생은 그 사람의 근본적인 본질의 변화를 암시하며, 변질이라 불릴 수 있다. 그 예로는, 죽을 운명을 타고난 존재가 불멸의 존재로, 육체적인 존재가 영적인 존재로, 인간적인 존재가 신성한 존재로 변형되는 것이 있다. 이 변화의 잘 알려진 원형들은 그리스도의 변형과 승천이며, 신의 어머니가 사후에 육신과 함께 하늘로 올라간 것이다. 이와 비슷한 생각이 괴테의 '파우스트' 2부에서 발견된다. 예를 들면, 파우스트가 소년으로, 그 다음에는 마리아누스 박사로 변형된다.

5) 변형 과정 참여: 다섯 번째이자 마지막 형태는 간접적인 부활이다. 여기서 변형은 개인 자신이 죽음과 부활을 거침에 따라 직접적으로 일어나는 것이 아니라, 개인의 밖에서 일어나는 변형 과정에 참여함으로써 간

접적으로 일어난다. 바꿔 말하면, 사람은 변형 의례를 보거나 거기에 참여해야 한다. 이 의례는 본질들의 변형이 일어나는 미사 같은 의식일 수 있다. 개인은 의례에 참석함으로써 신의 은총에 참여한다. 신(神)의 비슷한 변형들은 이교도 신비 의식들에서 발견된다. 거기서도 마찬가지로, 엘레우시스의 신비 의식을 통해 알 수 있듯이, 그 경험을 공유하는 비전(秘傳) 전수자에게 은총의 선물이 허용된다. 적절한 예가 바로 엘레우시스의 신비 의식에서 비전 전수자가 하는 고백이다. 그것은 불멸에 대한 확신을 통해서 주어진 은총을 찬양하는 내용이다.

2. 부활의 심리학

부활은 어떤 식으로든 관찰할 수 있는 과정은 아니다. 부활은 측정할 수도 없고 사진으로 담을 수도 없다. 부활은 완전히 감각에 의한 인식의 영역 밖에 있다. 여기서 우리는 개인적 진술을 통해서 오직 간접적으로만 우리에게 전달되는, 순수하게 정신적인 어떤 현실을 다루고 있다.

사람은 부활에 대해 말하거나, 부활을 고백하거나, 부활로 충만할 수 있다. 이것을 우리는 충분히 현실적인 것으로 받아들인다. 이런 질문은 관심 밖이다. 부활은 손으로 만져서 알 수 있는 과정인가? 우리는 부활의 정신적 실재로 만족해야 한다.

이 대목에서 나는 "정신적인" 모든 것은 아무것도 아니라거나 기껏해야 공기보다도 보잘것없는 것이라는 천박한 인식을 암시하지 않는다는 점을 서둘러 덧붙여야 한다. 그것과 꽤 반대다. 나는 정신이 인간 삶의 가장 가공할 만한 사실이라는 의견을 갖고 있다. 정말로, 정신은 인간이 경험하는 모든 사실들의 어머니이다. 정신은 문명의 어머니인 동시에 문명의 파괴자인 전쟁의 어머니이기도 하다. 이 모든 것은 처음에 정신적이고 눈에 보이지 않는다. 정신이 "단순히" 정신적인 것인 한에는 감각들에 의해 경험될 수 없지만, 그럼에도 불구하고 정신은 명백히 실재한다.

사람들이 부활에 대해 이야기하고, 부활이라는 개념이 있다는 단순한 사실은 그 용어로 불리는 정신적 경험들이 실제로 존재한다는 것을 의미한다. 이 경험들이 어떠한 것인지는 그 경험들에 대한 진술을 근거로 추론하는 수밖에 없다. 그래서 만약에 부활이 정말 어떤 것인지를 발견하기를 원한다면, "부활"이 무엇을 의미하는 것으로 이해되었는지를 규명하기 위해 역사 쪽으로 눈길을 돌려야 한다.

부활은 인류의 원초적인 단언들 중 하나로 여겨져야 한다. 이 원초적인 단언들은 내가 원형이라고 부르는 것들에 근거하고 있다. 초감각의 영역과 관련 있는 모든 단언들이 최종적으로 반드시 원형에 의해 결정된다는 사실에 비춰보면, 부활에 관한 단언들이 서로 많이 다른 민족들 사이에서 동시에 발견된다는 사실은 절대로 놀라운 일이 아니다. 이 단언들의 바탕에 정신적인 사건들이 작용하고 있는 것이 분명하다. 심리학의 과제는 바로 부활의 의미에 관한 형이상학적, 철학적 가정을 전혀 끌어들이지 않는 가운데 이 단언들을 논하는 것이다.

부활 현상을 전반적으로 파악하기 위해서는 변형 경험의 전체 영역을 보다 세밀하게 그리는 작업이 필요하다. 그 경험은 두 개의 집단으로 나뉜다. 삶의 초월에 관한 경험이 있고, 자신의 변형에 관한 경험이 있다.

1) 삶의 초월에 관한 경험

(a) **의식(儀式)을 통해 유도하는 경험들:** "삶의 초월"이라는 표현으로, 나는 앞에서 언급한, 성스러운 의식에 참여하는 비전 전수자의 경험을 의미한다. 그 의식은 변형과 재생을 통해서 삶의 영원한 지속을 보여준다. 이런 신비 의식의 드라마에서, 삶의 초월은 삶의 순간적이고 구체적인 표현들과 뚜렷이 구분되는 것으로서, 일반적으로 신 또는 신과 비슷한 영웅의 숙명적인 변형, 즉 죽음과 부활에 의해 표현된다.

비전 전수자는 신성한 드라마를 단순히 목격하거나, 드라마에 참여하거나, 드라마에 감동 받거나, 의례의 행위를 통해서 자신이 신과 동일해지는 것으로 여길 수 있다. 이 경우에 정말로 중요한 것은 생명의 어떤 객관적인 본질 또는 형태가 별도로 진행되는 어떤 과정을 통해서 의례적으로 변형된다는 점이다. 의례가 치러지는 사이에, 비전 전수자는 단지 그 자리에 있거나 참여한다는 이유만으로 영향을 받고, 강한 인상을 받고, "축성"되거나 "신의 은총"을 받는다. 그때 변형의 과정은 비록 비전 전수자가 그 과정에 개입할지라도 그의 안이 아니라 그의 밖에서 일어난다.

오시리스를 죽이고 사지를 해체하여 뿌린 다음에 그가 다시 파릇한 밀로 살아나는 것까지 의례적으로 표현하는 비전 전수자는 그렇게 함으로써 모든 형태의 변화들보다 더 오래 지속되고 피닉스처럼 자신의 재에서 끊임없이 새롭게 생겨나는 생명의 영원성과 지속성을 경험한다. 의례적인 행사에 이런 식으로 참여하는 행위는, 다른 어떤 효과보다도, 엘레우시스 신비 의식의 특징인 불멸에 대한 희망을 불러일으킨다.

생명의 변형뿐만 아니라 생명의 영원성까지 표현하는 신비 의식의 한 생생한 예가 바로 가톨릭교회의 미사이다. 성스러운 의식인 미사가 행해지는 동안에 회중을 살펴보면, 그냥 무관심하게 몸만 거기 와 있는 사람에서부터 더없이 깊은 감정을 느끼는 사람에 이르기까지, 참여의 정도가 제각각이라는 사실이 확인된다. 성당의 출구 가까운 곳에 서 있는 남자들의 무리는 틀림없이 기계적으로 성호를 긋고 무릎을 꿇으며 온갖 종류의 세속적인 대화를 할 것이다. 무관심한 태도에도 불구하고, 그런 사람들까지도 단순히 은총이 넘치는 장소에 그냥 있다는 사실만으로도 성스러운 의례에 참여하고 있다.

미사는 세속을 초월하고 시간을 초월하는 행위이다. 그 행위 속에서 그리스도가 제물로 희생되었다가 변형된 본질로서 부활한다. 그리스도의 희생적인 죽음을 기리는 이 의례는 역사적인 그 사건의 반복이 아니라, 처음이고 고유하고 영원한 행위이다. 그러므로 미사를 경험하는 것은 공간과 시간의 모든 경계를 극복하는 삶의 초월에 참여하는 행위이다. 미사 경험은 시간 속에서 영원의 한 순간이다.

(b) 즉시적인 경험: 신비 의식의 드라마가 목격자의 내면에 초래하는 모든 것은 또한 어떤 의례도 없이, 자연발생적이고 황홀하거나 환상적인 경험으로도 일어날 수 있다. 니체의 정오의 환상이 이런 종류의 전형적인 예이다. 잘 아는 바와 같이, 니체는 기독교의 신비를, 갈기갈기 찢겼다가 다시 생명을 얻는 디오니소스-자그레우스 신화로 대체했다. 니체의 경험은 디오니소스의 자연 신화의 성격을 띠고 있다. 고대 그리스 시대에 보았듯이, 디오니소스는 자연의 옷을 걸치고 나타나며, 영원의 순간은 판(Pan)에게 바쳐진 정오이다. "시간이 흘러가 버렸는가? 내가 추락하고 있는 것은 아닌가? 잘 들어라! 내가 영원의 샘으로 떨어지지 않았는가?" 니체에게는 "황금 반지"와 "회귀의 반지"조차 되살아남과 생명의 약속처럼

보인다. 니체는 마치 신비 의식을 치르는 현장에 있었던 것 같다.

많은 신비주의 경험들은 한 가지 비슷한 성격을 갖고 있다. 목격자가 개입하게 되는 어떤 행위를 나타내고 있는 것이다. 그럼에도 목격자의 본질이 반드시 바뀌는 것은 아니다. 마찬가지로, 너무나 아름답고 인상적인 꿈들도 종종 꿈을 꾼 사람에게 오래 지속되거나 변형시키는 효과를 전혀 발휘하지 못한다. 꿈을 꾼 사람은 꿈들에 강한 인상을 받을 수 있지만, 그 꿈들에서 반드시 문제를 보지는 않는다. 그러면 그 꿈은 타인들에 의해 실행되는 의례 행위처럼 당연히 "밖에" 남는다. 보다 미학적인 이런 형태들의 경험은 의심의 여지없이 사람의 본질에 변화를 낳는 형태들의 경험과 세심하게 구분되어야 한다.

2) 개인적인 변형

인격의 변형은 결코 드문 일이 아니다. 정말로, 인격의 변형은 정신 병리학에서 상당한 역할을 한다. 그 변형은 심리학적 조사가 쉽지 않은, 지금까지 논한 그런 신비로운 경험과는 다소 다르다. 지금 조사하고자 하는 현상들은 심리학에 꽤 익숙한 영역에 속한다.

(a) 인격의 축소: 축소의 측면에서 일어나는 인격의 변화를 보여주는 한 예는 원시인의 심리학에서 "영혼의 상실"로 알려져 있다. 이 용어로 표현되는 그 특이한 상황은 어떤 영혼이 원시인의 마음에서 마치 간밤에 주인 곁을 떠나 멀리 달아난 개처럼 사라져 버렸다는 식으로 설명된다. 그런 상황이 벌어지면 도망 나간 영혼을 찾아서 다시 데려오는 것은 주술사의 임무이다.

종종 그 상실은 돌연 일어나고 어떤 흔한 병으로 나타난다. 이 현상은 현대인의 의식과 달리 확고한 일관성을 결여하고 있는 원시인의 의식의 본질과 밀접히 연결된다. 현대인은 자신의 의지력을 통제할 수 있지만, 원시인은 그렇지 못하다. 만약 원시인이 의식적인 어떤 활동을 위해, 말하자면 단순히 감정적이거나 본능적이지 않고 의도적인 활동을 하기 위해 마음을 가다듬길 원한다면, 복잡한 훈련이 필요하다.

현대인의 의식은 이 측면에서 보다 안전하고 보다 의지할 만하지만, 이따금 문명인에게도 비슷한 일이 일어날 수 있다. 다만 현대인은 그것을 "영혼의 상실"로 묘사하지 않고, "정신 수준의 저하"(abaissement du niveau mental)라고 묘사한다. 피에르 자네가 이 현상을 나타내기 위해 만든 용어로서 아주 적절하다. 그것은 의식의 강도가 느슨해지는 현상을 말하며, 날씨가 좋지 않을 것이라고 예고하는 저기압과 비교할 만하다. 근육의 긴장이 약해졌다. 그것은 주관적으로 맥이 없고, 시무룩하고, 우울한 감정으로 느껴진다. 그러면 사람은 하루의 일과를 마주할 희망이나 용기를 더 이상 발휘하지 못한다. 몸이 천근만근 납덩이처럼 무겁게 느껴진다. 왜냐하면 그 사람의 몸의 어떤 부분도 움직이려 하지 않기 때문이다. 그 같은 현상은 그 사람이 활용할 수 있는 에너지가 더 이상 없기 때문에 일어난다.

잘 알려진 이 현상은 원시인의 영혼의 상실에 해당한다. 의지의 무력과 마비는 전체 인격이 무너질 정도로 심각할 수 있다. 그러면 의지는 통일성을 상실하고, 인격의 각 부분은 저마다 독립하며 마취 상태나 기억 상실의 상태와 비슷하게 의식적인 마음의 통제를 벗어난다. 기억 상실은 발작적 "기능 상실" 현상으로 잘 알려져 있다. 이 의학 용어는 원시인의 영혼의 상실과 비슷하다.

정신 수준의 저하는 육체적 및 정신적 피로나 육체적 질병, 격한 감정, 충격 등의 결과일 수 있다. 이 중에서 충격은 그 사람의 자신감에 특별히 해로운 효과를 안긴다. 정신 수준의 저하는 언제나 그 사람의 인격을 제한하는 영향을 끼친다. 그것은 자신감과 모험 정신을 떨어뜨리고, 자기중심적인 경향을 강화하기 때문에 마음의 시야를 좁힌다. 최종적으로, 그같은 현상은 근본적으로 부정적인 인격의 발달로 이어지며, 그런 인격은 결과적으로 원래의 인격에 왜곡이 일어났다는 것을 의미한다.

 (b) 인격의 확장: 인격이 처음부터 훗날 이뤄질 그런 인격으로 시작하는 경우는 드물다. 그 때문에, 적어도 인생의 전반부에 인격을 확장시킬 가능성이 존재한다. 인격의 확장은 외부로부터의 축적을 통해서, 말하자면 새로운 중요한 내용물이 외부에서 인격 속으로 들어가서 동화되는 길을 발견함으로써 이뤄진다. 이런 식으로, 상당한 정도의 인격의 증대를 경험할 수 있다. 따라서 우리는 이런 인격의 증대가 오직 밖에서만 온다고 단정하는 경향을 보이며, 그렇게 함으로써 사람이 외부로부터 가능한 한 많은 것을 자신의 속으로 집어넣음으로써 인격체가 된다는 편견을 정당화하고 있다.

 그러나 이 방식을 열심히 따를수록, 그리고 인격의 모든 증대가 외부에서 와야 한다는 믿음을 강하게 품을수록, 내면의 빈곤은 더욱 심해진다. 그러므로 만약에 어떤 위대한 사상이 외부로부터 우리를 사로잡는다면, 우리는 우리 안에 있는 무엇인가가 그것에 반응하며 그 사상을 맞으러 밖으로 나가기 때문에 그것이 우리를 사로잡게 된다는 사실을 이해할 줄 알아야 한다.

 마음의 풍요는 마음의 수용성에 있지, 소유의 축적에 있지 않다. 밖에서 우리에게로 오는 것, 엄격히 말해서 우리 안에서 일어나는 모든 것은 그때 들어오고 있는 내용물의 크기와 동일한 넓이가 우리 안에 있을 때에만 우리의 것이 될 수 있다. 인격의 진정한 증대는 내면의 원천들에서 흘러나오는 어떤 확장을 의식하는 것을 의미한다. 정신의 깊이를 갖추지 않은 상태에서 우리는 대상의 중요성과 절대로 적절히 연결될 수 없다. 그러므로 사람은 맡은 과제의 위대함과 함께 성장한다는 말은 꽤 진리이다. 그러나 사람은 자신의 안에 성장할 수 있는 능력을 갖추고 있어야만 한다. 그렇지 않으면, 아무리 힘든 과제라도 전혀 도움이 되지 못한다. 오히려 그 사람이 그 과제에 박살나 버릴 가능성이 더 크다.

확장의 전형적인 한 예는 니체가 차라투스트라를 만난 것이다. 이 조우가 비평가이자 금언 작가였던 니체를 비극적인 시인이자 에언가로 바꿔 놓았다. 또 다른 예는 다마스쿠스로 가던 길에 돌연 그리스도를 직면한 성 바울로이다. 바울로가 만난 이 그리스도가 역사 속의 그리스도가 없었더라면 거의 가능하지 않았을 것이라는 말도 맞을 수 있지만, 그때 그리스도의 환영은 성 바울로에게 역사적인 예수로부터 온 것이 아니라 그 자신의 무의식의 깊은 곳에서 온 것이었다.

삶의 절정에 이를 때, 말하자면 봉오리가 열리고 사소한 것에서 보다 위대한 것이 나타날 때, 니체가 말하는 것처럼, "하나가 둘이 되고", 그때까지 항상 있었으면서도 눈에 보이지 않던 보다 위대한 형상이 계시의 힘으로 사소한 인격 앞에 나타난다. 이때 절망적일 정도로 한심한 사람이라면 보다 위대한 형상의 계시를 언제나 자신의 하찮은 수준으로 끌어내릴 것이고, 자신의 편협에 대한 심판의 날이 동텄다는 것을 절대로 이해하지 못할 것이다. 그러나 내적으로 위대한 사람은 불멸의 존재인 자신의 영혼이 오랫동안 기다렸던 친구가 "사로잡힌 자를 사로잡기"[67] 위해서, 말하자면 불멸의 영혼을 언제나 죄수로 가두고 있는 자를 붙잡아서 그의 삶이 보다 위대한 방향으로 흐르도록 하기 위해서 지금 정말로 왔다는 것을 알 것이다. 정말 위험한 순간이 아닐 수 없다. 예언적인 니체의 환상인 줄타기 곡예사의 환상은 성 바울로가 더없이 고귀한 이름을 붙였던 그 사건 앞에서 취하는 "줄타기 곡예" 같은 태도에 내포된 끔찍한 위험을 드러내고 있다.

그리스도는 죽을 운명을 타고난 인간의 안에 숨겨져 있는 불멸성의 완벽한 상징이다. 일반적으로 이 문제는 하나는 죽을 운명이고 다른 하나는 불멸인 디오스쿠로이[68] 같은 이중적인 모티브에 의해 상징된다. 인도에서 이와 비슷한 것은 두 친구의 우화에 나타난다.

보라! 같은 나무 위에

떨어질 수 없는 동반자로 앉아 있는 두 마리의 새를.

이 새는 잘 익은 과일을 즐기고,

다른 한 마리는 보기만 할 뿐 먹지는 않는구나.

그런 나무 위에 나의 영(靈)이 웅크리고 앉아 있구나.

무기력함에 망연자실 실망한 채.

그러다 자신의 주인이 대단히 위대하다는 것을 기쁜 마음으로 보며,

그 순간 영은 슬픔에서 빠져 나오는구나.[69]

---

67 '에베소서' 4장 8절 참고.

68 그리스 신화에서 제우스와 레다 사이에 태어난 쌍둥이 아들 카스토르와 폴룩스를 일컫는다. 카스토르는 죽을 운명을 타고 났고 폴룩스는 불멸이다.

69 Shvetashvatara Upanishad 4, 6ff.

또 다른 놀라운 예는 모세와 키드르의 만남에 관한 이슬람의 전설이다. 이 만남에 대해서는 뒤에 다시 논하게 된다. 당연히, 이런 식으로 확장되는 인격의 변형이 그런 식으로 대단히 의미 있는 경험의 형태로만 일어나는 것은 아니다. 그런 것들보다 훨씬 더 사소한 예들도 절대로 부족하지 않다. 그런 예는 신경증 환자들을 치료한 역사에서도 쉽게 끌어낼 수 있다. 정말로, 보다 큰 인격을 인정하는 것이 가슴을 죄고 있는 쇠고리를 끊는 것처럼 보이는 예들은 모두 이 카테고리에 포함되어야 한다.

(c) 정신의 내부 구조의 변화: 이제 확장이나 축소를 암시하지 않고 구조적 변화를 암시하는 인격의 변화를 논할 차례이다. 가장 중요한 형태 중 하나는 사로잡힘이라는 현상이다. 어떤 내용물, 즉 어떤 사상이나 인격의 어떤 부분이 이런저런 이유로 그 개인을 완전히 지배하는 현상을 말한다. 그 사람을 사로잡은 내용물은 특이한 확신이나 성향, 확고한 계획 등인 것으로 드러난다. 대체로 그것들은 수정을 받아들이지 않는다. 그런 상태를 다루려 시도하는 사람은 사로잡혀 있는 그 사람의 특별히 훌륭한 친구가 되어서 거의 모든 것을 참아낼 수 있어야 한다. 나는 사로잡힘과 편집증을 깔끔하게 구분할 준비가 되어 있지 않다. 사로잡힘은 자아 인격과 어떤 콤플렉스의 동일시로 규정할 수 있다.

이런 현상의 흔한 한 예는 개인이 세상에 적응해 나가는 체계나 세상을 다루는 방식인 페르소나와 자신을 동일시하는 것이다. 예를 들어, 모든 소명 또는 직업은 나름의 특징적인 페르소나를 갖고 있다. 공적 인물들의 사진이 언론에 너무나 자주 등장하는 오늘날에는, 이런 것들을 연구하는 일이 아주 쉽다. 그들에게 세상이 어떤 종류의 행동을 강요하고 있으며, 전문적인 사람들은 이 기대에 부응하려고 노력한다. 단지 위험은 그들이 자신의 페르소나와 동일해질 수 있다는 점이다. 교수는 자신의 교과서와 동일시하고, 테너는 자신의 목소리와 동일시할 수 있는 것이다. 그러면 손상이 발생하게 된다. 그때부터 교수 또는 테너가 자신의 일대기의 배경과 완전히 다른 방향으로 살게 되기 때문이다. 그때쯤 일대기가 이런 식으로 쓰이니 말이다. "… 이어서 그는 이런저런 곳으로 가서 이런저런 말을 했고, …" 데이아네이라(Deianeira)[70]의 옷 같은 것이 그의 살갗을 점점 강하게 조여 오고, 만약에 그가 이 네서스(Nessus)[71]의 셔츠를 찢고 본래의 모습으로 돌아가기 위해 불멸의 불 속으로 뛰어들어야 한다면, 헤라클레스의 결정과 같은 절망적인 결정이 필요하다. 이 대목에서 약간의 과장을 더한다면, 페르소나는 그 사람의 실제 모습이 아니라, 다른 사람들뿐만 아니라 그 사람 본인까지도 그에 대해 생각하고 있는 모습이다. 어쨌든, 다른 사람이 기대하는 모습으로 비치고 싶은 유혹은 대단히 강하다. 페르소나가 대체로 크게 보상을 받기 때문이다.

개인을 사로잡을 수 있는 요인은 아직 몇 가지 더 있다. 그 중에서 가장 중요한 것은 소위 "열등 기능"이다. 여기서 이 문제를 세세하게 파고들 수는 없다. 그래도 나는 열등 기능이 실질적으로 인간 인격의 어두운 측면과 동일하다는 점만은 강조하고 싶다.

모든 인격에 붙어 있는 어둠은 무의식으로 들어가는 문이고 꿈들의 통로이다. 이 어둠으로부터 어슴푸레한 두 형상인 그림자와 아니마가 우리

---

70   그리스 신화에 등장하는 여성으로 헤라클레스의 아내이다. 이름은 남자 또는 남편을 파멸로 이끄는 사람이라는 뜻을 가졌다. 남편이 다른 여자를 사랑하자 질투심에 사로잡혀 독을 바른 옷으로 남편을 죽였다는 이야기가 내려오고 있다.

71   그리스 신화에 등장하는 유명한 켄타우로스(반인반마(半人半馬)의 괴물)로 헤라클레스에게 죽음을 당하며, 헤라클레스는 결국 네서스의 복수로 아내에게 죽음을 당한다.

의 밤의 공상 속으로 들어가거나, 눈에 보이지 않는 상태로 우리의 자아의식을 사로잡는다. 자신의 그림자에 사로잡힌 남자는 언제나 자신의 빛 속에 서 있으면서 자신이 놓은 덫에 떨어진다. 가능할 때마다, 그는 타인들에게 좋지 않은 인상을 남기는 쪽을 택한다. 결국에는 언제나 운이 그를 배신한다. 왜냐하면 그가 자신의 수준 아래에서 살며 기껏해야 자신에게 적절하지 않은 것만 성취하기 때문이다. 그리고 만약에 그가 걸려 넘어질 걸림돌이 전혀 없다면, 그는 스스로 걸림돌을 만들어 놓고서는 어리석게도 자신이 유용한 짓을 했다고 믿을 것이다.

아니마나 아니무스에 의한 사로잡힘은 이와 다른 그림을 제시한다. 무엇보다, 인격의 그런 변형은 이성(異性)의 특성들을 두드러져 보이게 한다. 남자에게서는 여성적인 특성들이, 여자에게서는 남성적인 특성들이 두드러지는 것이다. 사로잡힘의 상태에서, 두 형상은 그 매력과 가치를 상실한다. 그 형상들은 오직 내향의 상태에서 세상을 외면하고 있을 때에만, 그러니까 그것들이 무의식으로 넘어가는 다리의 역할을 할 때에만 매력과 가치를 지닌다. 세상을 향하고 있을 때, 아니마는 변덕스럽고, 예측 불가능하고, 침울하고, 통제되지 않고, 감정적이고, 가끔은 신들린 듯 직관을 보이고, 무자비하고, 악의적이고, 진실성 없고, 성적 매력을 발산하고, 표리부동하고, 불가사의하다. 아니무스는 고집 세고, 원칙을 고수하고, 법칙을 제시하고, 독단적이고, 세상을 개혁하려 들고, 이론적이고, 공허한 말을 하고, 논쟁적이고, 오만하다. 아니마와 아니무스는 똑같이 악취미를 갖고 있다. 아니마는 자신을 열등한 사람들로 둘러싸고, 아니무스는 형편없는 사고에 곧잘 속아 넘어간다.

또 다른 형태의 구조적 변화는 일부 독특한 관찰과 관계있다. 이 관찰

178

에 대해서는 최대한 유보적으로 말할 것이다. 지금 나는 "조상의 영혼"으로 적절히 묘사될 수 있는 무언가에 사로잡힌 상태에 대해 언급하고 있다. "조상의 영혼"이라는 표현을 나는 분명한 어느 조상의 영혼을 의미하는 것으로 쓰고 있다. 사실상, 그런 예들은 죽은 사람들과의 동일시의 놀라운 예로 여겨질 수 있다. (당연히, 그런 동일시 현상은 오직 그 "조상"이 죽은 뒤에만 일어난다.)

내가 그런 가능성들에 처음 관심을 갖도록 한 것은 혼란스럽지만 독창적인 레옹 도데(Léon Daudet: 1867-1942)의 책 『유전』(L'Hérédo)이었다. 도데는 인격의 구조 안에서 특별한 조건에서 갑자기 전면으로 튀어나오는, 조상과 관련 있는 요소들이 있다고 주장한다. 그러면 그 사람은 황급히 조상의 역할을 맡게 된다.

지금 우리는 조상이 원시인의 심리에서 매우 중요한 역할을 맡는다는 것을 알고 있다. 조상의 영(靈)들이 어린이로 되살아나는 것으로 여겨지고 있을 뿐만 아니라, 아이의 이름을 조상의 이름을 따서 지음으로써 그 영들을 아이에게 심으려는 노력도 행해지고 있다. 또 원시인들은 어떤 의식을 통해서 자신을 조상으로 바꿔놓으려고 시도한다. 나는 특히 조상들의 영혼들을 뜻하는 오스트레일리아 원주민의 '알케링가미지나'(alcheringamijina)라는 개념에 대해 언급하고 싶다. 반은 인간이고 반은 동물인 이 영혼들을 종교 의식을 통해서 활성화시키는 것은 부족의 삶에 기능적으로 대단한 중요성을 지닌다. 다른 곳에서도 발견되는 수많은 흔적을 통해서 알 수 있듯이, 석기시대까지 거슬러 올라가는 이런 종류의 사상은 널리 퍼졌다. 따라서 조상의 영혼과의 동일시에서 보듯, 이런 원초적인 형태의 경험이 오늘날에도 일어나는 것은 별로 놀라운 일이 아니다. 나도 그런 예를 경험했다고 믿는다.

(d) 집단과의 동일시: 이제 내가 집단과의 동일시라고 부르는, 또 다른 형태의 변형 경험을 보도록 하자. 더 정확히 말하면, 그것은 어떤 개인이 하나의 집단으로서 집단적인 변형 경험을 공유하는 다수의 사람들과 동일시하는 것이다. 이런 특별한 심리적 상황을 변형 의식에 참여하는 것과 혼동해서는 안 된다. 변형 의식은 관중 앞에서 실시됨에도 어떤 식으로든 집단 동일시에 의존하지 않으며 반드시 집단 동일시를 낳지도 않는다.

집단 안에서 변형을 경험하는 것과 자신의 안에서 변형을 경험하는 것은 서로 완전히 다른 문제이다. 만약에 상당한 규모의 집단을 이루는 사람들이 특별한 어떤 사고방식에 의해 서로 결합하고 동일시한다면, 그에 따른 변형 경험은 개인적 변형의 경험과는 매우 다르다. 집단의 경험은 개인의 경험보다 낮은 수준의 의식에서 일어난다. 이것은 많은 사람들이 어떤 공통적인 감정을 공유하기 위해 서로 모이는 경우에, 그 집단에서 나오는 전체적인 정신이 개인적인 정신 수준보다 아래라는 사실 때문에 나타나는 현상이다.

매우 큰 집단이라면, 집단적인 정신은 동물의 정신과 비슷하다. 그것이 큰 조직의 윤리적 태도가 언제나 의문스러운 이유이다. 규모가 큰 군중의 심리는 불가피하게 폭도의 심리 수준으로 떨어진다. 그러므로 만약에 내가 어느 집단의 구성원으로서 소위 집단적 경험을 하고 있다면, 그것은 나 홀로 경험하는 때보다 낮은 의식 수준에서 일어난다. 그것이 이런 집단적 경험이 개인적 변형 경험보다 훨씬 더 자주 일어나는 이유이다. 또 집단적 변형은 성취하기도 더 쉽다. 왜냐하면 아주 많은 사람들이 함께 모여 있는 사실 자체가 대단한 암시의 힘을 발휘하기 때문이다. 군중 속의 개인은 피암시성에 쉽게 희생된다. 무슨 일이든 일어나기만 하면 된다. 예를 들어, 전체 군중이 지지하는 제안만 있어도 된다. 그러면 우리도 그 제안에 동의한다. 그 제안이 비도덕적일지라도 예외가 되지 못한다. 군중 속에서 사람은 책임감도 느끼지 않고 두려움도 전혀 느끼지 않는다.

따라서 집단과의 동일시는 따르기 쉽고 단순한 길이지만, 집단 경험은 그 상태에서 개인의 정신 수준보다 더 깊은 곳까지는 절대로 닿지 않는다. 집단 경험은 당신 안에서 변화를 일으키지만, 그 변화는 오래 가지 않는다. 정반대로, 집단 경험과 그것에 대한 믿음을 확고히 강화하기 위해서는 끊임없이 집단 도취에 의지해야 한다. 그러나 군중으로부터 제거되는 순간에, 당신은 다른 사람이 되어 있으며 그 전의 마음 상태를 다시는 재생하지 못한다.

집단은 무의식적 동일시나 다름없는 '신비적 참여'(participation mystique)의 영향을 받는다. 예를 들어, 당신이 극장에 간다고 가정하자. 시선끼리 서로 마주치고, 모두가 자기 외의 모든 사람을 관찰하고 있다. 따라서 그곳에 있는 사람들은 모두 무의식적 상호 관계라는, 눈에 보이지 않는 거미줄 안에 갇혀 있다. 만약에 이 같은 조건이 강화된다면, 그곳의 개인은 타인들과의 동일시라는 보편적인 물결에 그야말로 이리저리 떠밀리며 옮겨지는 것을 느낀다.

그것은 유쾌한 감정일 수 있다. 1만 마리의 양 속의 한 마리 양이니까! 만약에 이 군중이 위대하고 경이로운 통일체로 느껴진다면, 나는 그 집단과 더불어 고양된 한 사람의 영웅이 된다. 그러다 다시 나 자신으로 돌아올 때, 나는 자신이 아무개에 불과하고 어느 거리의 3층에 살고 있다는 사실을 확인한다. 그와 동시에 나는 직전의 상황 전체가 대단히 즐거웠다는 사실을 깨달으며, 나 자신이 다시 영웅이 되는 느낌을 받기 위해 그 일이 내일도 다시 일어나기를 바랄 것이다. 영웅이라고 느끼는 것이 평범한 아무개 씨라고 느끼는 것보다 월등히 더 기분 좋은 일이니까. 이것이 사람의 인격을 보다 높은 지위로 끌어올리는, 쉽고도 간편한 방법이기 때문에, 인류는 언제나 집단적인 변형 경험을, 종종 황홀경에 빠지는 성격을 지닌 변형 경험을 가능하게 하는 집단을 형성했다. 보다 낮고 원시적인 의식의 상태와 퇴행적으로 동일시하는 것은 반드시 고조된 생명감을 수반한다. 따라서 석기 시대의 반(半)동물적인 조상들과의 퇴행적인 동일시는 생명력을 강화하는 효과를 낳는다.

집단 안에서 불가피하게 일어나는 심리적 퇴행은 부분적으로 의식(儀式)에 의해서, 말하자면 신성한 사건을 경건하게 거행하는 것을 집단 활동의 핵심으로 삼으면서 군중이 무의식적 본능에 빠지는 것을 예방하는 숭배 의례에 의해서 상쇄된다. 의례는 개인의 이해관계와 관심을 끌어들임으로써, 개인이 집단 안에서도 비교적 개인적인 경험을 하면서 다소 의식적인 상태로 남도록 한다. 그러나 만약에 그 상징체계를 통해서 무의식을 표현하고 있는 어떤 중심과의 관계가 전혀 존재하지 않는다면, 불가피하게 집단 정신은 최면의 힘을 발휘하는 매력의 초점이 되어 모든 사람들을 그 마법 밑으로 끌어들일 것이다. 그것이 집단이 언제나 정신적 전염병의 온상이 되는 이유이며, 독일에서 벌어지고 있는 사건들이 전형적인 예이다.

집단의 심리를 놓고 이런 식으로 근본적으로 부정적으로 평가하는 것에 대해, 거기도 긍정적 경험이 있다는 반대 의견이 제기될 수 있다. 예를 들면, 개인이 고귀한 행위를 하도록 자극하는 긍정적인 열정이 있거나,

인간의 연대라는 똑같이 긍정적인 감정이 있을 수 있다. 이런 종류의 사실도 부정되어서는 안 된다. 집단은 개인에게 홀로일 경우에 쉽게 잃게 되는 용기와 의미와 존엄을 안겨줄 수 있다. 집단은 개인의 내면에 남자들 사이에서 진짜 남자가 되는 것에 관한 기억을 일깨울 수 있다.

그러나 그 같은 사실은 그가 한 사람의 개인으로서 소유하지 않았을, 그 외의 다른 무언가가 그에게 더해지는 것을 막지 못한다. 아무런 노력 없이 얻은 선물은 그 순간에는 특별한 호의처럼 보일 수 있지만, 장기적으로는 하나의 상실이 될 위험이 있다. 인간의 본성이 선물을 당연한 것으로 여기는 고약한 버릇을 갖고 있기 때문이다. 미래에 사람들이 무엇인가를 필요로 하는 경우에 그것을 스스로의 힘으로 노력해서 얻으려고 하지 않고 하나의 권리로서 요구하게 되는 것이다. 불행하게도, 모든 것을 국가에 요구하는 경향에서 그런 현상이 너무나 두드러진다. 이때 사람들은 국가가 바로 그런 요구를 하는 개인들로 구성되어 있다는 사실을 고려하지 않는다. 논리적으로 보면, 이런 경향의 발달은 공산주의를 낳는다. 공산주의에서는 각 개인이 공동체를 예속시키고, 공동체를 대표하는 자는 노예 소유자인 독재자이다. 공산주의식 사회 질서가 특징인 모든 원시 부족들도 그들 위로 무제한적인 권력을 가진 족장을 두고 있다. 공산주의 국가는 국민은 없고 오직 농노들만 있는 절대 군주제에 지나지 않는다.

(e) 숭배하는 영웅과의 동일시: 변형 경험의 바탕에서 작용하는 또 다른 중요한 동일시는 신성한 의례에서 변형되고 있는 신 또는 영웅과의 동일시이다. 많은 숭배 의례들은 이 동일시를 초래하려는 의도를 노골적으로 보인다. 명백한 한 예가 아풀레이우스의 '변형담'(Metamorphosis)이다.

평범한 인간인 비전 전수자가 높이 헬리오스의 자리에 올라간다. 그는 종려나무 잎으로 만든 왕관을 쓰고 신비한 망토를 걸친다. 거기 모인 군중은 그에게 존경을 표한다. 군중의 암시가 그와 신의 동일시를 초래한다. 공동체의 참여는 또한 다음과 같은 방식으로도 일어날 수 있다. 비전 전수자의 신격화는 전혀 일어나지 않지만, 신성한 행위가 거듭 열거된다. 그러면 오랜 시간이 흐르는 동안에 개별 참여자들의 안에서 정신의 변화가 점진적으로 일어난다.

오시리스 숭배가 탁월한 예를 제공한다. 처음에는 파라오만 그 신의 변형에 참여했다. 이유는 파라오만이 "오시리스를 가졌기" 때문이다. 그러나 훗날에는 제국의 귀족들도 오시리스를 획득했다. 최종적으로, 이 발달은 모두가 불멸의 영혼을 갖고 있고 신성을 직접적으로 공유한다는 기독교 사상에서 절정을 맞았다. 기독교 안에서 그 발달은 더욱더 앞으로 나아갔다. 급기야 밖의 신, 즉 그리스도가 점진적으로 개별 신자의 내면의 그리스도가 되었으며, 따라서 그리스도는 많은 개인들의 안에 머물고 있음에도 동일하게 남게 되었다. 이 진리는 토테미즘의 심리학에 의해 이미 예고되었다. 토템 동물들을 여러 마리 죽여서 토템 식사 동안에 먹지만, 그럼에도 그 자리에서 먹히는 것은 오직 하나이다. 아기 그리스도가 하나이고 산타클로스가 하나인 것과 똑같다.

신비 의식에서 개인은 신의 운명에 참여함으로써 간접적인 변형을 겪는다. 기독교 교회 안에서 일어나는 변형 경험도 간접적인 경험이다. 변형이 행위로 표현되거나 암송되는 무엇인가에 참여함으로써 이뤄지기 때문이다. 여기서 첫 번째 형식, 즉 제사 행위는 풍성하게 발달한 가톨릭 교회 의례의 특징이며, 두 번째 형식인 암송, 즉 "말씀" 또는 "복음"은 프로테스탄티즘에서 "말씀의 설교"에서 행해지고 있다.

(f) 마법적 절차들: 또 다른 형태의 변형은 변형을 위해 직접적으로 이용하는 의례를 통해서 성취된다. 변형 경험이 의례에 참여하는 사람에게 오는 것이 아니라, 의례가 변형의 초래라는 명백한 목적을 위해 이용된다. 따라서 의례는 개인이 자신을 온전히 맡겨야 하는 일종의 기법이다.

예를 들어, 어떤 남자가 병에 걸렸고, 따라서 "재생"이 필요하다. 재생은 밖에서부터 그에게 "일어나야" 하며, 그것을 초래하기 위해서, 그 사람은 침대 머리맡에 난 벽의 구멍을 통과해야 한다. 그러면 그가 다시 태어난다. 또는 그에게 다른 이름이 주어지고, 그로 인해 다른 영혼이 주어진다. 그러면 악마들이 더 이상 그를 알아보지 못할 것이다. 아니면 그는 상징적인 죽음을 통과하거나, 조금 괴상하게 보이지만 가죽으로 만든 소안에 들어갔다가 나와야 한다. 말하자면 소가 그를 앞으로 삼켰다가 뒤로 배출하는 것이다. 아니면 그가 목욕재계 또는 침례를 하고, 새로운 성격과 변화된 어떤 추상적인 운명을 지닌 반신 같은 존재로 기적적으로 변한다.

(g) 기술적 변형: 의례를 마법적 목적에 이용하는 외에도, 의도한 목적을 성취하기 위해서 의례에 고유한 은총뿐만 아니라 비전 전수자의 개인적 노력까지 요구하는 특별한 기법들도 있다. 그것은 기술적인 수단으로 유도하는 변형 경험이다.

동양에서 요가로, 서양에서 '영성 수련'으로 알려진 수행이 이 범주에 속한다. 이런 수행은 분명한 어떤 정신적 효과를 성취하거나 적어도 그런 효과를 촉진시킬 목적으로 미리 정해놓은 특별한 기법을 실천한다. 이 말은 동양의 요가와 서양에서 실행되고 있는 방법들에 똑같이 적용된다.

그러므로 그것들은 가장 넓은 의미에서 말하는 기술적인 절차들이고, 원래 자연적이었던 변형 과정을 정교하게 다듬은 것이다. 따라서 일찍이,

그러니까 따라 할 역사적인 예들이 있기 전에 일어났던 자연적 또는 자동적 변형은 그 사건들의 순서를 모방함으로써 변형을 유도하도록 설계된 기법들에 의해 대체되었다. 나는 그런 기법들이 기원하는 방식을 동화를 통해 흐릿하게나마 전하고 싶다.

옛날에 어느 동굴에 별난 노인이 살고 있었다. 그곳을 그는 세상의 소란을 멀리할 도피처로 삼았다. 그는 마법사로 여겨졌으며, 그래서 그에게는 마법의 기술을 배우길 원하는 제자들이 있었다. 그러나 그 자신은 그런 것에 대해 전혀 생각하지 않고 있었다. 그는 단지 자신이 모르고 있지만 언제나 일어나고 있는 것 같은 그것이 무엇인지 알려고 노력하고 있었다. 명상 그 너머의 것을 놓고 아주 오랜 기간 명상한 뒤에, 그는 자신이 모르고 있는 것이 어떻게 생겼는지를 찾아내기 위해서 동굴의 벽에다가 빨간 분필로 온갖 도형을 그리는 것 외에는, 그 곤경에서 빠져나올 방법을 전혀 찾지 못했다. 여러 차례 시도한 끝에, 그는 어쩌다가 동그라미를 생각해냈다. 그는 "맞아, 이거야, 안에 사각형이 들어가는군!" 사각형까지 그렸더니 동그라미가 더욱 그럴듯해 보였다. 그의 제자들은 신기했지만, 그들이 이해할 수 있는 것은 노인이 무엇인가를 고안했다는 것뿐이었다. 그들은 노인이 하고 있는 것을 알 수만 있다면 무엇이든 내놓을 태세였다. 그러나 그들이 "거기서 뭘 하고 계십니까?"라고 물어도, 그는 아무런 대답을 하지 않았다. 이어서 그들은 벽에 그려진 도형을 발견하고는 "바로 저거야!"라고 말했다. 그리고 그들 모두는 그 도형들을 베꼈다. 그들은 그렇게 하면서 전체 순서를 완전히 거꾸로 바꿨으면서도 그 같은 사실을 전혀 몰랐다. 그러면서 그들은 그런 결과를 낳은 과정을 그대로 되풀이하고 있다고 생각하면서 똑같은 결과를 예상했다. 기법은 그때도 그런 식으로 생겨났고, 지금도 마찬가지로 그런 식으로 생겨나고 있다.

(h) 자연적인 변형(개성화): 이미 강조한 바와 같이, 기술적인 변형의 과정 외에도 자연적인 변형들이 있다. 모든 부활 사상은 이 같은 사실에 바탕을 두고 있다. 자연 자체가 죽음과 재생을 요구한다. 연금술사 데모크리토스가 말하듯이, "자연은 자연 안에서 기뻐하고, 자연은 자연을 정복하고, 자연은 자연을 지배한다". 좋든 싫든, 알든 모르든 상관없이, 그냥 우리에게 일어나는 자연적인 변형 과정이 있다.

이 과정들은 정신에 상당한 효과를 낳으며, 그 효과는 사려 깊은 사람이라면 자신에게 일어난 것이 무엇인지 자문하도록 할 만큼 그 자체로 충분히 강력하다. 앞에 소개한 동화 속의 노인처럼, 신중한 그 사람도 만다라를 그리고 보호의 성격이 있는 그 원 안에서 피난처를 찾을 것이다. 그가 도피처로 여긴, 스스로 선택한 감옥의 당혹과 고통 속에서, 그는 신을 닮은 존재로 변한다. 만다라는 출생의 장소이고, 그야말로 출생의 그릇이며, 부처가 태어난 연꽃이다. 요가 수행자는 연꽃좌(座)에 앉아서 자신이 불멸의 존재로 변화하는 것을 본다.

자연적인 변형의 과정은 주로 꿈에 나타난다. 다른 곳[72]에서 나는 개성화 과정에 나타나는 일련의 꿈 상징들을 제시했다. 그 꿈들은 예외 없이 부활의 상징체계를 보여주는 꿈들이었다. 이 특별한 예에, 또 다른 존재로 나아가는 내적 변형과 부활의 긴 과정이 있었다. 이 "다른 존재"는 우

---

72 'Psychology and Alchemy'.

리 안에 있는 다른 인격이다. 그러니까 우리 안에서 성숙하고 있는 보다 크고 보다 위대한 인격이다. 이 인격을 우리는 이미 영혼의 내적 친구로서 만났다. 그것이 우리가 어떤 의례에서 친구와 동료가 묘사되는 것을 발견할 때마다 위안을 느끼는 이유이다. 대표적인 예가 미트라와 태양신의 우정이다.

이런 관계는 과학적인 지성에는 미스터리이다. 지성이 이런 것들을 호의적으로 보지 않는 데 익숙하기 때문이다. 그러나 지성이 감정을 허용한다면, 기념물에 묘사되어 있듯이, 태양신이 전차에 함께 태우고 가는 것이 그 친구라는 사실이 확인될 것이다. 그것은 두 남자 사이의 우정의 표현이며, 그 우정은 단순히 내면의 어떤 사실이 외적으로 나타난 것이다. 그것은 우리와 영혼의 그 내적 친구의 관계를 드러내며, 자연은 우리를 영혼의 그 내적 친구로 변화시키기를 바라고 있다. 우리가 이미 갖추고 있으면서도 절대로 완전히 닿지는 못하는 그 다른 인격 말이다.

우리는 하나는 죽을 운명이고 다른 하나는 불멸인 디오스쿠로이 같은 한 쌍이며, 이 쌍은 언제나 함께 있으면서도 절대로 완전한 하나가 되지 못한다. 변형 과정은 그 쌍을 서로 비슷하게 만들려고 노력하지만, 우리의 의식은 거기에 저항하게 되어 있다. 왜냐하면 그 다른 인격이 낯설고 기이해 보이고, 또 우리가 자신의 집 안에서 완전한 주인이 아니라는 생각에 익숙하지 않기 때문이다. 우리는 언제나 "나"이기를 더 선호하며 그 외의 다른 것이기를 절대로 원하지 않는다. 그러나 우리는 그 내면의 친구 또는 적을 마주하고 있으며, 그가 친구가 될 것인지 아니면 적이 될 것인지는 전적으로 우리 자신에게 달려 있다.

그의 목소리를 듣기 위해 미칠 필요까지는 없다. 반대로, 그 목소리는 상상 가능한, 가장 단순하고 가장 자연적인 것이다. 예를 들어, 당신은 "그"가 대답할 질문을 당신 자신에게 던질 수 있다. 그러면 당신과 그 사이에 대화가 다른 여느 대화와 마찬가지로 전개된다. 당신은 그것을 단순히 "연상"(聯想) 또는 "자신과의 대화"로, 아니면 옛날의 연금술사들이 사용한 표현 그대로 "명상"으로 묘사할 수도 있다. 연금술사들은 자신의 대화자를 "내면의 다른 존재"라고 불렀다.

영혼의 친구와 이런 식으로 나누는 대화는 이냐시오 로욜라(Ignatius Loyola)에게 '영성 수련'의 기법으로 받아들여졌지만, 거기에 제한적인 조건이 붙었다. 명상하는 사람에게만 말하는 것이 허용되는 반면에, 내면의 대답들은 단순히 인간의 것으로 여겨져 무시되어야 한다는 것이었다.

이런 상황은 오늘날까지도 계속되었다. 그것은 더 이상 도덕적 또는 형이상학적 편견은 아니지만, 더욱 불행하게도 그만 지적 편견이 되었다. 그 "목소리"는 단지 문자반이 없는 시계의 작동처럼, 아무런 의미나 목적 없이 그냥 움직이면서 "연상만" 해주는 것에 지나지 않는 것으로 설명되고 있다. 또는 사람들은 "그건 나 자신의 생각일 뿐이야!"라고 말한다. 면밀히 조사하면, 그 생각들은 우리가 거부하거나 의식적으로 한 번도 생각하지 않았던 것으로 확인되는데도 말이다. 마치 자아가 엿본 정신적인 모든 것은 언제나 자아의 일부를 형성했다는 듯이!

당연히, 이런 교만은 자아의식의 지배를 확실히 유지한다는 유용한 목표에 이바지한다. 그래야만 자아의식이 해체되어 무의식 속으로 사라지지 않고 안전하게 지켜질 테니까. 그러나 만약에 무의식이 터무니없는 어떤 생각을 강박이 되도록 내버려두기로 결정하거나, 어떤 일이 있어도 우리가 그 책임을 받아들이려 하지 않으려 할 다른 심인성 증상을 낳기로 결정한다면, 자아의식은 굴욕적일 만큼 쉽게 무너지고 만다.

이 내면의 목소리를 대하는 우리의 태도는 양 극단 사이를 오간다. 그 목소리를 그야말로 터무니없는 것으로 여기든가, 아니면 신의 목소리로 여기는 것이다. 그 사이에 소중한 무엇인가가 있을 수 있다는 생각은 누구에게도 떠오르지 않는 것 같다. 그 "다른 존재"도 한쪽 방향으로 일방적일 수 있다. 자아가 다른 방향으로 일방적이듯이. 그럼에도 그들 사이의 갈등은 진리와 의미를 낳을 수 있지만, 그것은 어디까지나 자아가 다른 존재에게 합당한 인격을 기꺼이 허용하는 때에만 가능하다.

당연히 그 목소리도 어쨌든 인격을 갖고 있다. 정신 이상을 앓는 사람들의 목소리가 인격을 갖고 있듯이. 그러나 진정한 대화는 자아가 대화 파트너의 존재를 인정할 때에만 가능하다. 이것은 모든 사람들에게 기대할 수 있는 것이 아니다. 어쨌든, 모두가 다 '영성 수련'에 적합한 주체는 아니기 때문이다. 만약 사람이 자기 자신에게만 말하거나 다른 존재에게만 말을 건다면, 그것은 대화라 불릴 수 없다. 조르주 상드(George Sand: 1804-1876)가 "영적 친구"와 하는 대화가 그런 예이다. 그녀는 30쪽에 걸쳐 전적으로 자기 자신에게만 말하고 있으며, 그 사이에 독자는 다른 존재가 대답하기를 기다리지만 결코 대답을 듣지 못한다.

영성 수련의 대화 뒤에, 현대의 의심 많은 사람은 더 이상 믿지 않는 그 침묵의 은총이 따를 수도 있다. 그러나 만약에 죄 많은 인간 가슴의 언어로 즉각 대답하는 존재가 바로 간청을 들은 그리스도라면 어떻게 되겠는가? 그런 경우에 얼마나 끔찍한 의심의 심연이 열리겠는가? 또 우리가 어떤 광기를 두려워하지 않을 수 있겠는가? 이것을 근거로, 사람들은 차라리 신들의 이미지들이 침묵을 지키는 것이 더 낫다는 것을, 또 자아의식이 지속적으로 "연상하는" 것보다는 자신의 우위를 믿는 것이 더 낫다는 것을 이해할 수 있다. 또 그 내면의 친구가 그렇게 자주 우리의 적처럼 보이는 이유도, 또 그 친구가 멀리 떨어져 있고 그의 목소리가 그렇게 낮은 이유도 이해할 수 있다. 그 친구 가까이 있는 자가 "불에 가까이 있기" 때문이다.

이런 종류의 무엇인가는 다음 글을 적은 연금술사의 마음에 있었을 수 있다. "당신의 '돌'을 위해 이런 자를 선택하라. 왕들이 그를 통해서 왕관에 걸맞은 존경을 받고, 의사들이 환자들을 치료할 수 있는 그런 자를. 그 자가 불 가까이 있으니까."[73] 연금술사들은 내면의 사건을 외적 형상으로 투사했다. 그렇기 때문에 그들에게는 내면의 친구가 "돌"의 형태로 나타났다. 이 "돌"에 대해 '트락타투스 아우레우스'(Tractatus aureus)는 이렇게 말한다. "현자의 아들들이여, 너무도 소중한 이 돌이 그대들에게 외치는 말을 잘 이해하라. '나를 보호하라, 그러면 내가 그대를 보호할 것이니.' 나에게 나의 것을 다오. 그것으로 내가 그대를 도울 것이니." 여기에 어느 주석학자는 "진리를 추구하는 사람은 돌과 철학자가 똑같이 한입처럼 말하고 있는 것을 듣는다."고 덧붙인다. 그 철학자는 헤르메스이고, 돌은 고대 로마인의 헤르메스인 메르쿠리우스[74]와 동일하다. 아주 오랜 옛날부터 헤르메스는 연금술사들의 비의(秘儀) 전수자이자 영혼의 안내자이고, 연금술사들을 작업 목표 쪽으로 이끄는 친구이자 조언자였다. 헤르메스는 "돌과 제자 사이를 중재하고 있는 스승과 비슷하다"[75].

---

73 A Psudo-Aristotle quotation in 'Rosarium philosophorum(1550), fol. Q.

74 로마 신화에서 신들의 심부름꾼이고, 상업과 웅변과 과학의 신이다. 그리스 신화의 헤르메스에 해당한다.

75 'Biblio chem.', Ⅰ. p. 430b.

다른 연금술사들에게는 그 친구가 그리스도나 키드르, 또는 눈에 보이거나 보이지 않는 구루, 또는 다른 개인적 안내자나 지도자의 형상으로 나타난다. 그런 경우에 대화는 분명히 일방적이다. 말하자면 내면의 대화가 전혀 없고, 대신에 대답은 다른 존재의 행동으로, 말하자면 외적 사건으로 나타난다. 연금술사들은 화학 물질의 변형에서 그것을 보았다. 그래서 만약에 어느 연금술사가 변형을 추구했다면, 그는 밖의 물질에서 그 변형을 발견했다. 말하자면, 물질의 변형이 그를 향해 "내가 변형이야!"라고 외쳤던 것이다. 그러나 일부 연금술사들은 바로 그것이 자신의 변형이라는 것을 알만큼 똑똑했다. "그것은 나 자신의 변형이다. 어떤 개인적 변형이 아니라, 내 안에 있는 죽을 운명의 존재가 불멸의 존재로 변형하는 것이다. 죽을 운명의 존재가 현재 내가 두르고 있는 죽을 운명이라는 껍질을 벗고 그 자체의 어떤 생명을 깨닫는다. 그 존재는 태양의 배에 오르며 나를 데리고 갈 것이다."

이것은 매우 오래된 사상이다. 상이집트의 아스완 가까운 곳에서, 나는 언젠가 막 공개된 고대 이집트의 무덤을 본 적이 있다. 무덤 입구 바로 뒤에 갈대로 만든 자그마한 바구니가 하나 놓여 있었다. 거기엔 갓 태어난 아이의 바짝 마른 시신이 헝겊에 싸인 채 담겨 있었다. 틀림없이, 매장하는 임무를 맡은 사람의 아내가 죽은 아이의 시신을 마지막 순간에 귀족의 무덤 안에 서둘러 놓았을 것이다. 귀족이 다시 살아나기 위해 태양의 배에 오를 때, 신의 은총이 닿는 성스러운 구역 안에 묻힌 그 아이도 함께 구원을 받기를 간절히 바라면서.

3. 변형 과정을 보여주는 전형적인 일련의 상징들

하나의 예로서, 나는 이슬람 신비주의에서 중요한 역할을 하는 형상으로 "초록의 존재"라는 뜻의 이름을 가진 키드르를 선택한다. 그는 "동굴"이라는 제목이 달린, '코란' 18장에 등장한다. 이 장 전체는 부활의 신비를 다루고 있다. 동굴은 부활의 장소이고, 사람이 배양되고 재생되기 위해 갇히는 그 비밀의 공동(空洞)이다.

'코란'은 동굴에 대해 이렇게 말한다. "그대는 떠오르는 해가 그들의 동굴 오른쪽 아래로 향하는 것을 보았을 것이다. 그 해가 질 때는 그들(7명의 잠든 사람들)을 지나서 왼쪽으로 향할 것이다. 그 사이에 그들은 중앙에 머물렀다." "중앙"은 보석이 놓이거나, 배양 또는 제사 의식 또는 변형이 일어나는 곳이다. 이 상징체계의 대단히 아름다운 전개는 미트라교의 제단 뒤쪽 벽장식과, 연금술에서 늘 해와 달 사이에 배치되는, 변형의 힘을 지닌 물질의 그림들에서 발견된다. 십자가형(刑)의 묘사도 자주 동일한 유형을 따르며, 나바호족의 변형 또는 치료 의식에서도 그와 비슷한 상징적 배열이 발견된다. 중앙의 장소 또는 변형의 장소가 바로 7명이 잠든 동굴이다. 그래서 그들이 그곳에서 불멸이나 다름없는 삶의 연장을 경험했을 것이라고 어렵지 않게 생각할 수 있다. 그들은 무려 309년 동안이나 잠을 자다가 깨어났다.

이 전설의 의미는 이렇다. 동굴, 말하자면 모두가 내면에 갖고 있는 동굴 속으로, 또는 의식의 뒤에 자리 잡고 있는 어둠 속으로 들어가는 자는 누구나 자신이 무의식적 변형 과정에 연루되어 있다는 사실을 발견하게 된다는 것이다. 무의식을 관통함으로써, 그 사람은 자신의 무의식의 내용물과 연결된다. 이것은 긍정적인 의미로든 부정적인 의미로든 인격에 중대한 변화를 야기한다. 변형은 종종 자연적인 수명의 연장 또는 불멸의 전조로 해석된다. 전자는 많은 연금술사들, 특히 파라켈수스(Paracelsus: 1493-1541)의 예이고, 후자는 엘레우시스 신비 의식에 나타난다.

동굴에서 잠든 7명은 신성한 숫자를 통해서 그들이 잠자는 동안에 변형되어 영원한 젊음을 누리게 된 신이라는 점을 암시한다. 이것은 우리가 처음부터 신비에 관한 전설을 다루고 있다는 것을 이해하도록 돕는다. 전설로 기록된 신비한 형상들의 운명이 듣는 사람을 사로잡는다. 왜냐하면 그 이야기가 듣는 사람의 무의식에 있는 비슷한 과정을, 말하자면 무의식이 다시 의식과 통합되는 과정을 표현하고 있기 때문이다. 원래의 상태로의 복귀는 젊음의 신선함을 되찾는 것에 해당한다.

잠든 자들의 이야기 뒤에 그것과 아무런 관계가 없는 도덕적 관찰들이 따른다. 그러나 겉으로 보이는 이 무관함은 기만이다. 실제로 보면, 교화적인 이 논평들은 바로 스스로 다시 태어날 수 없는 자들, 그래서 도덕적인 행동으로, 말하자면 법을 준수하는 것으로 만족해야 하는 자들에게 필요한 것들이다. 규정으로 정해진 행동이 영적 변형의 대체물인 경우가 아주 흔하다. 교화적인 이 관찰들 다음에 모세와 그의 추종자 여호수아 벤 눈(Joshua ben Nun)의 이야기가 나온다.

모세가 자신의 추종자에게 말했다. "두 개의 바다가 서로 만나는 지점에 도달할 때까지, 나의 방랑은 계속될 걸세. 80년을 돌아다녀야 한다 하더라도 말일세."
그러나 두 개의 바다가 만나는 지점에 닿았을 때, 그들은 물고기를 망각했으며, 물고기는 강을 따라 자신의 길을 찾아 바다로 갔다.

그리고 그들이 이 지점을 지나쳤을 때, 모세가 추종자에게 말했다. "아침을 먹도록 하세. 여행에 많이 지쳤으니."

그러나 추종자는 이렇게 대답했다. "아니, 이런 낭패가! 우리가 그곳 바위에서 쉴 때, 그만 내가 물고기를 깜빡 했어요. 사탄이 그것을 나의 마음에서 지웠음에 틀림없어요. 물고기가 대단히 경이로운 몸짓을 하며 바다로 가고 말았어요."

그러자 모세가 말했다. "그곳이 우리가 찾던 곳이야." 그들은 왔던 길을 되돌아갔다. 그리고 그들은 우리가 우리의 은총과 지혜를 부여했던 우리의 종 한 사람을 발견했다. 모세가 그 종에게 말했다. "그대를 따라가도 되겠소? 그러면 그대가 배운 지혜의 일부를 나에게 가르쳐 주며 길을 안내할 수 있지 않겠소?"

그러나 종은 이렇게 대답했다. "당신은 나를 견뎌내지 못할 거요. 당신이 이해하지 못하는 것을 어떻게 인내심 있게 참을 수 있겠소?"

이에 모세가 말했다. "알라의 뜻이라면, 내가 인내심을 발휘할 것이오. 어떤 일이 있어도 당신을 따르지 않는 일은 일어나지 않을 거요."

종이 말했다. "나를 따를 뜻이라면, 무엇이든 내가 말하기 전에 당신이 먼저 그것에 대해 질문을 해서는 안 된다는 것을 명심해야 하지요."

그리하여 둘은 여행길에 올랐는데, 그들이 배에 오르자마자, 모세의 동행이 배의 바닥에 구멍을 뚫는다.

"무슨 그런 이상한 짓을!" 모세가 크게 소리를 질렀다. "배에 구멍을 뚫는 것은 승객들을 물에 빠뜨리려는 것이 아니오?"

그러자 그가 "그러니 당신은 나를 견디지 못할 것이라고 말하지 않았소?"라고 대꾸했다.

모세는 "나의 건망증을 이해해 주시고, 그 일로 나에게 화를 내지 마시오."라고 말했다.

그들은 여행을 계속하다가 어떤 젊은이를 만났다. 그러자 모세의 동료가 그를 죽였고, 모세는 "당신은 아무런 해를 입히지 않은 무고한 젊은이를 죽였소. 그건 틀림없이 사악한 범죄라오."라고 말했다.

그러자 그는 다시 "그러니 내가 당신이 나를 견뎌내지 못할 것이라고 말하지 않았소?"라고 맞받았다.

이에 모세가 대답했다. "두 번 다시 질문을 던지면, 그때는 나를 버리시오. 나도 달게 받아들일 테니."

그들은 여행을 계속하다가 어느 도시에 닿았다. 그들은 그곳 사람들에게 먹을 것을 달라고 부탁했지만, 사람들은 그들을 손님으로 받아들이길 거부했다. 그곳에서 그들은 쓰러지기 일보 직전의 상태에 있던 벽을 발견했다. 종이 그 벽을 똑바로 세우자, 모세가 말했다. "바라기만 한다면, 당신은 노동에 대한 대가를 요구할 수 있을 거요."

그러자 종이 말했다. "이젠 우리가 헤어져야 할 때가 되었소. 그러나 먼저 당신이 인내심 있게 견뎌내지 못했던 나의 행동에 대한 설명부터 해야 할 것 같소."

"배는 몇몇 가난한 어부들의 소유였다는 것을 알아야 하오. 내가 배를 훼손시킨 것은 그들의 뒤에 모든 선박을 강제로 빼앗는 왕이 있기 때문이었소."

"젊은이에 대해 말하자면, 그의 부모는 독실한 신자였는데, 그가 그런 부모에게 사악과 회의(懷疑)를 퍼뜨리지 못하도록 하기 위함이었소. 그

들의 주님이 그 아들 대신에 더욱 올바르고 더욱 자식다운 아들을 허용
하도록 하는 것이 우리의 바람이었소."

"벽에 대해 말하자면, 그것은 그 도시에 사는 두 고아 소년의 것이었소.
그들의 아버지는 성실한 사람이었고, 그 벽 밑에 그들의 보물이 묻혀 있
소. 당신의 주님이 자비롭게도 그들이 어른이 될 때 보물을 파도록 정해
두었소. 내가 한 행동은 변덕에 의한 것이 아니었소. 그것이 당신이 인
내심 있게 참아주지 못했던 일들의 의미라오."

이 이야기는 7명의 잠든 자들의 전설과 부활의 문제를 확대 설명하고
있다. 모세는 추구하는 인간이고 "모험"에 나선 인간이다. 그는 이 순례
에 자신의 "그림자", 즉 "종" 또는 "저급한" 인간을 동반하고 있다(2명의
개인으로 '영혼'과 '육체'를 표현하고 있다).

여호수아는 "물고기"의 한 이름인 '눈'의 아들이다. 이것은 여호수
아가 물의 깊은 곳에, 그림자 세계의 어둠 속에 기원을 두고 있다는 점
을 암시한다. "두 개의 바다가 만나는" 결정적인 지점에 닿는다. 그곳
은 서양의 바다와 동양의 바다가 서로 가까워지는 수에즈 지협으로 해
석된다. 달리 말하면, 그것은 앞에서 이미 만난 바가 있는 "가운데 지
점"이지만, 그곳의 의미는 그 인간과 그의 그림자에게 처음에는 인식
되지 않았다.

그들은 영양의 미천한 출처인 "물고기를 망각했다". 물고기는 창조주
의 어두운 세계로부터 오는, 그림자의 아버지이고 육체적인 인간의 아버
지인 눈(Nun)을 가리킨다. 그 물고기는 다시 살아나서 고향인 바다로 가
는 길을 발견하기 위해 팔딱팔딱 뛰어서 바구니를 빠져 나왔다. 바꿔 말

하면, 동물의 조상이기도 한 생명의 창조주가 의식적인 인간으로부터 스스로를 분리시킨다는 뜻이다. 이것은 본능적인 정신의 상실에 해당하는 사건이다.

이 과정은 신경증들의 정신 병리학에서 잘 알려진 분열의 한 증상이다. 그 과정은 언제나 의식적인 태도의 편파성과 연결된다. 그러나 신경증적 현상들이 정상적인 과정들의 과장에 지나지 않는다는 사실에 비춰보면, 그것과 매우 유사한 현상들이 정상의 범위 안에서도 발견되는 것은 그리 놀라운 일이 아니다. 그것은 인격의 축소에 대해 논하는 대목에서 설명한, 원시인들 사이에 잘 알려진 "영혼의 상실"의 문제이며, 과학적인 언어로는 '정신 수준의 저하'라 불린다.

모세와 그의 종은 곧 무슨 일이 일어났는지 눈치를 챈다. 모세가 "지치고" 배가 고파서 자리에 앉았다. 틀림없이 그는 무력하다는 느낌을 받았다. 그 무력감에 대해 생리적 설명이 주어지고 있다. 피로는 에너지 또는 리비도의 상실에 가장 흔하게 수반되는 증상이다. 전체 과정은 매우 전형적인 무언가를, 말하자면 결정적으로 중요한 순간을 알아차리지 못하는 현상을 표현하고 있다. 다양한 신화적 형태들에서 만나는 모티브이다.

모세는 무의식적으로 생명의 원천을 발견했지만 그것을 다시 잃어버렸다는 사실을 깨닫는다. 그 생명의 원천은 탁월한 직관으로 여겨질 수 있다. 그들이 먹으려고 했던 물고기는 무의식의 한 내용물이며, 그것으로 인해 기원과의 연결이 다시 확립된다. 그는 새로운 삶을 깨달은, 다시 태어난 존재이다. 논평들이 말하듯이, 이 일은 생명의 물과의 접촉에 의해 일어났다. 바다로 다시 돌아감으로써, 물고기는 한 번 더 무의식의 내용물이 되며, 그 물고기의 후손은 한 개의 눈과 반쪽의 머리를 가진 것이 두드러진 특징이다.

연금술사들도 마찬가지로 바다의 이상한 물고기에 대해 말한다. 그것은 "뼈와 살갗이 없는 둥근 물고기"이며, "둥근 원소", 그러니까 "살아 있는 돌" 또는 철학자의 아들의 근원을 상징한다. 생명의 물은 연금술의 영원의 물과 비슷하다. 이 물은 "생명을 준다"는 칭송을 들으며, 그런 특성 외에도 모든 고체들을 용해시키고 모든 액체들을 응고시키는 특성을 갖고 있다.

'코란' 해설자들은 물고기가 사라진 바로 그 지점에서 바다가 단단한 땅으로 변했다고, 그래서 물고기가 지나간 자취가 지금도 보인다고 말한다. 그렇게 생겨난 섬의 한가운데에 키드르가 앉아 있었다. 어느 신비주의 해석은 그가 "위쪽 바다와 아래쪽 바다 사이에, 빛으로 이뤄진 권좌"에 앉아 있었다고 말한다. 또 다시 가운데 지점이다. 키드르의 등장은 신기하게도 물고기의 사라짐과 연결되는 것 같다. 키드르 자신이 거의 물고기였던 것 같다. 이 같은 짐작은 해설자들이 생명의 원천을 "어둠의 장소"로 돌리고 있다는 사실에 의해 뒷받침되고 있다. 바다의 깊은 속은 어둡다. 그 어둠은 연금술에서 여성이 남성을 자신의 속으로 받아들이는 '융합' 뒤에 일어나는 '니그레도'(黑化)와 비슷하다. 니그레도로부터 불멸의 자기의 상징인 그 돌이 나오며, 게다가 그 돌의 최초의 모습은 "물고기의 눈"을 닮았다.

키드르는 당연히 자기의 상징이다. 그의 특성들이 그를 그런 존재로 내세우고 있다. 그는 동굴에서, 즉 어둠 속에서 태어난 것으로 전해진다. 그는 엘리야처럼 지속적으로 자신을 재생시키는 "오래 산 존재"이다. 오시리스처럼, 그는 시간의 종말에 적(敵)그리스도에 의해 해체되지만 다시 생명을 복구할 수 있다. 그는 소생한 물고기와 동일시되는 두 번째 아담과 비슷하다. 그는 조언자이고, 성령이고, "브라더(형제) 키드르"이다. 어쨌든 모세는 그를 보다 높은 의식으로 받아들이고, 그를 우러러보며 가르침을 기대한다. 이어서 이해되지 않는 행동들이 따른다. 운명의 급변과 왜곡을 통해서, 자아의식이 자기(self)의 탁월한 안내에 어떻게 반응하는지를 보여주는 행동들이다. 변형을 이룰 수 있는 비전 전수자에게 그것은 마음을 안심시키는 이야기이며, 순종적인 신자에게는 알라의 이해할 수 없는 전능을 놓고 수군거리지 말라는 권고이다. 키드르는 보다 높은 지혜를 상징할 뿐만 아니라 그 지혜와 일치하고 이성을 초월하는 행동 방식까지 상징한다.

그런 신비한 이야기를 듣는 사람은 누구나 진리를 추구하는 모세와 망각하는 여호수아에게서 자기 자신을 발견할 것이며, 그 이야기는 그 사람에게 불멸을 초래하는 부활이 어떤 식으로 일어나는지를 보여준다. 놀랍게도, 변형되는 것은 모세도 아니고 여호수아도 아니며 망각된 물고기이다. 물고기가 사라진 곳, 그곳이 키드르의 출생지이다. 불멸의 존재는 미천하고 망각된 무언가로부터, 정말로 절대로 그럴 것 같지 않은 원천에서 나온다. 이것은 영웅 탄생이라는 익숙한 모티브이며, 여기서 설명할 필요는 없을 것이다. 성경을 아는 사람은 누구나 "하느님의 종"에 대한 묘사가 나오는 '이사야서' 53장 2절 부분과 예수의 성탄에 관한 복음 이야기들에 대해 생각할 것이다.

변형시키는 힘을 발휘하는 본질, 즉 신성의 육성하는 성격은 숭배에 관한 수많은 전설에 의해 뒷받침되고 있다. 그리스도는 빵이고, 오시리스는 밀이고, 몬다민은 옥수수이다. 이 상징들은 의식의 관점에서 보면 단순히 동화될 그 무엇이라는 의미를 지니지만, 상징들의 진정한 본질이 간과되고 있다. 물고기 상징은 그 본질이 무엇인지를 즉각 보여준다. 그것은 바로 에너지의 지속적 유입을 통해서 의식의 활력을 계속 지켜주는, 무의식적 내용물의 "양성하는" 영향이다. 의식이 자체의 에너지를 스스로 만들어내지 못하기 때문이다.

변형할 수 있는 것은 바로 이 의식의 뿌리이며, 이 뿌리는 눈에 띄지 않고 거의 보이지 않음에도(즉, 무의식임에도) 불구하고 의식이 필요로 하는 에너지를 모두 제공한다. 무의식이 우리에게 이질적인 그 무엇, 즉 비아(非我)라는 느낌을 주기 때문에, 그것이 이질적인 형상에 의해 상징되는 것은 꽤 자연스럽다. 따라서 한편으로 보면 무의식은 너무도 시시하지만, 다른 한편으로 보면 잠정적으로 "둥근" 전체성을 포함하고 있기 때문에 세상에서 가장 중요하다. 이 "둥근" 것은 무의식의 동굴 안에 숨겨져 있는 위대한 보물이며, 그것의 인격화가 바로 의식과 무의식의 보다 높은 통합을 나타내는 이 인격적인 존재이다. 그것은 히란야가르바(Hiranyagarbha)[76]와 푸루샤, 아트만[77], 부처와 비교할 만한 형상이다. 이런 이유로 나는 그것을 "자기"라고 부르기로 했다. 그것을 나는 어떤 정신적 통일성이자 중심으로 이해한다. 그것은 자아와 일치하는 것이 아니라 자아를 포함한다. 큰 원이 작은 원을 에워싸듯이.

변형이 일어나는 동안에 느껴지는 불멸에 대한 직관은 무의식의 특이한 본질과 연결된다. 그 직관은 어떤 의미에서 보면 공간 속에서 일어나는 것도 아니고 시간 속에서 일어나는 것도 아니다. 그것을 경험적으로

---

76 베다 철학에서 우주의 창조의 원천을 말하며, 단어의 뜻은 '황금 자궁'이다.
77 힌두교에서 생명의 근원을 말한다.

뒷받침하는 증거는 지극히 회의적인 비판자들에게 지금도 여전히 부정당하고 있는 소위 텔레파시 현상의 발생이다. 실제로 보면, 텔레파시 현상은 일반적으로 짐작하는 것보다 훨씬 더 흔하다. 내가 볼 때, 불멸성의 느낌은 공간과 시간 속에서 일어나는 어떤 특별한 확장의 감정에서 비롯되는 것 같다. 나는 신비 의식 중에 치르는 신격화 의례를 이와 동일한 정신적 현상의 투사로 본다.

하나의 인격으로서 자기의 성격은 키드르 전설에서 아주 명백하게 드러난다. 이 특성은 키드르에 관한, '코란' 외의 이야기들에 가장 두드러지게 표현되고 있다. 그 이야기들 중에서 일부 인상적인 예들을 볼러스(Karl Vollers: 1857-1909)가 제시하고 있다.

내가 케냐를 두루 돌며 여행하는 동안에 우리 사파리의 책임을 맡은 사람은 수피 신앙 속에서 성장한 소말리아인이었다. 그에게 키드르는 어느 면으로나 살아 있는 인격이었으며, 그는 나도 '코란'을 뜻하는 "책"을 가까이하는 사람이기 때문에 언제든 키드르를 만날 수 있다고 강조했다. 그는 우리의 대화를 바탕으로 내가 '코란'을 자기보다 더 잘 안다는 것(그런데 이 점은 그다지 중요하지 않다)을 확인했다. 이런 이유로, 그는 나를 "이슬람 신자"로 여겼다. 그는 내가 거리에서 인간의 모습을 하고 있는 키드르를 만나거나 키드르가 밤에 순백의 빛으로 나에게 나타날 수 있다는 이야기를 들려주었다. 그는 이어 웃는 얼굴로 풀잎 한 장을 따서 보여주면서, '초록의 존재'가 이렇게 생겼을 수도 있다고 말했다.

그는 자신도 전쟁이 발발한 뒤 일자리를 얻지 못해 빈곤으로 고통을 겪을 때 키드르의 도움을 받으며 위안을 얻은 적이 있다고 말했다. 어느 날 밤에, 그는 잠을 자다가 문 근처에서 밝은 하얀 빛을 보는 꿈을 꾸었으며,

그것이 키드르라는 것을 알았다. (꿈속에서) 재빨리 벌떡 일어나면서, 그는 "살람 알레이쿰"(salam aleikum)[78]이라고 정중하게 인사했으며, 그래서 그는 자신의 소망이 이뤄질 것이라는 것을 알고 있었다. 그러고 나서 며칠 뒤에 그는 나이로비의 여행사로부터 사파리 팀의 책임자 자리를 제안 받았다고 덧붙였다.

이 이야기는 우리 시대에도 키드르가 사람들의 종교 속에 친구나 조언자, 위안자, 그리고 계시된 지혜의 선생으로서 여전히 살아 있다는 사실을 보여주고 있다. 교리에 의해서 키드르에게 부여되는 지위는 나의 소말리아인 친구에 따르면, "신들의 첫 번째 천사"이며, 천사라는 단어의 진정한 의미에서 말하는 사자(使者)이다.

친구로서의 키드르의 성격은 '코란' 18장의 이어지는 부분을 설명해준다. 그 부분은 이런 내용이다.

그들이 둘카르네인(Dhulqarnein)에 대해 당신에게 물을 것이다. 그러면 이렇게 말하도록 하오.
"그에 대해서 설명하겠소.
우리가 그를 땅에서 막강한 존재로 만들고 그에게 모든 것을 성취할 수 있는 수단을 주었지요. 그가 어떤 길을 여행하다가 서방에 닿아 거기서 해가 시커먼 진흙 속으로 떨어지는 것을 보았지요. 그 근처에서 어떤 민족을 발견했답니다.
그래서 우리가 말했지요. '둘카르네인이여, 당신은 저들을 처벌하거나

78 영어로 치면 'Hello'에 해당하는 일상적인 아랍어 인사말로, '당신에게 평화를'이라는 뜻이다.

저들에게 친절을 베풀어야 합니다.' 그랬더니 그가 이렇게 대답하더군요. '사악한 자들이라면 당연히 처벌해야지. 그러면 그들이 자신의 주님에게 돌아가서 엄격히 다스려질 거야. 신앙을 갖고 선한 일을 하는 사람들에 대해서는 보상을 아낌없이 해 주고 관대하게 다뤄야지.'

이어서 그가 또 다른 길을 여행하다가 동방에 닿아 해가 어느 민족 위로 떠오르는 것을 보았답니다. 우리가 이글거리는 태양 광선에 완전히 노출시켰던 민족이었지요. 그가 그렇게 했으며, 우리는 그가 휘두르는 모든 힘들에 대해 전부 알게 되었지요.

이어 그는 또 다른 길을 따르다가 두 개의 산맥 사이에 닿아서 거기서 말을 겨우 이해할 줄 아는 민족을 발견했지요. 그들이 그에게 말했답니다. '둘카르네인이여, 곡과 마곡[79]이 이 땅을 약탈하고 있어요. 우리에게 그들을 막을 수 있는 성벽을 지어 주시오, 그러면 우리가 당신에게 공물을 바치겠소이다.'

그가 대답했답니다. '나의 주님이 나에게 준 권력이 어떤 공물보다 더 훌륭하오. 나에게 일꾼을 붙여 주시오. 그러면 내가 당신들과 그들 사이에 성벽을 올려주겠소. 쇠 벽돌들을 나에게 갖다 주시오.'

그는 두 산맥 사이의 계곡에 댐을 높이 쌓고는 말했지요. '풀무를 열심히 젓도록 하시오.' 쇠 벽돌들이 열에 시뻘겋게 달았을 때, 그가 말했답니다. '그 위로 부을 놋물을 갖다 주시오.'

곡과 마곡은 성벽을 사다리로 오를 수도 없었고 그것을 뚫고 길을 낼 수도 없었지요. 그가 말했지요. '이것은 나의 주님의 축복이오. 그러나 나

---

79 사탄에게 속아 넘어가서 하나님 나라에 맞서는 지상의 나라를 말한다. 곡은 마곡 땅의 통치자이다.

의 주님의 약속이 성취될 때, 그분은 그것을 다시 허물어 버릴 것이오. 나의 주님의 약속은 진실이지요.'"

그날 우리는 그들이 떠들썩하게 무리 지어 들어오도록 할 거요. 나팔소리가 들릴 것이고, 우리는 그들을 모두 한자리에 모을 것이오.

그날 나의 훈계에 눈을 감고, 나의 경고에 귀를 막은, 믿지 않는 자들 앞으로 지옥이 끔찍한 모습으로 펼쳐질 것이오.

여기서도 '코란'에 드물지 않은 일관성의 결여가 확인된다. 두 개의 뿔을 가진 존재인 둘카르네인, 즉 알렉산더 대왕으로 돌연 변하는 것을 어떻게 설명해야 하는가? 두드러진 시대착오와 별도로(무함마드(Muhammad)의 연대기는 전반적으로 아쉬운 점을 많이 남긴다), 여기서 알렉산더가 불려나오는 이유는 좀처럼 이해되지 않는다. 그러나 키드르와 둘카르네인은, 볼러스가 제대로 강조하고 있듯이, 디오스쿠로이와 비교할 만한 친구들의 위대한 짝이라는 것을 기억해야 한다.

따라서 그 심리적 연결은 다음과 같을 것으로 짐작된다. 모세가 자기를 대단히 감동적으로 경험했다. 이것이 그의 눈앞으로 무의식적 과정들을 매우 선명하게 불러냈다. 그 뒤에 자신의 민족, 즉 당시에 이교도로 여겨지던 유대인들에게 가서 자신의 경험을 전하기를 원했을 때, 모세는 신비주의 전설의 형태를 이용하는 쪽을 택했다. 그는 자기 자신에 대해 이야기하지 않고, 두 개의 뿔을 가진 존재에 대해 말했다. 모세 자신도 "뿔이 있기" 때문에, 둘카르네인으로 대체하는 것도 그럴 듯해 보인다.

그래서 모세는 이 우정의 역사에 대해 설명하고 키드르가 어떤 식으로 친구를 도왔는지에 대해 묘사해야 했다. 둘카르네인은 해가 지는 곳으로 갔고, 이어서 해가 뜨는 곳으로 갔다. 말하자면, 모세는 태양이 죽음과 어둠을 거쳐 새롭게 부활하는 방법을 묘사하고 있다. 이 모든 내용은 육체적으로 힘든 상황에 처한 인간을 옆에서 지킬 뿐만 아니라 인간이 부활을 성취하도록 돕는 것이 키드르라는 점을 다시 암시한다.

'코란'이 이 이야기 속에서 1인칭 복수로 말하고 있는 알라와 키드르 사이에 어떤 구분도 두지 않고 있는 것은 사실이다. 그러나 이 대목은 단순히 앞에 묘사한 이로운 행위들의 연속인 것이 분명하다. 그 행위들을 근거로 할 때, 키드르는 알라의 상징이나 "화신"임이 틀림없다. 예언자 엘리야와의 연결이 그러하듯이, 키드르와 알렉산더의 우정은 주석들에서 특별히 탁월한 역할을 한다. 볼러스는 그 비교를 친구들의 또 다른 짝인 길가메시와 엔키두로 확장하는 데 주저하지 않는다.

요약하면 이렇다. 모세는 두 친구의 행위들에 대해 자기 민족 사람들에게 비개인적인 신비한 전설처럼 꾸며서 들려줘야 했다. 심리학적으로, 이것은 변형이 내면의 "다른 존재"에게 일어나는 것으로 묘사되거나 느껴져야 한다는 것을 의미한다. 키드르와의 경험 속에서 둘카르네인의 자리에 선 사람이 모세 자신일지라도, 모세는 그 이야기를 들려주면서 자신 대신에 둘카르네인을 거론해야 했다. 이것이 우발적으로 일어날 가능성은 거의 없다. 이유는 개성화, 즉 자기의 발달과 언제나 연결되는 중대한 정신적 위험이 자아의식과 자기의 동일시에 있기 때문이다. 이 동일시는 의식을 붕괴시킬 위험이 있는 그런 팽창을 낳는다.

보다 원시적이거나 오래된 문화들은 모두 "영혼의 위험들"에 대해, 또 신들의 위험성과 전반적으로 낮은 신뢰성에 대해 예리한 감각을 보인다. 말하자면, 그런 문화들은 정신의 뒤쪽에서 작용하고 있는, 거의 지각되지 않으면서도 결정적인 그런 과정들에 대한 정신적 본능을 아직 잃지 않았다. 그러나 우리가 살고 있는 현대 문화에 대해서는 그런 식으로 말하지 못한다. 틀림없이, 우리 앞에 하나의 경고로서 니체와 차라투스트라처럼, 팽창으로 인해 뒤틀린 친구들의 짝이 있지만, 그 경고는 아직 관심을 끌지 못하고 있다. 파우스트와 메피스토펠레스는 또 어떻게 해석해야 하는가? 파우스트의 오만은 이미 광기로 향하는 첫 걸음이다. '파우스트'에서, 변형의 인상적이지 않은 시작이 한 마리의 개이고 식용 가능한 물고기가 아니라는 사실, 또 변형된 형상이 악마이고 "'우리'의 은총과 '우리'의 지혜를 받은" 현명한 친구가 아니라는 사실은 대단히 불가사의한 게르만 민족의 영혼을 이해하는 열쇠를 제공한다고 나는 생각한다.

그 텍스트의 다른 세부 사항을 파고들지 않고, 나는 또 다른 한 가지 사실에 관심을 주고 싶다. 곡과 마곡(이슬람 신학에서는 야주즈(Yajuj)와 마주즈(Majuj)로 알려져 있다)에 맞서기 위한 성벽의 건설이다. 이 모티브는 그 앞의 에피소드에 나오는 키드르의 마지막 행위, 즉 도시 성벽의 재건을 되풀이하고 있다. 그러나 이번에는 성벽이 곡과 마곡의 침입을 막는 튼튼한 방어이다. 그 단락은 아마 '요한 계시록' 20장 7절의 내용을 가리킬 것이다.

그리고 천 년이 흘러가고, 사탄이 감옥에서 풀려나서 땅의 사방에 있는
백성, 즉 곡과 마곡을 속여 함께 모아 싸우게 하리니, 그들의 숫자가 바
다의 모래 같으리라. 그리고 그들은 땅 위로 널리 퍼져 성도들의 진영과
사랑하는 도시를 에워쌌느니라.

여기서 둘카르네인이 키드르의 역할을 넘겨받아서 "두 개의 산맥 사이에" 살고 있는 사람들을 위하여 누구도 오를 수 없는 성벽을 짓는다. 이것은 틀림없이 곡과 마곡으로부터, 특색 없고 적대적인 집단으로부터 보호해야 할, 가운데의 동일한 장소이다. 심리학적으로, 그것은 다시 중앙의 장소를 차지하고 있는 자기의 문제이며, 이 자기는 '요한 계시록'에서 사랑하는 도시(땅의 중앙인 예루살렘)로 언급되고 있다.

자기는 이미 출생 때부터 시기하는 집단적 힘들의 위협을 받았던 영웅이며, 모두로부터 시기를 받고 투쟁을 야기하는 보석이며, 마지막으로, 오래되고 악한 어둠의 힘에 갈기갈기 찢기는 신이다. 자기의 심리학적 의미에서, 개성화는 '자연에 반하는 작품'(opus contra naturam)이며, 따라서 그것은 집단적인 층에 '진공에 대한 공포'(horror vacui)를 낳으며, 정신의 집단적인 힘들의 영향에 아주 쉽게 붕괴하고 만다. 유익한 두 친구에 관한 이 신비한 전설은 추구하는 삶을 살다가 보석을 발견한 자에게 보호를 약속한다. 그러나 쇠로 만든 성벽마저도 알라의 섭리에 따라 무너지는 그런 때가 올 것이다. 말하자면, 세상이 종말을 맞거나, 심리학적으로 말해, 개인의 의식이 어둠의 물 속으로 소멸될 때가, 말하자면 세상의 주관적 종말을 경험하는 날이 온다는 뜻이다. 그것은 의식이 키드르의 섬처럼 원래 나왔던 어둠 속으로 다시 가라앉는 순간, 즉 죽음의 순간이다.

이어서 전설은 종말론적인 노선을 따른다. 그날(최후의 심판의 날) 빛은 영원한 빛으로 돌아가고, 어둠은 영원한 어둠으로 돌아간다. 상반된 것들은 서로 분리되고, 시간이 없는 영원의 상태가 시작된다. 그럼에도 불구하고, 그 영원의 상태는 상반된 것들의 절대적 분리 때문에 극도로 긴장된 상태이며, 따라서 그것은 일어날 성싶지 않은 최초의 상태에 해당한다. 이것은 목적을 상반된 것들의 결합으로 보는 견해와 정반대이다.

영원과 낙원과 지옥을 이런 식으로 예상하면서, '코란' 18장은 끝을 맺는다. 분명히 일관성 없고 암시적인 성격을 갖고 있음에도 불구하고, 그 장은 정신적 변형, 즉 부활의 그림을 거의 완벽하게 그리고 있다. 심리학적 통찰을 더욱 많이 얻게 된 오늘날, 그 변형은 개성화 과정으로 인정받을 수 있다. 전설의 역사가 깊고 그 이슬람 예언자의 사고방식이 원시적이기 때문에, 그 과정은 전적으로 의식의 영역 밖에서 일어나고 있으며, 어느 친구 또는 친구들의 짝과 그들의 행동에 관한 신비한 전설의 형태로 투사되고 있다. 그것이 그 전설이 그렇게 암시적이고 논리적인 연결이 부족한 이유이다. 그럼에도 불구하고, 그 전설이 변형의 모호한 원형을 너무나 탁월하게 표현하고 있기 때문에, 그 이야기는 아랍인들의 열정적인 종교적 '에로스'에 대단히 만족스러운 것으로 받아들여진다. 키드르라는 형상이 이슬람 신비주의에서 대단히 중요한 역할을 하는 것도 바로 그런 이유 때문이다.

6장

어린이 원형의 심리학[80]

---

80   1940년에 '신성한 아이'(Das göttliche Kind)라는 제목의 자그마한 책으로 발표되었다.

1. 서문

"어린이" 또는 어린이 신의 신화학에 관한 에세이('원초적 시대의 원초
적인 어린이'(The Primordial Child in Primordial Times))의 저자 케레니
(Kàroly Kerényi: 1897-1973)가 자신의 연구 주제에 대해 심리학적 논평
을 부탁했다. 신화학에서 어린이 모티브가 대단히 중요하다는 점을 고려
한다면, 이 과제는 결코 쉬운 일이 아닐 것 같다. 그럼에도 나는 그의 요구
를 기꺼이 받아들인다.

　케레니는 고대 그리스와 로마 시대에 나타나는 이 모티브에다가 인도
와 핀란드를 비롯한 다른 여러 지역에서 발견되는 비슷한 모티브까지 확
장함으로써, 그 주제에 관한 발표가 추가적으로 확장될 가능성이 있다는

212

점을 암시하고 있다. 포괄적인 묘사가 원칙적으로 결정적인 것을 전혀 제시하지 못할 수 있을지라도, 그럼에도 불구하고 그런 식의 접근은 그 모티브가 전 세계에 걸쳐 자주 일어난다는 인상을 강하게 남길 것이다.

지금까지 문헌학이나 민족학, 문명사, 비교 종교학 등 각 분야에서 신화 모티브를 개별적으로 다뤄오던 전통적 관행은 신화 모티브들의 보편성을 확립하는 데 별로 도움이 되지 못했다. 그리고 이 보편성에 의해 제기된 심리학적 문제들은 이주(移住) 가설에 의해 쉽게 뒤로 보류될 수 있었다. 따라서 아돌프 바스티안의 사상들은 그의 시대에 성공을 거두기 어려웠다.

당시에도 광범위하게 영향을 미칠 심리학적 결론을 허용할 수 있는 경험적 증거가 충분히 갖춰져 있었음에도 불구하고, 그런 결론에 필요한 전제들이 결여되어 있었다. 빌헬름 분트의 '민족 심리학'에서 보듯이, 비록 그 시대의 심리학적 지식이 신화들의 형성을 심리학 분야에 포함시켰을지라도, 심리학은 신화의 형성과 동일한 과정을, 문명인의 정신 안에 실제로 존재하는, 하나의 생생한 기능으로 증명해 보여줄 수 있는 입장이 아니었다.

마찬가지로, 당시의 심리학은 신화적인 모티브들을 정신의 구조적 요소로 이해하지 못했다. 심리학은 처음에 무엇보다 형이상학이었다가, 이어서 감각들과 그 기능들에 대한 연구에 주력하고, 그 다음에 의식적 정신과 그 기능들을 연구했다. 그런 역사에 충실한 모습을 보이면서, 심리학은 고유의 주제를 의식적 정신과 그 정신의 내용물과 동일시했으며, 따라서 무의식적 정신의 존재를 완전히 간과하게 되었다.

다양한 철학자들, 특히 라이프니츠(Gottfried Wilhelm Leibnitz: 1646-

1716)와 칸트, 셸링(Friedrich Wilhelm Schelling: 1775-1854) 등이 이미 정신의 어두운 부분이라는 문제를 매우 분명하게 지적했지만, 과학적, 의학적 경험을 바탕으로 정신의 근본적인 토대로 무의식을 제시해야 한다는 의무감을 느낀 사람은 어느 의사였다. 그가 바로 에두아르트 폰 하르트만이 추종했던 카루스였다.

최근에, 철학적 편견을 버리고 무의식의 문제에 접근한 것은 또 다시 의학 심리학이었다. 수많은 별개의 조사를 통해서, 신경증과 다양한 정신병의 정신 병리학은 정신의 어두운 측면, 즉 무의식이라는 가설을 동원하지 않고는 설명될 수 없다는 것이 분명해졌다.

정상적인 심리와 병적인 심리의 중간 영역에 해당하는 꿈의 심리학에 대해서도 똑같이 말할 수 있다. 정신병의 산물에서와 마찬가지로, 꿈에도 신화의 관념 연합에서만 (또는 신화로부터의 차용(언제나 의식적인 것은 아니다)이 종종 두드러진 특징인 시적 창작물에서) 비슷한 것이 발견되는 그런 연결이 무수히 많다.

철저한 연구를 통해서 그런 예들의 과반에서 그것이 단순히 망각된 지식의 문제라는 점이 밝혀졌더라면, 의사는 개별적으로 비슷하거나 집단적으로 비슷한 것을 찾아서 광범위하게 조사하는 수고를 하지 않아도 되었을 것이다. 그러나 실은 이런 종류의 지식에 대해 전혀 모르는 개인들 사이에서도 전형적인 신화소(神話素)들이 관찰되었다. 그런 개인들의 경우에는 그들에게 알려졌을 수 있는 종교 사상 또는 일반적인 비유적 표현에서 그런 신화소들이 간접적으로 파생되는 것이 불가능했다. 그 같은 결론은 우리가 모든 전통과 별도인 "자생적" 재현을 다루고 있다고, 따라서 무의식적 정신 안에 "신화를 형성하는" 구조적 요소들이 있는 것이 틀림없다고 단정하도록 만든다.

이 산물들은 명확한 형태를 가진 신화들이 절대로 아니며(혹은 그런 신화들은 극히 드물며), 그보다는 신화의 구성 요소들이다. 우리는 이 구성 요소들을 그것들의 전형적인 성격 때문에 "모티브"나 "원초적 이미지", 유형, 또는 내가 거기에 붙인 바와 같이 원형이라고 부른다. 어린이 원형이 탁월한 한 예이다.

오늘날 우리는 원형들이 꿈과 정신병 환자의 공상의 산물에 나타나듯이 신화와 동화에도 나타난다는 공식을 과감히 제시할 수 있다. 원형이 담겨 있는 매개체는 신화와 동화의 경우에는 질서 있고 대부분 즉시 이해되는 맥락이지만, 꿈과 정신병적 공상의 산물의 경우에는 섬망의 상태는 아니어도 대체로 좀처럼 이해되지 않고 비합리적인 일련의 이미지들이다. 그럼에도, 이 이미지들은 어떤 숨겨진 일관성까지 결여하고 있지는 않다.

개인의 내면에서, 원형들은 무의식적인 과정의 자동적 표현으로서 나타나며, 이 무의식적인 과정의 존재와 의미는 추론하는 수밖에 없다. 반면에 신화는 짐작할 수 없을 만큼 나이가 많은 전통적인 형태들을 다루고 있다. 그 형태들은 선사 시대의 세계를 떠올리게 한다. 그 시대의 사람들이 정신적으로 어떤 것에 몰두했는지를, 그리고 그들의 정신이 전반적으로 어떤 상태였는지를 우리는 오늘날에도 원시인들을 통해서 직접 관찰할 수 있다.

이 차원의 신화들은 대체로 대를 이어 구전으로 내려오는 부족의 역사이다. 원시인의 사고방식은 무엇보다 의식적 마음이 범위와 강도의 측면에서 훨씬 덜 발달되어 있다는 점에서 문명인의 사고방식과 다르다. 사고와 의지 등 기능들은 아직 분화되지 않았으며, 그것들은 의식 이전의 상태에 있다. 그 같은 사실은 예를 들어, 사고의 경우에 원시인이 의식적으로 생각하는 것이 아니라 생각들이 원시인에게 나타나는 상황에서 확인된다.

원시인은 본인이 생각한다고 단언하지 못한다. 오히려 "그의 안에서 무엇인가가 생각한다"는 표현이 더 맞다. 생각하는 행위의 자발성은 인과적으로 원시인의 의식적 마음에 있는 것이 아니라 무의식에 있다. 게다가, 원시인은 의지의 노력을 의식적으로 펴지 못한다. 원시인은 사전에 자신을 "의지를 일으킬 분위기" 속으로 집어넣거나, 자신을 그런 분위기에 빠지도록 내버려둬야 한다. 따라서 원시인에게는 입장 의례와 퇴장 의례가 필요하다.

원시인의 의식은 무한한 힘을 가진 무의식의 위협을 받으며, 따라서 원시인은 언제든 자신의 길에 나타날 수 있는 마법의 영향들을 두려워한다. 바로 그런 이유로, 원시인은 미지의 힘들에 둘러싸여 있으며, 그 힘들에 스스로를 최대한 적응시켜야 한다. 그의 의식이 만성적으로 불확실한 상태이기 때문에, 그가 무언가를 단순히 꿈꾸고 있는지, 아니면 그가 진정으로 그것을 경험하고 있는지를 가려내는 것은 종종 거의 가능하지 않다. 무의식과 무의식의 원형들의 자연 발생적인 표현은 어디서든 원시인의 의식적 마음 속으로 치고 들어오며, 그의 조상들의 신화적인 세계는 물질적인 세계보다 우위는 아니라도 동급인 하나의 현실이다. 그런 신화적인 세계의 예를 든다면, 호주 원주민 애버리진의 '알지라'(aljira) 또는 '부가리'(bugari)[81]가 있다.

81   두 단어는 '꿈꾸는 시간'을 뜻한다.

원시인의 무의식 속에서 말하고 있는 세상은 우리가 알고 있는 그런 세상이 아니라, 정신의 미지의 세상이다. 이 미지의 세상에 대해서 우리는 그것이 우리의 경험적인 세상을 오직 부분적으로만 반영한다는 것을, 우리의 경험적인 세상의 나머지를 자체의 정신적 가정들에 맞춰 다듬는다는 것을 알고 있다.

원형은 물리적인 사실들에서 나오지 않는다. 원형은 정신이 물리적인 사실을 어떤 식으로 경험하는지를 묘사한다. 정신은 물리적인 사실을 경험하면서 종종 너무나 독재적으로 행동한다. 그렇기 때문에 정신은 손에 만져지는 현실을 부정하거나 현실을 무시하는 진술까지 한다.

원시인의 정신이 신화들을 발명하지 않는다. 원시인의 정신은 신화들을 경험한다. 신화들은 원래 전(前)의식적 정신이 겉으로 드러난 것이고, 무의식적 정신에서 일어나는 사건들에 관한 무의식적 진술이지, 물리적인 과정들의 비유는 절대로 아니다. 그런 비유들은 아마 비과학적인 지성을 위한 나태한 오락에 지나지 않을 것이다.

정반대로, 신화들은 매우 중대한 의미를 지닌다. 신화들은 단순히 원시 부족의 정신적 삶을 나타내는 것이 아니라 정신적 삶 그 자체이다. 원시 부족의 정신적 삶은 신화적 유산을 잃는 순간에 마치 영혼을 잃은 사람처럼 산산조각 깨어지며 붕괴한다. 부족의 신화는 그 부족의 살아 있는 종교이며, 이 종교의 상실은 언제 어디서나, 심지어 문명인들 사이에서도 도덕적 재앙이 된다. 그러나 종교는 정신의 캄캄한 오지에서, 의식과 별도이고 의식을 넘어서는 정신 과정들과의 결정적인 연결이다. 이 무의식적 과정들 중 많은 것은 의식에 의해 간접적으로 일어날 수도 있지만, 의식적 선택에 의해서는 절대로 일어나지 않는다. 나머지는 자연적으로 일어나는 것 같다. 말하자면, 알 수 있거나 증명할 수 있는 의식적 원인에 의해 일어나지 않는다는 뜻이다.

현대의 심리학은 무의식적 공상 활동의 산물들을 무의식 안에서 벌어지고 있는 일들의 초상화로 다루거나, 무의식적 정신이 스스로에 대해 말하는 진술로 다루고 있다. 무의식적 공상 활동의 산물들은 두 가지 범주로 나뉜다.

첫째, 개인적인 성격의 공상(꿈 포함)이 있다. 이 공상들은 틀림없이 개인적인 경험들로, 그러니까 망각되었거나 억압된 것들로 거슬러 올라가며, 따라서 개인적 회상에 의해 전적으로 설명될 수 있다.

둘째, 비개인적인 성격의 공상(꿈 포함)이 있다. 이 공상들은 개인의 과거 경험으로 환원될 수 없으며, 따라서 개인적으로 획득된 무언가로 설명될 수 없다. 이 공상 이미지들은 틀림없이 신화적인 유형들에서 매우 유사한 것을 발견한다. 그러므로 그런 공상 이미지들은 일반적으로 인간 정신의 어떤 집단적인(개인적이지 않은) 구조적 요소들에 해당하며, 따라서 그 이미지들은 인간 육체의 형태학적 요소들처럼 유전된다고 단정해야 한다. 전통과 이주에 의한 전파도 분명히 일정 역할을 할 것이지만, 앞에서 말한 바와 같이, 그런 것에 의해 똑떨어지게 설명되지 않는 탓에 "자생적 재현"이라는 가설을 생각하지 않을 수 없게 만드는 예도 많다. 이런 예들이 수적으로 너무나 많기 때문에, 우리는 집단적인 정신적 기층의 존재를 단정하지 않을 수 없다. 이것을 나는 집단 무의식이라고 불렀다.

이 두 번째 범주의 산물들은 신화와 동화에서 접하는 구조들의 유형들을 너무나 많이 닮았다. 그래서 우리는 그 산물들과 신화와 동화를 서로 연결되는 것으로 봐야 한다. 그러므로 두 가지, 즉 개인적인 유형들과 신화적인 유형들이 꽤 비슷한 조건에서 생겨난다는 것은 전적으로 가능성의 영역에 속한다. 이미 언급한 바와 같이, (첫 번째 범주의 공상의 산물들과 마찬가지로) 두 번째 범주의 공상의 산물들도 의식의 강도가 약화된 상태(꿈과 섬망, 몽상, 환상 등)에서 일어난다. 이런 모든 상태에서, 의식적 마음의 집중에 의해 무의식적 내용물에 가해졌던 억제가 중단된다. 따라서 지금까지 무의식에 있던 자료들이 수문 열리듯 의식의 영역으로 힘껏 흘러간다. 이런 식의 발생이 일반적인 원칙이다.

의식의 약해진 강도와 집중과 관심의 부재, 즉 피에르 자네가 말한 '정신 수준의 저하'는 의식의 원시적인 상태와 꽤 일치한다. 바로 그런 상태에서 신화들이 처음 형성되었다고 단정하는 것이 합리적이다. 그러므로 신화의 원형들도 오늘날 개인들 사이에 원형적인 구조들이 나타나는 것과 꽤 동일한 방법으로 모습을 드러냈을 가능성이 아주 크다.

심리학이 무의식의 산물을 다루는 방법론적 원리는 이것이다. 원형적인 성격을 가진 내용물은 집단 무의식에서 일어나는 과정들의 표현이라는 것이다. 따라서 그런 내용물은 의식적이거나 의식적이었던 무언가를 나타내지 않으며, 기본적으로 무의식적인 무언가를 나타낸다. 따라서 최종적으로 그 내용물이 무엇을 나타내고 있다고 말하는 것은 불가능하다.

모든 해석은 당연히 하나의 "짐작"으로 남는다. 의미의 종국적인 핵심은 윤곽만 대략적으로 그려질 수 있을 뿐이며 정확히 묘사되지는 않는다. 그렇다 할지라도, 그 윤곽마저도 정신의 전의식(前意識)의 구조에 관한 우리의 지식이 결정적인 한 걸음을 앞으로 내딛는다는 것을 의미한다. 이 전의식의 구조는 인격의 통일성(오늘날에도 원시인은 이것을 확실히 갖추고 있지는 않다)이 전혀 존재하지 않고 의식이 전혀 존재하지 않을 때에도 이미 존재했다. 우리는 또한 어린 시절 초기에도 이런 전의식적 상태를 관찰할 수 있으며, 대단히 두드러진 원형적인 내용물을 종종 드러내는 것은 사실 이 초기의 꿈들이다.

만약에 우리가 앞에 제시한 원리를 따르면서 앞으로 나아간다면, 어떤 신화가 태양이나 달, 아버지나 어머니, 성욕이나 불이나 물을 가리키는가 하는 문제는 더 이상 제기되지 않는다. 그 원리가 하는 것은 의미의 무의식적 핵심의 테두리 같은 것을 그리고 그 핵심에 대해 대략적으로 묘사하는 것이 전부이다. 이 핵심의 종국적 의미는 결코 의식이 되지 않았으며 앞으로도 영원히 의식이 되지 않을 것이다. 그 의미는 단지 해석되었을 뿐이고 지금도 마찬가지로 해석될 뿐이다. 숨겨진 의미(또는 과학적 지성의 관점에서 보면, 결국 똑같은 것이 되는 숨겨진 난센스)에 다소 가까이 다가가는 모든 해석은 언제나, 처음부터 절대적 진리와 타당성을 주장했을 뿐만 아니라, 즉각적 숭배와 종교적 헌신까지 요구했다.

원형들은 진지하게 받아들일 것을 요구하는, 살아 있는 정신의 힘들이었으며 지금도 마찬가지이다. 그것들은 이상한 방식으로 효과를 확실히 발휘한다. 원형들은 언제나 보호와 구원을 초래하며, 원형들에 대한 침해는 그 결과로, 원시인들의 심리를 통해 우리에게 잘 알려진 "영혼의 위험"을 낳았다. 더욱이, 원형들은 신경증과 정신병의 확실한 원인이다. 이런 경우에 원형들은 꼭 무시당하거나 혹사당한 신체 기관이나 유기적인 기능 체계처럼 행동한다.

어떤 원형적인 내용물은 늘 무엇보다 먼저 메타포로 스스로를 표현한다. 만약에 그 원형적인 내용물이 태양에 대해 말하며, 태양을 사자 또는 왕 또는 용이 지키는 금덩어리, 혹은 인간의 생명과 건강에 이로운 힘들과 동일시한다면, 이 모든 직유들에서 다소 적절히 표현되고 있는 것은 이것도 아니고 저것도 아닌, 미지의 제3의 것이다. 그럼에도 이 제3의 것은, 지성을 영원히 짜증나게 할 일이지만, 미지의 상태로 남으며 어떤 공식과도 맞아떨어지지 않는다.

이런 이유로, 과학적인 지성은 언제나 유령을 영원히 추방할 수 있기를 기대하면서 계몽을 내세우는 경향을 보인다. 그런 지성의 노력이 에우헤메로스설로 불리든, 기독교 호교학으로 불리든, 좁은 의미의 계몽으로 불리든, 아니면 실증주의로 불리든, 그 뒤에는 언제나 어떤 신화가 혼란스러운 새 옷을 걸친 채 숨어 있었다. 그때 이 신화는 존경 받는 고대의 패턴을 따르며 스스로 종국적 진리라고 주장했다. 실제로 보면, 그 대가로 신경증을 앓을 준비가 되어 있지 않다면, 우리는 원형적 토대로부터 절대로 합당하게 떨어져 나오지 못한다. 그것은 우리가 자살을 하지 않고는 우리 자신으로부터 우리의 신체와 신체 기관들을 제거하지 못하는 것이나 마찬가지이다.

만약에 원형들을 부정하지 못하거나 다른 방법으로 그것들을 중화시키지 못한다면, 우리는 문명이 의식의 분화에서 새로운 단계에 이를 때마다 그 단계에 적합한 새로운 해석을 발견해야 하는 과제에 직면한다. 그 과제의 목적은 그때까지 우리 안에 존재하는 과거의 삶과, 그 삶으로부터 떨어져 나가겠다고 위협하는 현재의 삶을 서로 연결시키는 것이다. 만약에 이 연결이 이뤄지지 않는다면, 더 이상 과거와 조화를 이루지 못하는, 일종의 뿌리 없는 의식이 생겨나게 된다. 이런 의식은 온갖 종류의 암시에 속수무책으로 넘어가고, 실제로 정신적 전염병에 취약하다. 지금 "무의미"해지고, 평가 절하되고, 재평가할 수 없게 된 과거의 상실로 인해,

구세주까지 잃게 되었다. 이유는 구세주가 그 자체로 무의미한 존재가 되었거나 과거로부터 빠져나왔기 때문이다. 『신들의 변신』(Gestaltwandel der Götter)(레오폴트 지글러(Leopold Ziegler: 1881-1958) 지음)을 보면, 구세주가 새로운 세대의 예언자나 첫아이로서 거듭 생겨나며, 너무도 어울리지 않는 장소(돌이나 나무, 이랑, 물 등)에서 모호한 형태(톰섬(Tom Thumb)[82]이나 난쟁이, 어린이, 동물 등)로 뜻밖에 나타난다.

"어린이 신(神)"의 이 원형은 대단히 광범위하게 분포되어 있으며, 어린이 모티브의 다양한 신화적 양상들과 밀접히 연결되어 있다. 성 크리스토포로스(Saint Christophoros: A.D. 3세기)의 전설에 "작은 것보다 더 작고 큰 것보다 더 큰" 존재의 전형적인 특징을 가진 것으로 나오는, 지금도 여전히 살아 있는 "아기 그리스도"까지 언급할 필요도 없다. 민간전승에 어린이 모티브는 자연의 숨겨진 힘들의 화신으로서 난쟁이나 요정으로 위장하여 나타난다. 고대 말기의 자그마한 금속 인간도 이 영역에 속한다. 중세까지도 내려왔던 이 금속 인간은 한편으로는 갱도(坑道)에 거주했으며, 다른 한편으로는 연금술의 금속들, 특히 헤르마프로디토스[83], 즉 (자웅동체, 지혜의 아들, 또는 우리의 아기로서) 완벽한 형태로 다시 태어난 메르쿠리우스를 나타냈다.

"어린이"에 대한 종교적 해석 덕분에, 상당한 양의 증거가 중세로부터 오늘날까지 내려오고 있다. 이 같은 사실은 "어린이"가 하나의 전통적인 형상일 뿐만 아니라 (소위 "무의식의 난입"으로서) 자연적으로 경험되는 하나의 환상이기도 하다는 점을 보여준다. 시금 나는 마이스터 에크하르

82   영국의 민간전승에 등장하는 인물로, 신장이 자기 아버지의 엄지손가락 크기만 하다.
83   그리스 신화 속의 신인 헤르메스와 아프로디테 사이에 태어난 아들이다.

222

트(Meister Eckhart: 1260?-1327?)의 "벌거벗은 소년"의 환상과 브라더 유스타키우스(Brother Eustachius)의 꿈에 대해 생각하고 있다.

그런 자연적인 경험에 대한 흥미로운 설명은 또한 영국의 귀신 이야기들에서 발견된다. 그 이야기 중에, 고대 로마의 유적이 있는 장소에서 보이는 것으로 전해오는 "빛나는 소년"의 환상에 관한 내용이 있다. 이 유령은 불길한 징조로 여겨졌다. 이 대목에서, 우리는 "변형"을 통해 불행해진, 달리 표현하면 모두 귀신이 되어버린 고전 시대와 게르만 민족의 신들의 운명을 공유했던 '영원한 소년'이라는 형상을 다루고 있는 것 같다. 그 경험의 신화적인 성격은 또한 괴테의 '파우스트' 2부에서도 확인된다. 거기 보면 파우스트 본인이 소년으로 변하여 "축복받은 청년들의 성가대"에 들어가는 것이 허용된다. 이것은 작품 속 마리아누스 박사의 "유충 단계"이다.

브루노 괴츠(Bruno Goetz: 1885-1954)가 쓴, '공간 없는 제국'(Das Reich ohne Raum)이라는 이상한 이야기에 포(부처)라는 이름을 가진 영원한 소년이 사악한 의미를 지닌, "신성하지 않은" 소년들의 무리와 함께 등장한다. (물론, 동시대의 비슷한 작품들이 더 훌륭하다.) 나는 단지 이 예를 어린이 원형의 생명력을 증명하기 위해 언급하고 있다.

어린이 모티브는 정신 병리학의 영역에 자주 나타난다. 정신적 병을 가진 여자들 사이에서 "상상"의 어린이가 흔히 나타나며, 그때 어린이는 대체로 기독교적 의미로 해석된다.

그 유명한 슈레버의 예에서처럼, 호문쿨루스[84]도 등장한다. 슈레버의 경우에, 호몬쿨루스가 떼로 몰려와서 그를 괴롭힌다.

---

84 옛날에 남자의 정자 속에 있다고 생각했던 초소형의 인간을 말한다.

그러나 신경증의 치료에서 어린이 모티브가 가장 선명하고 가장 의미 있게 나타나는 것은 무의식의 분석으로 촉발된 인격의 성숙 과정에서다. 이 과정을 나는 개성화 과정이라고 불렀다. 이 개성화 과정에서, 우리는 전의식의 과정들을 마주한다. 이때 전의식의 과정들은 다소 구체적인 형태를 띠는 공상들을 통해서 점진적으로 의식적 마음으로 넘어가거나, 꿈으로서 의식적인 것이 되거나, 마지막으로 '적극적 상상'이라는 방법을 통해서 의식적이게 된다.

이런 자료는 원형적인 모티브들에 아주 풍부하며, 어린이 모티브에 특히 더 많다. 종종 어린이는 그리스도를 모델로 삼아 형성되지만, 어린이가 더 오래된, 그리스도와 아무런 관계가 없는 차원들로부터, 말하자면 악어나 용, 뱀 또는 원숭이 같은 신비로운 동물들로부터 발달하는 경우가 더 자주 있다. 가끔 어린이는 꽃받침 안에서 나타나거나, 알에서 나오거나, 만다라의 중심으로서 나타난다.

꿈에서 어린이는 종종 꿈을 꾸는 사람의 아들이나 딸, 소년이나 청년, 또는 젊은 소녀로 나타난다. 어린이가 거무스름한 피부를 가진 인도인이나 중국인처럼 보이는 경우도 간혹 있다. 혹은 어린이가 왕의 아들이나 귀신의 속성을 갖춘 마녀의 아들로서 별들에 둘러싸였거나 별로 만든 관을 쓴, 우주적인 모습으로 나타나기도 한다. "획득하기 힘든 보물"이라는 모티브의 한 특별한 예로 본다면, 어린이 모티브는 극도로 변화무쌍하며, 보석과 진주, 꽃, 성배(聖杯), 황금알, 4개 1조, 황금 공 등 온갖 모습을 취한다. 어린이 모티브는 이런 것들 또는 그것들과 비슷한 이미지들과 거의 무제한적으로 교체될 수 있다.

2. 어린이 원형의 심리학

1) 과거와의 연결로서 어린이 원형

어린이 원형의 심리학과 관련해서, 나는 어린이 원형의 순수하게 현상적인 측면을 벗어나는 모든 진술은 앞에서 논한 비판에 스스로를 노출시킨다는 점을 지적해야 한다. 잠시라도, 원형이 최종적으로 설명되거나 처리될 수 있다는 망상에 빠지지 않도록 하자.

어느 한 원형에 관한 최고의 설명조차도 또 다른 비유적인 언어로 다소 성공적으로 번역한 것에 지나지 않는다. (정말로, 언어 자체가 하나의 비유에 지나지 않는다.) 우리가 할 수 있는 최선의 길은 신화를 전향적으로 꿈으로 꾸고 거기에 현대적인 옷을 입히는 것이다. 그리고 원형에 대해 어떤 설명 또는 해석을 제시하든, 우리는 자신의 영혼에도 그것과 똑같이 하고 있으며, 그에 따른 결과가 우리의 행복에 영향을 끼치게 된다는 것을 명심할 필요가 있다.

원형은 우리 모두의 안에 있는 정신적 신체 기관(器官)이다. 이 같은 사실을 절대로 망각하지 않도록 하자. 엉터리 설명은 곧 이 정신적 신체 기관을 대하는 태도가 엉터리라는 뜻이며, 따라서 그 신체 기관에 부상을 입힐 수 있다. 그러나 최종적으로 고통을 겪는 사람은 바로 그릇되게 해석하는 사람 본인이다.

그러므로 "설명"은 언제나 그 원형의 기능적 중요성이 훼손되지 않은 상태로 남도록 하는 것이어야 한다. 다시 말해, 의식적인 정신과 원형 사이에 적당하고 적합한 관계가 보장되는 방향으로 "설명"이 이뤄져야 한다는 뜻이다. 이유는 원형이 우리의 정신 구조의 한 요소이고, 따라서 우리의 정신의 유기적 통일에 절대적으로 필요한 요소이기 때문이다.

원형은 어둡고 원시적인 정신 안에, 그러니까 실질적이지만 눈에는 보이지 않는, 의식의 뿌리들의 안에 있는 본능적인 자료들을 나타내거나 구현한다. 이 뿌리들과의 연결이 지니는 근본적인 중요성은 원시인의 정신이 "마법적" 요소들에 몰두하는 것으로 미뤄 짐작할 수 있다. 이 "마법적" 요소들이 바로 우리가 원형이라고 부르는 것이다. 이 최초의 형태의 '종교'("뒤쪽과의 연결")는 심지어 오늘날에도 모든 종교적 삶의 핵심이자 실질적 토대이며, 앞으로도 종교적 삶이 어떤 식으로 변하든 마찬가지일 것이다.

원형의 "합리적" 대체물은 절대로 없다. 소녀나 신장을 대체할 수 있는 것이 없는 것과 똑같은 이치이다. 신체 기관은 해부학적으로나 조직학적으로, 발생학적으로 조사될 수 있다. 그런 조사는 원형적인 현상과 그것의 표상을 비교 역사학의 관점에서 윤곽을 그리는 것에 해당할 것이다. 그러나 어떤 신체 기관의 의미를 파악하는 것은 오직 우리가 목적론적인 질문을 던지기 시작하는 때에만 가능할 뿐이다. 따라서 이런 질문이 제기된다. 원형의 생물학적 목적은 무엇인가? 생리학이 육체를 위해서 그런 질문에 대답하듯이, 원형을 위해서 이 질문에 대답하는 것은 심리학의 몫이다.

"어린이 모티브는 그 사람 본인의 어린 시절의 퇴화한 어떤 기억"이라는 진술이나 그것과 비슷한 설명은 단지 질문을 회피하는 것일 뿐이다. 그러나 만약에 이 진술을 "어린이 모티브는 어린 시절에 있었던 일 중에서 망각한 어떤 것들의 그림"이라는 식으로 약간 비튼다면, 진리에 한층 더 가까이 다가선다. 그러나 원형이 언제나 개인에게만 속하는 그림뿐만 아니라 전체 인간에게 속하는 그림과도 관계가 있기 때문에, 그 진술을 이런 식으로 바꾸는 것이 더 바람직할 것이다. "어린이 모티브는 집단적인 정신의 전의식적인 어린 시절의 양상을 나타낸다."

심리학적 경험들을 바탕으로 유추하면, 이 진술을 당분간 '역사적으로' 받아들여도 그다지 틀리지 않을 것이다. 어느 한 개인의 삶에서 어떤 양상들은 자율적일 수 있고, 그 양상들은 그 사람 자신에 대한 환상을 낳을 만큼 스스로를 인격화하는 것으로 심리학적으로 확인되니 말이다. 그런 환상의 예를 든다면, 어떤 사람이 자신을 어린이로 보는 것이 있다. 이런 공상적인 경험들은 꿈에 나타나든 아니면 깨어 있는 상태에서 일어나든 똑같이 하나의 경험적인 사실로서, 그보다 앞서 일어난, 과거와 현재 사이의 분열에 따른 것이다. 그런 분열은 다양한 양립 불가능성 때문에 일어난다. 예를 들면, 어느 남자의 현재 상태가 어린 시절의 상태와 충돌을 일으킬 수 있다. 또는 그가 자신의 야망과 더 잘 어울리는 임의적인 페르소나를 위해서 원래의 성격을 억지로 멀리하는 경우가 있다. 그러면 그는 유치하지 않고 인위적이게 되어 자신의 뿌리를 잃는다. 이 모든 것은 원래의 진리와 맹렬하게 충돌할 기회를 제공한다.

인간들이 어린이 신이라는 주제에 대한 발언을 결코 멈춘 적이 없다는 사실을 고려한다면, 우리는 개인적 삶에 대한 유추를 인류의 삶에까지 확장하면서, 그 결론으로 인류도 어린 시절의 상태와, 말하자면 원래의 무의식적이고 본능적인 상태와 언제나 충돌을 빚고 있을 것이라고 말해도 무방하다. 또 "어린이" 환상을 유발하는 그런 종류의 충돌의 위험이 실제로 존재한다고 말해도 마찬가지로 무방하다. 따라서 종교적 의식, 말하자면 신화적인 사건에 대해 끊임없이 이야기하고 그것을 의례적으로 되풀이하는 관습은 어린이의 이미지와 그것과 관련 있는 모든 것을 의식적인 마음의 눈앞으로 데려온다는 목적에 기여한다. 그러면 원래의 조건과의 연결이 끊어지지 않을 것이다.

2) 어린이 원형의 기능

어린이 모티브는 먼 과거에 존재했던 그 무엇을 나타낼 뿐만 아니라 지금 존재하고 있는 무엇인가도 나타낸다. 말하자면, 어린이 모티브는 하나의 흔적이자 현재에 작동하고 있는 어떤 체계이기도 하다. 이 체계의 목적은 의식적인 마음의 불가피한 편파성과 과도함을 적절한 방법으로 보상하거나 바로잡는 것이다.

비교적 소수의 내용물에 집중하며 그것의 명료성을 최대한으로 끌어올리는 것은 의식적 마음의 본성에 속한다. 이런 경향의 불가피한 결과와 전제 조건은 의식의 다른 잠재적 내용물을 배제하는 것이다. 이 같은 배제는 의식의 내용물이 어느 정도의 편파성을 갖게 하기 마련이다.

문명인의 분화된 의식은 의지력을 통해서 의식의 내용물을 현실로 실현시키는 데 효과적인 도구를 갖추고 있다. 그렇기 때문에 문명인이 의지를 단련시킬수록, 그가 편파성에 빠져서 자신의 존재의 법칙과 뿌리로부터 더욱 멀리 벗어날 위험이 있다. 이것은 한편으로 인간이 자유를 누릴 가능성을 의미하지만, 다른 한편으로 그 자유는 인간의 본능들이 끊임없이 침범당하는 현상이 일어나는 원인으로 작용한다. 따라서 원시인은 동물처럼 본능과 보다 가까운 상태에서 살기 때문에 진기한 것을 두려워하고 전통을 고수하는 특징을 보인다.

현대인의 사고방식에 따르면, 원시인은 매우 퇴보한 상태에 머물고 있는 반면에 현대인은 크게 진보를 이뤘다. 그러나 현대인의 진보는 소망의 성취를 대단히 많이 이룬 한편으로 프로메테우스[85]의 빚을 마찬가지로 엄청나게 축적시키고 있다. 그런데 이 빚은 때때로 끔찍한 재앙의 형식으로 상환되어야 한다.

오랫동안 인간이 날기를 꿈꾸었는데, 그 같은 노력의 결과로 얻은 것이 집중 폭격이라니! 오늘날 우리는 무덤 그 너머의 삶에 대한 기독교의 희망에 대해 냉소적임에도 불구하고, 행복한 내세라는 개념보다 100배 이상 더 터무니없는 천년왕국설에 종종 빠진다. 분화된 우리의 의식은 뿌리가 뽑힐 위험에 지속적으로 처해 있다. 따라서 의식은 지금도 존재하고 있는 어린이 상태를 통한 보상을 필요로 한다.

보상의 증상들은 진보적인 관점에서, 실제보다 더 못해 보이는 방향으로 묘사되고 있다. 보상이 피상적인 눈에는 지연시키는 작용처럼 보이기 때문에, 사람들은 보상을 놓고 타성이나 퇴보, 회의(懷疑), 꼬투리 잡기, 흠집 내기, 보수주의, 소심, 안달이라는 식으로 말한다.

그러나 인간은 자신을 자신의 뿌리로부터 끊는 능력을 상당히 많이 갖고 있다. 그렇기 때문에 인간은 위험한 편파성 때문에 무비판적으로 재앙에 휩쓸릴 수 있다. 더디게 하는 이상(理想)은 언제나 보다 원시적이고, (무분별의 측면뿐만 아니라 분별의 측면에서도) 보다 자연적이고, 또 법

---

[85] 고대 그리스 신화에 따르면, 불의 신 프로메테우스는 제우스를 속이고 인간에게 불을 몰래 전했다. 이에 분노한 제우스가 그 벌로 최초의 여자 판도라를 만들어 프로메테우스의 동생 에피메테우스에게 보냈다. 그러자 에피메테우스는 프로메테우스의 만류에도 불구하고 그녀를 아내로 맞았다. 판도라가 열지 말라는 상자를 열었고, 따라서 인류에게 재앙이 찾아오게 되었다.

칙과 전통에 충실하다는 점에서 보다 "도덕적"이다. 진보적인 이상은 언제나 보다 추상적이고, 보다 부자연스럽고, 또 전통에 대한 반항을 요구한다는 점에서 보면 덜 "도덕적"이다.

의지에 의해 강요되는 진보는 언제나 경련을 수반한다. 퇴보는 자연성에 더욱 가까울 수 있지만, 대신에 퇴보는 언제나 고통이 따르는 자각의 위협에 시달린다. 옛날의 세계관은 신의 허락이 있을 때에만 진보가 가능하다는 것을 깨달았다. 따라서 옛날의 세계관은 상반된 것들을 의식하고 있다는 것을 입증하고, 예로부터 내려오는 입장 의례와 퇴장 의례를 보다 높은 차원에서 반복한다.

의식이 분화될수록, 뿌리나 환경으로부터 단절될 위험은 더욱 커진다. '신의 허락이 있어야만 가능하다'는 것이 망각될 때, 완전한 단절이 일어난다. 정신의 한 부분이 의식으로부터 분열되어 나올 때, 떨어져 나온 그 부분은 겉보기에 아무런 기능을 하지 않는 것처럼 보인다. 그러나 그 부분은 겉으로만 그렇게 보일 뿐이며, 사실은 그 사람의 인격에 지대한 영향을 끼친다는 것이 현대 심리학의 원칙이다. 그 개인의 목표들이 떨어져 나간 부분이 바라는 쪽으로 엉터리로 다듬어지기 때문이다. 그렇다면 만약에 집단적인 정신의 어린 시절의 상태가 완전히 배제될 정도로 억압된다면, 무의식적 내용물이 의식적 목표를 압도하고, 그 목표의 실현을 억제하고, 왜곡하고, 심지어 파괴하기까지 한다. 성장 가능한 진보는 오직 양쪽의 협력에서만 나올 수 있다.

3) 어린이 원형의 미래성

어린이 모티브의 기본적인 특성 중 하나는 미래성이다. 어린이는 잠재적 미래이다. 따라서 개인의 심리에서 어린이 모티브는 대체로 미래의 발달에 대한 예상을 의미한다. 그럼에도, 얼핏 보기에 어린이 모티브는 회고적인 형상처럼 보인다.

생명은 하나의 도도한 흐름이고 미래로 흘러가는 강이며, 중단이나 역류는 절대로 아니다. 그러므로 신화 속의 구원자들 중의 다수가 어린이 신이라는 것은 절대로 놀라운 일이 아니다. 이것은 우리가 개인의 심리에서 경험하는 것과, 말하자면 "어린이"가 인격의 미래의 변화를 위한 길을 닦는다는 내용과 정확히 일치한다.

개성화 과정에서, 어린이는 인격 안에서 의식적 요소와 무의식적 요소의 통합에서 나올 형상을 예고한다. 그러므로 어린이는 상반된 것들을 결합시키는 통합의 상징이고, 중개자이며, 치료를 초래하는 존재, 즉 '완전하게 만드는 존재'이다. 어린이가 이런 의미를 지니기 때문에, 어린이 모티브는 앞에서 언급한 수많은 변형을 야기할 수 있다. '완전하게 만드는 존재'는 둥근 모양, 즉 원이나 구(球), 또는 또 다른 형태의 완전성으로서 4개 1조로 표현될 수 있다.

나는 의식을 능가하는 이 전체성을 "자기"라고 불렀다. 개성화 과정의 목적은 바로 자기의 통합이다. 또 다른 관점에서 보면, "생명력"(entelechy)이라는 용어가 "통합"보다 더 선호될 수 있다. "생명력"이 일부 조건에서 더 적합한 것으로 여겨지는, 경험적으로 뒷받침되는 이유가 있다. 전체성의 상징들이 개성화 과정의 시작 단계에서 자주 나타나고, 정말로, 그런 상징들이 유아기 초반의 첫 꿈들에서 종종 관찰된다. 이 같은 관찰은 잠재적 전체성이 선험적으로 존재한다는 점을 뒷받침하며, 이 때문에 "생명력"이라는 개념이 즉각 두드러져 보인다. 그러나 경험적으로 말하자면, 개성화 과정이 하나의 통합으로서 일어나기 때문에, 충분히 역설적이게도, 이미 존재하고 있는 무엇인가가 서로 합쳐지고 있는 것 같다. 이런 관점에서 본다면, "통합"이라는 용어도 마찬가지로 쓸 수 있다.

4) 어린이 모티브의 단일성과 복수성

"어린이"의 다면적인 현상학에서, 어린이 모티브가 단일성을 보이는지 복수성을 보이는지를 구분하는 것이 중요하다. 예를 들어, 무수히 많은 호문쿨루스들이나 난쟁이들, 소년들이 개별적 특징을 전혀 갖지 않은 상태에서 나타날 때, 거기에 분열의 가능성이 있다. 그러므로 그런 형태들은 특히 기본적으로 인격의 파편화인 정신 분열증에서 발견된다. 그렇다면, 다수의 어린이들은 인격의 해체의 산물들을 나타낸다.

그러나 만약에 그 복수성이 정상적인 사람에게 나타난다면, 그것은 아직 불완전한 인격의 통합을 나타낸다. 인격(즉 "자기")이 여전히 복수의 상태에 있지만, 다시 말해 어떤 자아가 있을 수 있지만, 그 자아는 자신의 인격의 틀 안에서 완전성을 경험하지 못하며, 오직 가족이나 부족, 민족이라는 공동체 안에서만 완전성을 경험할 수 있다. 그 자아는 아직 집단의 복수성과 무의식적으로 동일시하는 단계에 있다. 교회는 개인이 태어나면서부터 '신비체'의 구성원이 된다는 교리에서 널리 퍼져 있는 이 조건을 적절히 반영하고 있다.

그러나 만약에 어린이 모티브가 하나의 단일체로 나타난다면, 그때 우리는 무의식적이면서 잠정적으로 완전한, 인격의 통합을 다루고 있으며, 이 통합도 사실은 무의식적인 모든 것들과 마찬가지로 하나의 가능성만을 의미한다.

5) 어린이 신과 어린이 영웅

"어린이"는 어떤 때는 어린이 신처럼 보이고, 또 어떤 때는 어린이 영웅처럼 보인다. 두 가지 유형에 공통적인 것은 기적적인 출생과 초기 어린 시절의 역경, 즉 유기나 박해에 따른 위험이다.

신은 본래 전적으로 초자연적이며, 영웅의 본성은 인간이지만 초자연의 경계까지 높아졌다. 말하자면 영웅은 "반신"(半神)이다. 신은 상징적인 동물과의 밀접한 친밀성을 통해서, 아직 인간에게 통합되지 않은 집단 무의식을 인격화하는 반면에, 영웅의 초자연성은 인간의 본성을 포함하며, 따라서 ("신성한", 즉 아직 인간화되지 않은) 무의식과 인간의 의식의 통합을 나타낸다. 그래서 영웅은 전체성에 접근하는 잠재적 개성화를 예고한다.

이런 이유로, "어린이"의 다양한 운명은 "자기"의 생명력 또는 발생에서 일어나는 정신적 사건들의 종류를 보여주는 것으로 여겨질 수 있다. "기적적 출생"은 이 발생이 경험되고 있는 방법을 묘사하려고 노력한다. 그것이 정신적인 발생이기 때문에, 모든 것은 경험이 뒷받침되지 않는 방식으로, 예를 들면 처녀 출산이나 기적적인 임신이나 부자연스런 신체 기관에 의한 출산 등으로 일어나야 한다.

"비천함"과 유기, 위험 등의 모티브는 정신이 전체성을 이룰 가능성이 얼마나 불확실한지를 보여주려고 노력한다. 말하자면 이 "최고선"에 이르는 과정에 엄청난 어려움을 직면하게 된다는 점을 보여준다. 그런 모티브들은 또한 성장하는 모든 것이 자기 실현을 최대한 추구하도록 촉구하는 삶의 충동의 무력함과 무능함을 의미한다. 한편, 환경의 영향들은 그와 동시에 개성화의 길에 극복하기 힘든 온갖 종류의 장애물을 놓는다.

보다 구체적으로, 용과 뱀으로부터 나오는, 사람의 가장 깊은 자기에 대한 위협은 새로 습득한 의식이 본능적인 정신, 즉 무의식에게 다시 삼켜질 위험을 가리킨다. 하급 척추동물들은 오래 전부터 해부학적으로 피질 하(皮質下)의 중추들과 소뇌와 척추에 위치해 있는 집단적인 정신적 기층을 나타내는 인기 높은 상징들이었다. 이 신체 기관들은 뱀을 나타낸다. 그러므로 뱀 꿈은 언제나 의식적 정신이 본능적 토대로부터 벗어날 때 나타난다.

"작은 것보다 더 작으면서도 큰 것보다 더 큰 것"이라는 모티브는 어린이의 신체적 허약을 어린이의 기적적인 행위로 보완한다. 이 역설은 영웅의 핵심이며, 마치 붉은 실처럼 영웅의 운명을 관통한다. 영웅은 더없이 무서운 위험들을 헤쳐 나가지만, 그럼에도 최후에는 대단히 무의미한 것이 영웅이 파멸하는 원인으로 작용한다. 발두르[86]는 겨우살이 때문에 사라지고, 마우이[87]는 작은 새의 웃음소리 때문에 죽는다. 또 지크프리트[88]는 자신의 몸 중에서 취약한 한 군데 때문에, 헤라클레스는 아내의 선물 때문에 죽는다. 다른 많은 영웅들도 마찬가지로 흔한 배반 때문에 최후를 맞는다.

영웅의 주된 공적은 어둠의 괴물을 무찌르는 것이다. 그것은 바로 의식이 무의식을 정복하는, 오랫동안 간절히 기대해 왔던 승리이다. 낮과 빛은 의식의 동의어이고, 밤과 어둠은 무의식의 동의어이다. 의식의 도래는 아마 원시 시대에 가장 장엄한 경험이었을 것이다. 의식의 도래로 인해,

---

86 게르만 족 신화 속의 신이다. 노르웨이 신화에서는 남신 오딘(Odin)과 여신 프리그(Frigg)의 아들로 나온다.

87 폴리네시아인들의 신화에 등장하는 위대한 영웅.

88 게르만 족의 전설에 등장하는 영웅.

세상이 존재하게 되었으니까. 그 전까지는 어느 누구도 그런 세상의 존재를 생각하지 못했다. "그리고 하느님이 '빛이 있으라!'고 이르셨다"는 대목은 의식이 무의식으로부터 분리되는, 아득한 그 옛날의 경험의 투사이다. 오늘날의 원시인들 사이에서도 영혼의 사로잡힘은 위태로운 일이며, "영혼의 상실"은 전형적인 정신적 병이다. 이런 정신적 병이 일어나면, 원시인의 주술은 온갖 종류의 정신 요법을 찾는다. 따라서 "어린이"는 어둠의 정복을 가리키는 위업을 통해 두드러진 모습을 보인다.

3. 어린이 원형의 특별한 현상학

1) 어린이의 유기

유기와 위험 등은 모두 "어린이"의 비천한 시작과 어린이의 신비하고 기적적인 출생을 정교하게 나타낸다. 이 진술은 창조의 성격을 지닌 어떤 정신적 경험을 묘사하고 있으며, 이 정신적 경험의 목적은 아직 알려지지 않은 어떤 새로운 내용물의 출현이다.

개인의 심리에서 그런 순간에는 언제나 고민스런 갈등 상황이 벌어진다. 탈출구가 절대로 없을 것 같은 상황이다. 적어도 의식적 마음에는 그렇게 보인다. 의식적 마음의 경우에 제3의 해결책을 배제하기 때문이다.

그러나 상반된 것들의 이런 갈등으로부터 무의식적 정신은 언제나 불합리한 성격을 지닌 제3의 것을 창조한다. 이것을 의식적 마음은 예상하지도 못하고 이해하지도 못한다. 제3의 것은 노골적인 "예스"도 아니고 노골적인 "노"도 아닌 어떤 형식으로 모습을 드러내며, 따라서 양쪽 모두로부터 거부당한다. 이유는 의식적 마음이 상반된 것들 그 너머의 것에 대해서는 아무것도 모르고, 따라서 상반된 것들을 결합시키는 것에 대해 전혀 모르기 때문이다. 그러나 상반된 것들의 결합을 통해 갈등을 해결하는 것이 결정적으로 중요하고, 더욱이 갈등의 해결이 의식적 마음이 간절히 바라는 것이기 때문에, 그럼에도 불구하고 창조적인 행위와 그런 행위의 중요성에 관한 암시가 희미하게 생겨난다. 바로 이것으로부터 "어린이"의 "초자연적" 성격이 나온다.

의미가 있지만 알려지지 않은 내용물은 언제나 의식적 마음에 은밀히 매력을 발휘한다. 이 새로운 형태는 이제 막 생기려 하는 하나의 완전성이다. 그것은 완전을 향해 나아가는 중이다. 적어도 그것은 "전체성"의 측면에서 상반된 것들에 의해 찢어진 의식적 마음보다 앞서며, 따라서 완전성의 측면에서 의식적 마음을 능가하기 때문에, 그런 식으로 말해도 무방하다. 이런 이유로, 모든 "결합의 상징들"은 구원의 의미를 지닌다.

이 상황에서, "어린이"는 배경(어머니)과 명백히 떨어졌거나 분리된 하나의 상징적 내용물로서 벗어나지만, 아이의 위험한 상황에 간혹 어머니가 포함된다. 이때 어린이는 한편으로는 의식적 마음의 부정적인 태도에 협박당하고, 다른 한편으로는 여차하면 자신의 후손들을 모두 삼켜버릴 태세를 취하는 무의식의 '진공에 대한 공포'에 협박당한다. 무의식이 후손들을 장난처럼 낳기 때문에, 파괴도 그 장난의 불가피한 한 부분이다. 세상의 그 어떤 것도 이 새로운 탄생을 환영하지 않는다. 그것이 어머니 자연 자체의 가장 소중한 열매이고, 미래로 꽉 차 있고, 보다 높은 단계의 자기 실현을 의미하는데도 말이다. 그것이 본능들의 세계인 자연이 "어린이"를 보호하는 이유이다. 어린이는 동물들에 의해 길러지거나 보호를 받는다.

 "어린이"는 독립 쪽으로 발달하고 있는 그 무엇을 의미한다. 이 발달을 어린이는 자신을 기원으로부터 떼어놓지 않고는 이루지 못한다. 그러므로 유기는 부수적인 전조가 아니라 하나의 필요 조건이다. 갈등은 상반된 것들 사이에 갇혀 있는 의식적 마음에 의해서는 극복되지 않는다. 바로 그런 이유로, 아이가 자신의 기원으로부터 떨어져나올 필요가 있다는 점을 암시하는 상징이 필요하다.

 "어린이"의 상징이 의식적인 마음을 매료시키고 사로잡기 때문에, 그 상징의 구원 효과가 의식으로 넘어가며 갈등 상황으로부터의 분리를 초래한다. 그런데 이 분리를 의식적인 마음만으로는 이루지 못한다. 어린이의 상징은 이제 막 생기려는 의식의 상태를 예고한다. 이 의식의 상태가 실제로 존재하지 않는 한, "어린이"는 의례에 의한 종교적 재현과 재생을 필요로 하는 하나의 신화적인 투사(投射)로 남는다. 예를 들어, 아기 예수는, 인간들 대다수가 "너희가 돌이켜 어린 아이들과 같이 되지 아니하면…"이라는 말씀을 심리적으로 현실로 실현시키지 못하는 한에서만, 종교적으로 필요한 것이 된다.

 그런 발달들이 모두 특별히 어렵고 위험하기 때문에, 이런 종류의 이미지들이 수백 년 또는 수천 년 동안 생생하게 내려오는 것은 전혀 이상한 일이 아니다. 인간이 행동이나 됨됨이를 통해 이뤄야 했음에도 불구하고 이루지 못한 모든 것은 긍정적인 의미의 것이든 부정적인 의미의 것이든, 인간의 의식 옆에서 하나의 신화적인 형상과 예상으로서 계속 산다. 이 신화적인 형상은 종교적 투사이거나, 그보다 더 위험한 무의식의 내용물이며, 이 내용물은 부적절한 대상으로, 예를 들면, 위생이나 그 외의 다른

"구원자" 같은 원칙 또는 관행으로 자동적으로 투사된다. 이 모든 것들은 신화의 합리적인 대체물들이며, 그것들의 부자연성은 이롭게 작용하기보다는 해를 끼친다.

어떤 출구도 보이지 않는 갈등 상황, 즉 비합리적인 제3의 것으로서 "어린이"를 제시하는 그런 종류의 상황은 당연히 심리학적, 즉 현대적인 발달 단계에만 적절한 공식이다. 그것은 원시인들의 정신적 삶에는 엄격히 적용될 수 없다. 이유는 어린이 같은 원시인의 의식의 범위가 아직 가능한 정신적 경험의 세계 전체를 배제하고 있기 때문이다.

원시인의 자연의 차원에서 보면, 우리 현대인의 도덕적 갈등은 생명 자체를 위협하는 하나의 객관적인 재난이다. 따라서 꽤 많은 어린이 형상들은 문화의 영웅들이며, 따라서 그 형상들은 문화를 촉진시키는 것들, 예를 들면 불이나 금속, 옥수수, 곡식 등과 동일시된다. 빛을 갖고 오는 존재로서, 말하자면 의식을 확장시키는 존재로서 어린이 형상은 어둠을 극복한다. 다시 말하면, 초기의 무의식적 상태를 극복한다는 뜻이다.

보다 높은 의식, 즉 우리의 현재의 의식을 넘어서는 지식은 세상 속에 홀로 서 있는 것에 해당한다. 이 외로움은 보다 높은 의식의 소유자 또는 상징과, 그의 환경 사이의 갈등을 나타낸다. 어둠의 정복자들은 거꾸로 원시 시대 속으로 멀리 돌아가서, 다른 많은 전설적인 인물들과 함께, 거기에 한때 '원래의 정신적 빈곤 상태', 즉 무의식이 존재했다는 것을 증명한다. 따라서 오늘날에도 십중팔구 원시인은 어둠에 대해 "불합리한" 두려움을 품는다.

나는 엘곤 산[89]에 살고 있는 어느 부족 사이에서 범신론적 낙관주의에

89 케냐와 우간다 국경에 자리 잡은 산으로 높이가 4,321미터이다.

해당하는 어떤 형태의 종교를 발견했다. 그러나 그들의 낙관적인 분위기는 저녁 6시 정각과 아침 6시 정각 사이에는 중단되었다. 그 사이에는 낙관적인 분위기가 두려움으로 대체되었다. 밤에는 어둠이 지배하며 "두려움을 일으키는 존재"가 되기 때문이다. 낮 시간에는 근처의 어디에도 기괴한 뱀이 없었지만, 밤이 되면 모든 길에 기괴한 뱀이 숨어 있었다. 밤에는 신화 전체가 자유롭게 풀려났다.

2) 어린이의 불패(不敗)

"어린이"가 끔찍한 적들에게 속수무책으로 넘어가 지속적으로 소멸될 위험에 처하는 한편으로 평범한 인간을 능가하는 힘을 소유하고 있는 것은 모든 어린이 신화에 나타나는 놀라운 역설이다. 이것은 어린이가 "무의미"하고 알려지지 않고 "단지 아이일 뿐"일지라도 신성하기도 하다는 심리학적 사실과 밀접한 관련이 있다.

의식의 관점에서 보면, 지금 우리는 구원은커녕 해방의 성격조차도 갖고 있지 않은 그런 무의미한 내용물을 다루고 있는 것처럼 보인다. 의식적 마음은 자체의 갈등 상황에 갇혀 있으며, 투쟁을 벌이는 힘들이 너무나 압도적이기 때문에, 홀로 등장하는 "어린이"가 의식적 요소들과 상대가 되지 않는 것처럼 보인다. 따라서 어린이는 쉽게 간과되고 다시 무의식으로 떨어진다. 어쨌든 일들이 우리의 의식적 예상과 맞아떨어지는 것으로 드러날 경우에, 우리가 두려워해야 하는 것은 바로 그런 상황이다.

그러나 신화는 어린이가 그렇지 않다는 점을 강조한다. 신화는 "어린이"가 막강한 힘을 부여받았다는 점을, 또 그 힘을 바탕으로 온갖 위험에도 불구하고 뜻밖에 난관을 타개한다는 점을 보여준다. "어린이"는 무의식의 자궁에서 태어나고, 인간 본성의 깊은 곳에서, 더 정확히 말하면, 살아 있는 자연 자체에서 생겨난다. 어린이는 우리의 의식적 마음의 제한적인 범위에서 꽤 벗어나 있는 생명력의 화신이고, 또 편파적인 우리의 의식적 마음은 전혀 모르고 있는, 가능한 방법과 수단들의 화신이며, 바로 자연의 깊은 곳들을 포함하고 있는 전체성이다.

어린이는 모든 존재의 안에 있는, 가장 강력하고 불가항력적인 충동을, 즉 자신을 실현시키고 싶어 하는 충동을 나타낸다. 말하자면, 어린이는 천성과 본능의 온갖 힘들을 갖춘 채, 그 외에 다른 방식으로는 할 줄 모르는 무능의 화신 같은 존재인 반면에, 의식적인 마음은 언제나 다른 방식으로 하는 능력에 갇혀 있다.

자신을 실현시키려는 충동과 강박은, 처음에는 그 효과가 무의미하고 불가능한 것처럼 보일지라도, 자연의 법칙이며, 따라서 불굴의 힘의 법칙이다. 그 불굴의 힘은 어린이 영웅의 기적적인 행위에서, 나중에는 노예의 "노동"이나 (헤라클레스 유형의) 속박에서 드러난다. 거기서 영웅은 "어린이"의 무능을 벗어났을지라도, 여전히 비천한 처지에 있다. 속박당하는 형상은 일반적으로 반신(半神) 영웅의 진정한 출현으로 이어진다.

정말 이상하게도, 연금술에도 라피스[90]의 동의어들에서 이와 비슷한 주제들의 변화가 보인다. 원물질로서, 라피스는 천박하고 값싼 돌이다. 변형 과정에 있는 하나의 물질로서, 그것은 붉은 노예 또는 도망자이다. 마지막으로, 진정한 신격화에서, 라피스는 '지혜의 아이'나 땅의 신, "모든 빛들보다 위인 빛", 위와 아래의 영역의 모든 권력을 포함하는 어떤 힘의 존엄을 얻는다. 라피스는 영원히 부패하지 않는 영광체가 되고, 따라서

90　연금술사가 추구하는 현자의 돌을 말한다.

만병통치약("치료를 초래하는 존재!")이 된다.

"어린이"의 몸집 크기와 정복 불능은 힌두교의 고찰에서 아트만의 본질과 연결된다. 아트만의 본질은 "작은 것보다 더 작으면서도 큰 것보다 더 큰 것"이라는 사상과 일치한다. 자기는 개인적인 현상으로서 "작은 것보다 더 작고", 우주와 동일한 것으로서 "큰 것보다 더 크다". 세상과 대립하는 극으로, 말하자면 세상과 "절대적으로 다른 한 쪽"으로 여겨지는 자기는 주체와 객체의 모든 경험적 지식과 의식에 꼭 필요한 조건이다. 오직 이 정신적 "타자(他者)"가 있기 때문에, 어쨌든 의식이 가능하다. 동일성은 의식을 가능하게 하지 않는다. 의식과 이해력을 낳는 것은 오직 분리와 고립, 고통스런 대립이기 때문이다.

힌두교의 내성(內省)은 매우 일찍부터 이 같은 심리학적 사실을 인정했으며, 따라서 인식의 주체와 존재론의 주체를 대체로 동일시했다. 인도인의 사고의 두드러진 내향적 태도에 따라서, 객체는 절대적인 실체라는 속성을 잃고, 일부 철학 체계에서는 하나의 망상이 되었다. 그리스에서 시작된 서양 유형의 마음은 세상의 절대적 존재에 대한 확신으로부터 스스로를 떼어놓을 수 없다. 그러나 그런 유형의 마음은 자기의 우주적 중요성을 그 대가로 치르게 된다.

오늘날까지도 서양인은 경험적인 우주의 균형추 같은 것으로서 초월적인 어떤 인식 주체가 심리학적으로 필요하다는 사실을 좀처럼 인정하지 않는다. 적어도 고찰의 한 지점으로서, 세상을 직면하고 있는 자기를 가정하는 것이 논리적으로 필요한데도 말이다.

철학이 영원히 반대하는 태도를 취하든 아니면 내키지 않는 마음으로 반쯤 동의하든 상관없이, 우리의 무의식적 정신 안에는 우주적인 의미 속에서 자기의 상징을 낳으려는 보상적인 경향이 언제나 존재한다. 이 노력들은 거의 모든 개성화 과정에서 관찰되는 원형적인 형태의 영웅 신화로 나타난다.

"어린이"의 출생의 현상학은 언제나 거꾸로 원래의 무(無)인식의 심리 상태, 즉 어둠이나 박명의 상태, 주체와 객체의 비(非)분화 상태, 인간과 우주를 무의식적으로 동일시하는 상태를 가리킨다. 비분화의 이 단계가 '황금알'을 낳으며, 이 알은 인간이고 우주이면서도 둘 중 어느 것도 아니며 비합리적인 제3의 것이다. 원시인의 어둑한 의식에 그 알은 넓은 세상의 자궁에서 나오는 것처럼 보이고, 따라서 우주적이고 객관적이고 외적인 사건처럼 보인다. 한편, 분화된 의식에게는 틀림없이 그 알이 정신에 의해 생겨난 하나의 상징에 불과한 것처럼 보이며, 더욱 불길하게도, 공상적인 생각처럼, 따라서 어떤 종류의 "현실성"도 부여할 수 없는 원시적인 공상의 산물처럼 보인다.

그러나 오늘날의 의학 심리학은 이 "공상의 산물"에 대해 다소 달리 생각한다. 의학 심리학은 육체적 기능들을 돌연 방해하며 정신을 훼손시키는 결과를 낳는 장애들이 "단순한" 공상으로부터 생겨날 수 있다는 것을 너무나 잘 알고 있다. "공상들"은 무의식의 삶의 자연스런 표현이다. 그러나 무의식이 육체의 모든 자동적인 기능적 콤플렉스들로 이뤄진 정신이기 때문에, 병인학적으로 무의식의 "공상들"은 절대로 무시할 수 없는 중요성을 지닌다. 개성화 과정의 정신 병리학을 바탕으로, 우리는 상징의 형성이 정신에서 비롯된 육체적 장애들과 종종 연결된다는 것을 알고 있다. 일부 예에서 이 육체적 장애는 명백히 "실재하는 것"처럼 느껴진다.

의학 분야에서, 공상은 정신 요법 의사가 매우 진지하게 받아들여야 하는 진정한 사건이다. 따라서 정신 요법 의사는 공상의 어떤 측면도 가볍게 넘겨서는 안 된다. 공상의 사실성 때문에 원시인은 그것을 외부 세상으로까지 투사한다. 결국, 인간의 육체도 세상의 물질로, 그러니까 공상이 눈에 드러나게 만드는 바로 그 물질로 구성되어 있으며, 정말로, 이 물질이 없으면 공상은 절대로 경험될 수 없다. 이 물질이 없으면, 공상들은 아직 결정화(結晶化)가 시작되지 않은 용액 속의 추상적인 결정격자[91]와 비슷하다.

자기의 상징들은 육체의 깊은 곳에서 일어나며, 그 상징들은 육체의 물질성을, 인지하는 의식의 구조만큼 철저히 표현한다. 그러므로 그 상징은 몸과 영혼으로 이뤄진 하나의 살아 있는 육체이며, 따라서 "어린이"는 그 상징의 적절한 수단이 된다. 정신의 독특함은 현실로 완전하게 실현하는 것이 절대로 불가능할 만큼 오묘하다. 정신은 오직 대략적으로만 실현될 수 있을 뿐이다. 그럼에도, 정신은 여전히 모든 의식의 절대적인 토대로 남는다.

정신의 보다 깊은 "층들"은 어둠 속으로 더욱 멀리 후퇴함으로써 개별적 독특함을 상실한다. "더욱 깊이 내려감에 따라", 말하자면 그 층들이 자율적인 기능 체계들 쪽으로 접근함에 따라, 그것들은 점점 더 집단적인 것이 된다. 그러다가 그것들은 일반화되어 육체의 물질성, 즉 화학 물질들 속으로 소멸된다. 육체의 탄소는 그냥 탄소일 뿐이다. 따라서 "근본적으로" 정신은 단순히 "세상"이다.

이런 의미에서 보면, 나는 상징 속에서 세상 자체가 말을 하고 있다고 한 케레니가 절대적으로 옳다고 생각한다. 상징이 원시적이고 "깊을수

---

91   결정체를 이루는 원자, 분자, 이온 등의 체계적 배열을 일컫는다.

록", 말하자면 보다 생리적일수록, 그 상징은 더욱 집단적이고 보편적이고 "물질적"이다. 또 상징이 추상적이고 분화되고 구체적일수록, 그 상징의 본질은 의식의 독특함과 개성에 더욱 가까이 다가서며 보편적인 성격을 더 많이 벗는다. 상징은 최종적으로 완전한 의식에 도달할 때 하나의 단순한 비유가 될 위험에 처한다. 비유가 되면, 상징은 어디서도 의식적인 이해의 경계를 넘어서지 못하게 되고, 온갖 종류의 합리적인, 따라서 부적절한 설명에 노출된다.

3) 어린이의 자웅동체

우주 발생과 연결되는 신들의 과반이 아마도 양성의 성격을 지니고 있다는 것은 놀라운 사실이다. 자웅동체는 가장 강력하고 가장 두드러진 상반된 것들의 결합을 의미한다. 가장 먼저, 이 결합은 거꾸로 원시적인 상태의 마음을, 말하자면 서로 다른 것들과 대조적인 것들이 거의 분리되지 않거나 완전히 뒤섞여 있는 그런 어스름을 가리킨다. 그러나 의식이 점점 더 명료해짐에 따라, 상반된 것들은 서로를 보다 뚜렷하게 구분하며, 그러면 그 구분은 돌이킬 수 없게 된다. 그러므로 만약에 자웅동체가 단지 원시적인 비(非)분화의 산물이라면, 그것이 점증하는 문명으로 인해 곧 사라질 것이라고 기대하는 것이 합리적이다. 그러나 그런 일은 절대로 일어나지 않고 있다. 반대로, 고대 그리스 말기의 철학과 그노시스주의의 혼합주의 철학에서 보듯, 인간의 상상은 높은 단계, 아니 가장 높은 단계의 문화에서도 자웅동체에 거듭 몰두해 왔다. 자웅동체의 레비스(rebis)[92]는 중세의 자연철학에서 중요한 역할을 한다. 그리고 우리 시대에도 가톨

---

92 연금술 과정에서 최종적으로 나오는 산물을 말한다.

릭 신비주의에서 그리스도의 양성에 대해 말한다.

그렇다면 여기서 우리는 원시적인 어떤 공상적 산물의 지속적 존재나 상반된 것들의 원래의 혼성(混成)을 더 이상 다루고 있지 않다. 그보다는 중세의 글에서 확인하듯, 그 원초적인 사상은 상반된 것들의 창조적인 결합의 상징, 글자 그대로의 의미에서 말하는 "결합의 상징"이 되었다. 기능적 의미에서 보면, 그 상징은 더 이상 과거를 가리키지 않으며 아직 이르지 않은 어떤 목표를 향해 앞을 가리키고 있다. 자웅동체가 괴상해 보임에도 불구하고, 그것은 점진적으로 갈등을 잠재우는 것으로, 구원을 초래하는 것으로 변하였다. 자웅동체는 비교적 문명의 초기 단계에서 그 같은 의미를 획득했다.

그런 결정적인 의미는 자웅동체의 그림이 원시 시대에 점진적으로 사라지지 않고 정반대로 수천 년 동안 오히려 상징적 내용을 더욱 증대시키며 굳건히 남을 수 있었던 이유를 설명한다. 그처럼 케케묵은 사상이 그렇게 높은 의미를 지니게 되었다는 사실은 원형적인 사상의 강인함을 보여줄 뿐만 아니라, 원형이 상반된 것들을 결합시키는 힘 때문에 무의식적 기층들과 의식적 마음 사이에 서서 중재한다는 이론도 옳다는 점을 보여준다. 원형은 언제나 뿌리를 잃을 위험에 처해 있는 현재의 의식과 자연적이고, 무의식적이고, 본능적인 원시 시대의 전체성 사이에 다리를 놓는다. 이 중재를 통해서, 현재의 우리의 개인적인 의식의 독특성과 특이성, 편파성은 언제나 그 의식의 자연적이고 종족적인 뿌리와 다시 연결된다.

진보와 발달은 쉽게 부정할 수 없는 이상(理想)이지만, 만약에 인간이 자신의 일부만으로 새로운 상태에 닿는다면 그처럼 중요한 진보와 발달도 의미를 완전히 잃고 만다. 이유는 인간이 자신의 정신의 근본적인 배후지(背後地)를 무의식의 그림자 속에, 원시성의 상태로, 혹은 야만의 상태로 남겨두었기 때문이다. 뿌리로부터 떨어져 나온 의식적 마음은 그 새로운 상태의 의미를 깨달을 수 없으며, 따라서 그런 마음은 혁신이 일어나기 전의 상태보다 더 나쁜 상태로 매우 쉽게 다시 돌아간다.

이 문제를 어렴풋이 처음 파악한 사람은 프리드리히 실러(Friedrich Schiller: 1759-1805)였지만, 그의 동시대인들이나 후계자들은 거기서 어떤 결론도 끌어내지 못했다. 대신에, 사람들은 어린이들을 교육시키려는 경향을 그 어느 때보다 더 강하게 보일 뿐이며, 그 이상의 노력은 절대로 하지 않는다. 따라서 나는 교육적 광기가 실러가 언급한 핵심적인 문제, 즉 교육자 본인의 교육을 피하려는 것이 아닌가 하고 의심한다.

아이들은 어른의 말이 아니라 어른의 됨됨이를 보고 배운다. 말에 대한 대중의 믿음이야말로 진정한 마음의 질병이 아닐 수 없다. 왜냐하면 그런 종류의 맹신이 늘 인간으로 하여금 자신의 바탕을 더욱 멀리하도록 만들고, 불행하게도 자신의 인격을 그 시대에 유행하는 슬로건과 동일시하도록 유혹하기 때문이다. 한편, "진보"라 불리는 것에게 정복되어 뒤에 남겨진 모든 것은 무의식 속으로 더욱 깊이 가라앉으며, 결국에는 무의식으로부터 집단과의 동일시라는 원시적인 조건이 다시 나타난다. 그 결과, 기대했던 진보가 아니라 원시적인 조건이 지금 현실이 되고 있다.

문명이 발달함에 따라, 자웅동체의 "원초적인 존재"는 인격의 통합의 상징으로, 말하자면 상반된 것들의 전쟁이 평화를 발견하는 곳인 자기의 상징으로 바뀐다. 이런 식으로, 원초적인 존재는 처음부터 무의식적 완전성의 한 투사(投射)가 되어 인간의 자기 개발의 아득한 목표가 되었다.

인간의 완전성은 의식적 인격과 무의식적 인격의 결합에 있다. 모든 개인이 남성 유전자와 여성 유전자에서 비롯되고, 남녀 성별이 서로 일치하는 유전자들의 우위에 의해 결정되듯이, 정신의 경우에 남자의 내면에서 남성의 표시를 갖고 있는 것은 오직 의식적인 마음뿐이며, 무의식은 원래 여성적이다. 여성의 경우는 그와 반대다. 내가 아니마 이론에서 한 일은 오래 전부터 알려진 이 같은 사실을 다시 발견하여 공식화한 것뿐이다.

연금술의 철학에서 하나의 전문적인 개념이 된 남성과 여성의 융합이라는 사상은 그노시스주의에서 '죄악의 신비'로 나타난다. 아마 이것은 예를 들어 호세아(Hosea)[93]에 의해 행해진, '구약성경' 속의 "신성한 결혼"의 영향을 받았을 것이다. 그런 융합들은 일부 전통적인 관습에 의해서도 암시될 뿐만 아니라, 알렉산드리아의 클레멘스(Titus Flavius Clemens: A.D. 150?-A.D. 215)의 두 번째 편지에 인용된 '이집트 복음서'에 의해서도 암시되고 있다. "둘이 하나일 때, 바깥도 없고 안도 없으며, 남자와 여자가 결합하고, 남자도 없고 여자도 없다."[94] 클레멘스는 이 어록을 이런 말로 소개한다. "그대들이 (그대들의 두 발로) 수치의 망토를 밟았을 때 …"[95] 이 수치의 망토는 아마 육체를 가리킬 것이다. (앞의 인용의 출처인) 카시아누스(Ioannus Cassian: A.D.360?-A.D.435?)뿐만 아니라 클레멘스도, 융합을 지나치게 글자 그대로의 뜻으로 받아들인 것 같은 그노시스주의자들과 반대로, 그 말을 영적 의미로 해석했기 때문이다. 그러나 카시아누스와 클레멘스는 낙태 관행과 그 외의 다른 제약들을 통해서 그들의 행동의 생물학적 의미가 그 의식의 종교적 의미를 훼손시키지

---

93   B.C. 8세기 이스라엘 예언자. 그와 관련해서 가장 특이한 점은 음란한 여자와 결혼했다는 점이다.

94   Hennecke, Neutestamentliche Apokryphen, p.593.

95   Clemens, Stromateis, III, 13, 92.

않도록 조심했다.

　교회의 신비주의에서 '히에로스 가모스'의 원초적인 이미지는 높은 차원에서 승화되었고, 오직 예외적으로만, 예를 들어 메히틸트 폰 마그데부르크(Mechthild von Magdeburg: 1207?-1282?)의 경우에서 보듯, 감정적으로 격한 상태에서 육체적 영역에서 접근이 이뤄졌던 반면에, 세상의 나머지에게 그 이미지는 매우 생생하게 살아 남았으며 계속 특별한 정신적 몰두의 대상이 되었다. 카니스트리스(Opicinus de Canistris: 1296-1354?)의 상징적인 그림들은 흥미롭게도 이 원초적인 이미지가 병적 상태에서도 상반된 것들을 결합시키는 도구가 될 수 있는 길을 엿보게 한다. 한편, 중세에 번창했던 연금술 철학에서 융합은 틀림없이 '해와 달의 결혼'이라는 추상적인 이론에서 전적으로 육체적인 영역 안에서 행해졌다. 해와 달의 결혼이라는 이론은 그런 결합에도 불구하고 창의적인 상상력이 신인동형론(神人同形論) 쪽으로 날개를 활짝 펴도록 만들었다.

　상황이 그러했기 때문에, 자웅동체의 원초적인 이미지가 현대인의 심리에 남자와 여자의 대립을 가장하여, 다시 말해 남성적인 의식과 인격화된 여성적인 무의식으로 다시 나타나야 하는 것은 충분히 이해가 된다. 그러나 사물들을 의식 쪽으로 데려오는 심리적 과정이 그 그림을 꽤 복잡하게 만들고 말았다.

　옛날의 과학은 거의 전적으로 남자의 무의식만이 스스로를 투사할 수 있었던 영역이었던 반면에, 새로운 심리학은 마찬가지로 자율적인 여성적 정신의 존재를 인정해야 했다. 여기서 상황이 거꾸로 뒤집어지고, 여성의 의식이 무의식의 어떤 남성적 인격화를 직면한다. 이 남성적 인격화는 더 이상 아니마라 불리지 못하며 아니무스라 불린다. 이 발견도 융합

248

의 문제를 복잡하게 만든다.

원래 자웅동체 원형은 전적으로 다산(多産)이라는 마법의 영역에서 나름의 역할을 했으며, 따라서 아주 오랫동안 순수하게 생물학적 현상으로, 말하자면 수태의 목적 외에 다른 목적이 전혀 없는 현상으로 남았다. 그러나 고대 초기에도 이미 그 행위의 상징적 의미가 점점 증대되었던 것 같다. 따라서, 예를 들어, 히에로스 가모스의 육체적 실행은 신성한 의식(儀式)으로서 하나의 신비가 되었으며, 히에로스 가모스는 단순한 추측으로까지 흐려졌다. 우리가 본 바와 같이, 그노시스주의도 생리학적인 것을 형이상학적인 것에 종속시키려고 열심히 노력했다. 최종적으로, 교회는 융합을 육체적인 영역으로부터 완전히 떼어놓았으며, 자연 철학은 그것을 추상적인 이론으로 바꿔놓았다.

이 같은 발달은 그 원형이 하나의 심리적 과정으로 점진적으로 변형되었다는 것을 의미했다. 이 과정을 이론적으로 우리는 의식적 과정과 무의식적 과정의 결합이라고 부를 수 있다. 그러나 실제로 보면 그 결합은 그렇게 간단하지 않다. 왜냐하면 대체로 어떤 남자의 여성적인 무의식이 여자 파트너에게로 투사되고, 어떤 여자의 남성적인 무의식이 남자에게로 투사되기 때문이다. 이 문제들에 대한 설명은 심리학의 한 특별한 영역의 몫이며, 그 설명은 신화적인 자웅동체에 대한 논의에서는 어떤 역할도 하지 않는다.

4) 시작과 끝으로서의 어린이

파우스트는 죽은 뒤 소년으로서 "축복받은 청년들의 성가대"에 받아들여진다. 이런 특이한 생각을 하면서 괴테가 고대의 묘비에 새겨진 큐

피드들[96]을 염두에 두었는지, 나는 알지 못한다. 그것도 생각할 수 없는 것은 아니다.

두건을 쓴 형상은 눈에 보이지 않는 존재를, 사라지는 데 천재인 그런 존재를 가리킨다. 사람들의 눈에 띄지 않는 이 존재는 새로운 생명을 얻어 어린이처럼 까불대며 바다의 형태들인 돌고래들과 트리톤들[97]에 둘러싸인 채 다시 나타난다. 바다는 무의식의 상징으로 인기가 높으며, 살아 있는 모든 것의 어머니이다. "어린이"가 어떤 상황에서(예를 들면, 헤르메스와 다크틸로이(Daktyloi)[98]의 경우에) 자식을 갖게 하는 자의 상징인 남근상과 밀접히 관계있듯이, 어린이는 아이 낳는 능력의 부활을 상징하는, 무덤의 남근상에서 다시 나타난다.

그러므로 "어린이"는 새로운 어린 시절로 다시 태어난다. 따라서 어린이는 시작이자 끝이며, 최초의 생명체이자 최후의 생명체이다. 최초의 생명체는 인간이 있기 전에 존재했으며, 최후의 생명체는 인간이 존재하지 않게 될 때에도 존재할 것이다. 심리학적으로 말하면, 이것은 "어린이"가 인간의 전(前)의식과 후(後)의식의 본질을 상징한다는 뜻이다. 어린이의 전의식적 본성은 초기 어린 시절의 무의식적 상태이며, 어린이의 후의식적 본성은 사후(死後)의 삶을 바탕으로 유추한 일종의 예상이다. 이 사상에 모든 것을 포용하는 정신적 완전성의 본질이 표현되고 있다.

---

96 로마 신화에서 사랑의 신으로, 그리스 신화의 에로스에 해당한다. 또한 미소년을 의미하기도 한다.

97 그리스 신화 속에 바다의 신으로 등장하는 포세이돈의 아들로, 반인반신으로 마찬가지로 바다의 신이다.

98 그리스 신화에서 키벨레와 레아 등 위대한 어머니 신과 연결되는 신비한 남자들의 종족을 말한다.

완전성은 절대로 의식적 정신의 범위 안에 포함되지 않는다. 완전성은 불명확하고 정의 불가능한 무의식의 범위까지 포함한다. 그러므로 하나의 경험적인 사실로서 전체성은 측정 불가능한 범위를 가졌으며, 의식보다 나이가 더 많기도 하고 더 젊기도 하며, 시간과 공간 속에서 의식을 감싸고 있다. 의식적 과정은 지속적으로 무의식적 사건들을 수반할 뿐만 아니라, 종종 무의식적 사건들의 안내를 받거나, 도움을 받거나, 간섭을 받는다. 어린이는 의식을 갖기 전에도 정신적 삶을 살았다. 어른조차도 여전히 그 의미를 훗날에 깨닫거나 영원히 깨닫지 못할 수 있는 것들을 말하고 행한다. 그러면서도 어른은 마치 그것들의 의미를 아는 것처럼 말하고 행동한다.

우리의 꿈들은 의식의 이해력을 넘어서는 것들에 대해 지속적으로 말하고 있다(꿈들이 신경증 치료에 대단히 유용한 이유이다). 우리는 미지의 출처들로부터 암시와 직관을 받는다. 두려움과 기분과 계획과 희망이 눈에 보이지 않는 원인들로부터 우리에게 온다. 바로 이런 구체적인 경험 때문에 우리가 자기 자신에 대해 아는 것이 별로 없다는 느낌을 받는다. 또한 우리가 우리를 위해 준비된, 예기치 않은 사건을 맞닥뜨릴 것이라는 고통스런 추측의 바탕에도 그런 경험이 작용하고 있다.

원시인은 자기 자신에게 절대로 수수께끼가 아니다. "인간은 무엇인가?"라는 물음은 인간이 끝까지 던질 질문이다. 원시인은 자신의 의식적 정신 밖에 너무나 많은 정신을 두고 있기 때문에, 자신의 밖에서 일어나는 정신적인 무언가를 경험하는 일은 우리보다 원시인에게 훨씬 더 익숙하다. 의식이 정신의 힘들에 의해 지켜지거나 그 힘들의 뒷받침을 받거나 그 힘들에게 협박을 당하거나 속는 것은 인류가 오랫동안 경험해 온 일이다. 이 경험은 인간의 전체성을 표현하는 어린이 원형으로 투사되었다. "어린이"는 버려지고 온갖 위험에 노출됨과 동시에 신처럼 막강하며, 무의미하고 모호한 시작이자 의기양양한 끝이다. 인간의 안에 있는 "영원한 어린이"는 묘사 불가능한 어떤 경험이고, 부조화이고, 불리한 조건이고, 신성한 권능이며, 어느 인격의 종국적 가치 또는 무가치를 결정하는 불확정적인 요소이다.

4. 결론

참고 문헌을 세세하게 활용하지 않는 가운데 어린이 원형에 대해 심리학적으로 논평하는 일은 당연히 대략적인 스케치에 그칠 수밖에 없다는 사실을 나는 잘 알고 있다. 그러나 어린이 원형이 심리학자에게는 미개척지이기 때문에, 나의 주된 노력은 우리의 원형이 제기하는 문제들의 가능한 범위를 말뚝을 박아 분명하게 표시하고, 그 원형의 다양한 양상들을 적어도 피상적으로라도 묘사하는 것이었다. 일종의 유동적인 상호 침투가 모든 원형들의 본질에 속한다는 점을 고려한다면, 이 분야에서 명확한 구분과 엄격한 공식화는 꽤 불가능하다.

원형들은 기껏해야 대략적으로 그려질 수 있을 뿐이다. 원형들의 생생한 의미는 단 하나의 공식에서 나오기보다는 그것들의 전반적인 표현에서 나온다. 원형에 초점을 보다 예리하게 맞추려는 모든 시도는 그 즉시 그렇지 않아도 흐릿한 의미의 핵심이 광도를 잃는 처벌을 받는다.

어떤 원형도 공식으로 압축되지 않는다. 원형은 우리가 결코 비우지도 못하고 채우지도 못하는 그릇이다. 원형은 오직 잠재적인 존재만을 가질 뿐이며, 원형이 물질로 모양을 갖출 때, 그것은 더 이상 그 전의 것이 아니다. 원형은 시대를 내려오며 잔존하고 있으며, 매번 새로운 해석을 요구한다. 원형은 사라지지 않는 무의식의 요소들이지만, 지속적으로 모양을 변화시킨다.

정신의 살아 있는 조직에서 단 하나의 원형을 떼어내는 것은 거의 가망 없는 과제이다. 그러나 원형들의 의미가 복잡하게 뒤얽혀 있음에도 불구하고, 원형들은 직관이 접근할 수 있는 단위들을 형성한다. 심리학은 정신적 삶의 많은 표현들 중 하나로서, 원형적 구조에서 비롯되는 까닭에 다소 추상적인 종류의 신화를 만들어내는 관념들을 다룬다. 따라서 심리학은 케케묵은 신화의 언어를, 신화 "과학"의 한 요소를 이루는 현대적인 신화소(神話素)로 번역한다. 물론, 신화소는 아직 그런 것으로 인정받지 못하고 있다. 가망없어 보이는 이 과제야말로 일종의 살아 있는 신화 같은 것으로서, 그것과 일치하는 기질의 사람들을 만족시키고 있다. 이 사람들이 신경증적 분열에 의해서 원래의 정신적 기원으로부터 떨어져 나와 있다면, 그들은 진정으로 그 과제로부터 도움을 받을 수 있다.

경험에 따르면, 자연적으로 일어나거나 치료를 위해 유도한 개성화 과정에 어린이 원형이 나타난다. 대체로 "어린이"가 처음 등장하는 것은 전적으로 무의식적인 현상이다. 여기서 환자는 자신과 자신의 개인적 유치증을 동일시한다. 이어서 치료의 영향을 받는 가운데, "어린이"로부터 다소 점진적인 분리가 일어나고, "어린이"의 객관화가 이뤄진다. 말하자면, 앞에 말한 동일시가 깨어지고, 공상의 강화(가끔 기술적으로 유도한다)가 수반된다. 그러면 케케묵었거나 신화적인 특성들이 점점 뚜렷해지는 결과가 나타난다.

추가적인 변형은 영웅 신화에 충실한 방향으로 일어난다. "막강한 위업"이라는 주제는 대체로 나타나지 않는 반면에, 신화상의 위험들이 보다 큰 역할을 한다. 이 단계에서 대체로 또 다른 동일시가 일어난다. 이번에는 다양한 이유로 그 역할이 매력적인 영웅과의 동일시이다. 이 동일시는 종종 극히 끈질기며 정신의 균형에 위험하다. 만약에 이 동일시가 깨어지고 의식이 인간적인 수준으로 축소될 수 있다면, 영웅의 형상은 점진적으로 자기의 상징으로 분화될 수 있다.

그러나 실제로 보면, 환자가 단순히 그런 발달에 대해 아는 것만으로는 절대로 충분하지 않다. 환자가 다양한 변형들을 '경험'하는 것이 중요하기 때문이다. 개인적 유치증의 첫 단계는 "버림받거나" "오해를 받아" 부당하게 다뤄지는 어린이가 가식을 보이며 거들먹거리는 그런 그림을 제시한다. 영웅의 출현(두 번째 동일시)은 그에 상응하는 팽창 상태의 어린이를 보여준다. 이미 엄청난 상태에 이른 가식이 더욱 커지고 자신이 특별한 존재라는 확신으로 굳어진다. 그렇지 않으면 그 가식을 충족시키지 못하는 그 불가능성은 단지 그 사람 자신의 열등을 증명할 뿐이며, 이 열등은 영웅적인 고통을 당하는 자(일종의 부정적인 팽창)의 역할에 적절하다. 서로 반대임에도 불구하고, 이 두 가지 형태들은 동일하다. 왜냐하면 의식적 과대망상은 무의식적으로 보상하는 열등에 의해 균형이 맞춰지고, 의식적 열등은 무의식적 과대망상에 의해 균형이 맞춰지기 때문이다(누구든 절대로 둘 중 하나만을 취하지는 못한다). 두 번째 동일시라는 암초를 성공적으로 피하기만 하면, 의식적 과정들이 무의식으로부터 말끔히 분리될 수 있으며, 무의식도 객관적으로 관찰된다. 이것은 무의식을 받아들일 가능성을 낳고, 따라서 지식과 행위의 의식적인 요소와 무의식적인 요소의 통합이 가능해진다. 이것이 인격의 중심을 자아에서 자기로 옮겨 놓는다.

이 같은 심리학적 틀 안에서, 유기와 불패(不敗), 자웅동체, 시작과 끝 등의 모티브들은 경험과 이해의 분명한 카테고리들로서 저마다 지위를 얻는다.

7장

코레의 심리학적 양상들[99]

---

99 1941년에 '신성한 소녀'(Das göttliche Mädchen)라는 자그마한 책으로 발표되었다.

세 가지의 양상들 속의 소녀와 어머니로서 코레와 데메테르, 그리고 헤카테[100]의 형상은 무의식의 심리학에 알려져 있을 뿐만 아니라, 실질적인 문제까지 낳는 그 무엇이다. "코레"는 내가 한편으로 자기 또는 상위의 인격이라고 부르고, 다른 한편으로 아니마라고 불렀던 원형들에 심리학적 카운트파트를 두고 있다. 모든 독자들이 이 형상을 잘 알고 있다고 단정하기 어렵기 때문에, 일반적인 설명으로 글을 시작해야 한다.

100 고대 그리스 신화에서 페르세포네(코레)와 데메테르와 헤카테는 여자의 삶의 세 단계인 소녀와 어머니와 할머니를 나타내는 신으로 여겨진다. 코레로도 불리는 페르세포네는 데메테르와 제우스의 딸로, 하데스의 아내이자 지하 세계의 여왕이다. 헤카테는 횃불이나 열쇠를 든 모습으로 자주 묘사된다. 처음에는 출산의 여신이었으나 나중에는 대지의 여신과 달의 여신, 저승의 여신이 합쳐진 것으로 여겨졌다. 페르세포네가 저승으로 납치되었을 때, 헤카테는 처음에 페르세포네의 안내자가 되었으며, 나중에는 데메테르가 딸을 찾는 것을 도와주었다.

엄격한 정의나 명쾌하고 간략한 정보가 요구될 때, 심리학자도 신화학자와 똑같은 어려움을 겪는다. 그림은 일상의 맥락에서 제시될 때에만 구체적이고, 명료하고, 오해의 소지를 남기지 않는다. 그런 환경에서, 그림은 거기에 담긴 모든 이야기를 우리에게 들려준다. 그러나 누군가가 그 그림에서 "진짜 핵심"을 분리하려고 들자마자, 전체가 흐릿해지고 불명확해진다. 그림의 생생한 기능을 이해하기 위해서는, 그것이 온갖 복잡성을 두루 간직한 상태에서 유기적인 것으로 남아야 한다. 과학자처럼 그 그림의 시체를 해부학적으로 연구하려 하거나, 역사학자처럼 그것의 잔해를 고고학적으로 연구하려 들어서는 안 된다. 물론, 이 말은 그런 방법들의 정당성을 부정하는 것이 아니다. 적절한 곳에 적용되는 경우에 그 방법들도 당연히 합당하다.

정신적 현상들의 엄청난 복잡성에 비춰 보면, 순수하게 현상학적인 관점이 유일하게 가능한 견해이며, 앞으로도 오랫동안 그럴 것이다. 그런 관점이야말로 성공을 약속할 수 있는 유일한 관점이다. 사물들은 "어디서" 오며, 사물들은 "무엇"인가? 이 질문은 특히 심리학 분야에서 시기적으로 부적절한 때에 설명을 시도하기 쉬운 질문들이다. 게다가, 그런 고찰들은 현상들 자체의 본질에 근거하기보다는 무의식적인 철학적 전제들에 바탕을 두고 있다. 무의식적 과정들에 의해 일어나는 정신적 현상들이 너무나 풍부하고 다양하기 때문에, 나는 나 자신의 발견들과 관찰들을 묘사하는 쪽을 선호하며, 가능하다면 그것들을 분류하기를, 말하자면 명확한 유형들로 정리하는 쪽을 선호한다. 그것은 자연 과학의 방법이며, 다양하고 아직 조직되지 않은 자료를 다루는 곳마다 그 방법이 적용된다. 그런 식으로 정리하는 데 쓰인 카테고리 또는 유형의 유용성과 적합성에 대해 의문을 제기할 수 있지만, 그 방법 자체의 정확성에 대해서는 의문을 제기하지 못한다.

무의식이라는 단어의 가장 넓은 의미에서 말하는 무의식의 산물들, 즉 꿈과 공상과 환상과 정신 이상자의 망상 등을 오랫동안 관찰하고 조사하고 있기 때문에, 나는 어떤 규칙성, 즉 유형을 보지 않을 수가 없었다. 상황의 유형들이 있고 형상의 유형들이 있다. 이 유형들은 자주 되풀이되고 일치하는 어떤 의미를 지닌다. 그래서 나는 이 반복을 나타내기 위해 "모티브"라는 용어를 사용한다. 따라서 전형적인 꿈들만 있는 것이 아니라 꿈들에 나타나는 전형적인 모티브들도 있다.

이미 말한 바와 같이, 이 모티브들은 상황이나 형상일 수 있다. 형상들 중에는 일련의 원형들 아래로 배열할 수 있는 인간적인 형상들이 있으며, 나의 제안에 따르면, 그 형상들 중에서 가장 중요한 것은 그림자와 늙은 현자, 어린이(어린이 영웅 포함), 상위의 한 인격으로서(상위이기 때문에 "귀신"의 성격을 지녔다) 어머니("원초적 어머니"와 "어머니 대지"), 어머니의 카운터파트인 소녀, 마지막으로 남자 안의 아니마와 여자 안의 아니무스이다.

앞에 제시한 유형들은 이 측면의 모든 통계적 규칙성을 충족시키는 것과 거리가 멀다. 여기서 우리의 관심을 끄는 코레의 형상은 남자의 안에서 관찰될 때에는 아니마 유형에 속하고, 여자의 안에서 관찰될 때에는 상위의 인격의 유형에 속한다. 정신의 형상들이 이중적이거나 적어도 이중적일 수 있는 것은 기본적으로 그런 형상들의 특징이다. 어쨌든 그 형상들은 양극단을 갖고 있으며, 긍정적인 의미와 부정적인 의미 사이를 오간다. 따라서 "상위"의 인격은 예를 들어, 활기 없고 생각하지 않는 입신

출세주의자 파우스트보다는 하나의 인격으로서 진정으로 더 긍정적인 메피스토펠레스처럼, 경멸스럽고 비뚤어진 형태로 나타날 수 있다. 또 다른 부정적인 형상은 민간전승 속의 톰섬 또는 톰덤(Tom Dumb)이다. 여자의 내면에서 코레에 해당하는 형상은 일반적으로 이중적인 형상이다. 어머니이자 소녀라는 뜻이다. 이것은 그녀가 지금은 어머니로 나타났다가 다른 때에는 소녀로 나타난다는 것을 의미한다. 이것을 근거로, 맨 먼저 나는 데메테르와 코레의 신화[101]의 형성에서 여자의 영향이 남자의 영향보다 월등히 더 크다고 결론 내릴 것이다. 남자의 영향은 사실상 전혀 아무런 의미를 지니지 않는다. 데메테르 신화에서 남자의 역할은 오직 유혹자나 정복자의 역할에 지나지 않는다.

실제로 관찰해 보면, 코레는 여자의 내면에서 종종 미지의 어린 소녀로, 드물지 않게 그레첸, 즉 미혼모로 등장한다. 또 다른 흔한 변조는 종종 고전에 관한 지식에서 차용한 것들에 의해 형성되는 무희이다. 이런 경우에 "소녀"는 코리반트[102]나 마이나드[103]나 님프로 나타난다. 이따금 일어나는 한 변형은 물고기처럼 생긴 꼬리를 통해서 초인간적인 성격을 드러내는 닉시라는 물의 요정이다. 가끔 코레 형상과 어머니 형상은 함께 동물의 왕국으로 미끄러지듯 들어간다. 그런 경우에 그들을 대표하는 것으

---

101 저승의 신인 하데스가 호숫가에서 꽃을 꺾고 있던 소녀 코레를 납치했다, 코레는 하데스가 준 석류알을 먹고 하데스의 아내가 되어 저승의 여신이 되었다. 코레의 어머니 데메테르는 낙담하여 딸을 찾아 다녔다. 그러는 동안에 땅 위의 모든 것이 죽어갔다. 그렇게 되자 제우스가 하데스와 데메테르 사이에서 중재를 맡았다. 그 협상은 코레를 봄마다 땅 위로 돌려보내는 것으로 마무리되었다.

102 그리스와 로마 신화에서 대모신의 시중을 든 존재들을 일컫는다. 거칠고 악마적인 요소를 지녔다.

103 그리스 신화에서 디오니소스를 모셨던 여사제를 일컫는다.

로 선호되는 것은 고양이나 뱀이나 곰이며, 악어나 도롱뇽처럼 생긴, 도마뱀류 같은 저승의 검은 괴물이 그들을 나타내는 때도 더러 있다.

소녀는 무력한 탓에 온갖 종류의 위험에 노출된다. 예를 들면, 파충류에게 삼켜질 위험도 있고, 제물로 바쳐지는 동물처럼 의례에 따라 죽음을 당할 수도 있다. 종종 피비린내 나고, 잔인하고, 심지어 음란하기까지 한 비밀 주신제가 벌어지는데, 이때 순진한 아이가 주신제를 위해 희생된다. 가끔 그 위험은 진정한 네키야(nekyia), 그러니까 하데스(망자의 나라)로 하강해서 "획득하기 힘든 보물"을 찾아나서는 일이다. 이 과정은 이따금 격한 감정을 불러일으키는 성적 의례나 월경혈을 달에게 바치는 행위와 연결된다. 정말 이상하게도, 다양한 고문과 외설스러운 짓이 "어머니 대지" 같은 존재에 의해 실행된다. 피를 마시는 행위도 있고, 피로 목욕하는 행위도 있으며, 십자가형도 있다. 실제 환자들의 병력(病歷)에 등장하는 소녀는 막연히 꽃처럼 아름다운 코레와 꽤 다르다. 다음의 예들이 보여주듯이, 현대적인 형상은 보다 더 선명하며, 그다지 "무의식적"이지 않다.

데메테르와 헤카테에 해당하는 형상들은 피에타(Pietà) 유형에서부터 바우보 유형에 이르기까지, 현실보다 월등히 크지 않아도 상위의 "어머니들"이다. 여자의 인습적인 무해함에 대한 평형추 역할을 하는 무의식은 무해함의 측면에서 대단히 창조적인 것으로 확인된다. 데메테르의 고귀한 형상이 무의식에서 저절로 생겨나는 하나의 이미지로서 순수한 형태로 나타나는 예를 나는 극소수만 떠올릴 수 있을 뿐이다. 나는 소녀 여신이 순백의 옷을 입었지만 두 팔에 검은 원숭이를 안은 모습으로 나타나는 예를 기억하고 있다. "풍요의 여신"은 언제나 어둡고 원시적이며, 이따금 앞에서 언급한 피 제물이나 어린이 제물을 통해서, 그것도 아니면 그녀가 초승달로 장식하기 때문에 달과 연결된다.

그림이나 조형에 그려진 것을 보면, 풍요의 여신은 검다 싶을 정도로 어둡거나 빨갛고(검정과 빨강은 그녀의 주요한 색깔이다), 얼굴 표정은 원시적이거나 동물적이다. 형태의 측면을 보면, 그녀는 자주 "브라상푸이의 비너스"(Vénus de Brassempouy)나 "빌렌도르프의 비너스"(Vénus de Willendorf), 할 사플리에니(Hal Saflieni)의 잠자는 여인 등의 신석기 시대의 이상형을 닮았다. 간혹 나는 암퇘지의 유방처럼 배열된, 다수의 유방을 만났다. "풍요의 여신"은 여자의 무의식에서 중요한 역할을 맡는다. 풍요의 여신을 나타내는 모든 것들이 "막강한" 것으로 묘사되니 말이다. 이것은 그런 예들의 경우에 의식적인 마음의 "풍요의 여신"의 요소가 비정상적으로 허약하여 강화를 요구하고 있다는 점을 보여준다.

지금까지 말한 내용에 비춰보면, 그런 형상들이 "상위의 인격"의 유형에 속하는 것으로 여겨져야 하는 이유가 거의 이해되지 않는다는 점을 나도 인정한다. 그러나 과학적 연구에 나서는 사람은 도덕적이거나 미학적인 편견을 버리고 사실들이 스스로 말을 하도록 이끌어야 한다. 소녀는 종종 일반적인 의미에서 말하는 그런 인간이 전혀 아닌 것으로 묘사된다. 그녀는 알려지지 않았거나 특이한 기원을 갖고 있거나, 아니면 이상하게 보이거나 이상한 경험을 겪고 있다. 이런 것들을 근거로 연구자는 소녀가 특별하고 신화 같은 본질을 갖고 있다고 추론하지 않을 수 없다. 마찬가지로, 아니 놀랍게도, "풍요의 여신"은 고전적 의미에서 말하는 신성한 존재이다. 게다가, 그녀는 어떻든 언제나 바우보로 위장해 나타나지는 않으며, 그녀는 예를 들면 '입네로토마키아 폴리필레'(Hypnerotomachia Poliphile)에 등장하는 비너스 여왕을 더 닮았다. 비록 그녀가 그 여왕에 비해 운명적으로 더 많은 고난에 시달릴지라도 말이다. 종종 풍요의 여신의 추한 형태는 현대 여성의 무의식에 있는 어떤 편견과 일치한다. 고대에는 없었던 편견이다. 그럼에도 불구하고, 데메테르와 밀접히 연결되는 헤카테의 저승의 성격과 페르세포네의 운명은 똑같이 인간 정신의 어두운 측면을 가리킨다. 그래도 그것들이 가리키는 어두운 측면의 범위는 현대의 자료가 가리키는 범위와 동일하지는 않다.

"상위의 인격"은 완전한 인간, 즉 인간이 자신에게 비치는 모습이 아니라 실제의 모습이다. 이 완전성에 무의식적 정신도 포함된다. 의식이 그렇듯이, 무의식도 필요한 데가 있고 또 그럴 자격을 갖추고 있다. 나는 무의식을 인격주의적으로 해석하길 원하지 않으며, 예를 들어, 앞에서 언급한 것과 같은 공상 이미지들이 억압 때문에 일어나는 "소망 성취"라는 식으로 주장하고 싶지 않다. 이 이미지들은 그것 자체로 절대로 의식적인 것이 아니며, 따라서 절대로 억압될 수 없었을 것이다.

비록 무의식이 개인의 의식을 통해서 스스로를 표현할지라도, 나는 무의식을 오히려 모든 인간들에게 공통적인 비개인적인 정신으로 이해한다. 누구든 숨을 쉴 때, 그 사람의 호흡은 개인적으로 해석되는 현상이 아니다. 신화적인 이미지들은 무의식의 구조에 속하며, 비개인적인 소유이다. 사실, 인간의 대다수는 그런 이미지들을 소유하고 있기보다는 그런 이미지들에게 강하게 사로잡혀 지내고 있다. 앞에서 묘사한 것과 같은 이미지들은 일부 조건들에서 그에 해당하는 장애를 일으키고 증상을 낳는다. 그러면, 이 충동들이 의식적 인격과 통합될 수 있는지 여부를, 통합될 수 있다면 어떤 식으로 가능한지를, 또 어느 정도까지 통합될 수 있는지를 확인하는 것이 의학적 치료의 과제가 된다. 아니면 이 충동들이 의식의 다소 결함 있는 경향 때문에, 정상적으로 잠재적인 상태에 있던 것이 활성화된 이차적인 현상인지를 확인해야 한다. 두 가지 가능성 모두 실제로 존재한다.

나는 보통 "상위의 인격"을 "자기"로 묘사하며, 그렇게 함으로써 잘 알려진 바와 같이 의식적인 마음까지만 확장하는 자아와, 의식의 구성 요소뿐만 아니라 무의식의 구성 요소까지 포함하는 인격 전체를 확실히 구분한다. 따라서 자아는 전체의 한 부분으로서 자기와 연결된다. 그런 만큼, 자기가 상위이다. 더욱이, 자기는 경험적으로 주체로 느껴지지 않고 객체로 느껴지며, 이 같은 사실은 언제나 간접적으로만, 투사를 통해서만 의식에 올 수 있는 무의식적인 요소 때문이다. 자기는 무의식적인 구성 요소 때문에 의식적 마음과 아주 멀리 떨어져 있다. 그렇기 때문에 자기는 인간의 형상들에 의해서 오직 부분적으로만 표현될 수 있을 뿐이며, 자기의 나머지 부분은 객관적이고 추상적인 상징들을 통해서 표현되어야 한다. 이 인간의 형상들은 아버지와 아들, 어머니와 딸, 왕과 왕비, 남신과 여신이다. 짐승 모습의 상징들은 용과 뱀, 코끼리, 사자, 곰, 그 외의 다른 강력한 동물이거나 다시 거미, 게, 나비, 풍뎅이, 곤충 등이다. 식물 상징들은 일반적으로 꽃들(연꽃과 장미)이다. 이 상징들은 원과 구(球), 사각형, 4개 1조, 시계, 창공 등의 기하학적 형상으로 이어진다.

무의식을 구성하는 요소들의 무한한 범위는 인간의 인격에 대한 포괄적인 묘사를 불가능하게 만든다. 따라서 무의식은 인간의 밖에 있는 두 가지 극단으로, 즉 동물적인 것에서부터 신성한 것에 이르기까지 살아 있는 형상들로 그 그림을 보완하며, 거기에 식물 같고 무생물 같은 추상 개념을 더함으로써 동물적인 극단을 누그러뜨려 하나의 소우주로 다듬어낸다. 이

부가물들은 사람의 모습을 한 신으로 자주 나타나며, 그때 신들은 "속성"으로서 나타난다.

어머니와 딸인 데메테르와 코레는 여자의 의식을 위와 아래로 확장한다. 그들은 여자의 의식에 "더 늙고 더 젊은", "더 강하고 더 약한" 어떤 차원을 더하며, 공간과 시간 안에 묶여 있는 제한적인 의식적 마음을 확장시킨다. 그렇게 함으로써 그들은 의식적 마음에게, 사물들의 영원한 과정에서 일정한 역할을 하는, 보다 위대하고 보다 포괄적인 인격에 대해 암시한다.

신화와 신비 의식이 어떤 의식적(意識的) 목적을 위해서 발명되었다고 짐작하기는 어렵다. 그보다는 신화와 신비 의식이 정신적이지만 무의식적인 어떤 전제 조건이 저절로 드러난 것일 가능성이 훨씬 더 크다. (예를 들어, 아이의 안에서) 의식에 앞서 존재하는 정신은 한편으로는 어머니의 정신에 참여하고, 다른 한편으로는 멀리 딸의 정신에까지 닿는다. 그러므로 모든 어머니는 자신의 안에 딸을 포함하고 있고, 모든 딸은 자신의 안에 어머니를 포함하고 있다고, 또 모든 여자는 뒤로 자기 어머니에게까지, 앞으로 자기 딸에게까지 닿는다고 말할 수 있다. 이 참여와 섞임은 시간과 관련하여 특이한 불확실성을 낳는다. 여자는 어머니로서 앞서 살기도 하고, 딸로서 뒤처져 살기도 하는 것이다. 이런 인연들의 의식적 경험은 여자의 삶이 세대를 내려가며 길게 펼쳐지고 있다는 느낌을 낳는다. 이 느낌이 시간 밖에 존재하는 현상에 관한 직접적 경험과 확신을 얻는 첫 걸음이다. 이 같은 확신은 불멸의 감정을 수반한다.

그러면 개인의 삶이 하나의 유형으로 높이 고양되고, 정말로 그 삶은 대체로 여자의 운명의 원형이 된다. 이것은 여자의 조상들의 생명의 부활, 즉 원상회복으로 이어진다. 이제 그녀의 조상들은 그녀라는, 짧은 세월을 사는 덧없는 개인의 다리를 통해서 미래 세대들로 넘어간다. 이런 종류의 경험은 개인에게 세대들의 삶 속에서 어떤 위치와 의미를 안겨준다. 그러면 그녀를 통해 흐르는 생명의 흐름을 가로막는 불필요한 장애물은 모두 깨끗이 제거된다. 그와 동시에, 개인은 고립으로부터 풀려나고 완전성을 회복한다. 모든 의례가 원형에 몰두하는 것은 최종적으로 이런 목표와 결과를 성취하기 위한 것이다.

이 대목에서 심리학자에게는 정화 작용을 촉진함과 동시에 활력을 띠게 하는 어떤 효과가 데메테르 숭배로부터 여성의 정신 속으로 흘러가야 한다는 것이 분명하게 보인다. 또 엘레우시스에서 행해지던 신비 의식에 수반되었던 감정이 초래하는 완전성의 경험 같은 것을 더 이상 알지 못하는 우리 문화의 두드러진 특징이 바로 정신 건강의 결여라는 것도 분명히 보인다.

심리학 쪽에 관심 있는 보통 사람들은 물론이고, 전문적인 심리학자와 정신과 의사, 심지어 정신 요법 의사까지도 자신이 치료하는 환자들의 원형적 자료에 대한 지식을 적절히 갖추고 있지 못하다는 사실을 나는 고려하고 있다. 그들이 무의식의 현상학의 이 측면을 특별히 연구하지 않았으니 말이다. 원형적인 상징들을 풍성하게 제시하는 환자들을 자주 만날 수 있는 곳이 바로 정신과와 정신 요법 분야이다.

환자를 치료하는 데 필요한 역사적 지식을 제대로 갖추고 있지 않은 의사는 환자를 관찰하면서도 거기서 나온 정보들과, 인류학과 인문과학의 발견들 사이에서 비슷한 점들을 파악하지 못한다. 거꾸로, 신화학과 비교 종교학 분야의 전문가는 대체로 정신과 의사가 아니며, 따라서 자신이 연구하는 신화소들이 우리의 가장 개인적인 삶의 숨겨진 깊은 곳에서, 예를 들어, 꿈과 환상에서 지금도 생생하게 살아 있다는 사실을 알지 못한다. 이 숨겨진 깊은 곳을 사람들은 결코 과학적 해부의 대상으로 삼지 않는다. 따라서 원형 관련 자료는 대부분 미지의 상태로 남아 있으며, 심지어 그런 자료를 수집하는 일조차도 특별한 연구와 준비를 요구한다.

내가 의료 현장에서 관찰했던 환자들 중에서 꿈이나 공상에서 원형적인 이미지들을 내놓은 예를 다수 제시하는 것도 의미 있을 것 같다. 대중을 대상으로 할 때, 나는 거듭 어떤 어려움에 봉착한다. 사람들이 내가 "소수의 예들"을 통해 되도록 쉽게 제시하는 설명이 세상에서 가장 단순할 것이라고 상상한다는 점이다. 실제로 보면, 맥락에서 끌어낸 몇 마디 말이나 한두 개의 그림을 바탕으로 무엇이든 입증하는 것은 거의 불가능한 일이다. 이런 식의 접근은 전문가를 다룰 때에만 제대로 효과를 발휘한다. 페르세우스[104]가 고르곤[105]의 머리와 무슨 관계가 있다는 생각은 그 신화를 모르는 사람에게는 절대로 떠오르지 않을 것이다.

개인적인 이미지들도 마찬가지이다. 그 이미지들도 맥락을 필요로 하며, 맥락은 하나의 신화일 뿐만 아니라 개인의 회상이기도 하다. 그러나 그런 맥락은 범위가 무한하다. 그런 이미지들의 시리즈 같은 것을 적절히 설명하는 데는 200쪽 분량의 책이 필요하다. 나 자신이 밀러(Miller)의 공상들을 대상으로 한 조사가 그런 작업이 대략 어떤 것인지를 짐작하게 한

---

104 그리스 신화에서 제우스와 다나 사이에 태어난 영웅. 그는 다양한 괴물을 처치한다. 메두사를 살해해 머리를 갖고 오고, 바다 괴물이자 바다의 여신인 케토를 죽이고 이디오피아의 공주 안드로메다를 구한다.

105 그리스 신화에 나오는 여자 괴물 셋을 일컫는다. 스테노와 에우뤼알레와 메두사가 그들이다.

다. 그러므로 내가 실제 환자들의 병력을 바탕으로 설명하려고 시도하는 것은 대단히 망설여지는 일이다. 내가 이용하는 자료는 부분적으로 정상적인 사람들에게서, 또 부분적으로 신경증이 약간 있는 사람들에게서 나온 것이다. 자료 중 일부는 꿈이고, 또 다른 일부는 환상이고, 나머지는 환상과 섞인 꿈이다. 이 환상들은 환각이나 황홀경과는 거리가 멀다. 그것들은 공상 또는 소위 적극적 상상의 자동적인 시각적 이미지들이다.

적극적 상상은 내성의 한 방법(나 자신이 고안했다), 즉 내면의 이미지들의 흐름을 관찰하는 방법이다. 환자는 인상적이지만 이해가 되지 않는 일부 꿈 이미지나 저절로 떠오르는 시각적 인상에 관심을 집중하며, 그 안에서 일어나는 변화를 관찰한다. 물론 그 사이에 모든 비판은 중단되어야 하며, 사건들을 철저히 객관적으로 관찰하고 기록해야 한다. 그 일 전체가 "자의적이거나" "강제로 떠올려진다"는 반대도 당연히 옆으로 제쳐놓아야 한다. 왜냐하면 그 반대가 자신의 집에 자기 외에는 어떤 주인도 허용하지 않는 자아의식의 불안에서 비롯되기 때문이다. 바꿔 말하면, 그 반대는 의식적 마음이 무의식에게 가하는 억제이다.

이런 조건에서 길고 종종 매우 극적인 일련의 공상들이 이어진다. 이 방법의 장점은 무의식에 있는 자료가 무더기로 드러나도록 한다는 점이다. 스케치를 하거나 그림을 그리거나 모형을 만드는 것도 같은 목적에 이용될 수 있다. 어떤 시각적 시리즈가 드라마의 성격을 지니기만 하면, 그것은 쉽게 청각적 또는 언어적 영역으로 넘어가면서 대화 비슷한 것을 낳는다.

다소 병적인 개인들과 특히 잠재적 정신 분열증이 있는 환자에게 그 방법은 일부 상황에서 극도로 위험한 것으로 드러날 수 있으며, 따라서 의학적 통제를 요구한다. 그 방법은 의식적 마음과 의식적 마음의 억제 효과를 교묘하게 약화시키는 조치에 바탕을 두고 있다. 의식적 마음의 억제 효과는 바로 무의식을 제한하거나 무의식을 억압하는 것을 말한다. 이 방법의 첫 번째 목표는 당연히 치료에 있으며, 두 번째 목표는 경험적인 자료를 풍부하게 끌어내는 것이다. 우리의 예들 일부는 바로 이 자료에서 나왔다. 그것들은 단지 형태가 보다 낫다는 점에서만 꿈과 다르다. 그것들의 형태가 나은 이유는 그것들이 꿈을 꾸고 있는 의식에 의해서가 아니라, 깨어 있는 의식에 의해서 파악되기 때문이다.

다음의 예들은 중년의 부인들로부터 얻은 것이다.

1. 환자 X(자연발생적인 시각적 인상들. 시간 순)

a. "날개를 활짝 펼치고 있는 하얀 새를 보았다. 새는 거기 고대의 동상처럼 앉아 있던, 청색 옷을 입은 부인의 형상 위에 내려앉았다. 새는 밀알 한 톨이 놓여 있던 그녀의 손 위에 앉았다. 새는 부리로 밀알을 물고 다시 하늘 높이 날아 올라갔다."

X는 이것을 바탕으로 그림을 그렸다. 청색 옷을 입은, 촌스럽고 단순한 "어머니" 형상이다. 그 형상은 흰색 대리석 받침대 위에 놓여 있다. 그 형상의 모성이 큰 가슴에 의해 강조되고 있다.

b. 수소 한 마리가 아이를 땅에서 들어 올린 뒤 고대의 어떤 여자 조각

상 쪽으로 옮긴다. 벌거벗은 어린 소녀가 머리에 화관을 쓴 채 흰 수소를 타고 나타난다. 그녀가 아이를 받아서 공처럼 공중으로 던졌다가 다시 받는다. 흰 수소가 그들 둘을 어느 신전으로 데려간다. 소녀가 아이를 땅바닥에 내려놓는다. (이어서 입교 의식이 따른다.)

이 그림에서 소녀는 다소 에우로파[106]와 비슷한 모습으로 등장한다. (여기서 학교에서 얻은 지식이 약간 활용되고 있다.) 그녀가 벌거벗었다는 사실과 화관은 디오니소스의 방종을 가리킨다. 아이를 갖고 하는 공놀이는 언제나 "어린이 제물"과 관계있는 어떤 비밀 의식의 모티브이다. (참고로, 이교도들은 기독교인들이 의식을 위해 살해를 한다고 비난했고, 기독교인들은 유대인들과 그노시스주의자들이 의식을 위해 살해를 한다고 비난했다. 또한 페니키아인의 어린이 제물이 있고, 흑(黑)미사에 관한 소문도 있으며, "교회 안에서 하는 공놀이"도 있다.)

c. "황금 돼지가 대좌 위에 놓여 있는 것을 보았다. 짐승 같은 존재들이 그 주위를 원을 그리며 돌며 춤을 추고 있었다. 우리는 땅에 구멍을 하나 파기 위해 서둘렀다. 나는 구멍 안에서 물을 발견했다. 그때 어떤 남자가 황금 마차를 타고 나타났다. 그가 구멍 속으로 뛰어내려 마치 춤을 추듯 앞뒤로 움직이기 시작했다. … 나도 그의 리듬에 맞춰 몸을 움직였다. 그러다가 그가 갑자기 구멍 밖으로 뛰어나와서 나를 강간하고 임신시켰다."

---

106 그리스 신화 속에서 페니키아의 공주로 알려져 있다. 그녀는 제우스에게 납치된다.

X는 종종 청년으로도 나타나는 젊은 소녀와 동일하다. 이 청년은 아니무스 형상, 즉 어떤 여자의 내면에 있는 남성적인 요소의 구체화이다. 청년과 젊은 소녀는 함께 완전성의 핵심을 상징하는 시지지 또는 융합을 형성한다(플라톤 철학의 자웅동체처럼. 이 자웅동체는 나중에 연금술 철학에서 완벽한 완전의 상징이 되었다). X는 분명히 나머지와 춤을 추고 있으며, 그래서 "우리는 서둘렀다"는 표현이 나온다. 케레니가 강조한 모티브들과 비슷한 점이 나에게 인상적으로 다가온다.

d. "황금 심벌즈를 가진 아름다운 청년이 너무나 기쁜 나머지 흥에 겨워 이리저리 뛰어다니며 춤을 추는 것을 보았다. … 최종적으로 그는 땅바닥에 쓰러지며 얼굴을 꽃에 묻었다. 이어서 그는 아주 나이 많은 어머니의 무릎에 파묻혔다. 어느 정도 시간이 흐른 뒤에, 그는 일어나서 물 속으로 뛰어들었다. 거기서 그는 마치 한 마리 돌고래처럼 까불며 놀았다. … 나는 그의 머리카락이 금발이라는 것을 알았다. 이제 우리는 손을 맞잡고 함께 도약하고 있다. 그리하여 우리는 골짜기에 이르렀다. …" 골짜기에서 도약하다가, 청년은 협곡으로 떨어진다. 이제 X 혼자 남아서 어떤 강에 닿는데, 거기에 흰 해마가 황금 배와 함께 그녀를 기다리고 있다.

이 장면에서 X는 청년이다. 따라서 청년은 후에 사라진다. 그녀를 그 이야기의 유일한 여주인공으로 남겨두고서. 그녀는 "아주 나이 많은 어머니"의 아이이며, 또한 돌고래이다. 청년은 협곡에서 사라지고, 틀림없이 거기에 포세이돈에 의해 다리가 놓일 것이다. 이 모든 개인적 자료에서 모티브들이 특이하게 겹쳐지고 치환되는 것은 대략적으로 신화의 변형들과 동일하다. X는 어머니의 무릎에 파묻힌 청년이 너무나 인상적이라는 사실을 발견했다. 그래서 그는 그것을 그림으로 그렸다. 그 모습은 a의 내용과 동일하다. 단지 그녀의 손바닥의 밀알 한 톨 대신에, 완전히 기진맥진한 상태에서 거대한 어머니의 무릎에 누운 청년의 육체가 있다.

e. 이제 양을 제물로 바치는 행위가 따른다. 그 사이에 제물로 바쳐지는 동물을 갖고 공놀이가 행해진다. 참가자들은 제물의 피로 자신의 몸을 칠하고, 그 다음에 살아 팔딱거리는 피 속에서 목욕을 한다. 이어서 X가 어떤 식물로 변한다.

f. 그 뒤에, X는 뱀들의 굴로 가고, 뱀들이 그녀를 칭칭 감는다.

g. 바다 밑에 있는 뱀들의 굴 안에서 신성한 어떤 여인이 잠을 자고 있다. (이 여인은 그림에서 다른 것들보다 훨씬 더 크게 그려진다.) 그녀는 하반신만을 피로 물든 옷으로 가리고 있다. 그녀는 피부가 검고 입술이 붉고 두툼했으며, 육체적으로 대단히 강해 보인다. 그녀는 분명히 젊은 소녀의 역할을 하고 있는 X와 입을 맞추고, 그녀는 옆에 서 있던 많은 남자들에게 X를 선물로 건넨다.

이런 원시적인 여신은 전형적인 "풍요의 여신"이다. 풍요의 여신은 현대인의 공상에도 자주 나타난다.

h. X가 깊은 곳에서 빠져나와 다시 빛을 보았을 때, 그녀는 일종의 계시 같은 것을 경험했다. 그녀가 물결처럼 일렁이는 곡물 밭을 지나고 있을 때, 하얀 불꽃이 그녀의 머리 주변에 너울거렸다.

이 그림으로 어머니 에피소드가 끝났다. 알려진 신화가 반복되고 있다는 점을 알려주는 흔적은 조금도 보이지 않지만, 모티브들과 그 모티브들 사이의 연결은 신화학적으로 모두 익숙하다. 이 이미지들은 저절로 나타나며, 의식적 지식에는 전혀 근거를 두고 있지 않다. 나는 오랫동안 적극적 상상이라는 방법을 나 자신에게 적용하면서 수많은 상징들과 그 상징들의 연결들을 관찰했다. 그런데 많은 예들에서 나는 몇 년의 세월이 지난 뒤에야 그 전까지 존재한다는 사실조차 모르고 있던 텍스트에서 그 상징들과의 연결들을 확인할 수 있었다. 꿈들도 마찬가지다. 예를 들어, 몇 년 전에 나는 다음과 같은 내용의 꿈을 꾸었다.

"어떤 산을 힘들게 천천히 오르고 있었다. 꼭대기에 도착했다고 생각했을 때, 나는 나 자신이 고원의 가장자리에 서 있다는 사실을 발견했다. 볏처럼 생긴 산의 진짜 정상은 아직 저 멀리 우뚝 솟아 있었다. 어둠이 깔리고 있었다. 반대편의 어두운 경사면에서 시내가 금속 빛을 반짝이며 아래로 흐르고 있는 것이 보였다. 두 개의 길이 위로 향하고 있었다. 하나는 왼쪽 위로, 다른 하나는 오른쪽 위로 뱀처럼 구불구불 이어지고 있었다. 오른쪽 꼭대기에 호텔이 있었다. 그 아래에서, 시내가 왼쪽으로 흐르고 있었고, 시내 위로 다리가 놓여 있었다."

오래지 않아서, 나는 잘 알려지지 않은 연금술 논문에서 다음과 같은 비유를 발견했다. '스페쿨라치바 필로소피아'(Speculativa Philosophia)에서, 16세기 후반기를 살았던 프랑크푸르트의 의사 게라르두스 도르네우스(Gerardus Dorneus)는 한편으로 "사람들이 오류의 길이라고 부르는 세상 유람"에 대해, 다른 한편으로 "진리의 길"에 대해 묘사한다. 오류의 길에 대해 저자는 이렇게 말한다.

"신에게 저항하는 본성을 가진 인간들은 스스로 놓은 덫을 어떻게 하면 자신의 노력으로 피할 수 있는지에 대해 묻는 일을 멈추지 않는다. 그러나 인간들은 신에게 도움을 청하지 않는다. 모든 자비의 선물이 전적으로 신에게 달려 있는데도 말이다. 따라서 인간들이 그 길의 왼쪽에 위대한 작업장을 스스로 짓는 일이 벌어진다. … 그쪽은 근면이 지배적인 원칙이다. 이것을 성취한 뒤에, 인간들은 근면을 멀리하고 걸음을 세상의 두 번째 영역 쪽으로 돌렸으며, 그리하여 허약의 다리를 건너게 되었다. … 그러나 선량한 신은 그들이 되돌아오기를 바랐다. 그랬기 때문에, 신은 허약이 그들을 지배하는 것을 허용했다. 이어 인간들은 예전처럼 자신에게서 치료 방법[근면!]을 찾으면서 왼쪽에 지어진 그 위대한 병원으로 몰려들었다. 여기서는 의학이 지배적인 원칙이며, 약사와 내과 의사와 외과 의사들이 아주 많다."

"옳은" 길인 "진리의 길"에 대해 저자는 이렇게 말한다.

"… 당신은 지혜의 진영에 닿을 것이며, 거기서 받아들여지기만 하면

당신은 그 전의 그 어느 것보다 훨씬 더 강력한 음식으로 회복할 것이
다." 거기에 시내가 흐르고 있다. "생생하게 살아 있는 물이 산 정상에서
부터 너무도 유연하게 흐르고 있다. (그 물은 지혜의 샘에서 솟는다.)"

나의 꿈과 비교할 경우에 중요한 차이는 이 글에서 호텔의 상황이 거꾸
로 되어 있는 것 외에, 지혜의 강이 나의 꿈에서와 달리, 그림의 중앙에 있
지 않고 오른쪽에 있다는 점이다.

나의 꿈은 알려진 어떤 "신화"에 대한 이야기를 들려주는 것이 아니라,
"개인적인", 즉 쉽게 독특한 것으로 여겨질 수 있는 일단의 생각들에 관
한 이야기를 들려주고 있는 것이 분명하다. 그러나 철저한 분석을 거치면
그 꿈이 시대와 장소를 막론하고 거듭 재현될 수 있는 어떤 원형적인 그
림이라는 것이 어렵지 않게 확인된다. 그러나 여기서 나는 그 꿈 이미지
의 원형적인 성격이 내가 도르네우스의 글을 읽고 나서야 분명하게 다가
왔다는 점을 인정해야 한다. 이것과 비슷한 사건들을 나는 나 자신에게서
만 아니라 환자들 사이에서도 거듭 관찰했다. 그러나 이 예가 보여주듯이
그런 비슷한 것들을 놓치지 않으려면 특별한 주의가 요구된다.

고대의 어머니 이미지는 데메테르의 형상에 다 담겨지지 않는다. 어머
니 이미지는 키벨레와 아르테미스에게도 나타난다. 다음의 예는 이쪽 방
향을 가리킨다.

2. 환자 Y(꿈들)

a. "나는 높은 산 위를 떠돌고 있다. 길은 호젓하고 거칠고 힘들다. 하늘에서 어떤 여자가 나를 동행하며 돕기 위해 내려온다. 그녀는 밝은색 머리카락과 빛나는 눈으로 환하게 빛을 발한다. 이따금 그녀가 사라진다. 한동안 홀로 걷다가 나는 어딘가에 지팡이를 두고 왔다는 사실을 깨닫는다. 그래서 나는 그것을 찾기 위해 왔던 길을 돌아가야 한다. 지팡이를 찾기 위해서는 무서운 괴물을, 그러니까 거대한 곰을 지나야 한다. 내가 처음 이 길을 걸었을 때에도 그 괴물을 통과해야 했다. 그러나 그때 하늘에서 내려온 여자가 나를 지켜줬다. 그 놈이 지나치려던 나에게 막 다가서려 할 때, 그녀가 다시 내 옆에 서 있었으며, 그녀의 눈길에 곰은 말없이 자리에 드러누우며 우리가 지나가도록 했다. 이어서 하늘에서 온 여인은 다시 사라졌다."

여기서 우리는 모성의 보호적인 성격이 강한 여신을, 곰들과 관계있는 여신을 만난다. 일종의 디아나 또는 로마 제국 지배 하의 갈리아의 여신 아르티오(Dea Artio)이다. 하늘에서 내려오는 여인은 "상위의 인격"의 긍정적인 측면이고, 곰은 그 인격의 부정적인 측면이다. 이 상위의 인격은 의식적인 인간 존재를 위로 천상의 영역으로 확장하고 아래로 동물적인 영역으로 확장한다.

b. "우리는 문을 통해 망루처럼 생긴 공간으로 들어가서 거기서 높은 계단을 오른다. 맨 꼭대기의 계단들 중 하나에 이런 글이 새겨져 있다. '소

망하는 대로 되리니.' 계단들은 숲이 우거진 산꼭대기에 위치한 신전에서 끝난다. 달리 접근할 수 있는 길은 전혀 없다. 그것은 곰의 여신이자 신의 어머니인 우르사나의 신전이다. 신전은 붉은 돌로 지어졌다. 거기서 피투성이 제물들이 공물로 바쳐진다. 제단 주위에 동물들이 서 있다. 신전의 경내로 들어가기 위해서는 누구나 동물로, 숲의 짐승으로 변해야 한다. 신전은 양쪽 팔의 길이가 똑같은 십자가의 형태를 취하고 있다. 가운데는 원형의 공간이다. 그 공간 위에는 지붕이 없다. 그래서 누구든 하늘과 곰의 별자리를 올려다볼 수 있다. 열린 공간의 한가운데에 자리 잡은 제단에는 '달 그릇'이 놓여 있다. 거기서 연기 또는 증기가 끊이지 않고 피어오르고 있다. 또한 거대한 여신상이 있지만, 선명하게 보이지 않는다. 동물로 변한 숭배자들은 자신의 발로 여신의 발을 건드려야 한다. 그러면 여신상이 그들에게 몸짓이나 '소망하는 대로 되리니' 같은 예언적인 말을 한다. 나도 그 숭배자들 속에 섞여 있다."

이 꿈에서 곰 여신이 분명히 등장하고 있다. 비록 그 조각상이 "선명하게 보이지 않을지라도" 말이다. 자기, 즉 상위의 인격과의 관계는 "소망하는 대로 되리니."라는 예언에 의해서만 암시되는 것이 아니라, 신전의 4개 1조와 원형인 중앙의 공간에 의해서도 암시되고 있다. 아득한 옛날부터 언제나 별자리와 연결되는 것은 모두 영원을 상징했다. 영혼은 "별들에서" 와서, 다시 별들의 세계로 돌아간다. "우르사나"와 달의 관계는 "달 그릇"에 의해 암시되고 있다.

달의 여신은 어린이들의 꿈에도 나타난다. 정신적으로 특별히 힘든 상황에서 성장한 한 소녀는 7세와 10세 사이에 옛날의 꿈을 다시 꾸었다.

"달의 부인이 나를 자신의 섬으로 데려가기 위해서 언제나 잔교(棧橋)의 물가에서 나를 기다리고 있었다." 안타깝게도 그녀가 거기서 일어난 일을 전혀 기억할 수 없었지만, 그 섬이 너무나 아름다웠기 때문에 그녀는 종종 이 꿈을 언젠가 다시 꿀 수 있기를 바랐다. 비록 꿈을 꾼 두 사람이 동일인이 아닐지라도, 섬 모티브는 그 앞의 꿈에도 "접근 불가능한 산의 꼭대기"로 나타났다.

꿈에서 달의 부인을 만난 사람은 30년 뒤에 극적인 공상을 경험했다.

"나는 어둡고 가파른 산을 오르고 있다. 산의 꼭대기에 원형의 성이 서 있다. 나는 성 안으로 들어가서 왼쪽으로 비스듬히 난 계단을 오른다. 돔 안에 도착한 뒤, 나는 소의 뿔로 머리를 장식한 어느 여인 앞에 서 있는 나 자신을 발견한다. 즉시 나는 그녀를 알아본다. 어린 시절의 꿈들에 나타났던 달의 여인이다. 그녀의 명령에 따라, 나는 오른쪽으로 눈길을 돌리고 깊은 협곡의 반대편에서 눈부시게 빛나는 태양을 본다. 협곡 위로 좁고 투명한 다리가 걸려 있다. 나는 어떤 상황에서도 아래를 내려다봐서는 안 된다는 것을 의식하면서 다리 위로 발을 내딛는다. 그 순간에 무시무시한 공포가 나를 엄습하고, 나는 망설인다. 배신의 분위기가 팽배한 것 같지만, 그래도 나는 최종적으로 다리를 건너 태양 앞에 선다. 그러자 태양이 이렇게 말한다. '네가 불타지 않고 나에게 아홉 번 접근할 수 있다면, 모든 일이 다 잘 풀리리라.' 그러나 나는 점점 더 두려워하며 마지막에 아래로 내려다보다가 시커먼 촉수를 본다. 문어의 팔 같은 촉수가 태양 아래쪽에서 내 쪽으로 더듬고 있다. 나는 깜짝 놀라며 뒷걸음질치다가 심연으로 빠진다. 그러나 나는 몸이 산산조각 박살나는 것이 아니라 풍요의 여신의 팔에 안겨 있다. 내가 풍요의 여신의 얼굴을 보려고 할 때, 그녀가 진흙으로 변하고, 나는 나 자신이 땅 위에 누워 있는 것을 확인한다."

이 공상의 시작 부분이 꿈과 일치하는 방식이 놀랍다. 위에 존재하는 달의 부인은 분명히 아래쪽의 풍요의 여신과 구분된다. 달의 부인은 꿈을 꾼 사람이 태양과 다소 위험스런 모험을 벌이도록 강요하고, 풍요의 여신은 보호하는 입장에서 모성의 두 팔로 그녀를 붙잡는다. 그러므로 이 꿈을 꾼 사람은 위험에 처한 상태에서 코레의 역할을 맡고 있는 것 같다.
이제 다시 우리의 꿈 시리즈로 돌아간다.

c. Y는 어느 꿈에서 두 점의 그림을 본다. 스칸디나비아 화가 헤르만 크리스티안 룬드(Hermann Christian Lund)의 그림이다.
"첫 번째 그림은 스칸디나비아 농민의 방을 그린 그림이다. 화려한 복장을 한 농촌 소녀들이 서로 팔을 끼고(즉, 일렬로) 주위를 걸어 다니고 있다. 한가운데의 소녀는 나머지 소녀들보다 키가 작고, 혹을 달고 있으며, 끊임없이 머리를 뒤쪽으로 돌리고 있다. 그녀의 이 같은 행동이 그녀의 특이한 시선과 함께 그녀를 마녀처럼 보이도록 만든다."
"두 번째 그림은 그림 전체를 덮을 만큼 목을 길게 뻗은 용을 보여주고 있다. 용의 목은 특히 어느 소녀 쪽으로 뻗고 있다. 소녀는 용의 힘에 눌려 움직이지 못한다. 그녀가 움직이려는 순간에, 몸통을 마음대로 키웠다 줄였다 할 수 있는 용도 똑같이 움직이기 때문이다. 소녀가 벗어나려고 하면, 용은 간단히 목을 소녀 위로 뻗으며 그녀를 다시 붙잡는다. 정말 이상하게도, 소녀는 얼굴이 없다. 적어도 나는 소녀의 얼굴을 볼 수 없었다."

화가는 그 꿈의 창작이다. 아니무스는 종종 화가로 등장하거나, 영사 장치를 갖고 있거나, 영사 기사이거나 미술관의 소유자이다. 이 모든 것은 아니무스를 의식과 무의식을 중재하는 기능으로 표현하고 있다. 무의식은 아니무스에 의해서 공상으로, 또는 무의식적으로 환자 자신의 삶과 행위에서 분명하게 나타나게 되는 그림들을 포함하고 있다. 아니무스 투사는 "영웅들" 또는 "악령들"을 향한 가공의 사랑과 증오를 낳는다. 이 투사의 대상으로 인기 있는 사람들은 테너와 예술가, 영화배우, 운동 종목의 챔피언들이다. 첫 번째 그림에서 처녀는 혹이 있고, "어깨 너머로" 보는 사악한 눈길을 가졌으며, 그래서 "귀신 들린" 것 같은 분위기를 풍긴다. (그래서 원시인들은 사악한 눈길을 피하기 위해 종종 부적을 목덜미에 두른다. 취약한 곳이 당신이 볼 수 없는 뒤에 있기 때문이다.)

두 번째 그림에서 "소녀"는 괴물의 순진한 희생자로 그려지고 있다. 첫 번째 그림에 하늘의 여인과 곰 사이에 동일성의 관계가 있듯이, 여기서는 젊은 소녀와 용 사이에 그런 관계가 있다. 그런데 이런 관계는 실제로 보면 불쾌한 농담 그 이상이다. 이 예에서도 그 관계는 한편으로 희생자의 무력함을 통해서, 다른 한편으로는 꼽추의 사악한 눈길과 용의 힘을 통해서 의식적인 인격을 확장하는 것을 의미한다.

d. (일부는 꿈이고 일부는 시각적 상상이다.) "어느 마법사가 인도의 한 왕자에게 묘기를 보여주고 있다. 마법사가 옷 밑에서 아름다운 어린 소

녀를 끄집어낸다. 그녀는 무희이고, 자신의 모습을 변화시키는 능력을 갖추고 있으며, 적어도 완벽한 착각으로 청중을 사로잡는다. 춤을 추는 동안에, 그녀는 음악과 함께 해체되어 벌의 무리로 변한다. 이어서 그녀는 표범으로, 한 줄기의 물로, 다시 말미잘 같은 것으로 변하여 젊은 진주 잡이 어부를 칭칭 감는다. 가끔 그녀는 극적인 순간에 다시 인간의 형태를 되찾는다. 그녀는 경이로운 과일들을 담은 두 개의 광주리를 짊어진 암컷 나귀로 나타난다. 이어서 그녀는 화려한 색깔의 공작이 된다. 왕자는 정신을 놓아버릴 만큼 즐거워하며 그녀를 자기 곁으로 오라고 부른다. 그러나 그녀는 계속 춤을 춘다. 지금 벌거벗은 상태인 그녀는 자신의 육체로부터 살갗을 벗겨내다가 마지막으로 쓰러진다. 앙상한 뼈대만 남았다. 이것을 땅에 묻었는데, 밤에 무덤에서 백합이 자라났으며, 백합 꽃받침에서 하얀 부인이 나타나 서서히 하늘로 올라가고 있다."

이 부분은 환상에 잘 빠지는 사람(환상에 빠지는 기술은 여성의 두드러진 능력이다)이 변모된 인격을 갖추게 될 때까지 연속적으로 겪는 변신을 묘사하고 있다. 이 공상은 일종의 비유로서 창작되지 않았다. 공상은 부분적으로 꿈이고 부분적으로 자연적으로 일어난 이미지였다.

e. "나는 회색 사암으로 지은 교회 안에 있다. 제단 뒤쪽의 반원형의 부분이 오히려 교회보다 더 높게 지어졌다. 벽감 가까운 곳에 붉은색 드레스를 입은 소녀가 창문의 돌 십자가에 매달려 있다. (자살?)"

앞의 예들에서 어린이 또는 양 제물이 어떤 역할을 했듯이, 여기서는 "십자가"에 매달려 있는 소녀 제물이 그런 역할을 한다. 무희의 죽음도 이런 의미에서 이해될 수 있다. 이 소녀들은 언제나 죽게 되어 있으니 말이다. 왜냐하면 여성적인 정신에 대한 소녀들의 독점적인 지배가 개성화 과정, 즉 인격의 성숙을 방해하기 때문이다. "소녀"는 남자의 아니마에 해당하며, 그녀는 자신의 자연스런 목적을 이루기 위해 남자의 아니마를 이용한다. 이 과정에 망상이 대단히 큰 역할을 한다. 그러나 어떤 여자가 '남자에게 속하는 여자'로 만족하는 한, 그녀는 여성적인 개성을 전혀 갖고 있지 않다. 그녀는 빈 상태에서 그냥 반짝일 뿐이다. 말하자면, 남자의 투사를 받아들이는 그릇인 것이다. 그러나 하나의 인격으로서의 여자는 매우 다른 문제이다. 여기서는 망상이 더 이상 작동하지 않는다. 그래서 대체로 삶의 후반부에 고통스런 사실로 작용하는 인격의 문제가 제기될 때, 유치한 형태의 자기도 사라진다.

이제 내가 할 일은 코레를, 인간의 안에서 관찰할 수 있는 것, 즉 아니마로 설명하는 것이다. 어느 남자의 전체는 그가 체질적으로 동성애자가 아닌 이상 오직 남성적인 인격일 수밖에 없기 때문에, 아니마라는 여성적인 형상은 상위 인격의 한 유형으로 분류될 수 없으며, 다른 평가와 다른 지위를 요구한다.

무의식적 작용의 산물들에서, 아니마는 똑같이 소녀와 어머니로 나타난다. 이것이 인격주의적 해석이 언제나 아니마를 개인적인 어머니나 그 외의 다른 여성으로 압축하는 이유이다. 그 과정에 그 형상의 진정한 의미는 당연히 상실되고 만다. 무의식의 심리학의 영역에서든 신화학의 영역에서든, 이런 환원적인 해석은 불가피하게 그런 결과를 낳기 마련이다.

신화학의 영역에서 신들과 영웅들을 태양과 달과 별과 기상(氣象)과의 연결 속에서 해석하려 했던 무수한 시도들은 신과 영웅을 이해하는 데 중요한 기여를 전혀 하지 못한다. 반대로, 그런 시도들은 예외 없이 우리가 그릇된 경로를 밟도록 이끈다. 그러므로 꿈이나 자동적인 다른 산물에서 여신과 매춘부라는 양극단을 오가는 그런 미지의 여자 형상이 나타날 때, 그 여자를 알려진 무엇인가로 자의적으로 환원시킬 것이 아니라 그녀가 독립성을 지키도록 내버려두는 것이 바람직하다.

만약에 무의식이 그녀를 "미지"의 존재로 보여준다면, "합리적인" 해석을 끌어낼 목적으로 그 같은 미지의 속성을 억지로 제거하려 해서는 안 된다. "상위의 인격"처럼, 아니마도 양극적이며, 따라서 어떤 순간에는 긍정적인 모습으로 나타났다가 다음 순간에는 부정적인 모습으로 나타난다. 젊기도 하고 늙기도 하며, 어머니이기도 하고 소녀이기도 하며, 착한 요정이기도 하고 마녀이기도 하며, 성녀이기도 하고 매춘부이기도 한 것이다.

이런 양면적 가치 외에, 아니마는 "신비들"과, 대체로 어둠의 세계와 "초자연적으로" 연결되기도 하며, 그런 이유로 그녀는 종종 종교적 색채를 띤다. 어느 정도 뚜렷한 모습으로 나타날 때마다, 그녀는 언제나 시간과 특이한 관계를 맺는다. 대체로 그녀는 시간 밖에 있기 때문에 다소 불멸이다. 이 형상을 건드리려 시도했던 작가들은 이 측면에서 아니마의 특이성을 절대로 놓치지 않았다. 예를 들면, 라이더 해거드의 '그녀'와 '그녀의 복귀', 피에르 브누아의 '라틀랑티드', 특히 미국의 젊은 저자 윌리엄 슬론(William M. Sloane: 1906-1974)의 소설 '야행'(To Walk the Night) 등의 전형적인 묘사가 있다. 이 설명들 모두에서, 아니마는 우리가 아는 바와 같이 시간 밖에 존재하며, 따라서 대단히 나이가 많거나 다른 질서에 속하는 존재이다.

우리가 종교적으로 믿는 형상들을 통해서는 무의식의 원형들을 더 이상 표현하지 못하거나 오직 부분적으로만 표현할 수 있기 때문에, 원형들은 다시 무의식 속으로 들어가고, 따라서 그것들은 다소 적절한 인간의 인격들로 무의식적으로 투사된다. 어린 소년에게는 명확히 구분되는 아니마 형태가 그의 어머니에게서 나타난다. 이 같은 사실은 그의 어머니에게 힘과 탁월성의 광휘를 부여하거나, 그보다 훨씬 더 매력적인, 마력(魔力)의 아우라를 부여한다. 그러나 아니마의 양면적 가치 때문에, 투사가 전적으로 부정적일 수도 있다. 여성이 남성의 내면에 불러일으키는 두려움의 상당 부분은 아니마 이미지의 투사에 근거를 두고 있다. 어린애 같은 남자는 일반적으로 어머니 아니마를 갖고 있으며, 성인 남자는 보다 젊은 여인의 형상을 갖고 있다. 늙은 남자는 매우 어린 소녀에게서, 심지어 어린이에게서 보상을 발견한다.

3. 환자 Z

아니마는 그녀의 특징들을 상징하는 동물들과도 밀접한 관계를 맺는다. 따라서 아니마는 한 마리의 뱀이나 호랑이나 새로 나타날 수 있다. 한 예로서, 이런 종류의 변신을 포함하고 있는 꿈 시리즈를 보도록 하자.

#1. 하얀 새 한 마리가 탁자 위에 앉아 있다. 돌연 그 새가 금발의 소녀로

변했다가 금방 다시 새로 변한다. 새는 지금 인간의 목소리로 말한다.

#2. 정말로 저승인 어느 지하의 집에, 마법사이자 예언가인 늙은이가 "딸"과 함께 살고 있다. 그러나 그녀는 그의 진짜 딸이 아니다. 그녀는 무희이며, 대단히 자유로운 사람이지만 앞을 보지 못하는 까닭에 치료를 추구하고 있다.

#3. 숲 속에 집이 한 채 서 있다. 거기에 늙은 학자가 살고 있다. 갑자기 그의 딸이 나타난다. 일종의 귀신이다. 그녀는 사람들이 자신을 가공의 존재로만 여긴다고 불평한다.

#4. 어느 교회의 정면에 고딕 양식의 마리아상이 있다. 그녀는 살아 있으며, "알려지지 않았으면서 알려진 여인"이다. 그녀는 팔에 아기 대신에 일종의 불꽃 또는 뱀이나 용을 안고 있다.

#5. 검은 옷을 입은 "백작 부인"이 어두운 예배당에서 무릎을 꿇고 있다. 그녀의 드레스에는 값비싼 진주들이 달려 있다. 그녀의 머리카락은 빨갛다. 그녀에게는 신비로운 구석이 있다. 더욱이, 그녀는 죽은 사람들의 정령들로 둘러싸여 있다.

#6. 암컷 뱀 한 마리가 인간의 목소리로 말하며 환심을 사려는 듯 친절하게 처신하고 있다. 그 뱀은 "어쩌다" 뱀의 모습을 하게 되었을 뿐이다.

#7. 어떤 새가 똑같은 목소리로 말을 하지만, 그 새는 꿈을 꾸고 있는 사람을 위험한 상황으로부터 구해 주려고 노력함으로써 자신이 유익한 존재라는 점을 보여주고 있다.

#8. 미지의 여인이, 꿈을 꾸고 있는 사람처럼, 교회의 뾰족탑 위에 앉아서 심연 건너편의 그를 무시무시한 시선으로 응시하고 있다.

#9. 미지의 그 여인이 갑자기 영하 40도까지 떨어지는 지하의 공공 화장실에서 일하는 늙은 여자로 나타난다.

#10. 미지의 그 여인이 소시민 같은 모습으로 여자 친척과 함께 집을 떠나고, 그녀의 자리에 갑자기 실물 이상으로 큰, 청색 옷을 입은 여신이 있다. 여신은 아테나 같다.

#11. 이어서 그녀는 제단을 차지하며 교회에 나타난다. 여전히 실물보다 크지만 얼굴을 가린 상태이다.

이 꿈들 모두에서, 중심적인 형상은 꿈을 꾸고 있는 사람에게 전혀 알려지지 않은, 여자의 특성들을 갖춘 신비스런 여성이다. 미지의 인물은 꿈들 속에서 그런 인물로 묘사되고 있으며, 그녀의 특별한 본질을 먼저 변신 능력을 통해서, 둘째로 역설적인 양면성을 통해서 드러낸다. 가장 높은 것에서부터 가장 낮은 것에 이르기까지, 상상 가능한, 의미의 온갖 뉘앙스가 그녀 안에서 반짝인다.

꿈 1은 아니마를 요정 같은 것으로, 말하자면 부분적으로만 인간인 것으로 보여주고 있다. 아니마는 마찬가지로 한 마리 새일 수도 있다. 이것은 그녀가 전적으로 자연에 속하고 인간의 영역(즉, 의식)으로부터 사라질 수 있다(즉, 무의식이 된다)는 것을 의미한다.

꿈 2는 미지의 여인을 저 너머(무의식)에서 온 신화적인 형상으로 보여준다. 그녀는 비밀 교리의 해설자 또는 "철학자"의 신비스런 여형제 또는 딸이다. 이것은 분명히 시몬 마구스와 헬레네, 조시모스(Zosimus)[107]와 테오세베이아(Theosebeia: A.D. 4세기 활동), 코마리우스(Comarius)[108]와 클레오파트라(Cleopatra)[109] 등에서 만나는 신비한 시지지들과 비슷하다. 우리의 꿈은 그 중에서 헬레네와 가장 잘 맞아떨어진다. 여자의 형태로 나타나는 아니마의 심리학을 놀라울 정도로 탁월하게 묘사한 내용은 존 어스킨의 '트로이의 헬레네의 사생활'에서 발견된다.

꿈 3은 동일한 주제를 보다 "동화 같은" 차원에서 표현하고 있다. 여기서 아니마는 다소 유령 같은 모습으로 나타난다.

꿈 4는 아니마를 신의 어머니에 보다 가까운 모습으로 그리고 있다. "아이"는 구원의 뱀과 구원자의 "불 같은" 본성이라는 주제에 관한 신비주의 고찰을 가리킨다.

꿈 5에서, 아니마는 "기품 있고" 매력적인 여자로 다소 낭만적으로 시각화되고 있다. 그럼에도 그 여자는 영(靈)들과 관계를 맺고 있다.

---

107 A.D. 3세기 말과 A.D. 4세기 초를 살았던, 이집트 출신의 연금술사이자 그노시스주의 신비 사상가이다.

108 연금술사.

109 A.D. 3세기 또는 4세기의 연금술사이며, 역사 속에서 유명한 그 클레오파트라가 아니다.

꿈 6과 꿈 7은 짐승의 모습을 한 변형을 보여준다. 아니마의 정체는 목소리와 그 목소리가 하는 말 때문에 꿈을 꾸는 사람에게 너무나 분명하다. 아니마는 "어쩌다" 뱀의 형태를 취하고 있다. 꿈 1에서 아니마가 너무나 쉽게 한 마리의 새로 변했다가 다시 뱀이 되었듯이. 뱀으로서, 아니마는 부정적 역할을 하고, 한 마리 새로서 아니마는 긍정적 역할을 한다.

꿈 8은 꿈을 꾸는 사람이 자신의 아니마와 마주하고 있는 모습을 보여주고 있다. 꿈은 땅보다 더 높은 곳에서(즉, 인간의 현실보다 더 높은 곳에서) 일어난다. 틀림없이, 꿈은 아니마에게 위험스럽게 사로잡힌 예를 나타내고 있다.

꿈 9는 아니마가 극히 "종속적인" 위치로 깊이 추락하는 것을 의미한다. 거기서는 매혹적인 힘의 마지막 흔적조차 사라지고 오직 인간적인 동정만 남는다.

꿈 10은 아니마의 역설적인 이중적 본질을, 말하자면 시시한 평범함과 올림포스 산의 신성을 보여주고 있다.

꿈 11은 아니마를 기독교 교회에, 하나의 성상(聖像)으로서가 아니라 제단 자체로서 복원시키고 있다. 제단은 제물을 바치는 곳이기도 하고 성유물을 놓는 저장소이기도 하다.

아니마와 관련 있는 이 모든 자료들을 대략적으로 설명하는 것도 특별하고 매우 광범위한 조사를 필요로 한다. 그런 조사는 여기서는 논외이다. 왜냐하면 앞에서 이미 말한 바와 같이 아니마가 코레 형상의 해석에 간접적인 의미만을 지니기 때문이다. 여기서 이 꿈의 시리즈를 제시하는 이유는 단지 독자들에게 아니마라는 개념이 생겨난 바탕이 되었던 경험적인 자료가 어떤 것인지를 짐작하도록 하기 위해서다. 이 시리즈와 이와 비슷한 다른 시리즈로부터, 우리는 남자의 심리에서 너무도 중요한 역할을 하는 그 이상한 요인의 그림을 평균적으로 그리고 있다. 순진하게도 남자들은 이 요인과 어떤 여인들을 동일시하면서, 남자의 에로스에 넘쳐나는 그 많은 착각들을 모두 여자들에게로 돌리고 있다.

남자의 아니마가 데메테르 숭배에서 투사의 기회를 발견했던 것은 확실해 보인다. 지하의 운명을 타고난 코레, 두 얼굴의 어머니, 데메테르와 코레의 수신(獸神) 같은 양상들은 엘레우시스 숭배[110]에서 아니마가 희미하고 모호하게 빛을 발하며 스스로를 드러낼 기회를 풍부하게 제공했다. 혹은 아니마에게 거기서 스스로를 경험하며 의식 참가자들의 내면을 그녀의 초자연적인 본질로 채움으로써 참가자들에게 지속적인 혜택을 안겨줄 기회를 제공했다. 한 남자에게 아니마 경험은 언제나 엄청나고 지속적인 중요성을 지닌다.

그러나 데메테르와 코레의 신화는 너무나 여성적이기 때문에 단순히 아니마 투사의 결과로만 여겨질 수 없다. 이미 말한 바와 같이, 비록 아니마가 데메테르와 코레의 신화에서 스스로를 경험할 수 있을지라도, 그럼에도 아니마는 완전히 다른 본질을 지니고 있다. 아니마는 거의 남자에게 속한 여자인 반면에, 데메테르와 코레는 어머니와 딸의 경험이라는 차원에서 존재한다. 이 차원은 남자에게 완전히 낯설며 남자를 철저히 배제한다. 실제로, 데메테르 숭배의 심리학은 모계 사회의 모든 특성들을 두루 보이고 있으며, 그런 사회에서는 남자는 꼭 필요하지만 대체로 혼란을 야기하는 요소이다.

---

110 고대 그리스 시대에 데메테르와 페르세포네(코레)를 숭배하는 의식으로서 매년 치러졌다.

8장

동화 속의 영(靈)의 현상학[11]

111　강의 형태로 1945년 '에라노스 연감'에 '유령의 심리학에 대하여'(Zur Psychologie des Geistes)라는 제목으로 처음 발표되었다.

과학적 연구에서 깨어질 수 없는 원칙 한 가지는 연구자가 연구 대상에 대해 과학적으로 타당한 진술을 할 수 있는 경우에만 그 대상이 알려진 것으로 받아들여진다는 것이다. 이런 의미에서 "타당하다는 것"은 간단히 사실들에 의해서 검증될 수 있다는 뜻이다. 조사 대상은 자연 현상이다.

지금 심리학에서 가장 중요한 현상 중 하나는 '진술', 보다 구체적으로 진술의 형식과 내용이다. 이 둘 중에서는 아마 정신의 본질과 관련해서 진술의 내용이 더 중요할 것이다. 일상적으로 일어나는 첫 번째 과제는 사건들을 묘사하고 정리하는 일이며, 그 다음에는 그 사건들의 생생한 행동의 법칙들을 면밀히 조사하는 작업이다.

자연과학에서, 관찰 중인 대상의 본질을 파고드는 작업은 '아르키메데스의 점'[112]이 밖에 있는 때에만 가능하다. 정신의 경우에 그런 바깥의 관점이 절대로 존재하지 않는다. 오직 정신만이 정신을 관찰할 수 있을 뿐이다. 따라서 정신의 본질에 관한 지식을 얻는 것은 적어도 현재 동원 가능한 수단으로는 불가능하다. 그렇다고 미래의 원자 물리학이 앞에 말한 아르키메데스의 점을 제공할 가능성을 배제하는 것은 아니다. 그러나 당분간은 아무리 섬세하게 접근하더라도 진술로 표현하는 그 이상을 절대로 확립하지 못한다. 이것이 정신이 행동하는 방식이다.

따라서 정직한 연구자라면 아마 본질과 관련 있는 질문들을 다루는 행위를 경건한 마음으로 삼갈 것이다. 이 대목에서 심리학이 스스로 기꺼이 받아들여야 할 한계들에 대해 논하는 것도 불필요한 일이 아니라는 생각이 든다. 그런 것을 알게 되는 경우에 독자들이 언제나 적절히 이해되고 있지는 않는 현대 심리학의 현상학적 관점을 제대로 평가할 수 있을 것이기 때문이다.

현상학적 관점은 믿음과 확신, 그리고 어떤 식으로 묘사되든 불문하고 경험된 확실성 등의 존재를 배제하지도 않으며, 그런 것들의 타당성에 대해 이의를 제기하지도 않는다. 그런 것들이 개인적 삶과 집단적 삶에 대단히 중요함에도, 심리학은 과학적 측면에서 그것들의 타당성을 입증할 수단을 전혀 갖추고 있지 않다. 과학 분야의 그 같은 무능을 한탄할 수는 있겠지만, 그렇다고 해서 과학이 자체의 그림자를 뛰어넘는 것은 허용되지 않는다.

---

112 관찰자가 연구 주제를 총체적인 관점에서 보도록 하는 가설적인 지점을 뜻한다.

1. "영"이라는 단어에 대하여

"영"(靈: spirit)은 너무나 광범위하게 쓰이고 있다. 그래서 이 단어가 의미할 수 있는 모든 것에 대해 알기 위해서는 상당한 노력이 요구된다. 흔히 영은 물질의 반대편에 서 있는 원리라고 말한다. 이것을 우리는 존재의 비물질적인 본질 또는 형태로 이해한다. 우리는 존재의 이런 비물질적인 본질을 또한 정신적 현상의 매개체 또는 생명 자체의 매개체로 상상한다. 이 같은 존재의 형태가 가장 높고 가장 보편적인 차원에서 나타나는 것이 바로 "신"(神)이다.

이 관점의 반대편에, 안티테제가 서 있다. 영과 자연이다. 여기서 영의 개념은 초자연적이거나 반(反)자연적인 것으로 국한되고, 정신과 생명과의 실질적인 연결을 상실한다. 이와 비슷한 제한은 영은 '동일 본질'의 한 속성이라고 한 스피노자(Baruch Spinoza: 1632-1677)의 견해에도 암시되고 있다. 물활론(物活論)은 여기서 한 걸음 더 나아가 영을 물질의 한 특성으로 여긴다.

매우 널리 퍼져 있는 한 견해는 '영'을 보다 높은 작용의 원리로, '정신'을 낮은 작용의 원리로 보며, 거꾸로 연금술사들은 분명히 '영'을 생장의 영(훗날에는 생명의 영 또는 신경(神經)의 영)으로 보면서, 영에 대해 '영혼과 육체의 결합'으로 생각했다. 똑같이 흔한 것은 영과 정신은 기본적으로 동일하며 오직 자의적으로만 분리될 수 있다는 견해이다. 빌헬름 분트는 '영'을 "외적 존재와 어떤 연결도 없는 내적 존재"로 여긴다. 다른 사람들은 영을, "영혼이 보다 많이 깃든" 감정들과 뚜렷이 대비되는, 생각하고 추론하는 능력 같은 정신의 능력이나 기능이나 특성으로 제한한다. 여기서 영은 합리적인 사고의 모든 현상들의 총합, 또는 의지와 기억, 상상, 창조력, 그리고 이상(理想)들에 의해 고무된 영감 등을 포함하는 지성의 총합을 의미한다. 영은 추가적으로 활발(活潑)을 암시하기도 한다. 어떤 사람이 'spirited'하다고 할 때가 그런 예이다. 그 사람이 다재다능하고, 아이디어로 넘치고, 영리하고, 재치 있고, 놀라운 기질을 가졌다는 뜻이다.

또한 영은 어떤 태도 또는 그 태도 아래에서 작용하고 있는 원리를 나타낸다. 예를 들면, 어떤 사람이 "페스탈로치(Johann Heinrich Pestalozzi: 1746-1827)의 영이 강하게 작용하는 분위기에서 교육을 받았다"고 하거나 "바이마르의 영은 독일인들의 불멸의 유산이다"라고 말하는 때이다. 한 가지 특별한 예는 집단적인 성격을 띠는 어떤 관점이나 판단, 행위의 뒤에서 작용하는 원리와 원동력을 의미하는 시대의 영이다. 그렇다면, 특별히 인간의 지적, 종교적 성취와 관련 있는 문화적 소유물들의 전체 축적을 의미하는 "객관적인 영"이 있다는 뜻이다.

언어의 쓰임새가 보여주듯이, 영은 어떤 태도라는 의미에서 인격화의 경향을 분명히 보여주고 있다. 페스탈로치의 영이 구체적으로 그의 귀신 또는 이미지로 받아들여질 수도 있는 것이다. 바이마르의 영들이 괴테와 실러의 개인적 유령이듯이. 이유는 영이 세상을 떠난 사람의 영혼이라는 무서운 의미를 여전히 지니고 있기 때문이다. "영들의 차가운 숨결"은 한편으로는 고대에 영혼이 차가운 것과 밀접한 관계가 있었다는 사실을 가리키고, 다른 한편으로는 단순히 "움직이고 있는 공기"를 뜻했던 '프네우마'의 원래의 의미를 가리킨다. 마찬가지로 아니무스와 아니마도 "바람"과 연결되었다. 영어 단어 'spirit'에 해당하는 독일어 단어 'Geist'는 아마 거품을 일으키거나, 활기를 띠거나, 발효하는 무엇인가와 더 깊은 관계가 있을 것이다. 따라서 'Gische'(거품)나 'Gäscht'(효모), 'ghost'(귀신), 그리고 감정적인 단어인 'ghastly'(무시무시한)와 'aghast'(혼비백산한)와의 연결도 부정할 수 없다.

아득한 옛날부터, 감정은 사로잡힘으로 여겨져 왔다. 그것이 오늘날에도 성을 잘 내는 기질의 사람을 두고 악마에 사로잡혔다거나 악령이 그에게 들어갔다는 식으로 말하는 이유이다. 옛날의 관점에 따르면, 죽은 사람들의 영이나 영혼이 증기나 연기 같이 섬세한 성격을 갖고 있는 것처럼, 연금술사에게 '스피리투스'(spiritus: 영)는, 알코올과 불가사의한 모든 물질이 그렇게 이해되듯이, 섬세하고 휘발성 있고 능동적이고 생기를 불어넣는 정수이다. 이 차원에서 '영'은 소금들의 영과 암모니아의 영, 포름산(酸)의 영 등을 포함한다.

"spirit"이라는 단어로 돌릴 수 있는 스무 개쯤 되는 의미들과 의미의 미묘한 차이들은 심리학자가 자신의 주제의 범위를 개념적으로 정하는 것을 어렵게 만들지만, 한편으로 보면 그 점이 오히려 주제를 묘사하는 과제를 쉽게 만든다. 이유는 특이한 많은 양상들이 문제가 되고 있는 현상을 구체적으로 생생하게 그려내기 때문이다. 우리는 원시적 차원에서 원래 눈에 보이지 않고 숨결 같은 것이 "있는 것"으로 느껴졌던 어떤 기능적인 콤플렉스에 관심을 두고 있다. 윌리엄 제임스가 『종교적 경험의 다양성』에서 이 원초적인 현상에 대해 생생하게 설명하고 있다. 잘 알려진 또 다른 예는 오순절 기적의 바람이다.

원시인의 사고방식은 눈에 보이지 않는 상태로 있는 것을 귀신이나 악마로 인격화하는 것을 꽤 자연스럽게 받아들인다. 죽은 사람들의 영혼 또는 영은 살아 있는 사람들의 정신 활동과 동일하다. 그 영혼 또는 영은 그냥 정신 활동을 계속한다. 거기에는 정신은 하나의 영이라는 관점이 내포되어 있다. 그러므로 개인의 안에서 그 사람이 자신에게 속한다고 느끼는 정신적인 무엇인가가 일어날 때, 그 무엇인가는 바로 그의 영이다. 그러나 그에게 낯설어 보이는 정신적인 어떤 일이 일어난다면, 그것은 다른 사람의 영이며, 사로잡힘을 야기할 수 있다. 첫 번째 영은 주관적인 태도에 해당하며, 두 번째 영은 여론이나 시대의 영(시대정신), 또는 우리가 무의식이라고 부르는, 독창적이지만 아직 인간적이지 않고 원숭이와 비슷한 경향에 해당한다.

바람 같은 원래의 성격과 어울리게, 영은 언제나 활력을 불어넣고, 자극하고, 고무하고, 불을 지피고, 영감을 일으키는 존재일 뿐만 아니라, 능동적이고, 날개가 있고, 신속히 이동하는 존재이다. 현대적인 언어로 표현하면, 영은 역동적인 원리이며, 바로 그런 이유로 물질의 고전적인 안티테제를, 즉 물질의 정지 상태와 관성의 안티테제를 이룬다. 기본적으로 영은 생명과 죽음 사이의 대비이다. 이 대비의 뒤이은 분화는 영과 자연의 매우 두드러진 대립으로 이어진다. 영이 근본적으로 살아 있고 활기를 띠게 하는 것으로 여겨질지라도, 사람은 자연을 영이 없고 죽은 것으로 느끼지 못한다. 그러므로 여기서 우리가 영에 관한 (기독교의) 가정을 다루고 있는 것이 분명하다. 영의 생명이 자연의 생명보다 월등히 더 탁월하고, 영과 비교하면, 자연은 죽음이나 다름없으니 말이다.

영에 대한 인간의 생각이 특별히 이런 식으로 발달한 것은 영이 눈에 보이지 않는 상태로 존재하는 것은 하나의 정신적 현상이라는, 즉 그 사람 본인의 영이라는 인식에, 그리고 이 영은 생의 약동뿐만 아니라 인습적인 산물들로도 이뤄져 있다는 인식에 근거하고 있다. 생의 약동들 중에서 가장 두드러진 것은 우리의 내적 시야(視野)를 차지하고 있는 이미지들과 희미한 표상들이며, 인습적인 산물들 중에서 가장 두드러진 것은 그 이미지들의 세계를 체계화하는 사고와 이성이다. 이런 식으로, 어떤 초월적인 영이 원래의 자연적인 생령(生靈) 위로 포개졌으며, 심지어 그 영은 마치 반대쪽 입장도 그냥 자연적이라는 듯이 그 입장으로까지 넘어갔다. 이제 초월적인 영은 초자연적이고 세속을 초월하는 우주적인 질서의 원리가 되었으며, 그런 것으로서 그 영은 "신"이라는 이름을 얻었다. 아니면 적어도 그 영은 (스피노자에서처럼) '동일 본질'의 한 속성이 되거나 (기독교에서처럼) 신의 한 위격이 되었다.

영이 거꾸로 물활론 쪽으로 발달하는 현상은 유물론의 반기독교적인 분위기에서 나타났다. 이 같은 반작용의 바탕에 깔려 있는 전제는 바로 점점 더 분명하게 뇌와 신진대사에 의존하는 것으로 드러나는 정신의 기능들과 영이 동일하다는 확신이다. 따라서 사람들은 그 동일 본질에 다른 이름을 붙여야 했으며, 영양과 환경에 전적으로 의존하는 영이라는 인상을 낳기 위해 그것을 "물질"이라고 불러야 했다. 그런 영의 최고 형태가 바로 지성 또는 이성이었다. 이것은 원래 바람처럼 있었던 것이 인간의 생리 기능 속에 거처를 잡았다는 뜻이며, 그래서 클라게스 같은 심리학자는 영을 "영혼의 적(敵)"으로 규탄할 수 있었다. 영이 물질의 천한 한 속성으로 전락한 뒤에 원래 있었던 영의 자발성이 철수한 곳이 바로 영혼이라는 개념이었으니 말이다. 이제 영의 '데우스 엑스 마키나'(deus ex machina)[113] 같

---

113 문학 작품에서 결말을 내리거나 갈등 상황을 해결하기 위해 돌연 사건을 일으키는 것을 말한다.

은 특성은 다른 어딘가에, 영 자체가 아니라면, 그것과 동의어인 영혼에, 말하자면 한 마리 나비(아니마)처럼 이리저리 피하며 바람처럼 스치는 영혼에 간직되어야 했다.

영에 대한 유물론적인 인식이 어디서나 팽배했던 것은 아니지만, 그 같은 인식은 종교의 밖에서, 의식적인 현상의 영역에서 여전히 지속되었다. 영은 "주관적인 영"으로서 순수하게 정신 내적인 현상을 의미하게 된 반면에, "객관적인 영"은 보편적인 영, 즉 신을 의미하지 않고 단순히 인간의 제도들과 도서관들의 내용물을 이루는 지적, 문화적 소유물들의 총합을 의미했다. 그리하여 영은 매우 광범위한 영역에 걸쳐서 원래의 본질과 자율성과 자발성을 상실하게 되었다. 유일한 예외가 바로 종교 분야이다. 거기서는 영의 초기의 성격이 적어도 원칙적으로는 훼손되지 않은 채 남아 있다.

이 요약에서, 나는 우리에게 하나의 즉시적인 정신의 현상으로 모습을 드러내는 어떤 실체에 대해 묘사했다. 이 실체는 그 존재가 순진하게도 인과적으로 육체적 영향에 의존하는 것으로 믿어지는 심령 현상들과 뚜렷이 구분된다. 영과 육체적 조건 사이의 연결은 즉시적으로 분명하게 드러나지 않으며, 이 같은 이유로, 영에게는 좁은 의미에서 말하는 정신 현상들에 비해 비(非)물질성이 훨씬 더 많이 부여된다. 좁은 의미의 정신 현상들은 육체에 의존하는 특성을 갖고 있는 것으로 여겨질 뿐만 아니라, 신비체와 중국의 귀신이라는 개념이 분명히 보여주듯이, 그런 현상들은 자체적으로 일종의 물질성을 갖고 있는 것으로 여겨진다.

일부 정신 과정들과 그와 동시에 육체적으로 나타나는 현상들 사이에 존재하는 밀접한 연결을 고려할 때, 정신의 완전한 비물질성을 받아들이기가 쉽지 않다. 그런데 일반적인 의견은 이와 정반대로 영의 비물질성을 주장한다. 그래도 모두가 다 영이 자체의 실체를 갖고 있다는 데 동의하지는 않을 것이다. 그러나 30년 전에 비해 꽤 달라 보이는 가설상의 "물질"만이 실체를 갖고 영은 실체를 갖지 않아야 하는 이유를 파악하기는 쉽지 않다. 비물질성이라는 개념이 그 자체로 실체라는 개념을 배제하지 않을지라도, 대중의 의견은 언제나 실체와 물질성을 연결시키고 있다. 영과 물질은 동일한 초월적인 존재의 형태들일 수 있다. 예를 들어, 탄트라교 신자들은 물질은 신의 생각들의 구체화에 지나지 않는다고 꽤 적절하게 말한다. 유일하게 즉시적인 현실은 경우에 따라서 정신적 또는 물질적 기원을 갖는 것으로 분류될 수 있는, 의식적 내용물의 정신적 현실이다.

영의 특징은 첫째, 자발적인 움직임과 활동의 원리이고, 둘째, 감각에 의한 인식과 별도로 이미지들을 자발적으로 생산하는 능력을 갖고 있으며, 셋째, 이 이미지들을 자율적으로, 자주적으로 조작하는 능력을 갖추고 있다는 점이다. 이 영적인 실체는 원시인에게는 밖에서 접근하지만, 그것은 점진적으로 발달함에 따라 인간의 의식 안에 자리 잡으며 하나의 종속적인 기능이 되고, 따라서 자율적이던 원래의 성격을 상실한다. 그 성격은 지금 가장 보수적인 관점인 종교에서만 간직되고 있다.

영이 인간 의식의 영역으로 내려온 것은 피시스(physis)[114]의 품에 안긴 신성한 누스(nous)[115]에 관한 신화에 표현되고 있다. 시대를 내려오며 계속되는 이 과정은 아마 피할 수 없는 필연일 것이며, 종교들은 만약에 그 같은 전개를 멈추게 할 수 있다고 믿는 경우에 매우 황량한 상황에 처

---

114 일반적으로 '자연'으로 번역되는 그리스어 단어.

115 이성이나 지성, 정신, 영혼 등을 의미하는 그리스어 단어.

할 수 있다. 제대로 조언을 받는다면, 종교가 떠안아야 할 과제는 사건들의 불가피한 전개를 방해할 것이 아니라, 그 같은 전개가 영혼에 치명상을 입히지 않는 방향으로 전개되도록 길을 안내하는 것이다. 그러므로 종교들은 영의 기원과 원래의 성격에 대해 끊임없이 우리에게 상기시켜야 한다. 그것은 인간이 자신의 내면으로 끌어들이고 있는 것이 무엇인지를, 그리고 자신의 의식을 무엇으로 채우고 있는지를 망각하지 않도록 하기 위함이다.

인간 자신이 영을 창조하지 않았다. 그보다는 영이 언제나 인간에게 운좋은 생각과 지구력과 "열정"과 "영감"을 안기면서 인간을 자극하며 창조적인 존재로 만든다. 정말로, 영은 인간의 전체 존재에 너무나 깊이 퍼져 있다. 그렇기 때문에 인간은 자신이 실제로 영을 창조했고 영을 "소유하고" 있다고 생각할 위험을 안고 있다. 그러나 실제로 보면 영의 원초적인 현상이 '인간'을 사로잡고 있다. 영은 인간 의도들의 대상처럼 보이는 한편으로, 물리적인 세계가 하는 것과 똑같이, 인간의 자유를 수많은 사슬로 묶으면서 하나의 강박적인 이념이 되었다.

영은 순진한 마음을 가진 사람을 팽창으로 위협하는데, 우리 시대가 그런 팽창의 예들을 대단히 끔찍한 방향으로 제시하고 있다. 우리의 관심이 외부 대상에 더욱 강하게 집착할수록, 그리고 우리가 필요한 균형을 확보하기 위해서 우리와 자연의 관계의 분화가 우리와 영의 관계의 분화와 보조를 맞춰야 한다는 사실을 망각할수록, 그 위험은 그만큼 더 커진다. 만약에 외부의 대상이 내면의 대상에 의해 상쇄되지 않는다면, 그 결과, 난폭한 물질주의가 미치광이 수준의 오만이나 자율적인 인격의 소멸과 함께 나타날 것이다. 바로 이 자율적인 인격의 소멸이야말로 어떻든 전체주의적인 집단주의 국가의 이상이 아닌가.

쉽게 확인되듯이, 영에 대한 현대의 일반적인 생각은 영을 '최고선'으로, 신 자체로 보는 기독교의 견해와 조화를 이루지 못한다. 틀림없이, 악령이라는 개념도 있다. 그러나 현대의 사상은 그것과도 일치하지 않는다. 우리에게 영이 반드시 악한 것은 아니기 때문이다. 우리는 영을 도덕적으로 무관하거나 중립적인 것으로 불러야 할 것이다. '성경'이 "하느님은 영(靈)이다"라고 말할 때, 그 말은 오히려 어떤 본질에 대한 정의 또는 어떤 자질처럼 들린다. 그러나 비록 사악하고 타락한 본질일지라도 악마도 똑같이 특별한 영적 본질을 부여받은 것 같다. 본질이 원래 동일했다는 점은 '구약성경'에서 여호와와 사탄 사이의 밀접한 연결뿐만 아니라, 타락한 천사라는 사상에서도 여전히 표현되고 있다. '주기도문' 중 "우리가 유혹에 빠지지 않도록 해 주소서"라는 대목에서도 이 원초적인 연결이 메아리치고 있다. 유혹에 빠지지 않게 하는 것이야말로 진정으로 유혹하는 자, 즉 악마의 일이 아닐까?

이것이 우리를 지금까지 우리의 관찰 과정에서 한 번도 고려하지 않은 어떤 지점으로 이끈다. "영"이라는 요인의 정신적 표상들의 유형을 그리기 위해서, 우리는 인간 의식과 의식의 고찰의 산물인, 문화적이고 일상적인 개념들을 적절히 이용했다. 그러나 심리학적으로 절대로 의심할 수 없는, 영의 원래의 자율성 때문에, 우리는 영이 표상들을 자발적으로 만들어내는 능력을 상당히 지니고 있다는 점을 고려해야 한다.

2. 꿈에 나타나는 영의 자기표현

영의 정신적 표현들은 당장에 그것들이 원형적인 성격을 지니고 있다는 점을 암시한다. 달리 말하면, 우리가 영이라고 부르는 현상은 인간 정신의 전(前)의식적 구성에 보편적으로 있는, 자율적이고 원초적인 어떤 이미지의 존재에 의존한다.

늘 그렇듯이, 나는 환자들의 꿈을 조사하다가 처음으로 이 문제를 직면했다. 어떤 종류의 아버지 콤플렉스가 "영적" 성격을 지닌다는 생각이 퍼뜩 들었던 것이다. 말하자면, 아버지 이미지가 "영적" 특성을 부정하기 힘든 진술과 행동, 경향, 충동, 의견 등을 낳았다.

남자들에게서 어떤 긍정적인 아버지 콤플렉스는 권위를 쉽게 믿는 경향을 낳고, 모든 영적 교리들과 가치들 앞에 확실히 고개를 숙이려는 의지를 자주 낳는다. 반면에 여자들에게서 그런 아버지 콤플렉스는 대단히 생생한 영적 영감과 관심을 불러일으킨다.

꿈에서, 결정적인 확신과 금지, 현명한 조언이 나오는 곳은 언제나 아버지 형상이다. 이 원천이 눈에 잘 띄지 않는 특성은 그 형상이 단순히 최종적인 심판을 전하는 권위적인 목소리로만 이뤄져 있다는 사실에 의해 자주 강조된다. 따라서 영적인 요소를 상징하는 것은 대부분 "늙은 현자"의 형상이다. 가끔 "진짜" 영, 즉 죽은 사람의 귀신이 그 역할을 맡으며, 그보다 더 드물긴 하지만 이상한 모습의 난쟁이 같은 형상이나 말을 하는 동물들이 그 역할을 맡는 경우도 있다. 적어도 나의 경험에는 난쟁이 형태는 주로 여자들에게서 발견된다. 따라서 나에게는 바를라흐(Ernst Barlach: 1870-1938)의 희곡 '죽는 날'(Der tote Tag: 1912)에서, 난쟁이 같은 스타이스바트(Steissbart:"엉덩이 턱수염"이라는 뜻)의 형상이 어머니와 연결되는 것으로 보는 것이 논리적이다. 이집트 카르나크에서 베스(Bes)[116]가 어머니 여신과 연결되듯이.

남녀 똑같이, 영은 또 소년이나 청년의 모습을 취할 수 있다. 여자들에게 소년 또는 청년은 의식적인 정신적 노력의 가능성을 암시하는, 소위 "긍정적인" 아니무스에 해당한다. 남자들에게 소년이나 청년의 의미는 그렇게 간단하지 않다. 소년이나 청년이 긍정적일 수 있다. 그런 경우에 소년이나 청년은 "보다 고상한" 인격, 즉 자기 또는 연금술사들이 생각했던 '왕의 아들'을 의미한다. 그러나 소년이나 청년이 부정적일 수도 있으며, 그런 경우에 그는 유치한 그림자를 의미한다. 두 경우 모두 똑같이 소년이나 청년은 어떤 형태의 영을 의미한다. 수염이 반백인 노인과 소년은 서로 친밀하다. 그들의 짝은 연금술에서 메르쿠리우스의 상징들로서 중요한 역할을 한다.

꿈에 나타나는 영(靈)의 형상들이 도덕적으로 선한지에 대해서는 절대로 자신 있게 말하지 못한다. 그 형상들은 노골적으로 적의를 표현하지는 않더라도 온갖 형태의 불성실의 흔적을 자주 보인다. 그러나 나는 정신의 무의식적 삶이 구축되는 바탕을 이루는 그 원대한 계획에는 우리의 이해력이 닿지 못한다는 점을 강조해야 한다. 그렇기 때문에 '에난티오드로미아'를 통해 선을 낳기 위해서 어떤 악이 필요하지는 않은지, 또 어떤 선이 악으로 이어지지는 않는지에 대해 우리는 절대로 알지 못한다. 아무리 좋은 생각이라 하더라도, 요한이 권하는 '영의 시험'은 간혹 일들이 최종

---

116   고대 이집트에서 음악과 출산의 신으로 널리 숭배되었다. 그는 임신부와 어린이들을 보호하는 신으로 묘사된다.

적으로 어떤 식으로 드러나는지를 인내심을 발휘하며 조심스럽게 기다리는 것 외에 다른 것이 되기 어렵다.

늙은 현자의 형상은 꿈에서뿐만 아니라 시각적 명상(혹은 "적극적 상상")에서도 아주 유연한 모습으로 나타날 수 있다. 그래서 인도에서 간혹 분명하게 나타나듯이, 그 형상은 구루의 역할을 맡기도 한다. 늙은 현자는 꿈에 마법사나 의사, 성직자, 교사, 교수, 할아버지 또는 권위를 가진 다른 인물로 위장한다. 인간이나 도깨비나 동물의 모습을 한 영의 원형은 언제나 통찰력과 이해력, 훌륭한 조언, 결단, 계획 등이 요구되는데도 그 사람의 능력으로 그 상황을 감당하지 못하는 때에 나타난다. 그 원형은 이처럼 영적으로 결핍된 상태를 메울 수 있는 내용물로 보완한다. 이 점을 보여주는 놀라운 한 예가 어느 젊은 신학생의 영적 어려움을 보상하려고 노력한, 희고 검은 마법사들에 관한 꿈이다. 이 꿈을 꾼 사람은 내가 직접적으로 아는 사람은 아니다. 그래서 나의 개인적 영향력은 전적으로 배제된다. 신학생이 꾼 꿈의 내용은 이렇다.

그는 "하얀 마법사"라 불리는 기품 있는 성직자 앞에 서 있었다. 하얀 마법사라 불림에도 그 성직자는 긴 검정색 옷을 걸치고 있었다. 이 마법사는 이제 막 "그러니 검은 마법사의 도움이 필요해."라는 말로 긴 대화를 끝냈다. 이어서 문이 열리고, 또 다른 늙은 남자가 들어왔다. 흰색 옷을 입었음에도 "검은 마법사"라 불리는 사람이었다. 그도 고귀하고 숭고해 보였다. 검은 마법사는 분명히 하얀 마법사와 말을 하기를 원하면서도 꿈을 꾸고 있는 사람 앞에서 망설이고 있었다. 그러자 하얀 마법사가 꿈을 꾸는 사람을 가리키며 "저 친구는 순진해요. 말씀해 보세요."

라고 말했다. 이어 검은 마법사가 이상한 이야기를 풀어 놓기 시작했다. 그가 어떻게 하다가 잃어버린 낙원의 열쇠를 찾게 되었는데 그것을 사용하는 방법을 모르겠다는 내용이었다. 그는 그 열쇠의 비밀에 대한 설명을 듣기 위해 하얀 마법사를 찾아왔다고 했다. 그가 살던 나라의 왕은 자신이 묻힐 적당한 무덤을 찾고 있었다. 그래서 그의 신하들이 어쩌다 우연히 처녀의 유골이 묻혀 있는 옛날 무덤을 파게 되었다. 왕은 석관을 열고 뼈들을 버린 다음에 훗날 사용할 목적으로 빈 석관을 다시 묻게 했다. 그런데 뼈들이 햇빛을 보는 순간에, 그 뼈들의 주인이었던 처녀가 흑마로 변했고, 그 말은 사막 쪽으로 질주했다. 검은 마법사가 모래투성이 황무지 그 너머까지 말을 추적했으며, 거기서 수많은 난관과 어려움을 극복한 끝에 잃어버린 열쇠를 찾게 되었다는 이야기였다.

이것이 신학생의 이야기의 끝이고, 불행하게도 꿈의 끝이기도 했다.

여기서 보상은 확실히 꿈을 꾼 사람이 바랐던 대로, 말하자면 수월한 해결책을 제시하는 방향으로 일어나지 않았다. 오히려 보상이 그에게 내가 이미 암시한 바가 있는 어떤 문제를 직면하도록 하고 있다. 삶이 언제나 우리로 하여금 직시하도록 하는 문제이다. 말하자면, 모든 도덕적인 가치 평가의 불확실성, 선과 악의 당혹스런 상호 작용, 그리고 죄와 고통과 구원의 냉혹한 연속이 그 문제이다. 원초적인 종교적 경험으로 이어지는 이 길은 옳은 길이지만, 그것을 알아볼 사람이 과연 몇 명이나 되겠는가? 그 길은 낮은 목소리와 비슷하며, 그 소리는 아득히 멀리서 들려온다. 그것은 양면적이고, 의문스럽고, 어둡고, 위험을 예고하고, 위태로운 모험이며, 확신도 없고 허가도 없으며, 오직 신을 위해서 걸어야 하는, 면도

날처럼 예리한 길이다.

3. 동화 속의 영

독자들에게 현대의 꿈 자료를 제시할 수도 있지만, 꿈들의 개인성이 설명을 지나치게 엄격하게 요구할 수 있으며, 따라서 여기서 주어진 것보다 더 큰 지면을 요구할 수도 있을 것 같다. 그래서 민간전승 쪽으로 관심을 돌릴 생각이다. 그럴 경우에 개별 환자들의 병력을 우울한 분위기에서 마주하며 거기에 얽힐 필요도 없을 것이고, 따라서 다소 독특한 조건을 고려할 필요 없이 영(靈) 모티브의 변형들을 관찰할 수 있을 것이다. 신화와 동화에서도, 정신은 꿈에서와 마찬가지로 자신의 이야기를 들려주고 있으며, 원형들의 상호 작용은 "형성과 변형, 영원한 마음의 영원한 재창조"로서 정신의 자연스런 배경 속에서 드러난다.

영(靈)의 유형이 노인으로 나타나는 빈도는 꿈이나 동화나 거의 비슷하다. 노인은 언제나 주인공이 가망 없고 절망적인 상황에 처해 있을 때 나타난다. 주인공이 거기서 빠져나오게 할 수 있는 길은 오직 깊은 고찰이나 운 좋은 생각뿐이다. 달리 말하면, 어떤 영적 기능이나 정신 내적인 자동적 작용만이 그를 구출할 수 있다는 뜻이다. 그러나 내적 및 외적 이유들로 인해 주인공은 탈출을 자신의 힘만으로 성취하지 못한다. 그렇기 때문에 그 결함을 보완하는 데 필요한 지혜가 인격화된 생각의 형식으로, 즉 현명하고 유익한 이 노인의 모습으로 온다.

예를 들어, 어느 에스토니아 동화는 학대당하던 어린 고아가 소를 잃고는 가혹한 처벌이 두려워 집으로 돌아가지 못한다는 이야기를 들려준다. 그래서 소년은 운을 하늘에 맡기고 달아났다. 당연히 그는 절망적인 상태에 빠졌다. 빠져나올 수 있는 길이 전혀 보이지 않는 그런 상황이었다. 지친 몸으로 소년은 깊은 잠에 빠졌다. 그가 잠에서 깨어났을 때 이런 일이 벌어졌다.

"소년은 입가에 물기가 묻은 듯한 느낌을 받았으며, 그의 앞에 잿빛 턱수염을 길게 기른 작은 체구의 노인이 서 있는 것을 보았다. 노인은 작은 우유병의 뚜껑을 열고 있었다. '마실 것을 조금 더 주십시오.' 소년은 간청했다. '오늘은 그것으로 충분할 거야.' 노인이 대답했다. '나의 길이 어쩌다 너를 지나치게 되어 있어서 다행이었지 그렇지 않았더라면, 그 잠은 틀림없이 너의 마지막 잠이었을 거야. 내가 너를 발견했을 때, 넌 이미 반쯤 죽은 상태였으니까.' 그런 다음에 노인은 소년에게 누구인지, 그리고 어디로 가는지를 물었다. 소년은 전날에 두들겨 맞았던 일까지, 생각나는 대로 모든 것을 털어놓았다. 노인이 말했다. '얘야, 너는 사랑하는 보호자와 위로자를 저세상으로 보낸 많은 사람들보다 조금도 더 낫지 않구나. 너는 이제 다시 돌아가지 못해. 도망 나온 이상, 너는 세상 속에서 새로운 운을 찾아야 해. 내게는 집도 없고 가정도 없고 아내도 없고 아이도 없어. 그런 까닭에 너를 더 이상 돌봐줄 수 없어. 그렇지만 너에게 훌륭한 충고를 아무런 대가 없이 해 줄 수는 있어.'"

지금까지 노인은 이야기의 주인공인 소년이 혼자서도 생각할 수 있었던 것만을 표현하고 있다. 감정의 압박에 굴복하며 무조건 멀리 달아났기 때문에, 소년은 적어도 먹을 것이 필요하다는 정도는 생각했을 것이다. 그런 상황이라면, 자신의 처지에 대해 생각하는 것도 당연한 일이다. 그런 때면 늘 그렇듯이, 그때까지 살아 온 삶이 주마등처럼 지나가게 되어 있다. 이런 종류의 회상은 어떤 사람의 정신적, 육체적 힘이 도전을 받는 결정적인 순간에 그 사람의 전체 인격이 가진 자산을 모두 긁어모은다는 목적에 기여하는 과정이다. 한데 모아진 이 힘으로 미래의 문을 활짝 열어젖혀야 하니까.

어느 누구도 소년이 이 과정을 거치는 것을 도와주지 못한다. 소년은 전적으로 자신만 믿어야 한다. 되돌아가는 것은 불가능하다. 이 깨달음이 그의 행동에 필요한 결심을 안겨줄 것이다. 노인은 소년이 문제를 직시하도록 강요함으로써 소년이 결단이라는 힘든 일을 거치지 않도록 해 준다. 정말로 노인은 그 자체로 이런 목적을 위한 숙고일 뿐만 아니라, 의식적인 생각이 아직 가능하지 않거나 더 이상 가능하지 않을 때에 의식 밖의 정신의 공간에서 저절로 생기는 도덕적, 육체적 힘들의 집중이기도 하다.

정신적 힘들의 집중과 긴장은 언제나 마법처럼 보이는 무언가를 갖고 있다. 그 힘들은 뜻밖에도 의식적인 의지의 노력보다 종종 더 탁월한 인내력을 발달시킨다. 최면으로 유도한 인위적인 집중에서 이 같은 사실을 실험적으로 관찰할 수 있다. 내가 실시한 실험에서, 나는 육체적으로 허약한 어느 여자 히스테리 환자에게 규칙적으로 최면을 걸어 깊은 잠에 빠지게 한 뒤에, 머리 뒤쪽을 한 쪽 의자 위에, 발뒤꿈치를 다른 쪽 의자 위에 얹은 채 판자처럼 뻣뻣한 상태로 눕도록 한 뒤 1분 정도 그대로 두었다. 그때 그녀의 맥박은 점차 90까지 올라갔다. 학생들 중에서 건장한 젊은 운동선수가 의식적으로 이 일을 모방하려 했지만 허사였다. 그는 맥박이 120이 된 상태에서 중간에 무너졌다.

현명한 노인은 소년을 이 지점까지 데려왔을 때에야 유익한 조언을 시작할 수 있었다. 말하자면, 상황이 더 이상 절망적일 수 없을 것처럼 보였다. 노인은 소년에게 언제나 동쪽으로 방랑을 계속하라고 조언했다. 7년이 지나면 소년은 동쪽에서 그의 행운을 상징하는 큰 산에 닿을 것이다. 그 산의 거대함과 높음은 소년의 성숙한 인격을 암시한다. 그의 힘들의 집중이 확신을 낳고, 따라서 그것이 성공의 가장 확실한 보증이다. 이제부터 소년은 아무것도 결여하지 않을 것이다. 노인은 이렇게 말한다. "나의 돈과 우유병을 갖도록 해. 그러면 날마다 그 안에서 먹을 것과 마실 것을 발견할 거야." 동시에 그는 소년에게 물을 건널 필요가 있을 때마다 배로 바뀌는 우엉잎 한 장을 주었다.

종종 동화 속의 노인은 자기 반성을 유도하고, 도덕적 힘들을 동원하기 위해 누구냐? 왜 그러느냐? 어디서 왔느냐? 어디로 가느냐? 같은 질문을 던진다. 노인이 마법적인 부적, 즉 뜻밖의 성공을 거둘 수 있는 힘을 주는 경우는 그보다 더 잦다. 이 성공의 힘은 좋은 쪽으로든 나쁜 쪽으로든 통합을 이룬 인격의 특성 중 하나이다. 그러나 노인의 개입, 즉 노인 원형의 자동적인 객관화는 똑같이 필수인 것처럼 보인다. 이유는 의식적인 의지가 그 자체로는 이런 특별한 성공의 힘을 얻을 수 있을 만큼 인격을 통합시키지 못하기 때문이다. 그런 이유로, 동화에서뿐만 아니라 일반적으로 삶에서도, 그 원형의 객관적인 개입이 필요하다. 그 원형이 일련의 내적 직면과 깨달음으로 순수하게 감정적인 반응들을 억제하기 때문이다. 이 내적 직면과 깨달음은 누구냐? 어디로 가느냐? 어떻게 할 것이냐? 왜 그러느냐? 같은 질문이 확실히 제기되도록 하며, 그렇게 함으로써 그 질문들은 목표에 대한 지식뿐만 아니라 순간의 상황에 대한 지식을 끌어낸다. 그 결과 나타나는, 운명적인 엉킴에 대한 설명과 해결은 종종 그 엉킴에 긍정적인 방향으로 마법적인 힘을 발휘하며, 그것은 정신 요법 의사에게 잘 알려져 있는 경험이다.

사람으로 하여금 생각하도록 유도하는 노인의 경향은 사람이 문제를 놓고 "하룻밤 자며 생각할 것"을 요구하는 형식을 취한다. 따라서 노인은 잃어버린 오빠들을 찾고 있는 소녀에게 "한숨 자게나. 아침이 밤보다 더 현명한 법이니까."라고 말한다. 노인은 또한 곤경에 처한 주인공의 우울한 상황을 간파하거나, 적어도 그에게 여행 중에 도움이 될 정보를 줄 수 있다. 이 목적을 위해 노인은 동물들, 특히 새들을 즐겨 이용한다. 천상의 왕국을 찾아 나선 왕자에게 늙은 은자는 이렇게 말한다. "여기서 300년을 살고 있소만, 지금까지 천상의 왕국에 대해 물은 사람은 한 사람도 없었소. 나는 그 질문에는 대답하지 못하지만, 저 위에, 집의 다른 층에 온갖 종류의 새들이 살고 있소. 그 새들은 틀림없이 그곳을 알려줄 수 있을 것이오."

노인은 목표에 이르는 길을 알고 있으며, 주인공에게 그 길을 알려준다. 노인은 닥칠 위험에 대해 경고하고 그것을 효과적으로 해결할 수단을 제공한다. 예를 들면, 노인은 은색 물을 길으러 나선 소년에게 샘을 지키는 사자가 잘 때는 눈을 뜨고 샘을 지킬 때는 눈을 감는 기만적인 재주를 지녔다는 이야기를 들려준다. 또는 노인은 왕을 위한 명약을 구하러 어느 마법의 산으로 말을 달리던 청년에게 그 샘에 오는 모든 사람을 올가미로 잡는 마녀들이 숨어 있으니 물을 재빨리 퍼야 한다고 조언한다. 노인은 연인이 늑대 인간으로 변해버린 공주에게는 불을 피우고 그 위에 타르를 담은 가마솥을 걸으라고 주문한다. 그런 다음에 그녀가 좋아하는 백합을 끓는 타르 속으로 던져야 하고, 늑대 인간이 올 때, 그녀가 가마솥에 든 것을 늑대 인간의 머리 위로 부어야 한다. 그러면 그녀의 연인이 마법에서 풀려나게 된다.

이따금 노인은 매우 비판적인 노인이 된다. 아버지로부터 왕국을 물려받을 목적으로 아버지를 위해 무결점의 교회를 짓기를 원하는 막내 왕자에 관한 코카서스인의 이야기에 등장하는 노인이 그런 예이다. 왕자가 교회를 짓고, 거기서 아무도 결점을 발견하지 못하지만, 그때 어떤 노인이 와서 "자네는 틀림없이 멋진 교회를 지었겠지! 그런데 어쩌나, 중요한 벽이 약간 기울어져 있으니!" 그 왕자가 교회를 허물고 다시 지었지만, 여기서도 마찬가지로 그 노인은 결함을 발견한다. 세 번째 교회도 마찬가지이다.

따라서 노인은 한편으로 지식과 반성, 통찰, 지혜, 명석, 직관을 나타내고, 또 한편으로 선의와 언제든 도우려는 마음가짐 같은 도덕적 자질들을 나타낸다. 이 도덕적 자질들은 그의 "영적" 성격을 충분히 두드러지게 만든다. 원형이 무의식의 자율적인 내용물이기 때문에, 일반적으로 원형들을 구체화하는 동화는 노인이 꿈에 나타나게 할 수 있다. 그것은 노인이 현대인의 꿈에 나타나는 것과 상당히 비슷하다. 발칸 반도의 한 이야기를 보면, 노인은 심하게 억압당하던 주인공의 꿈에 나타나서 그에게 강요된 불가능한 과제들을 성취하는 방법에 대해 조언한다.

노인과 무의식의 관계는 노인이 "숲의 왕"이라 불리는 러시아의 한 동화에 분명하게 표현되고 있다. 농민이 너무나 피곤하여 어느 나무의 그루터기에 앉아 있을 때, 키 작은 노인이 조용히 다가왔다. "그는 온몸이 주름투성이였고, 초록색 턱수염이 무릎까지 치렁거렸다." 농부가 "누구십니까?"라고 물었다. "나는 숲의 왕 오크다." 그 난쟁이가 대답했다. 이어

농민은 행실이 나쁜 아들을 그에게 고용살이로 내주었다. "그리고 숲의 왕은 청년과 함께 떠나서 그를 땅 밑의 다른 세상으로 안내하고 초록 오두막으로 데려갔다. … 오두막 안은 모든 것이 초록색이었다. 벽도 초록이고, 의자도 초록이었다. 오크의 아내도 초록이었고 아이들도 초록이었다. … 그리고 그를 시중들던 자그마한 몸집의 물의 여자들도 약초처럼 초록색이었다." 심지어 음식까지도 초록이었다. 여기서 숲의 왕은 숲을 지배하는 식물 또는 나무 신령이며, 물의 정령들을 통해서 물과 연결된다. 이 연결은 틀림없이 왕과 무의식의 관계를 보여준다. 무의식이 숲과 물 상징을 통해서 자주 표현되고 있기 때문이다.

노인이 난쟁이로 나타날 때, 거기에도 똑같이 무의식과의 연결이 있다. 연인을 찾고 있던 공주에 관한 동화는 이렇게 말한다. "밤이 오고 어둠이 깊었는데도 공주는 여전히 같은 장소에 앉아서 흐느끼고 있었다. '안녕, 귀여운 소녀야! 넌 왜 여기 홀로 앉아서 그리도 슬피 울고 있는 거니?' 그 말에 그녀는 벌떡 일어났으며, 도대체 어떻게 된 일인지, 엄청난 혼란을 느꼈다. 그래도 그 일은 전혀 놀랍지 않았다. 그런데 그녀가 주위를 둘러볼 때, 그녀의 앞에 자그마한 노인이 한 사람 서 있는 것이 아닌가. 노인은 그녀를 향해 머리를 끄덕였으며, 매우 친절하고 순수해 보였다." 스위스의 동화에서, 왕의 딸에게 사과를 한 바구니 갖다 주길 원하는, 농민의 아들은 "자그마한 철의 인간"을 만나는데, 그 인간이 바구니에 든 것이 무엇이냐고 묻는다. 또 다른 단락에서 "철의 인간"은 "철로 만든 옷"을 걸치고 있다.

현대의 어느 일련의 환상에도 늙은 현자의 형상이 몇 번 나타났다. 그 현자는 한 번은 정상적인 몸집으로 높은 바위 암벽에 둘러싸인 분화구의 밑바닥에서 나타났으며, 또 한 번은 자그마한 형상으로 낮은 돌 울타리 안에 위치한 산의 꼭대기에서 나타났다. 작은 상자 속에 살던 난쟁이 공주에 관한 괴테의 이야기에서도 동일한 모티브가 발견된다. 이 연결 속에서, 광산에 거주하는 금속 인간들과 고대의 교활한 다크틸로이, 연금술사들의 호문쿨로스, 그리고 호브고블린이나 브라우니, 그렘린 같은 난쟁이들뿐만 아니라 조시모스의 환상에 나오는 작은 납 인간 안트로파리온을 언급하는 것도 가능하다.

나는 중대한 어떤 등반 사고를 접하면서 그런 개념들이 대단히 "현실적"이라는 사실을 확인할 수 있었다. 그 사고가 있은 뒤에, 사고를 겪은 등반가들 중 2명이 똑같이 대낮에 두건을 쓴 작은 인간의 환상을 보았다. 환상 속의 인간은 빙벽의 접근 불가능한 크레바스에서 급히 나와 빙하를 가로질러 그 장면을 보고 있던 두 사람을 공황에 빠뜨렸다.

나는 무의식의 세계가 무한히 작은 세계임에 분명하다고 생각하게 만드는 모티브들을 종종 만났다. 그런 생각은 이 모든 환상들에서 우리가 정신 내부에 있는 무엇인가를 다루고 있다는 희미한 느낌에서 합리적으로 나올 수 있었다. 거기엔 어떤 것이 머리 안에 들어 있기 위해서는 대단히 작아야 하는 것이 분명하다는 추론이 작용했다. 나는 그런 "합리적인" 짐작들이 모두 엉뚱하다고 말하지는 않겠지만, 그런 짐작들을 절대로 호의적으로 받아들이지 않는다. 나에게는 작은 것들을 좋아하는 한편으로 거인 같은 큰 것을 좋아하는 경향이 무의식 안에서 일어나는 공간적, 시간적 관계들의 기이한 불확실성과 관계있다는 말이 더 그럴듯하게 들리기 때문이다.

인간의 비례 감각, 즉 큰 것과 작은 것에 대한 인간의 합리적인 인식은 틀림없이 인간의 모습을 기준으로 하고 있으며, 그런 감각은 물리적인 현상의 영역에서뿐만 아니라 특별히 인간적인 것의 범위를 넘어서는 집단 무의식의 부분에서도 타당성을 상실한다. 아트만은 "작은 것보다 더 작고 큰 것보다 더 크며", "엄지손가락 만하면서도 사방으로 땅을 두루 포용하고 전체 공간을 지배한다". 그리고 카비리에 대해, 괴테는 "길이는 짧아도 힘은 거대하다."고 말한다. 마찬가지로, 늙은 현자의 원형은 겨우 감지할 수 있을 만큼 아주 작지만, 그가 근본적인 것들을 다룰 때 누구든 볼 수 있듯이, 그 원형은 사람의 운명을 좌우할 정도의 힘을 지니고 있다.

이 같은 특성을 원형들은 원자의 세계와 공유하고 있다. 연구자가 미시 물리학의 세계로 깊이 침투할수록 거기에 더욱 무서운 폭발력이 억눌려 있다는 사실이 확인되고 있으니 말이다. 가장 큰 결과는 가장 작은 원인에서 비롯된다는 것이 물리학에서뿐만 아니라 심리학적 연구의 영역에서도 명백해졌다. 삶의 결정적인 순간에 모든 것이 아무것도 아닌 것 같은 것에 좌우되는 경우가 얼마나 잦는가!

원시인의 어떤 동화들에서, 늙은 현자 원형의 계몽하는 특성은 노인이 태양과 동일시된다는 사실에 의해 표현된다. 늙은 현자가 횃불을 가져와서 그것으로 호박을 볶는다. 그는 호박을 먹은 뒤에 불을 다시 가져간다. 이것이 인류가 그로부터 불을 훔치도록 만든다. 북미 인디언의 이야기에서, 노인은 불을 소유한 주술사이다. '구약성경'의 언어와 성령강림절 기적의 이야기에서 알 수 있듯이, 영도 불 같은 측면을 갖고 있다.

현명과 지혜와 통찰 외에, 이미 언급한 바와 같이, 노인은 도덕적 자질로도 두드러진다. 게다가, 노인은 타인들의 도덕적 자질들을 시험하고 그 결과를 바탕으로 선물을 결정한다. 의붓딸과 친 딸에 관한 에스토니아의 동화에 이 점을 보여주는 예가 특별히 교훈적으로 제시되고 있다. 의붓딸은 순종적이고 착한 행동이 몸에 밴 고아이다. 이야기는 그녀의 실패(실을 감아두는 도구)가 샘으로 떨어지는 것으로 시작된다. 그녀는 실패를 찾아 샘으로 뛰어들지만 빠져 죽지 않고 마법의 나라에 닿는다. 거기서 그녀는 실패를 계속 찾다가 소와 숫양과 사과나무를 만난다. 그 과정에 그녀는 사과나무의 소망을 들어준다. 그녀는 이제 목욕탕에 이른다. 거기서 불결한 노인이 앉아서 그녀가 몸을 씻어주길 기다리고 있다.

대화는 이렇게 이어진다. "아, 귀여운 소녀야! 나를 좀 씻어 줘. 이렇게 더러운 몸으로 지내는 것이 여간 힘든 일이 아니야!" "난로는 뭘로 피우죠?" "나무 말뚝과 까마귀 똥을 모아서 불을 피우면 돼." 그러나 그녀는 나뭇가지들을 갖고 와서 묻는다. "목욕물은 어디서 구하죠?" "외양간 아래쪽에 가면 하얀 암말이 있어. 그 말에게 목욕통에 오줌을 누게 하면 된단다." 그러나 그녀는 깨끗한 물을 갖고 와서 묻는다. "때밀이는 어디 있죠?" "하얀 암말의 꼬리를 잘라서 쓰면 돼." 그러나 그녀는 자작나무 잔가지들로 때밀이를 만들고는 "비누는 어디서 구하죠?"라고 묻는다. "속돌을 갖고 와서 문지르면 돼." 그러나 그녀는 마을에서 비누를 갖고 와서 그것으로 노인의 몸을 씻는다.

그에 대한 보상으로 노인은 그녀에게 금과 보석이 가득 든 가방을 준다. 그러자 그 집의 딸은 당연히 질투심을 보이며 자신의 실패를 샘으로 던진다. 그녀는 거기서 즉시 실패를 다시 발견한다. 그럼에도 불구하고 그녀는 의붓딸이 옳게 행함으로써 보상을 받은 모든 일을 그릇된 방향으로 계속 한다. 이 모티브는 더 이상의 예를 제시하는 것이 불필요할 만큼 자주 등장한다.

탁월하고 도움을 주는 노인의 형상은 사람으로 하여금 그를 어떻게든

316

신과 연결시키고 싶은 마음을 느끼도록 만든다. 군인과 흑인 공주에 관한 독일 동화는 저주 받은 공주가 매일 밤 자신의 철제 관에서 빠져나와 무덤을 지키고 있는 군인을 삼킨다는 내용이다. 어느 군인이 보초를 서야 하는 순서가 되자 탈출을 꾀했다. "그날 밤에 그는 몰래 그곳을 빠져나와 들판을 가로지르고 산을 넘어 도망치다가 아름다운 초원에 닿았다. 그때 갑자기 잿빛 수염을 길게 기른 자그마한 인간이 그의 앞에 나타났다. 그 것은 틀림없이 악마가 밤마다 하는 온갖 나쁜 짓을 더 이상 다 감시할 수 없게 된 하느님이었다. 그 잿빛의 작은 인간이 '어디로 가는 거니? 나도 같이 갈까?'라고 물었다. 자그마한 몸집의 노인이 너무나 친절해 보였기 때문에, 군인은 자신이 도망쳤다는 사실과 도망친 이유에 대해 말했다". 여느 때처럼, 훌륭한 조언이 따른다. 이 이야기에서 노인은 신으로 여겨지고 있다. 영국 연금술사 조지 리플리(George Ripley: 1802-1880) 경이 순진하게도 "늙은 왕"을 "옛적부터 항상 계신 분"으로 묘사하듯이.

원형들에게는 위쪽을 가리키는, 긍정적이고 호의적이고 밝은 측면이 있는 한편으로, 아래쪽을 가리키는, 부분적으로 부정적이고 호의적이지 않은 측면도 있다. 그러나 그 외의 나머지는 그냥 중립적이다. 영(靈)의 원형도 절대로 예외가 아니다. 영 원형의 난쟁이 형태조차도 일종의 한계를 암시하며, 지하 세계에서 솟아난 자연적인 식물의 신령을 암시한다.

발칸 반도의 한 이야기에서, 노인은 눈을 잃은 불구의 몸이다. 그의 눈은 날개 달린 악마의 한 종류인 빌리(Vili)에 의해 도려내졌으며, 이야기의 주인공은 빌리가 노인에게 눈을 돌려주도록 하는 과제를 맡는다. 따라서 노인은 자신의 시력, 즉 통찰력과 깨달음의 일부를 어둠의 사악한 세계에 잃었다. 이 장애는 검은 돼지(사악한 형제 세트(Set))의 모습을 보고는 한

쪽 눈을 잃은 오시리스의 운명이나 미미르의 샘에 눈을 제물로 바친 보탄의 운명을 떠올리게 한다. 정말 이상하게도, 우리의 동화에서 노인이 타고 있는 동물은 염소이다. 이것은 노인 자신이 어두운 측면을 갖고 있다는 것을 보여주는 표시이다.

시베리아의 한 이야기에서, 노인은 다리와 손과 눈이 모두 하나뿐인 상태에서 회색 턱수염을 기른 모습으로 나타난다. 그는 쇠막대기로 죽은 사람을 흔들어 깨운다. 이야기가 전개되는 과정에, 죽었다가 깨어난 그 사람은 몇 차례 생명을 다시 얻은 뒤에 실수로 그만 노인을 죽이고, 따라서 자신의 행운을 멀리 차버리고 만다. 이야기의 제목은 "편애하는 노인"이며, 사실 그의 장애는 그가 오직 반쪽으로만 이뤄져 있다는 점을 보여준다. 다른 반쪽은 눈에 보이지 않지만, 주인공의 생명을 노리는 살인자의 모습으로 나타난다. 결국 주인공은 자신을 줄기차게 쫓는 살인자를 죽이는 데 성공하지만, 그 투쟁에서 그는 편애하는 노인까지 죽인다. 그래서 두 희생자의 동일성이 분명히 드러나고 있다. 따라서 노인은 주인공 본인의 정반대의 존재이고, 목숨을 노리는 존재일 뿐만 아니라 생명을 가져오는 존재, 말하자면 헤르메스처럼 두 가지에 다 뛰어난 존재일 가능성이 있다.

이 상황들 속에서, "단순하고" "친절한" 노인이 나타날 때마다, 숨은 뜻을 찾아내기 위해서 맥락을 면밀히 조사하는 것이 바람직하다. 예를 들어, 첫 번째로 언급한, 소를 잃어버린 일꾼 소년에 관한 에스토니아 이야기에는, 공교롭게도 현장에 있다가 도움의 손길을 내미는 노인이 피보호자에게 도망칠 훌륭한 근거를 제공하기 위해서 은밀히 소를 훔쳤다고 의심할 만한 구석이 있다. 이런 짐작도 터무니없는 것은 아니다. 일상의 경험에 비춰보면, 잠재의식 상태에 있는, 운명에 대한 탁월한 어떤 예지가 단지 바보 같은 우리의 자아의식을 괴롭혀서 그것이 가야 하는 길로 들어서도록 할 목적으로 성가신 사건을 일부러 일으키는 것도 꽤 가능한 일이기 때문이다. 자아의식은 그 어리석음 때문에 혼자 힘으로는 아마 그 길을 절대로 발견하지 못할 것이다. 이야기 속의 고아가 자신의 소를 마술 부리듯 끌고 간 것이 노인이었다고 짐작했다면, 아마 그 노인은 심술궂은 난쟁이나 악마처럼 보였을 것이다. 그리고 정말로 노인은 사악한 양상을 보인다. 그것은 원시인의 주술사가 치료사이고 도움을 주는 존재임과 동시에 끔찍한 독약 제조자인 것과 똑같다. 'φάρμακον'(medecine)라는 단어는 '해독제'뿐만 아니라 '독'도 의미하며, 사실 독은 두 가지 다 될 수 있다.

그렇다면 노인은 모호한 꼬마 장난꾸러기의 성격을 지니고 있다. 예컨대, 멀린(Merlin)[117] 같은 대단히 교훈적인 인물이 있다. 노인은 일부 형태에서는 선(善)의 화신처럼 보이고, 또 다른 형태에서는 악의 한 양상을 보인다. 또 한편으로 노인은 순수한 이기심에서 악을 위해 악한 짓을 하는 사악한 마법사이다. 시베리아의 한 동화에서, 노인은 "오리 두 마리가 헤엄을 치고 있는 두 개의 호수를 머리에 이고 있는" 악령이다. 그는 인간의 살점을 먹고 산다. 그 이야기는 주인공과 그의 동료들이 개들을 집에 남겨두고 이웃 마을의 잔치에 감에 따라 겪게 되는 에피소드를 풀어놓는다. "고양이가 없으면 쥐가 설친다"는 원칙에 따라 개들도 잔치를 벌이며, 잔치가 절정에 달했을 때, 개들이 고기 저장고를 덮친다. 사람들은 집으로 돌아왔다가 황무지로 달아난 개들을 급히 뒤쫓는다. "그때 창조주

---

117 아서 왕의 이야기에 나오는 마법사이자 왕의 조력자이다.

가 에멤쿠트[이야기의 주인공]에게 '너의 아내와 함께 가서 개들을 찾도록 해.'라고 말했다." 그러나 에멤쿠트는 끔찍한 눈보라에 갇혀 악령의 오두막에서 피난처를 찾아야 한다.

이제, 혹 떼러 갔다가 혹을 붙여 나온다는, 잘 알려진 모티브가 이어진다. 그 "창조주"는 에멤쿠트의 아버지이지만, 창조주의 아버지는 자신을 스스로 창조했다는 이유로 "스스로 창조한 존재"라 불린다. 머리에 두 개의 호수를 이고 있는 노인이 굶주림을 달래기 위해서 주인공과 그의 아내를 오두막으로 유인했다는 내용은 어디에도 없지만, 매우 특이한 영(靈)이 개들 속으로 들어가서 개들이 인간들처럼 잔치를 벌이도록 하고, 이어서 개들의 본성과 반대로 달아나도록 했음에 틀림없다는 짐작도 가능하다. 그러면 에멤쿠트가 개들을 찾기 위해 밖으로 나가야 할 것이고, 그러다가 눈보라에 갇혀서 어쩔 수 없이 사악한 노인의 품으로 들어가지 않을 수 없을 테니까. "스스로 창조한 존재"의 아들인 창조주가 조언을 하는 당사자라는 사실이 까다로운 문제를 제기하는데, 이 문제에 대한 해결은 시베리아 지역의 신학자들에게 넘기는 것이 최선책이다.

발칸 지역의 한 동화에서, 노인은 아이가 없는 황후에게 마법의 사과를 건네고, 그녀는 이 사과를 먹고 임신하여 아들을 낳는다. 따라서 늙은이가 아이의 대부가 된다. 그러나 소년은 건달 같은 꼬맹이로 자라며 모든 아이들을 괴롭히고 가축을 죽인다. 소년에게는 10년 동안 이름이 주어지지 않는다. 그때 노인이 나타나 소년의 다리에 칼을 찔러넣으며 그를 "칼의 왕자"라고 부른다. 이제 소년은 모험에 나서길 원하며, 그의 아버지는 오랜 망설임 끝에 마침내 소년에게 그렇게 하도록 허용한다. 소년의 다리속의 칼이 결정적으로 중요하다. 만약에 그것을 스스로 뽑는다면, 그는 살아남을 것이다. 그러나 그 외의 다른 사람이 그렇게 한다면, 그는 죽을 것이다. 결국, 칼이 그의 운명이 된다. 그가 잠들었을 때, 어느 늙은 마녀가 칼을 뽑기 때문이다. 그는 죽지만, 그가 얻은 친구들에 의해 생명을 다시 얻는다. 여기서 늙은이는 도움을 주는 존재이지만, 또한 옳지 못한 자에게 쉽게 닥칠 수 있는 위험한 운명의 고안자이기도 하다. 악마는 소년의 악당 같은 성격에서 일치감치 그 모습을 분명하게 드러냈다.

발칸 지역의 또 다른 이야기에는 우리의 모티브의 한 변형이 보인다. 언급할 가치가 충분하다. 어느 왕이 이방인에게 납치된 누이를 찾아나서는 내용이다. 왕의 방랑이 그를 어떤 늙은 여인의 오두막으로 이끈다. 이 여인은 왕에게 누이를 찾는 노력을 계속해서는 안 된다고 경고한다. 그러나 열매가 주렁주렁 달린 나무 한 그루가 그의 앞에서 계속 뒤로 물러서면서 그가 오두막을 벗어나도록 이끈다. 마침내 나무가 멈추었을 때, 어떤 노인이 나뭇가지에서 내려온다. 그는 왕을 융숭하게 대접하고 성으로 안내한다. 거기서 왕의 누이가 그 늙은이의 아내로 그와 함께 살고 있다. 그녀는 자기 오빠에게 노인이 그를 죽일 사악한 영이라고 말한다. 그리고 정말로 3일 뒤에 왕이 그야말로 흔적도 없이 사라진다. 이제 왕의 동생이 왕을 찾으러 나섰으며, 그는 용의 형태를 취하고 있던 사악한 영을 죽인다. 그로 인해 잘생긴 어떤 청년이 마법에서 풀려났으며, 즉시 청년은 왕의 누이와 결혼한다.

처음에 나무의 신령으로 나타났던 노인은 틀림없이 누이와 연결되고 있다. 그는 살인자이다. 작품 속의 한 에피소드에서, 그는 어느 도시 전체를 철로, 말하자면 움직이지 못하고 엄격하게 갇힌 상태로 바꿔놓음으로써 도시에 마법을 건다는 비난의 소리를 듣는다. 노인은 또한 왕의 여동생을 포로로 잡고 친척들에게 돌려보내지 않을 것이다. 이것은 여동생이 아니무스에게 사로잡혀 있다는 말이나 똑같다. 따라서 노인은 그녀의 아니무스로 여겨진다. 그러나 왕이 이 사로잡힘의 상태에 빠지는 방식과 그가 자신의 여동생을 찾는 방식은 그녀가 오빠에게 아니마의 의미를 지닌다는 점을 말해주고 있다. 따라서 노인의 불길한 원형은 처음에 왕의 아니마를 사로잡고, 달리 말하면 왕으로부터 아니마가 인격화하는 생명의 원형을 박탈하고, 이어서 왕이 잃어버린 부적을, 말하자면 "획득하기 힘든 보물"을 찾아 나서도록 강요했으며, 그렇게 함으로써 왕을 신화적인 영웅으로, 자기의 한 표현인 보다 높은 인격으로 만든다. 한편, 노인은 악당의 역할을 하며, 강제로 제거되어야 한다. 단지 마지막에 아니마인 여동생의 남편으로, 더 적절히 표현하면, 영혼의 신랑으로 등장하기 위해서다. 이 신랑은 상반된 것들과 동등한 것들의 결합을 상징하는 성스러운 근친상간을 축하한다. 매우 흔한 일인 이 대담한 에난티오드로미아는 노인의 회춘과 변형을 의미할 뿐만 아니라, 악한 것과 선한 것의, 거꾸로, 선한 것과 악한 것의 비밀스런 내적 관계를 암시한다.

그렇다면, 이 이야기에서 우리는 암시적으로 히에로스 가모스로 끝나는 개성화 과정의 온갖 왜곡과 굴절에 휘말린, 악인을 위장한 노인의 원형을 본다. 거꾸로, 숲의 왕에 관한 러시아의 이야기에서 노인은 도움을 주고 이로운 존재로 시작하지만, 고용된 소년을 놓아주기를 거부한다. 그래서 그 이야기의 주요 에피소드들은 마법사의 손아귀에서 벗어나려는 소년의 거듭된 시도를 다룬다. 여기에는 추구 대신에 도피가 있다. 그럼에도 불구하고, 도피도 용감하게 추구했던 모험들과 동일한 보상을 얻는 것 같다. 마침내 주인공이 왕의 딸과 결혼하니 말이다. 그러나 마법사는 혹을 떼려다 혹을 붙이는 역할로 만족해야 한다.

4. 동화에 나타나는, 짐승 모습의 영들의 상징체계

한 가지 특별한 형태의 영의 표현, 즉 동물의 형태를 고려하지 않는다면, 이 원형에 대한 설명은 절대로 완전할 수 없다. 이 형태는 기본적으로 신들과 악마들이 짐승의 모습을 한 것과 동일하며, 똑같은 심리학적 의미를 지닌다. 동물 형태는 문제가 되고 있는 내용물과 기능들이 여전히 인간 밖의 영역, 즉 인간의 의식을 넘어서는 차원에 있다는 것을, 따라서 한편으로는 악마 같은 초인간적인 특성을 공유하고, 다른 한편으로는 짐승 같은 인간 이하의 특성을 공유한다는 것을 보여준다.

그러나 이 구분은 사고의 한 필요 조건으로서 구분이 요구되는 의식의 영역에서만 유효하다는 사실을 기억해야 한다. 논리는 "제3의 것은 존재하지 않는다"고 말한다. 현대인은 단일성 속의 상반된 것들을 생각하지 못한다는 뜻이다. 바꿔 말하면, 다루기 까다로운 자기 모순을 폐지하는 것이 우리에게 하나의 필요 조건일지라도, 무의식에게는 절대로 그럴 수 없다. 무의식의 내용물은 예외 없이 본래 역설적이거나 자기 모순적이다. 존재의 카테고리도 예외가 아니다. 만약에 무의식의 심리학을 제대로 알지 못하는 사람이 이 문제들로부터 실용적인 지식을 얻기를 원한다면, 나는 기독교 신비주의와 인도 철학을 공부할 것을 권하고 싶다. 거기서 그 사람은 무의식의 자기 모순이 대단히 정교하게 다듬어지는 것을 발견할 것이다.

노인이 지금까지 다소 인간처럼 보이고 인간처럼 행동했을지라도, 그의 마법적 능력과 영적 우월은 좋거나 나쁜 쪽으로 그가 인간의 수준 밖에, 인간의 수준보다 위나 아래에 있다는 것을 암시한다. 노인의 동물적인 측면은 원시성과 무의식에 대한 평가절하를 암시하지 않는다. 왜냐하면 일부 측면에서는 동물이 인간보다 더 탁월하기 때문이다. 노인의 동물적인 측면은 아직 의식 속으로 치고 들어가지도 않았으며, 고집 센 자아로 하여금 그 동물적 측면이 생명력을 끌어내고 있는 그 힘과 맞서 싸우도록 싸움을 붙이지도 않았다. 반대로, 노인의 동물적인 측면은 외고집의 자아를 활성화시키는 의지를 거의 완벽하게 충족시키고 있다. 만약에 노인의 동물적인 측면이 의식적이라면, 그것은 도덕적으로 인간보다 더 나을 것이다.

타락의 전설에 깊은 가르침이 담겨 있다. 그 전설은 자아의식의 해방이 마왕의 위업인 것 같다는 예감을 희미하게 표현하고 있다. 인간의 전체 역사는 처음부터 인간의 열등감과 오만 사이의 갈등으로 점철되어 있다. 지혜는 중도의 길을 추구하고, 그 같은 대담성 때문에 지혜는 악령과 짐승과 친밀한 관계라는 의심을 사고, 따라서 도덕적 오해에 시달릴 위험을 안고 있다.

동화에서 이로운 동물이라는 모티브가 거듭 발견된다. 이 동물들은 인간처럼 행동하고, 인간의 언어로 말하고, 인간보다 더 탁월한 현명과 지식을 보여준다. 이런 상황들을 근거로, 영의 원형이 동물의 형태로 표현되고 있다고 해도 어느 정도 타당하다. 독일의 한 동화는 어느 청년이 잃어버린 공주를 찾는 중에 늑대를 만난다는 이야기를 들려준다. 이 늑대는 "무서워하지 말고, 네가 어디로 가는지 말해 줄래?"라고 말한다. 청년은 늑대에게 자신의 사연을 들려주었으며, 그러자 늑대가 청년에게 마법의 선물로 자신의 털 몇 가닥을 건넨다. 그것만 있으면 청년은 언제든 늑대의 도움을 불러낼 수 있다. 이 막간의 에피소드는 도움을 주는 노인을 만나는 것과 똑같은 방식으로 전개된다. 동일한 이야기에서, 그 원형은 다른 사악한 측면을 드러낸다. 이 점을 명쾌하게 전하기 위해서 그 이야기를 요약하고 싶다.

청년이 숲에서 자신의 돼지를 지키고 있는 사이에 거대한 나무를 발견한다. 이 나무는 키가 얼마나 큰지 가지들이 구름에 파묻혀 있다. 청년은 혼잣말로 "이 거대한 나무의 꼭대기에서 세상을 내려다보면 어떤 모습일까?"라고 중얼거린다. 그래서 그는 나무를 오르기로 마음을 먹는다. 하루 종일 올랐건만, 아직 가지에도 닿지 못했다. 어둠이 깔리고, 그는 나무의 갈래진 곳에서 밤을 보내야 한다.

다음날에도 그는 나무 오르기를 계속했으며, 정오에 나무의 잎에 닿았다. 밤이 다 되어서야 그는 가지들 위에 자리 잡고 있는 어느 마을까지 올라갔다. 그곳에 사는 농민들이 그에게 밤을 보낼 피난처와 음식을 주었다. 아침에 그는 더 높이 올라갔다. 정오쯤, 그는 어린 소녀가 살고 있는 성에 도달했다. 거기서 그는 나무가 더 이상 올라가지 않는다는 사실을 확인할 수 있었다.

그녀는 사악한 마법사에게 포로로 잡혀 있던 왕의 딸이었다. 그래서 청년은 공주와 함께 머물렀으며, 그녀는 그에게 단 한 곳만을 빼고 성의 모든 방에 들어가는 것을 허용했다. 그러나 청년은 호기심이 아주 강했다. 그는 금지된 방의 문을 땄으며, 거기서 벽에 3개의 못에 박혀 있는 까마귀를 발견했다. 못 하나는 까마귀의 목에, 다른 두 개는 날개에 박혀 있었다. 까마귀가 목이 마르다고 불평하자, 청년은 동정심을 느끼며 까마귀에게 마실 물을 주었다. 첫 모금에 못 하나가 빠졌고, 세 번째 모금에 까마귀는 자유의 몸이 되어 창문을 통해 날아갔다. 이 이야기를 들은 공주는 깜짝 놀라며 말했다. "그것이 나에게 마법을 건 악마였어요! 머지않아 그가 다시 나를 데리러 오겠군요!" 그리고 어느 맑은 날 아침에 그녀는 정말로 연기처럼 사라졌다.

청년은 이제 그녀를 찾아 길을 나서고, 앞에서 설명한 바와 같이, 늑대를 만난다. 똑같이, 그는 곰을 만나고 사자를 만난다. 곰과 사자도 그에게 털을 몇 가닥씩 뽑아 주었다. 더욱이, 사자는 공주가 근처의 사냥 막사에 갇혀 있다는 사실까지 알려주었다. 청년은 그 집과 공주를 발견하지만, 거기서 달아나는 것은 불가능하다는 말을 듣는다. 사냥꾼이 3개의 다리를 가진 백마를 갖고 있는데, 모든 것을 다 알고 있는 그 말이 틀림없이 주인에게 경고할 것이기 때문이다.

그럼에도 청년은 그녀를 데리고 달아나려고 시도해 보지만, 헛일이었다. 사냥꾼은 청년을 따라잡지만, 청년이 까마귀로 있던 자신의 목숨을 구해 주었기 때문에, 청년을 놓아주고 공주와 함께 다시 말을 타고 현장을 떠났다. 사냥꾼이 숲 속으로 사라졌을 때, 청년은 다시 그 집으로 살금살금 기어가서 공주에게 사냥꾼을 감언이설로 구슬려 그 똑똑한 백마를 어떤 식으로 구했는지 알아내자고 제안했다. 그 일을 그녀는 밤에 성공적으로 해냈으며, 침대 밑에 몸을 숨기고 있던 청년은 사냥 막사로부터 한 시간 정도의 거리에 마법의 말들을 기르는 마녀가 살고 있다는 사실을 알아냈다. 망아지들을 3일 동안 지킬 수 있는 사람이면 누구나 그에 대한 보상으로 말을 선택할 수 있었다. 사냥꾼의 말에 따르면, 옛날에 그녀는 농장 가까운 곳의 숲에 살던 12마리의 늑대들의 허기를 충족시킴으로써 농장을 습격하는 것을 막기 위해서 12마리의 양을 선물로 주곤 했으나, 그에게는 양을 한 마리도 주지 않았다. 그래서 그가 말을 타고 나올 때 늑대들이 그의 뒤를 따랐으며, 그 늑대들은 그가 그녀의 농장의 울타리를 넘는 사이에 말의 다리 하나를 물어뜯는 데 성공했다. 그 말이 3개의 다리를 갖게 된 사연이었다.

이어서 청년은 서둘러 마녀를 찾았으며, 그가 선택하는 말뿐만 아니라 12마리의 양까지 준다는 조건으로 그녀에게 봉사하기로 합의했다. 이 조건에 그녀도 동의했다. 즉시 그녀는 망아지들에게 달아나라고 명령했고, 그를 잠들게 하기 위해서 그에게 브랜디를 주었다. 그는 브랜디를 마시고 잠에 떨어지고, 망아지들은 달아났다. 첫날에 그는 늑대의 도움으로 망아지들을 붙잡았다. 둘째 날에는 곰이 그를 도왔고, 셋째 날에는 사자가 그를 도왔다. 이제 그는 가서 자신의 보상을 고를 수 있었다.

마녀의 어린 딸이 그에게 자기 어머니가 타는 말이 어느 것인지 알려주었다. 당연히 그 말이 최고의 말일 터였다. 그것도 역시 백마였다. 그가 말을 마구간에서 끌고 나오자마자, 마녀는 말의 네 다리를 찔러 뼈에서 골수를 뽑았다. 그것으로 그녀는 케이크를 만들어 길을 나서는 청년에게 주었다. 그 말은 점점 약해지다가 죽을 지경에 이르렀으며, 그래서 청년은 말에게 케이크를 먹였다. 그것으로 말은 예전의 힘을 회복했다.

그는 12마리의 양으로 12마리의 늑대를 침묵시킨 뒤에 아무런 상처를 입지 않고 숲을 빠져나올 수 있었다. 이어 그는 공주를 찾아서 그녀와 함께 말을 타고 달아났다. 그러나 3개의 다리를 가진 말이 사냥꾼에게 외쳤으며, 즉각 추격에 나선 사냥꾼은 금방 그들을 따라잡았다. 4개의 다리를 가진 말이 질주하길 거부했기 때문이다. 사냥꾼이 접근해 올 때, 4개의 다리를 가진 말이 다리가 셋인 말을 향해 외쳤다. "여동생아, 그를 내동댕이쳐!" 마법사는 말 등에서 내던져지듯 떨어져 말 두 마리의 발굽에 짓밟혀 갈기갈기 찢어졌다. 청년은 공주를 3개의 다리를 가진 말 위에 앉히고, 그들은 짝을 이룬 상태로 그녀의 아버지의 왕국까지 말을 달려 거기서 결혼식을 올렸다. 4개의 다리를 가진 말이 청년에게 말 두 마리의 머리를 잘라달라고 간청했다. 그렇게 하지 않으면 말들이 그에게 재앙을 안기게 될 것이라는 이유에서였다. 청년은 말의 요구를 따랐으며, 말들은 잘생긴 왕자와 너무도 아름다운 공주로 변했다. 둘은 잠시 후에 "자신의 왕국으로" 갔다. 그들은 오래 전에 사냥꾼에 의해 말로 변신했다.

이 이야기 속에 동물로 나타나는 영(靈)의 상징체계와 별도로, 인식과 직관 기능이 사람들을 태우는 동물에 의해 표현된다는 점을 강조하는 것은 특별히 흥미롭다. 이것은 영이 누군가의 재산이 될 수 있다고 말하는 것이나 다름없다. 따라서 3개의 다리를 가진 백마는 사악한 사냥꾼의 재산이고, 4개의 다리를 가진 백마는 마녀의 재산이다. 여기서 영은 부분적으로 다른 대상(말)처럼 소유자를 바꿀 수 있는 하나의 기능이고, 또 부분적으로 하나의 자율적인 주체(말의 소유자로서 마법사)이다.

마녀로부터 4개의 다리를 가진 말을 획득함으로써, 청년은 어떤 영 또는 특별한 종류의 생각이 무의식의 손아귀로부터 자유롭게 풀려나도록 한다. 다른 곳에서와 마찬가지로 여기서도 마녀는 '어머니 자연'(mater natura), 즉 무의식의 원래의 "가모장"의 상태를 뜻하며, 이것은 무의식이 연약하고 여전히 의존적인 의식하고만 대립하고 있는 어떤 정신의 구조를 암시한다.

4개의 다리를 가진 말은 3개의 다리를 가진 말보다 우수하다는 점을 보여준다. 전자가 후자를 명령할 수 있으니 말이다. 그리고 4개 1조가 전체성의 상징이고, 전체성이 무의식의 그림의 세계에서 중요한 역할을 하기 때문에, 4개의 다리를 가진 말이 3개의 다리를 가진 말을 이기는 것은 아주 뜻밖은 아니다. 그러나 3개를 갖춘 것과 4개를 갖춘 것 사이의 대립은 무엇을 의미하는가? 또는 3개를 갖춘다는 것은 전체성과 비교할 때 무엇을 의미하는가? 연금술에서 이 문제는 마리아 프로페티사(Maria Prophetissa: A.D. 3세기)의 경구로 알려져 있고, 1,000년 이상 동안 연금술 철학에서 중요한 역할을 했으며, '파우스트'의 카비리 장면에서 다시 받아들여졌다.

그 문제가 발견되는, 가장 오래된 문헌은 플라톤의 『티마이오스』(Timaeus)의 첫 부분이다. 괴테도 그 점을 상기시킨다. 연금술사들을 통해서, 우리는 신성한 삼위일체가 어떻게 하여 보다 낮고 보다 원시적인 3개1조(3개의 머리를 가진 단테의 악마와 비슷하다)에 카운터파트를 두고 있는지를 분명히 볼 수 있다. 보다 낮은 3개 1조는 그 상징체계 때문에 악과의 친밀한 관계를 드러내는 어떤 원리를 나타내고 있다. 비록 그 원리가 악만을 나타내는지는 결코 분명하지 않을지라도. 오히려 모든 것은 악 또는 악의 익숙한 상징체계가 어둡고 야행성이고 낮고 원시적인 요소를 묘사하는 형상들의 집단에 속한다는 사실을 가리키고 있다.

이 상징체계에서 낮은 3개 1조는 반대쪽의 한 대응물로서 높은 3개 1조를 마주하고 있다. 말하자면 낮은 것도 위쪽의 예처럼 3개 1조로 인식된다. 3은 남성적인 숫자이기 때문에 논리적으로 사악한 사냥꾼과 관련 있으며, 이 사냥꾼은 연금술로 치면 낮은 쪽의 3개 1조로 여겨질 수 있다.

여성적인 숫자 4는 늙은 여자에게 배정된다. 두 마리의 말은 말도 하고 인식도 하는, 따라서 무의식적 영(靈)을 나타내는 기적의 동물들이며, 이 무의식적 영은 한 경우에는 사악한 마법사에게 종속되고, 다른 한 경우에는 늙은 마녀에게 종속되고 있다.

셋과 넷 사이에 남자와 여자의 원초적인 대립이 존재하지만, 넷은 완전성의 상징인 반면에 셋은 그렇지 않다. 연금술에 따르면, 셋은 양극성을 암시한다. 이유는 3개 1조가 언제나 또 다른 3개 1조를 전제하기 때문이다. 높은 것이 낮은 것을 전제하고, 밝은 것이 어두운 것을 전제하고, 선한 것이 악한 것을 전제하듯이.

에너지의 측면에서 보면, 양극성은 일종의 전위(電位)를 의미하며, 전위가 존재하는 곳마다 전류, 즉 사건들의 흐름이 일어날 가능성이 있다. 상반된 것들 사이의 긴장이 균형을 추구하기 때문이다. 만약에 4개 1조를 대각선에 의해 두 개의 반으로 나눠진 사각형으로 상상한다면, 꼭짓점이 서로 반대 방향을 가리키는 2개의 삼각형이 생긴다. 그러므로 4개 1조에 의해 상징되는 전체성을 똑같은 반으로 나누면 서로 반대되는 2개의 3개 1조가 생긴다는 식으로 말할 수 있다.

이런 식으로 간단히 생각해 봐도, 넷에서 어떻게 셋이 나올 수 있는지가 확인된다. 마찬가지로, 공주를 포로로 잡고 있는 사냥꾼은 그의 말이 12마리의 늑대에게 다리 하나가 뜯겨 나가는 바람에 4개의 다리를 가진 말에서 3개의 다리를 가진 말이 되었다고 설명한다. 그렇다면 그 말이 3개의 다리를 갖게 된 것은 말이 어두운 어머니의 영역을 떠나려는 순간에 일어난 사건 때문이다. 심리학적 언어로 바꾸면 이렇게 된다. 무의식적 완전성이 분명하게 나타날 때, 말하자면 무의식적 완전성이 무의식을

330

떠나서 의식의 영역으로 들어갈 때, 넷 중 하나가 무의식의 '진공에 대한 공포'에 사로잡혀 뒤에 남는다. 따라서 거기서 하나의 3개 1조가 생겨나고, 이 3개 1조는, 우리가 동화를 통해서가 아니라 상징체계의 역사를 통해 알고 있듯이, 반대편에 있는, 그것과 상응하는 어떤 3개 1조와 연결된다. 달리 표현하면, 어떤 갈등이 따른다. 여기서도 소크라테스의 말을 빌릴 수 있다. "하나, 둘, 셋. 하지만 사랑하는 나의 티마이오스여, 어제 연회 참석자들이었다가 오늘 연회를 베푸는 자가 된 사람들 중에서 네 번째는 어디 있는가?" 이 네 번째는 무의식의 늑대 같은 탐욕에 붙잡힌 채 어두운 어머니의 영역에 남아 있다. 무의식의 탐욕은 무엇이든 희생을 대가로 치르지 않고는 마법의 동그라미를 탈출하도록 내버려 두지 않는다.

사냥꾼 또는 늙은 마법사와 마녀는 무의식의 마법의 세계에서 부정적인 부모의 이미지에 해당한다. 사냥꾼은 이야기 속에서 처음에는 검은 까마귀로 등장한다. 그가 공주를 납치해서 포로로 잡고 있다. 공주는 그를 "악마"로 묘사한다. 그러나 까마귀가 출입이 금지된, 성의 어느 방에 갇혀 십자가형에 처해진 듯이 3개의 못으로 벽에 박혀 있는 것은 참으로 이상하다. 그는 모든 간수들처럼 자신의 감옥에 갇혀 있으며, 저주하는 모든 것들처럼 묶여 있다.

사냥꾼과 공주의 감옥은 세계수(世界樹)로 짐작되는 거대한 어느 나무의 꼭대기에 자리 잡은 마법의 성이다. 공주는 태양과 가까운, 빛으로 된 상위 영역에 속한다. 세계수 위에 포로로 잡혀 앉아 있는 그녀는 어둠의 권력에 붙잡힌 일종의 세계영혼이다. 그러나 그녀를 납치한 자가 더욱이 3개의 못으로 십자가형에 처해진 것을 보면, 이 납치가 어둠의 권력에도 그다지 유익하지 않은 것 같다.

십자가형은 틀림없이 고통스런 예속과 정지의 어떤 상태를 예고하며, 그 상태는 프로메테우스처럼 정반대의 원리를 감히 넘볼 정도로 무모한 자에게 어울리는 처벌이다. 사냥꾼과 동일시되는 까마귀가 상위의 빛의 세계로부터 소중한 영혼을 강탈했을 때 한 행위가 바로 그런 짓이었다. 그래서 까마귀는 처벌로 상위의 세계의 벽에 못으로 박혀 있다. 이것이 원초적인 그리스도의 이미지를 거꾸로 뒤집어놓은 것이라는 점은 충분히 분명하게 드러날 것이다. 인간의 영혼을 이승의 군주의 지배로부터 자유롭게 풀어놓은 구원자는 아래쪽 땅에서 십자가에 못박혔다. 공주를 납치한 까마귀가 주제 넘은 간섭으로 인해 세계수의 천상의 가지들 속의 벽에 못박혀 있는 것처럼. 우리의 동화에서, 마법의 특이한 도구는 못의 3개 1조이다. 까마귀를 포로로 잡은 자가 누구인지 이야기 속에서 나오지 않지만, 그가 까마귀에게 3개 1조의 이름으로 마법을 건 것처럼 들린다.

세계수를 올라가서 공주를 구할 수 있는 마법의 성 안으로 침투함에 따라, 우리의 젊은 주인공은 단 한 개의 방을 빼고 모든 방에 들어갈 수 있다. 출입이 금지된 방은 바로 까마귀가 갇혀 있는 방이다. 낙원에서 과일을 따먹는 것이 금지된 나무가 딱 하나였듯이, 여기서도 출입이 금지된 방은 하나다. 자연스런 결과는 당장 그 방에 들어가게 된다는 것이다. 세상에 금지만큼 인간의 관심을 강하게 자극하는 것은 없다. 금지는 불복종을 불러일으키는 가장 확실한 방법이다.

틀림없이, 공주보다 까마귀를 풀어놓으려는 은밀한 음모가 전개되고 있다. 주인공이 보자마자, 까마귀는 불쌍하게 울기 시작하며 목이 마르다고 불평한다. 그러자 청년은 동정심에 마음이 움직이며 기운을 돋우는 물로 까마귀를 달랜다. 이어서 3개의 못이 빠지고 까마귀는 열린 창으로 달아난다. 그리하여 악령은 자유를 되찾고, 사냥꾼으로 변하여 공주를 두 번째로 납치하지만, 이번에는 사냥꾼이 그녀를 땅에 있는 자신의 사냥 막사에 가둔다. 은밀한 음모가 부분적으로 드러나고 있다. 공주가 위쪽 세계에서 인간들의 세계로 내려와야 하는 것이다. 틀림없이, 이것은 악령의 도움과 인간의 불복종이 없다면 절대로 가능하지 않은 일이다.

그러나 인간의 세계에서도 영혼들의 사냥꾼이 공주의 주인이기 때문에, 주인공은 다시 개입해야 하며, 우리가 보았듯이, 그 목적을 위해 주인공은 4개의 다리를 가진 말을 마녀로부터 거의 빼앗다시피 하고 3개의 다리라는 마법사의 주문을 푼다. 처음에 까마귀를 꼼짝 못하게 만든 것은 3개 1조였으며, 그 3개 1조는 또한 악령의 권력을 나타낸다. 이것들은 서로 반대 방향을 가리키는 2개의 3개 1조들이다.

이제 꽤 다른 분야인 심리학적 경험의 영역으로 눈길을 돌리면, 의식의 4가지 기능 중 3가지는 분화될 수 있다. 다시 말해, 의식적인 것이 될 수 있다. 반면에 다른 1가지 기능은 모체, 즉 무의식과 연결된 상태로 남으며, "열등" 기능으로 알려져 있다. 그것은 매우 영웅적인 의식의 아킬레스건이다. 강한 사람의 어딘가는 약하고, 현명한 사람의 어딘가는 어리석고, 선한 사람의 어딘가는 악하며, 그 반대도 마찬가지로 진리이다.

우리의 동화에서, 3개 1조는 훼손된 4개 1조로 나타난다. 만약에 3개의 다리에 1개의 다리가 보태질 수 있다면, 거기서 완전한 것이 나올 것이다. 수수께끼 같은 마리아의 경구는 "…세 번째로부터 네 번째로서 하나가 온다"고 한다. 아마 세 번째가 네 번째를 낳을 때, 그 세 번째는 동시에 단일성을 낳는다는 뜻일 것이다. 위대한 어머니에게 속하는 늑대들의 소유인 그 잃어버린 요소는 정말로 4분의 1에 지나지 않지만, 그것은 다른 3

개와 함께 분열과 갈등을 제거하는 하나의 전체를 이룬다.

하지만 상징체계를 근거로 할 때, 어떻게 4분의 1이 동시에 하나의 3개 1조가 될 수 있는가? 여기서 우리의 동화의 상징체계가 우리를 비틀거리게 만든다. 그래서 우리는 어쩔 수 없이 심리학의 사실들에 기대야 한다. 앞에서 3가지 기능은 분화될 수 있고, 한 가지 기능만 무의식의 주문(呪文)에 걸린 상태로 남는다고 말한 바 있다. 이 진술을 보다 세밀하게 밝힐 필요가 있다. 오직 한 가지 기능만이 다소 성공적으로 분화되고, 그 때문에 그 기능은 우월 또는 주요 기능으로 알려지게 되며, 외향성 또는 내향성과 함께 의식적인 태도의 유형을 결정한다는 것은 경험적 사실이다. 이 기능은 부분적으로만 분화된 보조 기능 한두 개와 연결된다. 이 보조 기능들은 주요 기능과 동일한 수준의 분화는 좀처럼 이루지 못한다. 말하자면, 의지가 이 기능들을 주요 기능만큼 빈번하게 이용하지 않는다. 따라서 보조적인 기능들은 우리의 의도에 순종하며 높은 수준의 신뢰성을 보이는 우월 기능에 비해 훨씬 큰 자율성을 갖는다.

한편, 네 번째인 열등 기능은 우리의 의지에 접근하지 못하는 것으로 드러난다. 열등 기능은 어떤 때는 마음을 어지럽히는 꼬마 도깨비로서 나타나고, 또 어떤 때는 '데우스 엑스 마키나'로서 나타난다. 그러나 열등 기능은 언제나 자체 의지에 따라 왔다가 사라진다. 이것을 근거로 할 때, 분화된 기능들조차도 오직 부분적으로만 무의식으로부터 자유로워진 것이 분명하다. 나머지에 대해 말하자면, 그것들은 여전히 무의식에 뿌리를 박고 있으며, 그 만큼 무의식의 지배 하에서 작용하고 있다. 따라서 자아가 활용할 수 있는 3가지 "분화된" 기능들은 저마다 무의식에서 아직 풀려나지 않은 요소들을 갖고 있다. 그리고 이 기능들 중에서 의식적이고 분화된 세 부분들이 방해 요소로 작용하는, 분화되지 않은 네 번째 기능을 마주하고 있듯이, 우월 기능도 무의식에 최악의 적을 두고 있는 것 같다. 이 대목에서, 일을 더욱 어렵게 만드는 마지막 한 가지 사실을 언급하지 않을 수 없다. 빛의 천사처럼 가장하기를 즐기는 악마처럼, 열등 기능이 우월 기능에 무엇보다 해로운 방향으로 은밀히 영향을 미친다는 사실이다. 우월 기능이 열등 기능을 가장 강하게 억압하듯이.

유감스럽게도 다소 추상적인 이 설명들은 "아이들에게나 어울릴 만큼 단순한" 우리의 동화에 담긴, 교묘하고 암시적인 연상들의 의미를 어느 정도 밝히는 데 필요하다. 하나는 악의 권력을 금지하고 다른 하나는 악의 권력을 대표하는, 서로 반대되는 2개의 3개 1조는 의식적이고 무의식적인 정신의 기능적 구조와 거의 완전하게 부합한다. 동화는 자발적이고 순수하고 고안되지 않은 정신의 산물이기 때문에, 정신의 실제 모습이 아닌 것을 매우 잘 표현하지는 못한다. 이들 정신의 구조적 관계들을 묘사하고 있는 것은 '우리'의 동화만이 아니며, 무수히 많은 다른 동화들도 똑같은 일을 하고 있다.

우리의 동화는 기본적으로 양면적인 영(靈) 원형의 본질을 아주 명쾌하게 드러내는 한편으로, 보다 높은 의식이라는 위대한 목표를 추구하고 있는, 자기 모순들의 당혹스런 작용도 보여주고 있다. 돼지를 기르는 청년은 동물의 수준에서 거대한 세계수의 꼭대기까지 올라가서 거기서 포로가 되어 있는, 고귀한 태생인 자신의 아니마를 발견한다. 그 청년은 거의 짐승의 영역에서부터 전망이 확 트인 높은 곳까지 올라가는 의식의 상승을 상징한다. 그 높은 곳은 의식의 지평 확장을 나타내는 것으로서 아주 적절한 이미지이다. 남성적인 의식이 그만한 높이에 이르자마자, 의식은 자신의 여성적인 짝인 아니마를 마주한다. 아니마는 무의식의 한 인격화이다. 그 만남은 무의식을 "잠재의식"이라고 부르는 것이 얼마나 부적절한지를 잘 보여준다. 무의식이 의식의 "아래"에도 있을 뿐만 아니라 의식의 위에도 있기 때문이다. 무의식이 의식보다 얼마나 더 높은 곳에 있는지, 주인공은 상당한 노력을 기울여 그곳까지 올라가야만 한다.

그러나 이 "상위"의 무의식은 "초(超)의식"과는 거리가 멀다. 거기에 닿은 사람은 누구나 우리의 주인공처럼 땅의 표면에서 떨어져 있는 그 만큼 "잠재의식"에서 높이 떨어져 있기 때문이다. 정반대로, 우리의 주인공은 높고 막강한 자신의 아니마인 영혼 공주가 그곳에서 마법에 걸린 채 황금 새장의 새보다 절대로 더 자유롭지 않은 상태에 있다는 불쾌한 사실을 발견한다. 그는 평지로부터, 거의 짐승 같은 어리석음으로부터 높이 올라간 데 대해서는 스스로 만족할 수 있지만, 그의 영혼은 불길한 아버지 이미지인 악령의 손아귀에 잡혀 있다. 이야기 속에서 이 악령은 짐승 모습의 악마 형상으로 즐겨 등장하는 까마귀로 위장하고 있다. 자신의 사랑스런 영혼이 감옥에 갇혀 고통을 겪고 있는 마당에, 높은 위치가 무슨 소용이 있으며, 넓은 시야는 또 무슨 소용이 있는가? 설상가상으로, 그 아니마는 악의 세계의 규칙을 따르며 청년에게 어느 방에 들어가는 것을 금지함으로써, 표면적으로는 그가 그녀의 감금에 얽힌 비밀을 발견하지 못하도록 막으려 든다. 그러나 그녀는 바로 그 금지를 통해서 은밀히 그가 비밀을 알도록 이끈다.

무의식이 마치 2개의 손을 갖고 있는 것처럼 보인다. 그런데 무의식의 한 손은 언제나 다른 한 손과 반대로 한다. 공주는 구조되기를 원하기도 하고 원하지 않기도 한다. 그러나 악령도 어느 모로 보나 곤경에 빠졌다.

그는 날개 달린 존재로서 쉽게 해낼 수 있을 것 같은데도, 빛나는 위쪽의 세계로부터 멋진 영혼을 훔치길 원하면서도 자신이 그곳에 갇힐 것을 예상하지 못했다. 그는 검은 영이면서도 빛을 갈망한다. 그것은 그의 은밀한 정당화이다. 그가 마법에 걸린 것이 그의 위반에 대한 처벌이듯이. 그러나 악령이 위의 세계에 갇혀 있는 한, 공주도 땅으로 내려오지 못하고 주인공은 낙원에서 실종된 상태로 남는다. 그래서 지금 주인공은 불복종의 죄를 저지르고, 그렇게 함으로써 강탈자가 달아나도록 하고, 따라서 공주의 두 번째 납치가 일어나게 한다. 재앙의 연속이다. 그러나 결국에는 공주가 땅으로 내려오고, 악마 같은 까마귀는 사냥꾼이라는 인간의 형태를 취한다.

다른 세계에 속했던 아니마와 악의 원리가 똑같이 인간의 영역으로 내려왔다. 말하자면, 그것들은 인간적인 크기로 축소되고, 따라서 인간이 접근 가능하게 되었다. 3개의 다리를 가진, 모든 것을 아는 그 말은 사냥꾼 자신의 힘을 나타낸다. 그 말은 분화된 기능들의 무의식적 요소들에 해당한다. 사냥꾼은 주인공한테서 탐구심과 모험심으로 나타나는 열등기능을 인격화한다.

이야기가 전개됨에 따라, 주인공은 더욱 사냥꾼처럼 변해 간다. 그도 마녀로부터 말을 획득한다. 그러나 그와 달리, 사냥꾼은 늑대들을 먹일 12마리의 양을 얻는 것을 빠뜨렸다. 그래서 늑대들이 사냥꾼의 말에게 부상을 입혔다. 사냥꾼은 한낱 강도에 불과하기 때문에 땅 속의 권력들에게 공물을 지급하는 것을 망각했다. 이 생략을 통해서, 주인공은 무의식은 그 창조물들을 꼭 희생을 치르게 하고서야 가도록 한다는 것을 배운다. 숫자 12는 아마 시간의 상징일 것이며, 부차적으로 사람이 자유로울 수 있기 전에 무의식을 위해 수행해야 하는 12가지 과제를 의미한다.

사냥꾼은 주인공이 예전에 강탈과 폭력을 통해서 자신의 영혼을 소유하려다가 실패한 시도처럼 보인다. 그러나 영혼의 정복은 현실적으로 인내와 자기희생, 헌신이 요구되는 과제이다. 4개의 다리를 가진 말을 소유하게 됨으로써, 주인공은 사냥꾼의 입장이 되어 마찬가지로 공주를 채어간다. 우리의 이야기 속에서 4개 1조가 보다 큰 권력인 것으로 드러난다. 이유는 그것이 완전해지는 데 필요한 것을 전체성 속으로 통합시키기 때문이다.

결코 원시적이지 않은 이 동화 속에서, 영의 원형은 악령이라는 하나의 단일체에 종속된, 3가지 기능들의 체계로서 동물의 형태로 표현되고 있다. 그 기능들이 종속된 방식은 이름이 밝혀지지 않은 어느 권위자가 3개의 못이라는 3개 1조로 까마귀를 십자가형에 처한 것과 똑같다. 2개의 상위의 단일체들은 첫 번째 예에서는 주요 기능의 최대의 적인 열등 기능, 즉 사냥꾼과 일치하고, 두 번째 예에서는 주요 기능, 즉 주인공과 일치한다. 사냥꾼과 주인공은 최종적으로 서로 동일시되며, 그래서 사냥꾼의 기능은 주인공에게로 귀착된다. 사실, 주인공은 처음부터 사냥꾼의 안에서 잠자고 있으면서, 온갖 비도덕적인 수단을 동원해 사냥꾼이 영혼을 강탈하도록 부추기고, 사냥꾼이 의지에 반하게 주인공에게 유리한 방향으로 영혼을 다루도록 한다. 표면적으로는 사냥꾼과 주인공 사이에 격한 갈등이 일어나지만, 그 아래를 보면 한쪽이 다른 쪽의 일을 하고 있다.

주인공이 4개 1조를 획득하는 데 성공하자마자, 심리학적 언어로 표현하자면 주인공이 열등 기능을 셋으로 이뤄진 체계 속으로 동화시키자마자, 매듭이 풀린다. 그것이 단번에 갈등에 종지부를 찍으며, 사냥꾼의 형상은 허공 속으로 사라진다. 이 승리 뒤에, 주인공은 자신의 공주를 세 다리의 종마에 태우고 그녀와 함께 그녀의 아버지의 왕국으로 달린다. 이제부터 그녀는 이전에 사악한 사냥꾼을 섬겼던 영의 영역을 지배하며 인격화한다. 따라서 아니마는 무의식 중에서 인간이 이룰 수 있는 전체성 속으로 절대로 동화될 수 없는 부분을 나타내며, 그런 존재로 남는다.

이 글에 추가할 내용이 있다. 나의 원고가 완성된 뒤에야, 어느 친구를 통해서 우리 이야기의 러시아판이랄 수 있는 이야기가 나의 관심을 끌었다. 이야기의 주인공은 돼지를 기르는 사람이 아니라 차레비치 이반이다. 도움을 주는 3가지 동물들에 대한 흥미로운 설명이 나온다. 그 동물들은 이반의 세 여형제와, 새인 그들의 남편에 해당한다. 세 자매는 동물적, 영적 영역들과 관계있는 기능들로 이뤄진 무의식의 3개 1조를 나타낸다.

새 인간들은 천사의 한 종이며, 그들은 무의식적 기능들의 보조적인 성격을 강조한다. 이야기 속에서 새 인간들은 주인공이 독일 이야기 속의 내용과 달리 악령의 손아귀에 붙잡혀 죽음을 당하고 갈기갈기 찢어지는(신인(神人)의 전형적인 운명) 결정적인 순간에 간섭하고 나선다. 악령은 종종 발가벗은 모습으로 나타나는, '불사(不死)의 코쉬(Koschei)'라 불리는 노인이다. 그에 해당하는 마녀는 잘 알려진 바바 야가(Baba Yaga)이다. 독일판에 나오는 이로운 동물들의 수가 여기서는 배가 된다. 처음에는 새 인간들로 나타나고, 이어서 사자, 이상한 새, 벌들로 나타난다. 공주는 존경할 만한 전쟁의 지휘자 마리아 모레브나 왕비이다. 러시아 정교회의 성가에서 천상의 왕비 마리아는 그녀의 성(城)의 금지된 방 안에 악령을 12개의 쇠사슬로 묶어놓은, "만군의 지도자"로 추앙받는다. 이반이 늙은 악령의 갈증을 달래주자, 그가 왕비를 데리고 달아난다. 인간이 타고다니는 마법의 동물은 마지막에 인간으로 변하지 않는다. 이 러시아 이야기는 확실히 더 원시적인 성격을 지니고 있다.

5. 부록

이어지는 내용은 대부분 전문적이기 때문에 일반 독자들은 읽지 않아도 된다. 처음에는 에세이를 수정한 이 원고에서 이 부분을 없애려 했으나 마음을 바꿔 부록 형식으로 붙이기로 했다. 심리학에 특별히 관심을 두고 있지 않은 독자는 이 부분을 건너뛰어도 아무런 문제가 없다. 다음 글에서 내가 마법의 말들이 다리가 3개이고 4개인, 난해해 보이는 문제를 다루며 채택한 방법을 보여주는 쪽으로 나의 사고 과정을 보여줄 것이기 때문이다.

심리학적 추론인 이 글은 첫째 비합리적인 자료, 즉 동화나 신화나 꿈에 의존하고, 둘째로 이 자료들이 서로 맺고 있을 "잠재적인" 합리적 연결에 대한 의식적 이해에 의존한다. 그런 연결들이 어쨌든 존재한다는 것은 가설과 비슷하며, 꿈이 의미를 지닌다는 단언과 비슷하다. 이 가정의 진리는 선험적으로 확립되지 않는다. 이 가정의 유효성은 오직 적용에 의해서만 입증될 수 있다. 따라서 그 가정을 불합리한 자료에 체계적으로 적용하는 것이 그 자료를 의미 있는 방향으로 해석하도록 하는지 여부를 봐야 한다.

그 가정을 적용한다는 것은 자료에, 마치 자료가 일관된 내적 의미를 지니고 있는 것처럼 접근한다는 뜻이다. 이 목적을 위해서, 대부분의 자료는 어느 정도의 확충을 필요로 한다. 말하자면, 자료를 분명하게 밝히고, 일반화하고, 카르다노(Gerolamo Cardano: 1501-1576)의 해석 원칙에 따라 다소 일반적인 개념으로 다듬을 필요가 있다는 뜻이다.

예를 들어, 다리가 3개라는 특성은 그것 자체로 인식되기 위해서 먼저 말로부터 분리된 다음에, 그것의 구체적인 원리, 즉 셋의 원리에 가깝게 만들어져야 한다. 마찬가지로, 동화에 나오는 네 다리의 특성은 일반적인 개념의 수준으로 끌어올려지는 경우에 셋과 관계를 맺게 되고, 그 결과 우리는 『티마이오스』에 언급된 수수께끼, 말하자면 3과 4의 문제를 확인하게 된다.

3개 1조와 4개 1조는 모든 상징체계에서 의미 있는 역할을 하는 원형적인 구조들을 나타내며, 신화 연구에나 꿈 연구에나 똑같이 중요하다. 불합리한 자료(다리가 3개인 특성과 다리가 4개인 특성)를 일반적인 개념의 수준으로 끌어올림으로써, 우리는 이 모티브의 보편적인 의미를 끌어내고 탐구 정신이 그 문제를 진지하게 다루도록 고무한다. 이 과제는 전문적인 성격을 지닌 일련의 고찰과 추론을 수반한다. 이런 것들을 나는 심리학에 관심 있는 독자들과 특히 전문적인 독자들이 보지 못하도록 감추고 싶지 않다. 지성의 그런 노력이 상징들을 풀어나가는 전형적인 방법이고, 무의식의 산물들을 적절히 이해하는 데 반드시 필요하기 때문에, 나는 그 과정을 더더욱 숨기고 싶지 않다. 오직 이런 식으로 접근할 때에만, 무의식적 관계들의 연결이 의미하는 바를 파악하는 것이 가능해진다. 이런 식으로 끌어내는 의미는 미리 정해진 이론을 바탕으로 끌어내는 연역적인 해석, 예를 들면 천문학과 기상학, 신화학, 그리고 마지막에 꼽는다고 해서 절대로 덜 중요하지 않은 성적 이론에 근거한 해석과는 정반대이다.

3개의 다리를 가진 말과 4개의 다리를 가진 말은 사실 면밀히 조사할 가치가 충분한, 심오한 문제이다. 3과 4는 심리학적 기능의 이론에서 이미 접한 바 있는 딜레마뿐만 아니라, 연금술에서 상당한 역할을 하는 마리아 프로페티사의 경구를 떠올리게 한다. 따라서 기적의 말들의 의미를 보다 깊이 파고들면 그에 대한 보상이 충분히 따를 것이다.

주목할 가치가 가장 커 보이는 것은 공주에게 탈 말로 주어지는, 3개의 다리를 가진 말이 암말이고, 게다가 그녀 자신이 마법에 걸린 공주라는 점이다. 여기서 셋은 틀림없이 여성성과 연결되는 반면에, 의식(意識)의 중요한 종교적 관점에서 보면, 셋은 3이 홀수로서 우선 남성적이라는 사실과 꽤 별도로, 전적으로 남성적인 문제이다. 따라서 여기서 셋을 "남성성"으로 번역할 수 있다. 신과 카무테프, 파라오로 이뤄진 고대 이집트의 3인 1조를 기억한다면, 그 점이 더욱 중요해진다.

다리가 셋인 것은, 어느 동물의 속성으로서, 여성적인 생명체 안에 내재하는 무의식적인 남성성을 나타낸다. 현실 속의 어느 여자의 내면에서, 다리가 셋인 것은 마법의 말처럼 "영"을 나타내는 아니무스에 해당한다. 그러나 아니마의 경우에, 셋은 삼위일체라는 기독교 사상과 일치하는 것이 아니라 "아래쪽의 3개 1조", 말하자면 "그림자"를 이루는 열등한 기능 3개 1조와 일치한다.

인격의 열등한 반은 대개 무의식이다. 그 반은 무의식의 전체를 뜻하는 것이 아니라, 단지 무의식 중에서 개인적인 부분만을 뜻한다. 한편, 아니마는 그림자와 뚜렷이 구분되는 한, 집단 무의식을 인격화한다.

만약에 셋이 아니마에게 사역(使役) 동물로 주어진다면, 그것은 그녀가 그림자를 "올라타고", 그림자를 약화시키는 존재로서 그림자와 관계가 있다는 것을 의미한다. 그런 경우에 아니마는 그림자를 지배한다. 그러나 만약에 아니마 자신이 말이라면, 그녀는 집단 무의식의 인격화라는 지배적인 지위를 잃고 주인공의 배우자인 공주 A를 "태우게" 된다. 공주 A에게 지배당하게 된다는 뜻이다. 그 동화가 적절히 말하고 있듯이, 아니마는 마법에 의해 3개의 다리를 가진 말(공주 B)로 변했다.

다소 복잡한 이 상황은 다음과 같이 정리될 수 있다.

1) 공주 A는 주인공의 아니마이다. 그녀는 그림자인, 3개의 다리를 가진 말을 타고 있다. 그 말을 지배하고 있다는 뜻이다. 그 말은 그녀의 훗날의 배우자의 열등 기능 3개 1조이다.

조금 더 단순하게 말하면, 공주 A는 주인공의 인격의 열등한 반을 지배하고 있다. 일상의 삶에서 너무나 자주 일어나듯이, 그녀는 그의 약한 측면을 붙잡았다. 누구든 약한 곳이 지지와 완성을 필요로 하는 곳이니까. 실제로, 어떤 여자가 있는 곳은 어느 남자의 약한 쪽이다. 만약에 주인공과 공주 A를 2명의 일상적인 사람으로 여긴다면, 우리는 그 상황을 그런 식으로 정리해야 한다. 그러나 그것이 주로 마법의 세계에서 일어나는 동화 속의 이야기이기 때문에, 공주 A를 주인공의 아니마로 해석하는 것이 아마 더 정확할 것이다. 그렇다면 주인공은, 아서 왕의 이야기에서 멀린이 요정과의 만남을 통해 그러듯이, 아니마와의 조우를 통해서 세속적인 세계에서 빠져나온다. 한 사람의 일상적인 인간으로서, 그는 경이로운 어떤 꿈 속에 갇혀서 안개의 장막 같은 것을 통해서 세상을 보고 있는 사람과 비슷하다.

2) 다리가 셋인 말이 암말이고 공주 A와 동일하다는 뜻밖의 사실 때문에, 문제가 지금 꽤 복잡하게 얽히고 있다. 그녀(암말)는 말의 형태로 공

주 A의 그림자(즉, 그녀의 열등 기능 3개 1조)에 해당하는 공주 B이다. 그러나 공주 B는 공주 A와 달리 말을 타지 않고 말 안에 포함되어 있다는 점에서 공주 A와 다르다. 공주 B는 마법에 걸려 있고, 따라서 어떤 남성적인 3개 1조의 지배 하에 있다. 그러므로 그녀는 어떤 그림자에게 사로잡혀 있다.

3) 이제 질문은 이것이다. 그것이 누구의 그림자인가? 주인공의 그림자일 수는 없다. 주인공은 이미 주인공의 아니마에게 사로 잡혀 있기 때문이다. 동화가 우리에게 답을 제시하고 있다. 주인공의 아니마에게 마법을 건 것은 사냥꾼 또는 마법사이다. 우리가 본 바와 같이, 사냥꾼은 어쨌든 주인공과 연결된다. 주인공이 점차 사냥꾼의 입장이 되기 때문이다. 따라서 사냥꾼은 기본적으로 주인공의 그림자에 불과하다는 짐작이 가능하다. 그러나 이 같은 추정은 사냥꾼이 주인공의 아니마에게만 아니라 그보다 훨씬 더 멀리, 왕족의 남매 짝에게까지 확장하는 엄청난 권력을 나타낸다는 사실과 모순된다. 이 왕족 남매 짝의 존재에 대해, 주인공과 그의 아니마는 전혀 모르고 있으며, 이 짝은 돌연 이야기에 나타난다. 개인의 범위 그 너머까지 확장하는 힘은 개인적인 그 이상의 성격을 지니며, 따라서 만약에 우리가 그림자를 인격의 어두운 반으로 인식하고 정의한다면, 그런 권력은 그림자와 동일시될 수 없다. 하나의 초(超)개인적인 요소로서, 사냥꾼의 신령은 집단 무의식의 한 중요한 요소이며, 그 신령의 두드러진 특징들, 말하자면 사냥꾼과 마법사, 까마귀, 기적의 말, 그리고 세계수의 가지들 높은 곳에서 일어나는, 십자가형 또는 매달림은 게르만 민족의 정신을 매우 강하게 건드린다. 따라서 기독교 세계관은 (게르만 민족의) 무의식의 바다에 비칠 때 논리적으로 보탄의 특징들을 띠게 된다.

사냥꾼의 형상에서 우리는 어떤 신의 이미지를 만난다. 보탄도 바람들과 정령들의 신이다. 이것을 근거로, 고대 로마인들은 보탄을 메르쿠리우스로 적절히 해석했다.

4) 그러므로 왕자와 그의 여동생 공주 B는 어느 이교도 신에게 사로잡혀 말로 변했다. 말하자면, 동물의 수준으로, 무의식의 영역으로 억지로 내려갔다. 여기서 추론할 수 있는 것은 그들의 짝은 원래 인간의 모습을 하고 있었을 때 한때 집단 무의식의 영역에 속했다는 것이다. 하지만 그들은 누구인가?

이 물음에 대답하기 위해서, 우리는 이 둘이 틀림없이 주인공과 공주 A의 카운터파트였다는 사실로부터 시작해야 한다. 왕자와 공주 B는 주인공과 공주 A가 타는 동물의 역할을 하는 관계를 통해서 그들과 연결되며, 따라서 왕자와 공주 B는 주인공과 공주 A의 저급하고 동물적인 반(半)으로 나타난다. 동물은 거의 완전한 무의식 때문에 인간의 안에서 육체의 본능적인 삶의 어둠 속에 숨어 있는 정신적 영역을 언제나 상징했다.

주인공은 짝수(여성적임) 4로 규정되는 종마를 타고, 공주 A는 다리가 3개(3=남성적인 숫자)뿐인 암말을 탄다. 이 숫자들은 동물로 변형되는 것이 남녀 성별의 특성에까지 변화를 초래한다는 점을 분명히 보여주고 있다. 종마가 여성적인 어떤 속성을 갖고 있고, 암말이 남성적인 어떤 특성을 갖고 있다.

심리학은 이 같은 발달을 다음과 같이 확인할 수 있다. 어떤 남자가 (집단) 무의식에게 압도당할 때, 거기서는 본능적인 영역의 억제되지 않은 침입이 강하게 일어날 뿐만 아니라, 어떤 여성적인 성격도 나타난다. 이것을 나는 "아니마"라고 불러야 한다고 강조했다. 반대로, 만약에 어떤 여자가 무의식의 지배를 받게 된다면, 그녀의 여성적인 본성의 보다 어두운 부분이 남성적인 특징들을 뚜렷이 보이며 더욱 선명하게 모습을 드러낸다. 이 남성적인 특성들은 "아니무스"로 불릴 수 있다.

5) 그러나 그 동화에 따르면, 동물 형태의 남매의 짝은 "실재하지 않으며", 단순히 이교도 사냥꾼 신의 마법적인 영향 때문이다. 만약에 그들이 동물들에 불과하다면, 이런 해석에도 만족할 수 있다. 그러나 그 같은 해석은 남녀 성별의 성격 변화에 관한 독특한 암시를 그냥 침묵 속에 간과하는 결과를 낳을 것이다. 흰색의 말들은 절대로 평범하지 않다. 백마는 초자연적인 힘을 지닌 기적의 동물이다. 그러므로 마법으로 그런 말을 불러내는 인간의 형상들도 마찬가지로 초자연적인 무언가를 갖고 있음에 틀림없다.

이 부분에 대해 동화는 아무런 말을 하지 않지만, 만약 두 동물의 형태가 주인공과 공주의 인간 이하의 요소들과 일치한다는 우리의 가정이 옳다면, 인간의 형태들, 즉 왕자와 공주 B는 주인공과 공주의 초인간적인 요소들에 해당함에 틀림없다. 원래 돼지를 기르던 사람의 초인간적인 자질은 그가 영웅이, 실질적으로 반신(半神)이 된다는 사실에 의해 확인된다. 그가 돼지와 함께 머물지 않고 세계수를 올라가 거기서 보탄처럼, 거의 그 나무의 포로가 되니 말이다. 마찬가지로, 그가 먼저 사냥꾼과 닮은 점이 없었더라면 사냥꾼처럼 되지 않았을 것이다. 또 공주 A가 세계수의 꼭대기에 감금되어 있는 것은 그녀가 선택을 받을 만한 가치를 지녔다는 점을 증명하며, 그녀가 동화에 나오는 바와 같이 사냥꾼과 침대를 같이 썼다는 점에서 보면, 그녀는 사실상 신의 신부이다.

꽤 평범한 2명의 인간이 초인간적인 운명에 휘말리도록 하는 것은 바로 거의 초인이나 다름없는, 영웅적 자질과 신에 의한 선택이라는 특출한 힘들이다. 따라서 세속적인 세계에서, 돼지를 기르던 사람은 왕이 되고, 공주는 마음에 드는 남편을 얻는다. 그러나 동화에는 세속적인 세계뿐만 아니라 마법의 세계도 있기 때문에, 인간의 운명은 절대로 인간의 손에 의해 최종적으로 결정되지 않는다. 따라서 동화는 마법의 세계에서 일어나는 일을 제시하는 것을 잊지 않는다. 거기서도 어떤 왕자와 공주가 악령의 권력에 넘어가는데, 이 악령 본인도 외부 도움 없이는 절대로 빠져나올 수 없는 곤경에 처해 있다. 그래서 돼지 기르는 자와 공주 A에게 닥친 인간의 운명은 마법의 세계에서도 비슷하게 전개된다. 그러나 사냥꾼이 이교도 신의 이미지이고, 따라서 그가 신들의 정부(情婦)들과 영웅들의 세계보다 더 높은 곳으로 올려지기 때문에, 그 유사성은 단순히 마법의 영역을 넘어서 신성하고 영적인 영역까지 나아간다. 그 영역에서 악마자신 또는 적어도 악마 비슷한 것이 3개의 못이 암시하는, 똑같이 강력하거나 더욱 강력한 반대 원리의 마법에 묶여 있다. 전체 드라마의 원동력인 상반된 것들의 이 같은 극도의 긴장은 명백히 위쪽의 3개 1조와 아래쪽의 3개 1조 사이의 갈등이며, 신학 용어로 바꾸면, 기독교 신과 보탄의 특성을 지닌 악마 사이의 갈등이다.

6) 그 이야기를 정확히 이해하길 원한다면, 가장 높은 이 차원에서 시작해야 할 것 같다. 드라마가 악령의 최초의 위반으로부터 시작하기 때문이다. 이 위반의 즉각적 결과가 바로 악령의 십자가형이다. 그런 절망적인 상태에서, 악령은 외부 도움을 필요로 하고, 그 도움은 위에서 오지 않기 때문에 오직 아래로부터 소환되는 수밖에 없다.

소년 같은 모험심에 사로잡힌, 돼지를 기르는 젊은이는 세계수를 올라갈 만큼 무모하고 호기심이 많다. 만약 그가 떨어져서 목을 부러뜨리기라도 했다면, 틀림없이 모두가 이런 식으로 말했을 것이다. "아니, 도대체 어떤 악령에 사로잡혔기에 저 사람이 저렇게 거대한 나무를 오른다는 미치광이 같은 생각을 했을까!" 이런 식으로 말하는 사람들이 완전히 틀린 것도 아니다. 그런 것이 바로 악령이 추구하는 것이니까.

공주 A를 포로로 잡은 것은 세속적인 세계에서 벌어진 위반이었고, 우리가 짐작하는 바와 같이, 반신(半神)인 한 쌍의 남매에게 마법을 거는 것은 마법의 세계에서 그런 무도한 행위에 해당한다. 공주 A를 포로로 잡는 범죄가 공주 A가 마법에 걸리기 전에 일어났는지 우리는 모르지만, 그럴 가능성은 있다. 어쨌든, 두 가지 에피소드는 똑같이 세속적인 세계에서뿐만 아니라 마법의 세계에서도 악령의 어떤 범죄를 가리킨다.

구원자 또는 구조자가 귀향한 탕아처럼, 돼지를 키우는 사람이라는 점은 틀림없이 깊은 의미를 지닌다. 그는 출신이 천하며, 이 점에서 그는 연금술에 나오는 구원자라는 기이한 개념과 공통점을 많이 갖고 있다. 그의 첫 번째 해방 행위는 악령을 신의 처벌로부터 풀어주는 것이다. 극적 얽힘이 시작되는 곳은 바로 그 전개의 첫 단계인 이 행위이다.

7) 이 이야기의 도덕은 사실 지나칠 정도로 이상하다. 돼지 기르는 청년과 공주 A가 결혼하여 왕족의 한 쌍이 된다는 점에서, 결말은 만족스럽다. 왕자와 공주 B도 마찬가지로 그들의 결혼을 축하하지만, 그 결혼은 왕들의 케케묵은 특권에 따라 근친상간의 형식을 취한다. 근친상간은 다소 혐오감을 줄지라도 반신들의 집단 내에서 어느 정도 관습으로 여겨져야 한다. 여기서 이런 질문이 가능하다. 그러나 악령에게 무슨 일이 벌어지는가? 그가 타당한 처벌을 피하는 것이 전체 일이 벌어지는 도화선이

되었으니 말이다.

사악한 사냥꾼이 말에게 짓밟혀 갈기갈기 찢어지지만, 그런 재앙도 아마 영(靈)에게는 지속적인 해악을 전혀 입히지 못할 것이다. 겉으로 사냥꾼은 흔적도 없이 사라지지만, 단지 겉으로만 그럴 뿐이다. 그가 어쨌든 어떤 흔적을, 말하자면 세속적인 세계와 마법의 세계 두 곳에서 힘들여 얻은 행복을 뒤에 남기기 때문이다. 한쪽에 돼지 기르는 사람과 공주 A에 의해서, 다른 쪽에 왕자와 공주 B에 의해서 표현되고 있는, 4개 1조의 두 반쪽이 서로 합쳐지며 결합했다. 결혼한 두 쌍은 지금 서로 마주보고 있으며, 비슷하면서도 서로 뚜렷이 구별된다. 한 쌍은 세속적인 세계에 속하고, 다른 한 쌍은 마법의 세계에 속한다. 그러나 이런 식의 명확한 구분에도 불구하고, 우리가 본 바와 같이, 그들 사이에는 은밀한 심리적 연결이 존재하며, 그 은밀한 연결이 우리가 한 짝을 다른 짝으로부터 추론하는 것을 허용한다.

드라마를 가장 높은 지점에서부터 풀어나가는 그 동화의 정신을 고려한다면, 반신들의 세계가 세속적인 세계보다 앞서며, 그 반신들의 세계가 그 자체로부터 세속적인 세계를 만들어낸다고 보아야 할 것이다. 반신들의 세계가 신들의 세계에서 나오는 것으로 여겨져야 하듯이. 이런 식으로 접근한다면, 돼지 기르는 청년과 공주 A는 왕자와 공주 B의 세속적인 모습에 지나지 않으며, 왕자와 공주 B는 신성한 원형들의 후예일 것이다.

말을 기르는 마녀가 고대의 에포나(켈트족의 말들의 여신)처럼, 사냥꾼의 여성적인 카운터파트로서 사냥꾼에게 속한다는 것을 잊지 말아야 한다. 불행하게도, 말로 변신시키는 마법이 어떤 식으로 일어나는지에 대한 언급은 없다. 그러나 말 두 마리가 모두 마녀의 가축 중에서 나오고, 따라서 그 말들이 어떤 의미에서 보면 그녀의 산물이기 때문에, 그녀가 그 게임에 개입하고 있는 것은 틀림없는 일이다. 사냥꾼과 마녀는 하나의 쌍을 이룬다. 이 쌍은 마법의 세계의, 밤처럼 어두운 부분에 비친 어느 신성한 부모의 그림자이다. 이 신성한 부모는 '신랑과 신부'라는 기독교의 핵심 사상에서 쉽게 확인된다. 기독교 사상에서 신랑은 그리스도이고 신부는 교회이다.

만약 그 동화를 인격주의적 입장에서 설명하길 원한다면, 원형들이 기발한 발명이 아니라, 발명이라는 개념이 있기 전부터 있었던 무의식적 정신의 자율적인 요소이기 때문에, 그 같은 시도는 반드시 실패하고 말 것이다. 원형들은 정신세계의 변화 불가능한 구조를 나타내며, 정신세계의 "실체"는 정신세계가 의식적인 마음에 끼치는 효과에 의해서 증명된다. 따라서, 그 인간의 쌍이 무의식에 있는 또 하나의 쌍과 연결되는 것은 의미 있는 정신적 현실이다. 이때 무의식에 있는 쌍은 단지 겉으로만 첫 번째 쌍과 비슷해 보일 뿐이다. 실제로 보면, 왕족의 쌍이 하나의 선험적인 것으로서 반드시 먼저 온다. 그래서 인간의 쌍은 영원하고 원초적인 어떤 이미지를 공간과 시간 속에서 개인적으로 구체화한다는 의미가 훨씬 더 강하다.

그렇다면 돼지 기르는 청년은 위쪽의 세계 어딘가에 영혼의 벗을 두고 있는 "동물적" 인간을 상징한다고 할 수 있다. 공주 A는 왕족 태생이라는 사실을 통해서 기존에 존재하는, 반신(半神)의 쌍과의 연결을 드러낸다. 이런 각도에서 본다면, 반신의 쌍은 어떤 남자가 세계수를 충분히 높이 올라가야만 될 수 있는 모든 것을 상징한다. 이유는 돼지를 기르는 청년이 귀족적이고 여성적인 자신의 반쪽을 소유하게 되는 정도에 따라서 반신의 쌍에게 더욱 가까이 다가가고, 자신을 보편적 타당성을 의미하는 왕족의 영역으로 끌어올리게 되기 때문이다.

동일한 주제가 크리스티안 로젠크로이츠(Christian Rosencreutz: 1378-1484?)의 '화학적 결혼'(Chymical Wedding)에서도 발견된다. 여기서 왕의 아들은 먼저 신부를, 그녀가 자발적으로 첩으로 들어간 어느 무어인으로부터 구해내야 한다. 이 무어인은 연금술에서 신비의 물질이 숨어 있는 니그레도(黑化)를 나타낸다. 이것은 우리의 신화소와 비슷한 것을, 심리학적 언어를 빌리면, 이 원형의 또 다른 변형을 만들어내는 사상이다.

연금술에서처럼, 우리의 동화는 기독교인의 의식적 상황을 보상하는 무의식적 과정들을 묘사하고 있다. 그 동화는 우리의 기독교인의 사고를 교회의 개념들이 정한 경계선 그 너머까지 끌고 가는 어느 영(靈)의 작용을 그리고 있다. 이 영은 그러면서 중세시대도, 현대도 해결하지 못한 질문에 대한 대답을 찾으려고 노력한다.

왕족의 두 번째 쌍의 이미지에서 신랑과 신부에 대한 기독교의 인식과 일치하는 것을 보는 것은 어렵지 않다. 또 사냥꾼과 마녀의 이미지에서 그런 인식의 어떤 왜곡을 보는 것도 어렵지 않다. 말하자면, 기독교의 인식이 조상 대대로 내려오는 무의식적 보타니즘(Wotanism)[118] 쪽으로 방향을 틀고 있는 것이다. 그것이 게르만 민족의 동화라는 사실 때문에, 그런 방향 전환이 특별히 더 흥미롭다. 바로 보타니즘이 그 왜곡을 세계의 눈 앞에서 가장 저급한 단계로까지 끌고 내려간 한 현상인 국가 사회주의

---

[118] 귀도 폰 리스트(Guido von List:1848-1919)가 주동이 되어 나치즘에 길을 열어준 이데올로기를 일컫는다.

(National Socialism)[119]의 심리적 대부였기 때문이다.

한편, 그 동화는 인간이 완전성을 이루는 것은 오직 어둠의 영(靈)의 협력을 끌어낼 때에만 가능하다는 점을 분명히 전하고 있다. 정말로, 이 어둠의 영이야말로 구원과 개성화의 도구이다. 국가 사회주의는 모든 자연이 갈망하고 있고 기독교 교리에도 예시되어 있는 영적 발달이라는 목표로부터 완전히 벗어나면서, 인간의 도덕적 자율을 파괴하고, 터무니없는 국가 전체주의를 세웠다. 그 동화는 우리가 어둠의 권력을 극복하기를 원하는 경우에 어떤 식으로 나아가야 하는지에 대한 이야기를 들려주고 있다. 우리는 사냥꾼의 무기로 사냥꾼을 겨눠야 한다. 만약에 사냥꾼의 마법적인 악의 세계가 무의식으로 남는다면, 또 만약에 국가에서 가장 선한 사람들이 인간의 정신을 진지하게 받아들이지 않고 독단적인 것과 진부한 것을 설교한다면, 그런 일은 절대로 일어나지 않을 것이다.

6. 결론

영을 동화와 꿈에 나타나는 그대로 원형적인 형태로 고려하면, 이상하게도 너무나 많은 의미로 나뉘는, 영에 대한 의식적 생각과는 다른 그림이 그려진다. 영은 밖에서 어쩌다 인간에게 온 신령이었으며, 원래 인간이나 동물 형태의 영이었다. 그러나 우리의 자료는 이미 의식이 확장된 흔적을 보여주고 있다. 이 의식의 확장은 원래 무의식이었던 영역을 점진적으로 차지하면서, 그 신령들을 적어도 부분적으로는 의도적인 행위로

119 나치즘을 뜻한다.

변형시키기 시작했다. 인간은 자연을 정복하고 있을 뿐만 아니라, 자신이 어떤 짓을 하고 있는지를 깨닫지 못하는 가운데 영까지 정복하고 있다. 계몽된 지식인이 영으로 여겨왔던 것이 단순히 인간의 영이고 종국적으로 그 자신의 영이라는 것을 깨달을 때, 그 지식인에게는 그 같은 사실이 마치 어떤 오류의 교정처럼 느껴진다. 이전의 시대들이 신령의 속성으로 단정했던, 좋거나 나쁜 온갖 초인간적인 것들은, 마치 그것들이 순수한 과장이었다는 듯이, "합리적인" 크기로 축소되고 있으며, 모든 것이 최선의 질서 속에 자리를 잡고 있는 것처럼 보인다.

하지만 과거의 일치된 확신들이 정말로, 진정으로 과장이었을까? 만약에 그 확신들이 과장이 아니었다면, 영의 통합은 영의 악마화를 의미할 뿐이다. 이유는 예전에 자연 속에 갇혀 있던 초인간적인 영적 힘들이 무의식적으로 인간의 본성 속으로 받아들여졌고, 따라서 그 힘들이 인간의 본성에 인격의 경계를 대단히 위험한 방식으로 무한히 확장하는 어떤 힘을 부여했기 때문이다.

나는 그 문제를 계몽된 합리주의자에게 이런 식으로 제기한다. 합리주의자의 합리적인 환원이 물질과 영을 유익한 방향으로 통제할 길을 열어주었는가? 합리주의자는 거만한 태도로 물리학과 의학의 발달을, 또 마음을 중세의 어리석음으로부터 자유롭게 해방시킨 것을, 그리고 선량한 기독교인으로서 우리가 악마들에 대한 두려움으로부터 벗어난 것을 강조할 것이다. 그러나 질문은 계속된다. 그 외에 다른 모든 문화적 성취들은 무엇을 낳았는가? 이 질문에 대한 끔찍한 대답이 바로 우리 눈앞에 펼쳐지고 있다. 인간은 어떤 두려움으로부터도 놓여나지 않았으며, 끔찍한 악몽이 세상을 뒤덮고 있다.

지금까지 이성은 개탄스러울 정도로 실패했다. 그 결과, 모두가 피하기를 원했던 바로 그것이 무시무시한 모습으로 다가오고 있다. 인간은 유익한 장치들을 대단히 많이 성취했지만, 그 같은 성공을 상쇄하기 위해 그만 지옥의 문까지 활짝 열고 말았다. 이제 인간은 어떻게 될 것인가? 인간은 어디서 멈출 수 있을까? 지난 세계 대전 후에 우리는 이성에 희망을 걸었으며, 지금도 그 희망을 계속 간직하고 있다. 그러나 이미 우리 인간은 원자핵 분열의 가능성에 매료되어 황금시대를 약속하고 있다. 이거야말로 파괴를 무한히 확대하는 가장 확실한 방법인데도 말이다.

이 모든 것을 야기하는 것은 누구 또는 무엇인가? 그것은 바로 무해하고(!), 독창적이고, 창의성 있고, 대단히 합리적이지만, 불행하게도 여전히 자신에게 달라붙고 있는 마신(魔神)에 대해 절망적일 만큼 모르고 있는 인간의 영이다. 설상가상으로, 이 영은 자신을 정면으로 마주보는 것을 피하기 위한 것이라면 무슨 짓이든 하고 있으며, 우리 모두는 그런 영을 미친 듯이 돕고 있다. 오직 하늘만이 우리를 심리 작용으로부터 보호할 수 있을 뿐이다. 제발 그 악행이 인간을 자기 인식의 길로 안내하기를! 차라리 그 탓을 언제나 다른 누군가에게로 돌릴 수 있는 전쟁을 벌이도록 그냥 내버려 두자. 어느 누구도 온 세상이 공포에 떨며 도망치려고 하는 바로 그 짓을 하도록 내몰리고 있다는 사실조차 보지 못하고 있으니.

솔직히, 나에게는 이전의 시대들이 과장하지 않은 것처럼 보이고, 영이 마신 신앙들을 버리지 않은 것처럼 보이고, 인류가 과학적, 기술적 발달 때문에 사로잡힘의 위험에 점점 더 많이 노출된 것처럼 보인다. 정말로, 영의 원형은 악한 것뿐만 아니라 선한 것을 위해서도 작동할 수 있지만, 선한 것이 악마적인 무엇인가로 타락할 것인지 여부는 어디까지나 인간의 자유로운, 즉 의식적인 결정에 달려 있다. 인간의 최악의 죄는 무의식이지만, 인류에게 선생과 본보기로서 이바지해야 할 사람들까지도 지금 더없이 경건한 마음으로 무의식에 빠져 지내고 있다.

언제쯤 우리 현대인은 이런 야만스러운 태도를 보이는 인간을 당연하게 여기기를 멈추고, 인간을 사로잡고 있는 마신을 내쫓고 인간을 사로잡힘과 무의식으로부터 구할 수단과 방법을 매우 진지한 태도로 찾고, 그 일을 문명의 가장 중요한 임무로 받아들일 것인가? 온갖 외적 땜질과 향상은 인간의 가장 깊은 본성을 건드리지 못한다는 것을, 또 모든 것은 최종적으로 과학과 기술을 휘두르는 인간이 책임질 수 있는지 여부에 달려 있다는 것을, 우리는 정말 이해할 수 없는가? 기독교가 그 길을 보여주었지만, 사실들이 증언하고 있듯이, 기독교는 표면 아래로 충분히 깊이 침투하지 못했다. 적어도 책임 있는 세계 지도자들만이라도 스스로 유혹에 빠지는 것을 막을 수 있을 정도로 눈을 뜨게 하려면, 아직 깊은 절망이 얼마나 더 필요하단 말인가?

9장

장난꾸러기 요정 형상의 심리학[120]

---

120 1954년에 폴 레이딘(Paul Radin)의 책 '신성한 장난꾸러기'(Der göttliche Schelm)에 논평으로 실렸다.

아메리카 인디언의 신화에 등장하는 장난꾸러기 요정(trickster) 형상에 대해서, 논평이라는 한정된 범위 안에서 쓰는 것은 나에게 결코 가벼운 과제가 아니다. 여러 해 전에 이 주제에 관한 아돌프 밴들리어(Adolf Bandelier: 1840-1914)의 고전 『즐거움을 주는 존재들』(The Delight Makers)을 처음 접했을 때, 나는 거기서 다룬 내용이 유럽의 중세 교회에서 행해지던 카니발과 비슷하다는 사실에 놀랐다. 순서만 거꾸로인 이 카니발은 오늘날에도 학생 단체들에 의해 지속되고 있다. 이런 대조적인 점은 악마를 '신의 원숭이'(simia dei)로 본 중세의 묘사와, 악마를 "놀림을 당하거나, 속임을 당하는 얼간이"로 규정짓는 민간전승에도 나타난다.

　전형적인 장난꾸러기 요정 모티브들의 어떤 진기한 결합은 메르쿠리우스라는 연금술의 형상에서 발견된다. 장난꾸러기 요정과 연결되는 메르쿠리우스의 특성을 예로 들면, 익살 맞은 농담과 심술궂은 장난에 대한 사랑, 자신의 모습을 바꿀 수 있는 능력, 반은 동물이고 반은 신인 이중적인 본성, 온갖 종류의 고문에 대한 노출, 그리고 마지막에 제시한다고 해서 절대로 사소하지 않은, 구원자의 형상에 가까운 모습 등이다. 이 특성들은 메르쿠리우스를 그리스의 헤르메스보다 더 오래된, 원시 시대로부터 부활한, 신통력을 지닌 존재처럼 만든다.

메르쿠리우스의 짓궂은 장난은, 민간전승에서도 만날 수 있고 동화에서도 보편적으로 알려져 있는 다양한 형상들과 그를 어느 정도 연결시킨다. 그런 형상의 예로는 톰섬과 바보 한스가 있다. 한스는 대단히 부정적인 주인공이다. 다른 사람들이 최선의 노력을 기울여도 이루지 못할 일들을 어리석음을 이용해 성취하려 든다. 그림(Grimm) 형제의 동화에서, "스피릿 메르쿠리우스"는 어느 농촌 젊은이의 계략에 넘어가며, 그로 인해 소중한 치료의 재능을 대가로 치르고 자유를 사야 할 처지에 놓인다.

신화적인 모든 형상들이 내면의 정신 경험들과 일치하고 원래 그런 경험들에서 나왔기 때문에, 초심리학 분야에서 장난꾸러기 요정을 떠올리게 하는 현상들을 발견하는 것은 놀라운 일이 아니다. 이 현상들은 (소리를 내거나 물건을 움직여 자신의 존재를 알리는) 장난꾸러기 요정들과 연결되며, 그런 일들은 사춘기 이전의 아이들의 환경에서 시간과 장소를 불문하고 일어난다.

장난꾸러기 요정의 심술궂은 속임수는 그 요정의 낮은 지능과 "의사소통"의 명청함 만큼이나 잘 알려져 있다. 자신의 모습을 바꾸는 능력도 그런 정령의 특징 중 하나인 것 같다. 그 요정이 동물의 형태로 나타난다는 보고가 꽤 많으니 말이다. 그가 간혹 자신을 지옥의 한 영혼으로 묘사했기 때문에, 주관적 고통이라는 모티브도 부족하지 않은 것 같다. 그의 보편성은, 말하자면, 우리가 아는 바와 같이 심령술의 전체 현상이 속하는 샤머니즘의 보편성과 일치하는 것 같다.

샤먼과 주술사의 성격에 장난꾸러기 요정을 닮은 점이 있다. 샤먼과 주술사도 종종 사람들에게 악의적인 농담을 하고, 거꾸로 그가 상처를 입힌 사람들의 복수에 희생된다. 이런 이유로, 그의 직업은 가끔 목숨을 위태롭게 한다. 그 외에, 샤머니즘의 기법들 자체가 주술사에게 실제로 고통을 야기하지 않을지라도 종종 엄청난 불편을 안긴다. 어쨌든, 세계의 많은 지역에서 "한 사람의 주술사를 만드는" 일은 육체와 영혼에 너무나 큰 고통을 요구한다. 그 결과, 영원한 정신적 상처가 생길 수도 있다. 주술사가 "구세주와 비슷한" 모습을 보이는 것은 분명히 이런 과정의 결과이다. 그것은 상처 입은 아픔을 간직한 채 상처를 입히는 사람이 곧 치료의 행위자이며 고통을 겪는 사람이 고통을 앗아간다는 신화학의 진리를 뒷받침한다.

이런 신화적 특성들은 인간의 영적 발달의 가장 높은 영역까지 확장된다. 예를 들어, '구약성경'에서 여호와가 보여주는 사악한 특성들을 고려한다면, 거기서도 장난꾸러기 요정이 구세주 같은 모습으로 점진적으로 발달하며 인간화되어 가는 과정 외에, 그 요정의 예측 불가능한 행동과 터무니없는 파괴 열정, 자진해서 겪는 고통 등을 상기시키는 예들이 꽤 많이 발견된다. 장난꾸러기 요정이 "성자"와 보상적 관계를 맺고 있다는 사실을 보여주는 것은 바로 이처럼 의미 없는 것을 의미 있는 것으로 바꿔놓는 변형이다.

중세 초기에, 이 변형은 고대에 농경의 신을 기리던 축제에 관한 기억을 바탕으로 몇 가지 이상한 교회의 관습을 낳았다. 대부분 그 기억들은 그리스도의 출생 후 며칠 사이에, 즉 신년에 노래와 춤으로 기려졌다. 춤들은 원래 사제들과 하급 성직자, 어린이들, 차부제(次副祭)들이 참여하는 무해한 춤이었다. '무고한 어린이들의 순교 축일'에는 어린이들의 주교가 선출되어 주교의 예복을 차려 입었다. 어린이들의 주교는 와자지껄 환호 속에 대주교의 공관을 공식적으로 방문해 그곳의 창문 한 곳에서 축복을 내렸다. 차부제의 춤과 그 외 다른 서열의 성직자들의 춤에도 똑같은 일이 벌어졌다.

12세기 말에 이르러, 차부제들의 춤은 진짜 바보들의 축제로 변질되었다. 1198년의 한 보고는 노트르담과 파리에서 열린 할례제에서 "혐오스럽고 수치스런 행동이 너무나 많았던" 탓에 성전이 "음탕한 농담뿐만 아니라 사람들이 흘린 피에 의해서도" 더럽혀졌다는 이야기를 전하고 있다. 인노첸티우스(Innocentius) 3세 교황(1161-1216: 재위 1198-1216)이 "성직자를 비웃는 농담과 광기"와 "수치스런 성직자들의 역할극 광란"을 통렬히 비난하고 나섰으나 별다른 효과를 거두지 못했다. 그리고 250년이 더 지난 뒤(1444년 3월 12일)에, 파리의 신학 학부(Theological Faculty of Paris)가 프랑스의 모든 주교들에게 보낸 한 편지는 여전히 이 축제들에 대해 격하게 비난하고 있었다. 축제에서 "심지어 성직자들까지도 대주교나 주교나 교황을 선출해서 그를 바보들의 교황(fatuorum papam)이라고 불렀다"는 것이다. "신성한 의례가 행해지는 가운데, 사람들이 괴상한 가면을 쓰고 여자나 사자, 무언극 배우로 가장해 춤을 추고, 품위 없는 노래를 합창하고, 주사위 놀이를 하고, 낡은 구두 가죽으로 만든, 고약한 냄새가 나는 향을 태우고, 교회를 이리저리 뛰어다녔다."[121]

그야말로 마녀들의 안식일이라고 할 수 있는 이런 축제가 꽤 인기가 있었으며, 교회가 이 이교도 유산으로부터 자유로워지기까지 상당한 시간과 노력이 필요했다는 사실은 놀라운 일이 아니다.

보다 오래된 수준의 의식(意識)이 이 행복한 행사에서 이교 신앙의 야성(野性)과 방종과 무책임에 의해 갈기갈기 찢길 수 있다는 사실에도 불구하고(아니면 그런 사실 때문에?) 바보들의 축제가 행해졌기 때문에, 일부 지역에서는 성직자들까지도 '12월의 자유'(libertas decembrica)[122]를 고수했던 것 같다.

장난꾸러기 요정의 정신을 원래의 형태 그대로 드러내는 이 행사들은 16세기 초에는 거의 사라진 것 같다. 어쨌든, 1581년부터 1585년 사이에 나온 다양한 종교 회의의 명령들은 단지 어린이들의 축제와 어린이들의 주교의 선출만을 금지했다.

마지막으로, 이 맥락에서 당나귀들의 축제(festum asinorum)에 대해 언급해야 한다. 내가 아는 한, 이 축제는 주로 프랑스에서 행해졌다. 성모 마리아가 이집트로 도피한 것을 기리는 무해한 축제로 여겨졌음에도 불구하고, 이 축제는 쉽게 오해를 부를, 다소 신기한 방식으로 거행되었다. 보베에서는 당나귀의 행렬이 곧장 교회 안으로 들어갔다. 이어지는 장엄 미사의 각 부분(입당송(入堂頌), 연도(煉禱), 영광의 찬가 등)의 마지막에, 전체 회중이 시끄럽게 나귀의 울음소리를 냈다. 11세기의 것이 분명

---

121 Du Cange, 'Glossarium', p. 1666.

122 옛날에 12월이면 주인이 남녀 하인들과 어울려 공놀이를 즐겼다는 데서 이런 이름이 생겼다.

한 어느 코덱스는 이렇게 적고 있다. "미사를 마무리 할 때, 성직자는 '이테 미사 에스트'(Ite missa est)[123]라는 말 대신에 나귀 울음 소리를 세 번 내고, 회중은 '데오 그라티아스'(Deo gratias)[124]라는 말 대신에 나귀 울음 소리로 대답한다."

프랑스 역사학자 뒤 캉주(Du Cange: 1610-1688)는 이 축제에서 부른 찬가를 인용하고 있다.

저 멀리 동방의 땅에서
옛날의 나귀가 왔구나.
길에서 무거운 짐을 지기 적합하게
튼튼하고 강건하구나.

각 연마다 후렴이 프랑스어로 따랐다.

그러니 나귀여, 크게 노래 부르고
유혹적인 한입 먹을거리는 그냥 지나치자.
건초도 모자라지 않고
귀리도 넘쳐나리니.

그 찬가는 모두 9개의 연으로 되어 있으며, 마지막 연은 다음과 같다.

---

123 '미사가 끝났으니 돌아가십시오'라는 뜻의 라틴어.
124 '하느님 감사합니다'라는 뜻의 라틴어.

착한 나귀야, 아멘이라고 해, 아멘. (여기서 무릎을 꿇는다)

지금 너에겐 풀이 가득해.

옛 길들은 이제 아득히 멀어졌어.

즐거운 마음으로 아멘, 아멘이라고 되풀이해.

뒤 캉주는 이 의례는 우스꽝스럽게 진행될수록 그만큼 더 열광적으로 치러지는 것으로 여겨졌다고 말한다. 다른 곳에서는 나귀에 장식으로 황금 차양까지 달았으며, 차양의 네 귀퉁이를 "탁월한 참사회 회원들"이 붙잡았다. 거기에 참석한 다른 사람들은 "크리스마스 때처럼 축제에 어울리는 옷"을 차려 입어야 했다.

나귀가 그리스도와 상징적 관계를 갖도록 하려는 경향이 있었고, 또 고대 이후로 유대인들의 신이 통속적으로 나귀로 여겨졌기 때문에, 신을 동물로 묘사할 위험은 불편한 상태로 숨어 있었다. 팔라티누스 언덕에 있는 제국 사관학교(Imperial Cadet School)의 벽에 그려진, 십자가형을 조롱하는 그림에서 보듯, 그 경향은 그리스도에게까지 영향을 미친 편견이었다. 주교들도 이 관습을 없애기 위해 할 수 있는 일은 아무것도 없었다. 최종적으로, 그 관습은 최고 권위에 의해 억눌러져야 했다. 그런 관습이 신성 모독이라는 의심은 미사를 정교하게 모독적인 방향으로 패러디하고 있는, 니체의 『차라투스트라는 이렇게 말했다』 중 '나귀 축제'에서 꽤 분명해진다.

이 중세의 관습은 장난꾸러기 요정의 역할을 완벽하게 보여준다. 그리고 장난꾸러기 요정들이 교회의 경내에서 사라졌을 때, 그들은 이탈리아 연극이라는 세속적인 차원에서 다시 나타났다. 종종 거대한 남근상 상징으로 장식하고, 고상함과는 거리가 먼 대중을 라블레(François Rabelais: 1494?-1553) 스타일의 상스러움으로 즐겁게 해 주었던 코믹한 유형의 캐릭터들이 그런 예이다. 칼로(Jacques Callot: 1592-1635)의 판화는 전형적인 형상들을, 그러니까 풀치넬라(Pulcinellas)[125]와 쿠코로그나스(Cucorognas)와 치코 스가라스(Chico Sgarras) 등을 후손에게 남겼다.

악한을 주인공으로 한 이야기나 축제와 떠들썩한 잔치, 마법적인 치료의례, 인간의 종교적 두려움과 고양 등을 통해서, 이 장난꾸러기의 유령은 모든 시대의 신화에 가끔은 꽤 분명한 형태로, 또 어떤 때는 이상하게 위장한 모습으로 나타난다. 장난꾸러기 요정은 틀림없이 하나의 "신화소"이며, 대단히 오래된 원형적인 정신적 구조이다. 매우 분명한 형태로 나타날 때, 장난꾸러기 요정은 동물의 수준을 거의 벗어나지 않은 어떤 정신과 일치하며 전혀 분화되지 않은 인간의 의식을 충실히 반영한다. 만약 장난꾸러기 요정의 형상을 인과관계적이고 역사적인 각도에서 본다면, 그 형상이 그런 식으로 기원했다는 데 대해 이의를 제기하기 어렵다.

생물학에서와 마찬가지로, 심리학에서도 이 기원의 문제를 간과하거나 과소평가할 수 없다. 비록 그 대답이 대체로 기능적인 의미에 대해 거의 아무런 이야기를 들려주지 않을지라도 말이다. 이 때문에 생물학은 목적에 대한 질문을 절대로 잊지 않는다. 그 질문에 대한 대답을 통해서만, 어떤 현상의 의미를 파악할 수 있기 때문이다. 그 자체로 어떠한 의미도 지니지 않는 기능 장애에 관심을 두는 병리학 분야에서도, 전적으로 인과적인 접근은 부적절한 것으로 증명된다. 이유는 현상의 목적을 파고들 때에만 의미를 드러내는 병적인 현상이 다수 있기 때문이다. 그리고 생명의

---

125   17세기 이탈리아 극장을 중심으로 인기를 얻은 캐릭터.

정상적인 현상들에 관심을 두고 있는 곳에서는, 목적에 관한 질문이 반드시 선행되어야 한다.

그러므로 만약에 원시적이거나 야만적인 어떤 의식이 발달의 초기 단계에 스스로를 그림으로 그려 놓고는, 그 의식의 케케묵은 특성들이 매우 발달하고 분화된 정신의 산물들에 오염되었음에도 불구하고 전혀 아무런 방해를 받지 않는 가운데, 수백 년, 아니 수천 년 동안이나 똑같이 그 그림을 고수하고 있다면, 그에 대한 인과적 설명은 케케묵은 특성들이 오래 되었을수록, 그 특성들의 행동은 더욱 보수적이고 더욱 집요해진다는 것이다. 사람은 그저 사물들의 기억 이미지를 떨쳐 버리지 못하고, 그것을 무의미한 부속물처럼 질질 끌고 다닌다.

이 설명은 우리 시대의 합리주의자의 요구를 충족시킬 만큼 쉽지만, 시대적으로 장난꾸러기 요정 관련 연작을 가장 최근에 갖게 된 위네바고족[126]의 인정은 절대로 받지 못할 것이다. 위네바고족에게 신화는 어떤 의미에서도 절대로 잔존물이 아니다. 신화는 잔존물로 여겨지기에는 너무도 재미있고, 너무도 큰 즐거움의 대상이다. 위네바고족이 문명에 오염되지만 않는다면, 그들에게 신화는 여전히 "작동한다". 그들에게는 신화들의 의미와 목적에 대해 이론적으로 설명해야 할 세속적 이유가 전혀 없다. 크리스마스트리가 순진한 유럽인에게 전혀 아무런 문제가 되지 않는 것처럼.

그러나 신중한 관찰자에게는 장난꾸러기 요정이나 크리스마스트리나 똑같이 깊이 고찰해 볼 만한 충분한 근거가 있다. 관찰자가 이런 것들에 대해 어떻게 생각하는지는 당연히 그의 사고방식에 크게 좌우된다. 장난

---

126 북미 인디언의 한 부족.

꾸러기 요정 집단의 미숙한 원시성을 고려한다면, 사람들이 이 신화에서 단지 제대로 발달하지 않은 초기 단계의 의식이 반사된 모습을 본다 해도 놀라운 일이 아니다. 장난꾸러기 요정은 분명히 그런 단계의 의식 상태에 있는 것처럼 보이니까.

대답할 필요가 있는 유일한 질문은 그런 인격화된 그림자들이 어쨌든 경험 심리학에도 존재하는지 여부이다. 실제로 그런 그림자들은 존재하며, 분열된 인격 또는 이중 인격에 관한 경험들이 사실 초기의 정신 병리학적 조사의 핵심을 이룬다. 이 분열들에 관한 특이한 사실은 갈라져 나온 인격이 그냥 무작위적인 인격이 아니라 자아 인격과 보완 또는 보상의 관계에 있는 인격이라는 점이다. 떨어져 나온 인격은 성격의 특성들의 인격화이며, 그 특성들은 자아 인격이 소유한 것들에 비해 어떤 경우에는 더 나쁘고 어떤 경우에는 더 훌륭하다. 장난꾸러기 요정 같은 집단적인 인격화는 개인들 전체의 산물이며, 각 개인으로부터 각자에게 알려진 그 무엇으로서 환영을 받는다. 만약 장난꾸러기 요정이 단순히 개인적인 파생물이라면, 그런 식으로 환영받는 일은 없을 것이다.

그 신화가 하나의 역사적 잔존물에 불과하다면, 그것이 오래 전에 과거의 거대한 쓰레기 더미로 버려지지 않은 이유가 무엇인지, 또 그것이 어리석음과 괴상한 상스러움 때문에 "기쁨을 안겨주는 자"의 역할을 더 이상 할 수 없는 곳인 최고 수준의 문명에서도 지속적으로 영향력을 발휘하는 이유가 무엇인지 물어야 한다.

많은 문화에서 장난꾸러기 요정의 형상은 지금도 여전히 물이 흐르고 있는 오래된 강바닥처럼 보인다. 장난꾸러기 요정의 모티브가 오직 신화의 형태로만 등장하는 것이 아니라 의심하지 않는 현대인에게도 똑같이 순수하고 진짜인 것처럼 나타난다는 사실에서, 그 점이 쉽게 확인된다. 현대인이 자신의 의지와 행동을 악의적으로 좌절시키는 성가신 "사건들"에 휘둘리고 있다는 느낌을 받을 때마다, 바로 그 장난꾸러기 요정이 등장한다. 그러면 현대인은 "재수"나 "징크스"에 대해 말하거나 "대상의 장난기"에 대해 말한다. 여기서 장난꾸러기 요정은 무의식에 있는 반대 경향들에 의해 표현되며, 일부 예들에서는 미숙하고 열등한 성격을 가진 일종의 두 번째 인격에 의해 표현된다. 이 두 번째 인격은, 교령회에서 자신을 밝히면서 장난꾸러기 요정의 전형적인 특징인 온갖 유치한 현상을 야기하는 그 인격들과 다르지 않다. 나는 성격의 이 요소를 '그림자'라고 불렀는데, 아주 적절한 이름인 것 같다.

문명화된 차원에서, 그림자는 의식적인 인격의 결함으로 분류되는 개인적 "과실"이나 "실수" "무례" 등으로 여겨진다. 축제의 풍습 같은 것들에 어떤 집단적인 그림자 형상의 잔재들이 있다는 것을 우리는 더 이상 알지 못한다. 그런데 이 잔재들은 개인적인 그림자가 부분적으로 어떤 신비한 집단적인 형상에서 기인한다는 것을 증명한다. 이 집단적인 형상은 문명의 영향을 받아 점점 깨어지면서 민간전승에 알아보기 힘든 흔적을 남긴다. 그러나 그 형상의 중요한 부분은 인격화되어 개인적 책임을 요구하는 어떤 대상이 된다.

폴 레이딘의 장난꾸러기 요정 연작은 그림자를 초기의 신화적인 형태로 보존하고 있으며, 따라서 그 연작은 거꾸로 아주 오래 전의 의식을, 말하자면 그 신화가 탄생하기 전에, 인디언이 정신적 암흑 속에서 주변을 더듬고 있을 때 이미 존재했던 그런 의식을 가리키고 있다. 인디언은 보다 높은 수준의 의식에 이르고 나서야, 초기 상태를 자신으로부터 떼어놓으며 객관화할 수 있었다. 말하자면, 초기 상태에 대해 무언가를 말할 수 있게 되었다는 뜻이다.

인디언의 의식 자체가 장난꾸러기 요정과 비슷한 한, 틀림없이 그런 식의 직면은 일어날 수 없었다. 그 직면은 오직 인디언이 보다 높고 보다 새로운 차원의 의식을 성취한 뒤에 보다 낮고 보다 열등한 상태를 되돌아볼 수 있게 되었을 때에만 가능했다. 이 회상에 상당한 정도의 조롱과 경멸이 섞였을 것이라는 점은, 따라서 어쨌든 그다지 계발되지 않았을 인간의 과거의 기억 위로 두꺼운 장막이 덮이게 되었을 것이라는 점은 충분히 예상할 수 있다. 이 같은 현상은 인간 정신의 발달사에서 무수히 많이 반복되었을 것임에 틀림없다. 현대가 앞선 세기들의 취향과 지성을 돌아보며 품는 극단적인 경멸이 그런 현상의 전형적인 예이며, '신약성경'에도 분명히 똑같은 현상을 암시하는 대목이 있다. '사도행전' 17장 30절을 보면, 하느님이 위에서 무지(무의식)의 시대를 깔보았다는 내용이 나온다.

이 같은 태도는 그냥 "그리운 옛날"이 아니라 황금시대로 칭송을 듣는, 과거에 대한 두드러진 이상화와 이상한 대조를 이룬다. 오늘날에는 교육을 받지 않아 미신을 믿는 사람들뿐만 아니라, 전생과 아틀란티스의 높은 문명을 굳게 믿는 신지학 열광자들도 과거를 이상으로 여기고 있다.

과거의 어딘가에서 완벽한 상태를 찾는 문화권에 속하는 사람은 누구나 장난꾸러기 요정의 형상을 마주할 때 아주 이상한 기분을 느낄 것이 분명하다. 장난꾸러기 요정은 구세주의 선구자이며, 구세주처럼 신이자 인간이고 동물이다. 그는 인간 이하이면서 인간 이상이고, 짐승이면서 신성한 존재이다. 그의 가장 중요하면서도 가장 걱정스러운 특징은 바로 그의 무의식이다. 무의식 때문에 그는 (분명히 인간인) 동료들로부터 버림을 받으며, 그 같은 사실은 그가 동료들의 의식 수준 밑으로 떨어졌다는 것을 암시하는 것 같다. 그는 자신에 대해서도 너무도 모르고 있다. 그렇기 때문에 그의 육체는 하나의 단일체가 아니며 그의 두 손은 서로 싸우고 있다. 그는 자신의 항문을 떼어내서 거기에 특별한 임무를 맡긴다. 심지어 그의 성(性)도 남근의 특징을 보임에도 불구하고 선택적이다. 그는 자신을 여자로 바꿀 수도 있고 아이를 가질 수도 있다. 그는 자신의 페니스로 온갖 종류의 유익한 식물을 만들어낸다. 이것은 그가 원래 창조주의 본성을 가졌다는 이야기를 들려주고 있다. 세상이 어느 신의 육체로 만들어졌으니 말이다.

한편, 그는 많은 측면에서 동물들보다 더 어리석으며, 우스꽝스럽고 터무니없는 곤경에 연속적으로 빠진다. 그는 진정으로 사악하지는 않다. 그럼에도 그는 그야말로 무의식적으로 지극히 혐오스러운 짓을 저지른다. 그가 동물적인 무의식에 갇혀 있다는 점은 그의 머리가 엘크의 해골 안에 넣어지는 에피소드에 의해 암시된다. 그 다음 에피소드는 그가 매의 머리를 자신의 직장(直腸)에 가둠으로써 그 상황을 극복한다는 것을 보여준다. 정말로, 그는 직후에 얼음 밑으로 떨어짐으로써 다시 이전의 상황으로 돌아가고 동물들에게 거듭 속아 넘어가지만, 결국에는 교활한 코요테를 속이는 데 성공한다. 이것이 다시 그에게 구세주의 성격을 안겨준다.

장난꾸러기 요정은 신성하고 동물적인 본질을 가진 원시적인 어떤 "우주적" 존재이다. 그는 한편으로 보면 초인간적인 자질들 때문에 인간보다 탁월하고, 다른 한편으로 보면 이성의 부재와 무의식 때문에 인간보다 열등하다. 그는 유별난 서투름과 본능의 결여 때문에 동물들에게도 상대가 되지 않는다. 이 결함들은 그의 '인간적인' 본성의 표시들이다. 그런 본성은 동물의 본성만큼 환경에 잘 적응하지는 못하지만, 신화에 적절히 강조되고 있듯이, 배우려는 열망을 바탕으로 훨씬 더 높은 수준의 의식을 발달시킬 가능성을 품고 있다.

그 신화가 거듭 이야기되고 있다는 사실이 의미하는 바는 절대로 오랫동안 망각될 수 없었던 내용물을 상기하는 것이 치료의 효과를 발휘한다는 것이다. 만약에 그 내용물이 단순히 열등한 어떤 상태의 잔존물에 지나지 않는다면, 인간이 그것의 재등장을 골칫거리로 여기면서 그것에 관심을 두지 않는 것이 이해가 될 것이다. 그러나 이 신화는 절대로 그런 예가 아니다. 장난꾸러기 요정이 문명 시대까지 쭉 재미의 원천이 되어 왔기 때문이다. 문명 시대에도 여전히 카니발에서 풀치넬라와 광대의 형상들이 확인되고 있다. 그것이 장난꾸러기 요정이 지금도 기능하고 있는 한 가지 중요한 이유이다. 그러나 그것이 유일한 이유는 아니며, 극히 원시적인 상태의 의식을 이런 식으로 회상하는 것이 그가 신화적인 인물로 굳어진 이유는 분명히 아니다.

점점 사라지고 있는 초기 상태의 단순한 흔적들은 대체로 점점 더 빠른 속도로 에너지를 잃는다. 그렇지 않으면, 그 흔적들은 절대로 사라지지 않을 것이다. 그 흔적들이 외부로부터, 이 경우에 보다 높은 수준의 의식이나 아직 소진되지 않은 무의식의 원천으로부터 에너지를 받지 않고도 나름의 전설들을 거느린 신화적인 형상으로 굳어질 힘을 가졌을 것이라고 기대하기는 어렵다. 개인의 심리로부터 그와 비슷한 예를, 말하자면 개인의 의식을 적대적으로 마주하고 있는 인상적인 어떤 그림자 형상이 등장하는 것을 보도록 하자. 이 형상은 단순히 개인의 안에 지금도 여전히 존재하고 있기 때문에 등장하는 것이 아니라, 그것이 어떤 역동성에 바탕을 두고 있기 때문에 등장한다. 그런데 이 역동성의 존재는 오직 그 개인의 실제 상황 속에서만 설명될 수 있다. 왜냐하면 그 그림자가 그 사람의 자아의식에 너무나 불쾌한 까닭에 무의식 속으로 억눌러져야 하기 때문이다.

이 설명은 지금 논하고 있는 예와 부드럽게 맞아떨어지지 않는다. 이유는 그 장난꾸러기 요정이 틀림없이 의식의 사라지고 있는 어떤 수준을 나타내고, 이 수준의 의식은 스스로를 표현하고 단언할 힘을 점점 잃어가고 있기 때문이다. 더욱이, 억압은 그것이 사라지는 것을 막을 것이다. 우리가 경험을 통해서 그 어떤 것도 무의식에서는 바로잡아지지 않는다는 것을 알고 있듯이, 억압된 내용물이야말로 살아남을 확률이 가장 높기 때문이다. 마지막으로, 장난꾸러기 요정의 이야기는 위네바고족의 의식에 전혀 불쾌하지 않고 그 의식과 모순되지도 않으며, 정반대로 유쾌하고, 따라서 억압이 일어나지 않는다. 그러므로 그 신화는 의식에 의해 적극적으로 뒷받침되고 양성되었던 것 같다.

정말 그랬을 수 있다. 이유는 그렇게 하는 것이 그림자 형상을 의식에 두면서 의식의 비판에 종속시키는 방법으로 가장 훌륭하고 가장 성공적이기 때문이다. 우선, 이 비판이 긍정적으로 평가하는 성격을 더 강하게 보일지라도, 의식이 점진적으로 발달함에 따라, 그 신화의 조악한 양상들은 점진적으로 떨어져나갈 것이다. 그 신화가 백인의 문명의 압박 아래에서 급속도로 사라질 위험은 없다 할지라도 말이다. 원래 잔인하거나 음란했던 일부 관습이 세월의 흐름 속에서 어떻게 단순한 흔적으로만 남게 되는지를 우리는 종종 보았다.

이 모티브가 무해한 것으로 변하는 과정은 그 역사가 보여주듯이 극히 긴 세월을 요구한다. 아주 높은 수준의 문명에서도 여전히 그것의 흔적이 발견되고 있으니 말이다. 이 모티브의 긴 수명은 또한 신화에 묘사된 그런 의식 상태의 힘과 활력에 의해서, 또 그런 의식 상태가 의식적 마음에 은밀히 발휘하는 매력과 매혹에 의해서도 설명될 수 있다. 비록 생물학 영역에서 순수하게 인과적인 가설들이 대체로 매우 만족스럽지는 않을지라도, 그럼에도 불구하고 장난꾸러기 요정의 경우에 보다 높은 수준의 의식이 낮은 수준의 의식을 완전히 덮었다는 사실이, 또 낮은 수준의 의식이 이미 움츠러들고 있었다는 사실이 적절히 강조되어야 한다. 그러나 장난꾸러기 요정에 대한 회상은 주로 의식적 마음이 그에게 보이는 관심 때문에 일어나며, 거기에 부수적으로 반드시 따르는 것은, 우리가 본 바와 같이, 원래 자율적이고 홀리기까지 했던, 원시적이고 악령 같은 형상의 점진적 문명화, 즉 동화(同化)이다.

따라서 인과론적 접근을 목적론적 접근으로 보완하면, 무의식에서 비롯되는 개인의 공상들에 관심을 두고 있는 의학 심리학에서뿐만 아니라 신화와 동화인 집단 공상에서도 더욱 의미 있는 해석을 끌어낼 수 있다.

폴 레이딘이 언급하는 바와 같이, 문명화 과정은 '장난꾸러기 요정 연작' 자체의 틀 안에서 시작되며, 이 같은 사실은 원래의 상태가 극복되었다는 점을 분명히 암시하고 있다. 어쨌든, 가장 깊은 무의식의 표시들은 장난꾸러기 요정으로부터 떨어져 나가고, 연작의 끝에 가까워지면서, 장난꾸러기 요정의 행동은 잔인하고 야만적이고 어리석고 터무니없는 모습 대신에 꽤 유용하고 합리적인 모습을 보인다. 그의 초기 무의식을 평가 절하하는 것은 신화 안에서도 분명히 드러나며, 사람들은 그의 사악한 특성들에 무슨 일이 일어났는지 궁금해 한다.

순진한 독자는 사라진 어두운 측면들이 더 이상 현실에 존재하지 않는 다고 상상할 것이다. 그러나 경험이 보여주듯이, 그 문제는 그런 식으로 전개되지 않는다. 실제로 일어나고 있는 일은 의식적 마음이 악의 사로잡 힘으로부터 풀려남에 따라 더 이상 삶을 충동적으로 살 필요가 없게 되 었다는 것이다. 어둠과 악은 연기처럼 사라지지 않았다. 그것들은 단순히 에너지의 상실로 인해 무의식 속으로 철수했을 뿐이다. 모든 것이 의식과 조화를 이루며 순조롭게 돌아가는 한, 어둠과 악은 거기서 무의식의 상태 로 남는다. 그러나 만약에 의식이 위험하거나 의문스런 상황에 처하기라 도 하면, 그림자가 무(無)로 해체된 것이 아니라, 그 사람의 이웃으로 향 하는 투사로서 다시 나타날 기회만을 엿보도 있었다는 사실이 금방 확인 될 것이다. 만약 이 계략이 성공한다면, 그 즉시 그들 사이에 원초적인 어 둠의 세계가 생겨나고, 거기서는 장난꾸러기 요정의 특징으로 꼽히는 모 든 일들이 일어날 수 있다. 심지어 최상위의 문명에서도 그런 일이 벌어 진다. 이 "원숭이 계략"의 가장 좋은 예들은 당연히 정치에서 발견된다. "원숭이 계략"이라는 대중적 표현은, 모든 것이 제대로 돌아가지 않고, 지적인 것이라고는 마지막 순간에 실수로 일어나는 것을 제외하고는 아 무것도 일어나지 않는 그 상황을 적절히 요약하고 있다.

소위 문명인은 장난꾸러기 요정을 망각했다. 문명인이 자신의 어리석 음에 화가 나서 운명의 장난이라느니 어떤 마법에 걸렸다느니 말할 때, 그는 장난꾸러기 요정을 오직 비유적으로만 기억하고 있다. 그는 겉보기 에 해가 없어 보이는 자신의 숨겨진 그림자가 상상을 초월하는 위험을 지 닌 그런 특성을 갖추고 있다고는 절대로 의심하지 않는다. 사람들이 함께 모여 집단을 이루며 개인을 매몰시키자마자, 그림자가 활성화되며, 역사가 보여주듯이, 그림자는 심지어 인격화되고 구체화된다.

인간 정신의 모든 것이 밖에서 오고, 인간 정신은 '빈 서판'(tabula rasa)의 상태로 태어난다는 끔찍한 사상이 정상적인 상황에서 개인이 질서정연한 모습을 보인다는 그릇된 믿음을 낳았다. 그래서 개인은 나라에 구원을 요구하고, 사회가 자신의 무능에 대한 대가를 치르도록 한다. 그는 양식과 옷이 공짜로 자기 집 현관으로 배달되거나 모두가 자동차를 소유하게 되면 존재의 의미가 발견될 것이라고 생각한다. 그런 것들은 무의식적 그림자 대신에 일어나면서 그림자가 무의식에 남도록 하는 유치한 생각들이다. 이런 편견들의 결과로서, 개인은 전적으로 환경에 좌우된다고 느끼며 내성(內省)에 필요한 능력을 모두 상실한다. 이런 식으로, 개인의 윤리 규범이 허용되거나 금지되거나 명령된 것에 관한 지식으로 대체된다. 이런 상황에서 어떻게 병사가 상관으로부터 받은 명령을 놓고 윤리적으로 따질 것이라고 기대할 수 있겠는가? 개인은 자신이 자발적으로 윤리적 충동을 일으키며 아무도 보지 않을 때에도 그 충동을 행동으로 옮길 수 있다는 사실을 아직 발견하지 못했다.

이런 관점에서 보면, 장난꾸러기 요정의 신화가 간직되며 발달해 온 이유가 보인다. 다른 많은 신화들처럼, 이 신화도 치료의 효과를 낳게 되어 있었다. 이 신화는 보다 높게 발달한 개인의 눈앞에 초기의 낮은 지적, 도덕적 수준을 보여준다. 그러면 개인은 일들이 예전에 어떠했는지를 망각하지 않을 것이다. 사람들은 자신이 이해하지 못하는 것은 어떻든 자신에게 도움이 되지 않는다는 식으로 상상한다. 그러나 일이 언제나 그런 식으로 돌아가는 것은 아니다. 인간은 좀처럼 머리만으로 이해하지 않는다. 인간이 원시적일 때에는 특히 더 그러하다.

신화는 이해되고 있는지 여부와 상관없이 그 신비성 때문에 무의식에 직접적으로 효과를 끼친다. 그 신화가 오래 전에 쓸모없는 것이 되지 않고 거듭 얘기되고 있다는 사실은 그 유용성에 의해 설명될 수 있다고 나는 믿는다. 그 설명은 다소 어렵다. 두 가지 모순적인 경향이 작동하고 있기 때문이다. 한편에는 앞의 조건에서 빠져나오려는 욕망이, 다른 한편에는 앞의 조건을 잊지 않으려는 욕망이 있는 것이다. 분명히 폴 레이딘도 이 어려움을 느꼈다. 그가 이렇게 말하고 있으니까. "심리학적으로 보면, 문명의 역사는 대개 인간이 동물적인 존재로부터 인간적인 존재로 변화한 것을 망각하려는 시도들에 대한 설명이라는 주장도 가능하다."[127] 몇 쪽 뒤에서(황금시대에 대해 언급하는 대목에서) 그는 "망각하기를 그렇게 완강하게 거부하는 것은 우연이 아니다."[128] 그리고 우리가 신화를 대하는 인간의 역설적인 태도를 설명하려고 노력하자마자 스스로 모순에 빠지게 되는 것도 절대로 우연이 아니다.

현대인 중에서 가장 계몽된 사람까지도 크리스마스트리를 만드는 관습의 의미에 대해서는 조금도 생각하지 않는 가운데 자기 아이들을 위해 크리스마스트리를 만들 것이며, 그 사람은 그 행위를 해석하려는 모든 시도를 시작 단계에서 지우려 들 것이다. 너무나 많은 미신들이 오늘날에도 도시와 시골에서 똑같이 활개치고 있다는 사실을 눈으로 확인하는 것은 정말 놀라운 일이다. 그러나 만약에 누군가가 어떤 사람을 붙잡고 큰 소리로 분명하게 "당신은 귀신을 믿습니까? 마녀는? 또 주문과 마법은?"이라고 묻는다면, 그 사람은 불쾌하다는 듯한 목소리로 부정할 것이다. 거

127   Radin, 'The World of Primitive Man', p.3.
128   Ibid., p. 5.

의 틀림없이, 그 사람은 그런 것들에 대해서는 들어보지도 못했고, 그 모든 것을 쓰레기로 여기고 있다. 그러나 은밀히 그는 미신을 믿고 있다. 정글에 사는 원시인과 다를 바가 하나도 없는 것이다. 대중은 어쨌든 이런 것들에 대해 거의 알지 못한다. 현대처럼 계몽된 사회에서는 모두가 그런 종류의 미신이 오래 전에 제거되었다고 확신하고 있기 때문이다. 그리고 그런 것들을 믿기는커녕 그런 것들에 대해 들어본 적도 없는 것처럼 행동하는 것이 관행이 되었다.

그러나 사라진 것은 아무것도 없다. 심지어 악마와의 피의 서약조차도 사라지지 않았다. 미신은 겉으로는 망각되었지만, 내적으로는 절대로 그렇지 않다. 우리는 동 아프리카의 엘곤 산 남쪽 기슭에 사는 원주민들처럼 행동한다. 그 원주민들 중 한 사람이 숲속으로 이어지는 길의 일부를 나와 동행했다. 어느 갈림길에서 우리는 새로운 "귀신 덫"을 보았다. 덫은 그 원주민이 가족과 함께 살던 동굴 가까운 곳에 작은 오두막처럼 아름답게 꾸며져 있었다. 나는 그에게 그것을 그가 만들었는지 물었다. 그는 오직 아이들만 그런 "주주"(ju-ju)를 만들 것이라면서 대단히 당황해하는 몸짓을 해보이며 그 점을 강하게 부정했다. 이어서 그가 오두막을 발로 찼고, 모든 것이 무너져 내렸다.

이것이 우리가 오늘날 유럽에서 관찰할 수 있는 반응이다. 겉으로 사람들은 다소 문명화되었지만, 속으로는 여전히 원시적이다. 인간 안에 있는 무엇인가는 인간의 시작을 포기하기를 극도로 꺼리고 있으며, 그것 외의 다른 무엇인가는 인간이 그 단계들을 오래 전에 벗어났다고 믿고 있다. 나는 이 같은 모순을 대단히 극적인 방법으로 느낄 수 있었다. 내가 시골의 주술사가 마법에 걸린 외양간에서 마법을 푸는 것을 지켜보고 있을 때였다. 그 외양간은 스위스의 고트하르트 철도 바로 옆에 위치해 있었으며, 그 의식이 치러지는 동안에 국제선 특급이 몇 차례 빠르게 달렸다. 그 특급 열차들의 승객들은 겨우 몇 야드 떨어진 곳에서 원시적인 의식이 벌어지고 있다는 사실을 조금도 의심하지 않았을 것이다.

의식의 두 차원들 사이의 갈등은 단순히 정신의 양극적인 구조의 한 표현이다. 정신도 다른 여느 에너지 체계처럼 상반된 것들의 긴장에 의존하고 있다. 그것은 또한 거꾸로 뒤집을 수 없는 일반적인 심리학적 진술이 절대로 없는 이유이기도 하다. 정말로, 심리학적 진술이 거꾸로 뒤집어질 수 있는 성격이야말로 그 진술의 타당성을 증명한다. 모든 심리학 토론에서, 우리가 정신에 대해 말하고 있는 것이 아니라, 언제나 정신이 자기 자신에 대해 말하고 있다는 사실을 꼭 명심해야 한다. 비록 마음은 자신이 정신에 의존하지 않는다고 단언하지만, 우리가 "마음"을 이용하여 정신 그 너머까지 닿을 수 있다고 생각해 봐야 아무런 소용이 없다. 마음이 그것을 어떻게 증명할 수 있는가? 원한다면, 어느 진술은 정신에서 나오고, 정신적이고, 정신적일 뿐이며, 다른 어떤 진술은 마음에서 나오고, "영적이고", 따라서 정신적인 것보다 우위라는 식으로 말할 수 있다. 그래도 두 진술은 모두 믿음에 근거한 단언에 지나지 않는다.

정신의 내용물을 이처럼 3개의 계급조직(물질적, 정신적, 영적)으로 나누는 것은 유일하게 직접적으로 경험할 수 있는 대상인, 정신의 양극적 구조를 나타내고 있다. 우리의 정신의 본질의 단일성은 중앙에 있다. 그것은 폭포의 생생한 단일성이 위와 아래 사이의 역동적인 연결에 나타나는 것과 똑같다. 따라서, 신화의 생생한 효과는 보다 높은 의식이 자유와 독립을 누리며 기뻐하다가 어떤 신화적인 형상의 자율성을 직면한 상태에서 그 형상의 매력으로부터 달아나지 못하고 압도적인 인상에 찬사를 보내야만 하는 때에 느껴진다. 그 형상은 유효하게 작용한다. 왜냐하면 그것이 은밀히 관찰자의 정신에 참여하며, 그 형상의 반영으로서 나타나기 때문이다. 비록 그것이 그런 것으로 인식되지는 않을지라도 말이다. 그 형상은 관찰자의 의식으로부터 떨어져 나왔으며, 따라서 그것은 자율권을 가진 인격처럼 행동한다. 장난꾸러기 요정은 하나의 집단적인 그림자 형상이며, 개인들의 성격에 나타나는 모든 열등한 특성들의 총합이다. 그리고 개인적인 그림자가 인격의 한 구성요소로서 없는 경우가 절대로 없기 때문에, 집단적인 형상은 그 개인적인 그림자를 바탕으로 지속적으로 스스로를 구성할 수 있다. 물론, 그 집단적인 형상은 언제나 신화적인 형상으로 나타나지는 않으며, 원래의 신화소들을 점점 더 억압하고 무시하게 된 결과, 다른 사회 집단과 민족들에 대한 투사로서 나타난다.

만약에 장난꾸러기 요정을 개인적인 그림자와 비슷한 것으로 받아들인다면, 이런 의문이 생긴다. 장난꾸러기 요정의 신화에서 보았던, 의미를 추구하려는 경향이 주관적이고 개인적인 그림자에서도 관찰될까? 이 그림자가 꿈에 꽤 잘 정의된 어떤 형상으로 자주 나타나기 때문에, 우리는 이 질문에 적극적으로 대답할 수 있다. 그림자는 비록 정의상으로는 부정적인 형상일지라도 가끔 꽤 다른 배경을 가리키는, 분명히 식별할 수 있는 특징들과 연상들을 갖고 있다. 그림자는 호감이 안 가는 겉모습 밑으로 의미 있는 내용물을 숨기고 있는 것처럼 보인다. 경험은 이 점을 뒷받침하고 있으며, 더욱 중요한 것은 숨겨진 것들이 대체로 갈수록 신비해지는 형상들로 이뤄져 있다는 점이다. 그 그림자 뒤에 바짝 붙어 서 있는 형상이 바로 매혹시키고 홀리는 힘이 꽤 상당한 아니마이다. 아니마는 종종 지나치게 젊은 형태로 나타나며, 현명한 노인(현자, 마법사, 왕 등)의 강력한 원형을 숨기고 있다. 신비한 형상들은 길게 나열할 수 있지만, 그렇게 하는 것은 무의미한 일이다. 심리학적으로 보면, 사람들은 자신이 직접 경험한 것만을 이해할 수 있기 때문이다.

까다로운 심리학의 개념들은 기본적으로 지적인 공식이 아니라, 경험의 일부 영역들을 위한 이름이다. 그 개념들은 묘사될 수 있을지라도 그것들을 경험하지 않은 사람들에게는 죽은 상태로, 그러니까 표현 불가능한 상태로 남는다. 따라서 나는 사람들이 보다 "과학적"인 것처럼 보이는 라틴어나 그리스어로 된 전문 용어를 선호할지라도, 일반적으로 그림자가 뜻하는 바를 상상하는 데 그다지 어려움을 겪지 않는다는 사실을 알아차렸다. 그러나 사람들이 아니마가 무엇인지를 이해하는 데는 엄청난 어려움이 따랐다.

사람들은 소설에 등장하거나 영화배우로 등장하는 아니마를 쉽게 받아들이지만, 아니마가 그들 자신의 삶에서 하는 역할은 좀처럼 이해하지 못한다. 왜냐하면 아니마가 남자가 절대로 능가하지 못하고 절대로 극복하지 못하는 것들을 나타내고 있기 때문이다. 따라서 아니마는 건드려서는 안 되는, 영원한 감격성의 상태로 남는다. 사람들이 이 맥락에서 만나는 무의식의 정도는 아무리 좋게 말해도 놀랄 만하다. 따라서 자신의 여성성을 두려워하는 남자가 아니마가 의미하는 바를 이해하도록 하는 것은 실질적으로 불가능하다.

현실이 그렇다는 사실은 그리 놀라운 일이 아니다. 왜냐하면 그림자에 대한 초보적인 내용을 이해하는 것조차도 가끔 현대의 유럽인에게 엄청난 어려움을 야기하기 때문이다. 그러나 그림자가 유럽인의 의식에 가장 가까우면서도 폭발력이 가장 약한 형상이기 때문에, 그것은 또한 무의식의 분석에서 나타나는 인격의 첫 번째 요소이다. 위협적이고 터무니없는 형상인 그림자는 개성화의 길이 시작되는 바로 그 지점에서, 쉬운 가운데 기만을 숨기고 있는 스핑크스의 수수께끼를 내거나 잔인하게 "악어의 문제"[129]에 대답할 것을 요구한다.

만약에 장난꾸러기 요정의 신화의 마지막에 구세주가 암시되고 있다면, 위안을 주는 이 예감 또는 희망은 어떤 불행이나 그 외의 다른 일이 일어나서 의식적으로 이해되었다는 것을 의미한다. 오직 재앙 속에서만 구세주에 대한 갈망이 일어날 수 있다. 달리 말하면, 그림자를 인정하고 통합시키면, 구세주 외에는 누구도 운명의 헝클어진 실타래를 풀 수 없는 그런 괴로운 상황이 창조된다. 개인의 경우에, 그림자와 연결된 문제는 아니마의 차원에서, 말하자면 관련성을 통해서 대답을 얻게 된다. 개인의 역사에서와 마찬가지로 집단의 역사에서도, 모든 것은 의식의 발달에 좌우된다. 의식이 발달하면, "무의식"에 감금된 상태로부터의 자유가 점진적으로 성취될 것이며, 따라서 의식의 발달은 치료의 효과를 낳을 뿐만 아니라 빛까지 초래한다.

집단적이고 신화적인 형태의 그림자의 경우와 마찬가지로, 개인적인 그림자도 그 안에 에난티오드로미아의 씨앗을, 말하자면 정반대의 것으로 전환하도록 하는 씨앗을 품고 있다.

---

129 죽음 외에는 달리 답이 없는 문제를 뜻한다.

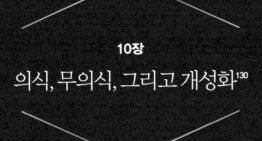

10장

의식, 무의식, 그리고 개성화[130]

130 1939년에 출간한 '인격의 통합'(The Integration of the Personality)에 서문 형식으로 발표되었다.

한 쪽의 의식과 무의식, 다른 쪽의 개성화 과정 사이의 관계는 분석적 치료가 후반부에 이를 경우에 거의 틀림없이 나타나는 문제들이다. "분석적"이라는 표현을 나는 무의식의 존재를 고려하는 절차를 의미하는 것으로 쓰고 있다. 이 문제들은 암시에 근거한 어떤 절차 속에서 일어나는 것이 아니다. 이 대목에서 "개성화"가 의미하는 바를 약간 설명하는 것도 괜찮을 듯하다.

　나는 어떤 사람이 심리학적 "개인", 즉 분할할 수 없는 하나의 별도 단위 또는 하나의 "전체"가 되는 과정을 의미하는 용어로 "개성화"를 쓴다. 일반적으로는 의식이 심리학적 개인의 전체로 여겨진다. 그러나 무의식적 정신 과정이라는 가설에 의해서만 설명되는 현상에 대한 지식은 자아와 그것의 내용물이 사실 "전체"와 동일하다는 인식에 의문을 품도록 만든다. 만약에 무의식적 과정들이 어쨌든 존재한다면, 그 과정들은 의식적 자아의 구성요소가 아니더라도 개인의 전체성에 포함되는 것임에 틀림 없다. 만약에 그 과정들이 자아의 일부라면, 그것들은 틀림없이 의식적일 것이다. 왜냐하면 자아와 직접적으로 연결되는 모든 것은 의식적이기 때문이다. 의식은 심지어 자아와 정신적 내용물 사이의 관계와 동일시될 수 있다. 그러나 무의식적 현상은 자아와 거의 아무런 관계가 없다. 그렇기 때문에 대부분의 사람들은 무의식적 현상의 존재를 거부하는 데 조금도 망설이지 않는다. 그럼에도 불구하고, 무의식적 과정들은 개인의 행동을 통해 표현된다.

주의 깊은 관찰자는 무의식적 과정을 별 어려움 없이 발견한다. 그런 상황에서도, 관찰 대상이 된 사람은 자신이 의식적으로는 절대로 생각하지 않은 지극히 은밀한 생각이나 일을 폭로하고 있다는 사실을 꽤 알아차리지 못한다. 그러나 우리가 의식적으로 절대로 생각하지 않은 것은 정신에 존재하지 않는다고 짐작하는 것은 심각한 편향이다. 의식이 정신의 전체를 포함하는 것과는 거리가 멀다는 사실을 뒷받침하는 증거는 아주 많다. 많은 것들이 의식이 반쯤 희미해진 상태에서 일어나고 있으며, 그보다 훨씬 더 많은 것들이 전적으로 무의식 상태로 남는다. 예를 들어, 이중적 및 다중적인 인격 현상에 관한 엄밀한 조사는 그 같은 사실을 입증할 관찰과 함께 많은 자료를 축적했다. (독자들에게 피에르 자네와 테오도르 플루르누이와 모턴 프린스(Morton Prince: 1854-1929) 등의 글을 읽을 것을 권한다)

그런 현상들의 중요성은 의학 심리학에 깊은 인상을 남겼다. 이유는 그것들이 온갖 종류의 정신적, 생리적 징후들을 낳기 때문이다. 이런 상황에서, 자아가 정신의 전체를 표현한다는 가정은 더 이상 옹호될 수 없다. 정반대로, 전체는 반드시 의식뿐만 아니라 무한한 범위의 무의식적 사건들을 포함하는 것이, 또 자아는 의식 영역의 중심에 불과하다는 것이 분명해졌다.

여기서 무의식도 마찬가지로 어떤 중심을 갖는가, 하는 의문이 자연히 생긴다. 나는 무의식에 자아와 비슷한 지배적인 어떤 원리가 있다고 가정하지 않는다. 사실, 모든 것이 그와 정반대 방향을 가리키고 있다. 만약에 무의식에 그런 중심이 있다면, 우리는 중심의 존재를 말해주는 거의 규칙적인 신호들을 예상할 수 있을 것이다. 그러면, 이중적인 인격의 예들이 드물게 일어나지 않고 자주 일어날 것이다.

대체로 무의식적 현상들은 꽤 혼란스럽고 체계적이지 않은 형태로 모습을 드러낸다. 예를 들어, 꿈들은 분명한 질서와 체계화의 경향을 전혀 보이지 않는다. 만약에 꿈들의 뒤에 개인적인 의식이 작용하고 있다면, 꿈들이 질서와 체계화의 경향을 보여야 할 텐데도 말이다. 철학자 칼 카루스와 에두아르트 폰 하르트만은 무의식을 형이상학적 원리로, 인격 또는 자아의식의 흔적을 전혀 갖지 않는 일종의 보편적인 마음으로 다룬다. 이와 비슷하게, 쇼펜하우어(Arthur Schopenhauer: 1788-1860)의 "의지"는 자아를 전혀 갖고 있지 않다.

현대의 심리학자들도 무의식을 의식의 문턱 아래의, 자아 없는 어떤 기능으로 여기고 있다. 철학자들과 달리, 심리학자들은 무의식의 잠재의식적 기능들을 의식적 마음에서 끌어내리려는 경향을 보인다. 피에르 자네는 모든 정신적 과정들을 결합시키지 못하는, 의식의 어떤 약함이 있다고 생각한다. 한편 프로이트는 양립할 수 없는 어떤 경향들을 억누르는 의식적인 요소들이 있다는 생각을 선호한다. 두 가지 이론에 유리한 방향으로 많은 말을 할 수 있다. 의식이 약해진 탓에 의식의 어떤 내용물이 실제로 의식의 문턱 아래로 떨어지는 예들과 불쾌한 내용물이 억압되는 예들이 많기 때문이다. 만약에 자네와 프로이트 같은 주의 깊은 관찰자들이 무의식의 표현들에서 어떤 독립적인 인격 또는 자율적인 의지의 흔적을 발견할 수 있었더라면, 그들은 무의식을 주로 의식적 원천으로부터 끌어내는 이론을 구축하지 않았을 것이 분명하다.

만약에 무의식이 어쩌다 자각을 잃게 된, 그 점을 빼고는 의식적 자료와 구분되지 않는 그런 내용물로만 이뤄져 있다는 말이 사실이라면, 자아와 정신의 전체를 다소 동일시하는 것이 가능할 것이다. 그러나 실제로 보면 상황은 그처럼 간단하지 않다. 두 이론은 주로 신경증 분야의 관찰에 근거하고 있다. 자네나 프로이트나 똑같이 정신과(精神科)의 구체적인 경험을 갖고 있지 않다. 만약에 그들에게 정신과 경험이 있었더라면, 그들도 틀림없이 무의식이 의식적 내용물과 완전히 다른 내용물을 드러낸다는 사실에 놀랐을 것이다. 무의식의 내용물이 너무나 다르기 때문에, 아무도 그것을 이해하지 못한다. 환자 본인도 이해하지 못하고 의사도 이해하지 못한다.

환자는 이상한 생각들로 넘쳐난다. 그 생각들은 그에게만 이상해 보이는 것이 아니라 정상적인 사람에게도 마찬가지로 이상해 보인다. 그것이 사람들이 그를 두고 "정신 나갔다"고 하는 이유이다. 그의 생각을 이해할 수 없으니 말이다. 우리는 무엇인가를 이해하는 데 필요한 전제들을 가지고 있을 때에만 그것을 이해할 수 있다. 그러나 여기서 그 전제들은 정신이 이상해지기 전의 환자의 마음으로부터 멀어진 그 만큼 지금 우리의 의식으로부터도 멀리 벗어나 있다. 그렇지 않다면, 환자는 절대로 광기를 보이지 않았을 것이다.

실은, 우리가 병적인 생각들을 추론할 수 있는, 우리에게 직접적으로 알려진 영역은 절대로 없다. 그것은 그야말로 우연히 무의식이 된 다소 정상적인 내용물의 문제가 아니다. 반대로, 병적인 생각들은 처음부터 완전히 당혹스러운 성격의 산물들이다. 그 생각들은 모든 측면에서, 절대로 기괴하다고 할 수 없는 신경증의 자료와 다르다. 신경증의 자료는 인간의 조건에서 이해 가능하지만, 정신병의 자료는 그렇지 않다.

이런 특이한 정신병의 자료는 의식적인 마음에서 끌어내어지지 않는다. 왜냐하면 의식적인 마음이 그 생각들의 기이함을 설명하는 데 도움을 줄 전제들을 결여하고 있기 때문이다. 신경증적인 내용물은 자아에 눈에 띄는 피해를 안기지 않고 통합될 수 있지만, 정신병적인 생각들은 그렇지 않다. 정신병적인 생각들은 접근 불가능한 상태로 남으며, 자아의식은 그런 생각들에 다소 압도된다. 심지어 정신병적인 생각들은 자아를 그 생각들의 "체계" 안으로 끌어들이려는 경향을 명백히 보인다.

그런 예들은 일부 조건에서 무의식이 자아의 역할을 넘겨받을 수 있다는 점을 암시한다. 이 교환의 결과가 광기이고 혼란이다. 왜냐하면 무의식이 조직적이고 중앙으로 집중된 기능들을 가진 제 2의 인격이 아니라, 중앙이 없는, 정신적 과정들의 어떤 집합일 가능성이 아주 크기 때문이다. 그러나 인간 마음에 의해 만들어진 것들 중에서 그 어떤 것도 전적으로 정신의 영역 밖에 놓여 있지 않다. 지극히 무분별한 생각도 정신에 있는 무엇인가와 일치할 것임에 틀림없다. 우리는 어떤 마음이 다른 마음들에 전혀 없는 요소들을 포함하고 있다고 가정하지 못한다. 또 무의식이 일부 사람, 말하자면 광기의 경향을 가진 사람들의 경우에만 자동적인 것이 될 수 있다고 가정하는 것도 불가능하다. 자율성의 경향은 무의식의 다소 일반적인 특성일 가능성이 아주 높다. 어떤 의미에서 보면, 정신적 장애는 숨겨져 있음에도 불구하고 일반적인 어떤 조건이 두드러진 한 예에 지나지 않을 수도 있다. 이 자율성의 경향은 무엇보다도 감정적인 상태에서 모습을 드러낸다. 정상적인 사람들의 감정적인 상태도 예외가 아니다. 사람은 격한 감정 상태에서 평균을 넘어서는 말을 하거나 행동을 한다. 그런 상태에 빠지는 데는 그렇게 많은 것이 필요하지도 않다. 사랑과 증오, 기쁨과 슬픔만 있어도 종종 자아와 무의식이 서로 자리를 바꾼다. 그런 경우에, 매우 이상한 생각도 정말로 다른 상황에서는 지극히 건강한 사람을 사로잡을 수 있다. 집단과 공동체, 심지어 민족 전체도 이런 식으로 정신적 전염병에 감염될 수 있다.

그러므로 무의식의 자율성은 감정이 생겨날 때 시작된다. 감정은 자연적 폭발을 통해 의식의 합리적인 질서를 뒤엎는, 본능적이고 무의식적인 반응이다. 격한 감정들은 "만들어지거나" 의도적으로 생산되지 않는다. 그 감정들은 그냥 일어난다. 격한 감정 상태에서, 본인에게도 이상한 성격적 특성이 가끔 나타나거나, 숨겨져 있던 내용물이 부지불식간에 터져 나올 수 있다. 어떤 감정이 격할수록, 그 감정은 병적 상황에, 말하자면 자아의식이 그 전까지 무의식이었던 자율적인 내용물에 의해 옆으로 밀려나는 조건에 더욱 가까워진다. 무의식이 잠자는 상태에 있는 한, 무의식이라는 숨겨진 영역에는 전혀 아무것도 없는 것처럼 보인다. 그래서 알려지지 않은 무엇인가가 갑자기 "불쑥" 나타날 때마다, 우리는 예외없이 놀란다. 물론, 후에는 심리학자가 동행하며 일들이 이런저런 이유로 그런 식으로 일어나야 했다는 점을 보여준다. 하지만 누가 사전에 그런 식으로 말할 수 있겠는가?

무의식을 "무"(無)라고 부르지만, 그럼에도 무의식은 잠재적 현실이다. 우리가 생각할 생각, 우리가 할 행동, 심지어 우리가 내일 한탄할 운명까지 모두 오늘 우리의 무의식에 들어 있다. 격한 감정이 열어젖히는, 우리 안의 미지의 것은 언제나 거기에 있었으며, 조만간 의식에 모습을 드러낼 것이다. 따라서 우리는 아직 발견되지 않은 것들이 있다는 사실을 언제나 고려해야 한다. 내가 말한 바와 같이, 그것들은 아마 성격의 알려지지 않은 버릇일 것이다. 그러나 미래에 있을 발달의 가능성도 이런 식으로, 아마 가끔 전체 상황을 근본적으로 바꿔놓는 격한 감정의 폭발로 드러날 수 있다.

무의식은 야누스의 얼굴을 갖고 있다. 한편으로 무의식의 내용물은 거꾸로 전(前)의식의 선사 시대의 세계를 가리키지만, 다른 한편으로 무의식은 잠재적으로 미래를 예고한다. 사람의 운명을 결정짓는 요인들이 언제든 본능적으로 작동할 준비를 갖추고 있기 때문이다. 만약에 우리가 개인 안에 잠재해 있는 기본 계획을 처음부터 완전히 알 수 있다면, 그 사람의 운명은 대부분 예측 가능할 것이다.

무의식적 경향들이 과거를 돌아보는 이미지든 앞을 내다보는 예고든 꿈들에 나타나는 한, 그 꿈들은 지금까지 시대를 불문하고, 과거로 거슬러 올라가는 퇴행보다는 미래에 대한 예고로 적절히 여겨져 왔다. 미래에 일어날 모든 것이 지금까지 일어난 것들을, 그리고 의식적인 것이든 무의식적인 것이든 기억의 흔적으로서 지금도 존재하고 있는 것을 바탕으로 할 것이기 때문이다. 어느 누구도 완전히 새롭게 태어나지 않고, 모두가 인간 종(種)이 마지막으로 도달한 발달 단계를 지속적으로 되풀이한다는 점에서 보면, 모든 인간은 하나의 선험적인 자료로서, 세월을 내려오며 조상들에 의해 위쪽으로, 또 아래쪽으로 발달해 온 전체 정신 구조를 포함하고 있다. 그것이 무의식에 특징적인 "역사적" 양상을 부여하지만, 그것은 동시에 미래를 결정하는 데 반드시 필요한 조건이다. 이런 이유로, 무의식의 자동적 표현을 하나의 '결과'로(따라서 역사적인 것으로) 해석해야 하는지, 아니면 하나의 '목표'로(따라서 목적론적이고 예고적인 것으로) 해석해야 하는지를 결정하는 것이 종종 매우 어렵다.

의식적 마음은 대체로 조상들로부터 내려오는 전제 조건들을 고려하지 않는 가운데, 그리고 이 선험적인 요소가 개인의 운명의 형성에 끼치는 영향을 고려하지 않는 가운데 생각한다. 우리는 몇 년의 세월 속에서 생각하지만, 무의식은 수천 년의 세월 속에서 생각하며 살고 있다. 그렇기 때문에 우리에게 전례가 없는 진기한 무엇인가가 일어날 때, 그것은 일반적으로 매우 오래된 이야기이다. 우리는 아이들처럼 어제 일어난 일을 망각할 것이다. 우리는 인간이 자신에 대해 놀랄 정도로 새롭고 "현대적"이라고 생각하는 그런 경이로운 신세계에 여전히 살고 있다. 틀림없이, 이것은 인간 의식이 역사적인 선조들을 알 만큼 충분히 성숙하지 않았고 아직 젊다는 점을 입증하는 증거이다.

사실, 나에게는 "정상적인" 사람이 무의식의 자율성을 정신 이상을 가진 사람보다 훨씬 더 설득력 있게 보여주는 것처럼 보인다. 정신 의학의 이론은 언제든 진짜, 또는 짐작되는 뇌의 기질성(器質性) 장애 뒤로 숨을 수 있으며, 따라서 무의식의 중요성을 무시할 수 있었다. 그러나 정상적인 인간이 문제가 될 때, 그런 견해는 더 이상 적용되지 않는다. 세상에서 일어나고 있는 일은 단순히 "한때 의식이었던 활동들의 어두운 흔적"이 아니라, 지금도 존재하고 있고 앞으로도 영원히 존재할 살아 있는 어떤 정신적 조건의 표현이다. 그렇지 않다면, 사람이 놀라는 것도 당연하다. 그러나 무의식의 자율성에 가장 크게 놀라는 사람은 바로 무의식의 자율성을 거의 신뢰하지 않는 사람들이다.

우리의 의식은 자체가 젊고 취약한 탓에 무의식을 얕보는 경향을 보인다. 충분히 이해가 되는 현상이다. 만약에 어떤 젊은이가 자력으로 무엇인가를 시작하기를 원한다면, 그는 부모의 권위에 압도당해서는 안 된다. 개인적으로나 역사적으로나, 우리의 의식은 원초적인 무의식의 어둠과 졸음에서 발달해 나왔다. 자아의식이 존재하기 오래 전에, 정신적 과정들과 기능들이 있었다. "사고"는 인간이 "나는 사고하는 것을 자각한다."고 말할 수 있게 되기 오래 전부터 존재해 왔다.

원시인의 "영혼의 위험들"은 주로 의식에 따르는 위험으로 이뤄져 있다. 매혹과 마력, "영혼의 상실", 사로잡힘 등은 틀림없이 무의식적 내용물에 의해 야기된, 의식의 분열과 억압의 현상이다. 문명인조차도 아직 원시 시대의 어둠으로부터 완전히 자유롭지 못하다. 무의식은 의식의 어머니이다. 어머니가 있는 곳에 당연히 아버지도 있을 것이지만, 아버지는 알려지지 않은 것 같다. 의식은 젊음의 자만에 빠져 아버지를 부정할 수 있지만, 어머니를 부정할 수는 없다. 그런 상황은 대단히 부자연스러울 것이다. 모든 아이에게서 아이의 자아의식이 단 몇 순간만 지속되는 파편적인 의식으로부터 대단히 느리게 멈칫거리며 발달하는 것이, 또 섬처럼 단절된 이 의식들이 단순한 본능성의 완전한 어둠으로부터 점진적으로 나오는 것이 확인되니 말이다.

의식은 그것보다 더 오래된 무의식적 정신으로부터 성장하며, 이 무의식적 정신은 의식과 더불어, 또는 의식을 무시하며 기능한다. 의식적 내용물이 (예를 들어, 억압을 통해) 다시 무의식이 되는 예들이 무수히 많지만, 무의식은 대체로 의식의 단순한 잔존물과는 거리가 멀다. 바꿔 말하면, 동물들의 정신적 기능이 의식의 잔존물인가?

내가 말한 바와 같이, 우리가 무의식에서 자아의 질서와 동일한 질서를 발견할 희망은 거의 없다. 피타고라스학파가 말하는 "반대편 지구"(counter-earth)[131] 같은 성격을 지닌 무엇인가를, 무의식적인 자아의식 같은 것을 발견할 것 같지는 않다. 그럼에도 불구하고, 우리는 의식이 무의식에서 일어나듯이 자아의 중심도 잠재력으로 포함되어 있던 어두운 어떤 깊은 곳으로부터 결정화(結晶化)된다는 사실을 간과할 수 없다. 인간 어머니가 오직 인간 아이를 낳을 수 있고, 그 아이의 깊은 본성이 어머니의 안에서 잠재적으로 존재할 때 숨어 있듯이, 우리는 무의식이 본능들과 이미지들의 무질서한 축적일 수는 없다는 점을 믿어야 한다. 무의식을 전체로 묶으며 그 전체를 표현하는 무엇인가가 있음에 틀림없다. 무의식의 중심이 자아가 될 수는 없다. 이유는 자아가 무의식에서 태어나서 의식으로 들어가면서 무의식에게 등을 돌리고, 가능한 한 무의식을 차단하려 노력하기 때문이다. 아니면 무의식이 자아의 탄생과 더불어 그 중심을 잃을 수도 있는가? 그런 경우라면, 우리는 자아가 무의식보다 영향과 중요성에서 훨씬 더 탁월할 것이라고 기대할 것이다. 그러면 무의식은 온순하게 의식의 발자국을 따를 것이며, 그것이 바로 우리가 바라는 바일 것

---

131 고대 그리스 철학자인 필롤라오스(Philolaus: B.C.470년경–B.C.385년경)가 제안한 태양계 내부의 가상의 천체를 말한다.

이다.

　불행하게도, 사실들은 그와 정반대임을 보여주고 있다. 의식은 무의식의 영향에 너무나 쉽게 굴복하고, 무의식의 영향은 종종 우리의 의식적 사고보다 진리에 더 가깝고 더 현명하다. 또한 무의식적 동기들이 특히 결정적인 중요성을 지니는 문제들에서 의식적 결정을 뒤엎는 일이 자주 발생한다. 정말로, 개인의 운명은 대개 무의식적 요소들에 좌우된다. 면밀히 조사하면, 우리의 의식적 결정들이 기억의 안정적인 작용에 얼마나 많이 의존하는지가 드러난다. 그러나 기억은 종종 무의식의 내용물의 간섭에 방해를 받는다. 더욱이, 기억은 대체로 자동적으로 작동한다. 일상적으로 기억은 연상의 다리들을 이용하지만 종종 그 다리들을 아주 별난 방식으로 이용한다. 그렇기 때문에 어떤 기억이 의식에 어떤 식으로 닿는지를 발견하기 위해서는 기억 재현의 전체 과정을 엄밀히 조사할 필요가 있다. 그리고 간혹 이 연상의 다리들이 발견되지 않는다. 그런 경우에, 무의식의 자발적 활동이라는 가설을 무시하기가 불가능하다. 또 다른 예는 주로 매우 복잡한 성격의 무의식적 과정들에 의존하는 직관이다. 이런 특성 때문에, 나는 직관을 "무의식을 통한 지각"으로 정의했다.

　일반적으로 무의식은 마찰이나 장애를 일으키지 않고 의식과 협력하며, 그래서 사람은 무의식의 존재를 자각하지 않는다. 그러나 개인이나 사회적 집단이 본능적 토대로부터 지나치게 멀리 벗어날 때, 그들은 무의식적 힘의 전체 충격을 고스란히 경험하게 된다. 무의식의 협력은 지적이고 합목적적이며, 무의식이 의식과 반대 방향으로 작용할 때에도 무의식의 표현은 마치 잃어버린 균형을 회복하려고 노력하는 것처럼, 여전히 지적인 방식으로 보상한다.

대단히 강력한 성격의 꿈들과 환상들이 있다. 그런 사실 때문에 어떤 사람들은 꿈과 환상이 무의식적 정신에서 비롯될 수 있다는 점을 인정하길 거부한다. 그런 현상이 일종의 "초(超)의식"에서 비롯된다고 단정하길 선호하는 것이다. 그런 사람들은 준(準)생리학적 또는 본능적 무의식과 의식 "위"의 정신적 영역 또는 층을 구분한다. 이 영역 또는 층을 그들은 "초의식"이라고 부른다. 사실, 인도 철학에서 "높은" 의식이라고 불리는 이 정신은 서양에서 "무의식"이라고 부르는 것과 일치한다. 그러나 일부 꿈들과 환상들, 신비한 경험들은 무의식 안에 어떤 의식이 존재한다는 점을 암시한다. 그러나 만약에 의식이 무의식 안에 포함된다고 가정한다면, 우리는 당장 어떤 의식도 주체, 즉 내용물과 연결되는 자아 없이는 존재할 수 없다는 문제에 직면한다. 의식은 어떤 중심을, 무엇인가가 의식되는 자아를 필요로 한다. 우리는 다른 종류의 의식에 대해 알지 못하며, 자아 없는 의식을 상상하지도 못한다. "내가 의식한다."고 말할 사람이 아무도 없는 곳에는 의식도 절대로 있을 수 없다.

우리가 알지 못하는 것들에 대해 깊이 생각하는 것은 비생산적이다. 따라서 나는 과학의 테두리를 벗어나는 단언을 삼간다. 내가 무의식 안에서 자아와 비교할 만한, 인격 같은 무엇인가를 발견하는 것은 절대로 가능하지 않았다. 그러나 비록 "두 번째 자아"가 (이중인격이라는 드문 예들을 제외하고는) 발견될 수 없다 하더라도, 무의식의 표현들은 적어도 '인격들의 흔적들'을 보여준다.

간단한 예가 바로 꿈이다. 꿈에서는 다수의 진짜 또는 상상의 사람들이 꿈 생각들을 나타낸다. 중요한 분열 유형들 거의 모두에서, 무의식의 표현들은 놀라울 만큼 인격적인 형태를 취한다. 그러나 이 인격화들의 행동과 정신적 내용물을 면밀히 조사하면, 그것들의 파편적인 성격이 드러난다. 이 인격화들은 보다 큰 전체로부터 떨어져 나온 콤플렉스들을 나타내는 것처럼 보이며, 무의식의 인격적 중심과는 정반대이다.

나는 분열된 파편들의 성격이 인격의 성격을 지닌다는 점에 언제나 강한 인상을 받았다. 그래서 나는 그 파편들이 인격을 갖는다면 그것들이 떨어져 나온 전체는 더욱 확실히 인격을 갖고 있다고 단정해도 무방하지 않을까, 하고 종종 자문했다. 이 추론은 논리적인 것 같다. 인격이 파편의 크기가 크거나 작은지에 좌우되지 않기 때문이다. 그렇다면 전체도 인격을 갖지 말아야 할 이유가 있을까? 인격이 의식을 암시할 필요는 없다. 인격도 쉽게 잠을 자는 상태에 빠지거나 꿈을 꿀 수 있다.

무의식적 표현들의 일반적인 양상은 지성과 합목적성을 보여주는 일부 징후들이 있음에도 불구하고, 주로 혼란스럽고 비합리적이다. 무의식은 꿈과 환상, 공상, 감정, 괴상한 생각 등을 낳는다. 이것은 우리가 꿈을 꾸고 있는 인격이 할 것이라고 예상할 수 있는 바로 그것이다. 그 인격은 절대로 깨어난 적이 없었을 뿐만 아니라 자신이 살았던 삶과 그 삶 자체의 연속성까지도 절대로 자각하지 않는 그런 인격인 것 같다. 유일한 질문은 잠자며 숨어 있는 인격이라는 가설이 가능한지 여부이다. 무의식에서 발견되는 인격의 모든 것은 앞에서 언급한, 파편적인 인격화들 안에 포함되는 것 같다. 그럴 가능성이 매우 크기 때문에, 만약에 훨씬 덜 파편적이고 보다 완전한 인격들이 숨어 있다 하더라도 그것들을 뒷받침할 증거가 없다면, 나의 모든 추측은 헛될 것이다.

나는 그런 증거가 존재한다고 확신한다. 불행하게도, 이것을 증명할 자료는 심리학적 분석의 미묘함 속에 있다. 따라서 독자들에게 그 증거가 어떤 것인지에 대해 설득력 있게 쉽게 설명하는 것은 절대로 쉬운 일이 아니다.

나는 다음과 같은 간단한 진술로 시작할 것이다. '모든 남자의 무의식에 여성적인 어떤 인격이 숨어 있고, 모든 여자의 무의식에 남성적인 어떤 인격이 숨어 있다.'

남녀 성은 남성 유전자 또는 여성 유전자의 '다수파'에 의해 결정된다는 것은 잘 알려진 사실이다. 그러나 반대편 성에 속하는 '소수파'의 유전자들은 그냥 단순히 사라지지 않는다. 그러므로 남자는 자신의 안에 여성적인 측면을, 무의식적인 여성의 형상을 갖고 있으며, 남자 본인은 일반적으로 그 형상에 대해 꽤 모르고 있다. 이 형상을 "아니마"라고 부르고 여성의 내면에 있는 그 짝을 "아니무스"라고 부른다는 사실을 나는 꽤 알려진 것으로 여길 것이다. 되풀이하는 것을 피하기 위해서, 나는 독자들에게 문헌[132]을 소개해야 한다. 이 형상은 꿈들에 자주 나타나고, 거기서 내가 이전의 출판물에서 언급했던 모든 특성들을 확인할 수 있다.

결코 덜 중요하지 않으면서 명확히 정의되는 또 다른 형상은 "그림자"이다. 아니마처럼, 그림자는 적절한 사람들에게 투사되어 나타나거나 꿈들에서 그런 것으로서 인격화되어 나타난다. 그림자는 "개인" 무의식(프로이트가 말하는 무의식에 해당한다)과 일치한다. 또 다시 아니마처럼, 이 형상은 종종 시인들과 작가들에 의해 묘사되었다. 나는 두 가지 전형적인 묘사로서 파우스트와 메피스토펠레스의 관계와 E. T. A. 호프만(Hoffmann: 1776-1822)의 이야기 '악마의 만능약'(The Eveil's Elixir)을 언급할 것이다. 그림자는 주체가 자신에 대해 인정하기를 거부함에도 불

---

132 'Psychological Types, Def. 48; "The Relations between the Ego and The Unconscious", pars. 296ff.

구하고 그 주체에게 직접적으로나 간접적으로 끼어들고 있는 모든 것을 인격화한다. 예를 들면, 성격의 열등한 특성들과 다양한 양립 불가능한 경향들이 있다.

무의식이 꿈속에서 감정이 실린 내용물을 자동적으로 인격화한다는 사실은 내가 이 인격화들을 나의 전문 용어로 받아들이고 거기에 이름을 붙이며 명확히 서술하는 이유이다.

이 형상들 외에 빈도나 강도가 떨어지는 몇 가지 형상이 더 있으며, 이 형상들도 마찬가지로 신화적 정리 과정뿐만 아니라 시적 정리 과정까지 거쳤다. 가장 잘 알려진 것들 중에서 2가지만 예로 든다면, 영웅 형상과 늙은 현자의 형상이다.

이 형상들은 모두 의식이 병적인 상태로 들어가기만 하면 즉시 자동적으로 의식 속으로 침입한다. 아니마와 관련해서, 나는 특별히 넬켄이 묘사한 예에 관심을 기울여줄 것을 권한다. 지금 놀랄 만한 것은 이 형상들이 시적이거나 종교적이거나 신화적인 설명과 너무나 두드러진 연결을 보여준다는 점이다. 비록 그 연결들이 절대로 사실에 관한 것은 아닐지라도 말이다. 말하자면, 그 연결들은 유추의 자동적인 산물이다. 그런 한 예는 심지어 표절 비난을 부르기도 했다. 프랑스 작가 브누아가 라이더 해거드의 '그녀'와 아주 비슷한 책 '라틀랑티드'에서 아니마와 아니마의 고전적인 신화에 대해 묘사했다. 그 소송은 성공하지 못했다. 브누아가 '그녀'에 대해 들어본 적이 없었던 것이다. (최종적으로, 배제하기가 종종 극히 어려운 잠복 기억에 따른 기만의 한 예일 수는 있었을 것이다.) 아니마의 명백히 "역사적인" 양상과 아니마가 여동생이나 아내, 어머니, 딸의 형상들과 응축되는 현상, 그리고 연상된 근친상간 모티브는 연금술에서 여왕이나 하얀 부인의 아니마 형상에서뿐만 아니라 괴테("그대는 이따금 나의 아내나 여동생으로 스쳐 지나갔어.")에게서도 발견된다. 영국 연금술사 에이레나이우스 필랄레테스(Eirenaeus Philalethes)는 1645년경에 글을 쓰면서 "여왕"은 왕의 "여동생이거나 어머니 또는 아내였다"고 언급한다. 이와 똑같은 생각은 넬켄의 환자와 내가 관찰한 일련의 환자들에게서 장식적으로 다듬은 형태로 발견된다. 내가 관찰한 환자들의 경우에 문헌이 영향을 미쳤을 가능성은 철저히 배제된다. 그 밖의 것에 대해 말하자면, 아니마 콤플렉스는 라틴계 민족의 연금술에서 가장 오래된 형상들 중 하나이다.

환자들의 꿈과 공상, 망상의 도움을 받으며 원형적인 인격들과 그 인격들의 행동을 연구하는 사람은 원형적인 인격들이 보통 사람에게 전혀 알려지지 않은 신화적인 사상들과 분명하고 다양한 연결을 맺는다는 사실에 깊은 인상을 받는다. 원형적인 인격들은 어떤 종류의 독특한 존재들을 형성하는데, 그러면 연구자는 그 존재들에게 자아의식을 부여하고 싶은 마음을 느낀다. 정말로, 그 인격들은 자아의식을 가질 수 있는 것처럼 보인다. 그럼에도 이 같은 생각은 사실로 뒷받침되지 않는다. 원형적인 인격들의 행동에는 그 인격들이 우리가 아는 자아의식을 갖고 있다는 점을 암시하는 것이 전혀 없다. 정반대로, 그 인격들은 파편적인 인격들의 모든 특징들을 두루 보인다. 그 인격들은 가면 같고, 유령 같고, 문제를 모르고, 자기반성이 없고, 갈등과 의심과 고통이 전혀 없고, 또 부처에 의해 그릇된 관점을 바로잡아야 했던, '상유타 니카야'(Samyutta-nikaya)[133]의 브라흐마 신들처럼 철학을 전혀 갖고 있지 않은 신들처럼 보인다. 다른 내

---

133 '잡아함경'(雜阿含經)을 말한다.

용물과 달리, 그 인격들은 언제나 의식의 세계에서 이방인으로, 주위에 불가사의한 분위기나 광기에 대한 두려움을 퍼뜨리는, 환영받지 못하는 침입자로 남는다.

만약에 그 원형적인 인격들의 내용물을, 즉 그것들의 현상학을 이루고 있는 공상 자료를 면밀히 검토한다면, 케케묵고 "역사적인" 연상들과 원형적인 성격을 지닌 이미지들이 많이 발견될 것이다. 이런 특이한 사실을 근거로, 아니마와 아니무스가 정신의 구조 안에 자리 잡고 있다는 결론도 가능하다. 그 원형적인 인격들은 분명히 무의식의 보다 깊은 층에서, 특히 내가 집단 무의식이라고 부른 그 계통 발생적인 기층(基層)에서 살며 기능한다. 이 위치는 그 원형적인 인격들의 기이한 점에 대해 많은 설명을 내놓는다. 그 인격들이 아득히 먼 과거에 속하는 미지의 정신적 삶을 우리의 단명한 의식 속으로 끌어들이고 있는 것이다. 그 미지의 정신적 삶은 우리의 미지의 조상들의 마음이고, 조상들이 생각하고 느낀 방법이고, 조상들이 생명과 세상, 신들과 인간들을 경험한 방법이다. 이 케케묵은 기층들은 아마 인간이 윤회와 "전생"의 기억을 믿도록 하는 원천일 것이다.

인간 육체가 말하자면 계통 발생의 역사를 보여주는 박물관이듯이, 정신도 마찬가지이다. 이 세상에서 정신의 특별한 구조가 정신의 개별적인 표현 밖에 역사를 전혀 갖고 있지 않은 유일한 것이라고 가정해야 할 이유는 절대로 없다. 의식적 마음에게도 적어도 5,000년은 거슬러 올라가는 역사를 부정하지 못한다. 영원히 새로 시작했다가 조기에 파멸을 맞는 것은 우리의 자아의식뿐이다. 무의식적 정신은 나이가 어마어마하게 많을 뿐만 아니라 똑같이 아득한 미래까지 성장해 갈 수 있다. 무의식적 정신은 인간 종(種)에 영향을 끼치며, 개인적으로 보면 덧없을지라도 집단적으로 보면 어마어마한 나이를 먹은 인간의 육체가 그렇듯이, 무의식적 정신도 인간 종의 일부를 이루고 있다.

아니마와 아니무스는 외부 세상과 꽤 다른 세상에서 살고 있다. 시간의 맥박이 무한히 느리고, 개인의 출생과 죽음이 별로 중요하지 않은 그런 세상이다. 아니마와 아니무스의 성격이 이상한 것은 놀라운 일이 아니다. 너무나 이상하기 때문에, 아니마와 아니무스가 의식 속으로 침입하는 경우에 종종 정신병이 생긴다. 틀림없이, 아니마와 아니무스는 정신 분열증에서 드러나는 자료에 속한다.

지금까지 집단 무의식에 대해 한 말은 내가 집단 무의식이라는 용어로 나타내는 바를 다소 적절하게 전했을 것 같다. 만약에 지금 개성화 문제로 돌아간다면, 우리는 자신이 놀라운 과제를 직면하고 있다는 사실을 알게 될 것이다. 정신이 서로 일치하지 않는 두 개의 반쪽으로 구성되어 있는데, 이 두 반쪽을 하나의 전체로 만드는 것이 그 과제이다. 일반적으로 자아의식이 무의식을 동화시킬 수 있다고 생각하는 경향이 있다. 적어도 그런 해결책이 가능할 것이라고 희망한다. 그러나 불행하게도 무의식은 정말로 무의식이다. 바꿔 말하면, 무의식은 알려져 있지 않다. 그리고 알려지지 않은 것을 어떻게 동화시킬 수 있겠는가? 아니마와 아니무스의 그림을 꽤 정확하게 그릴 수 있다 하더라도, 그것이 무의식의 깊은 곳까지 면밀히 조사했다는 것을 의미하지는 않는다.

사람은 무의식을 통제하길 원하지만, 극기 기술의 대가인 요가 수행자들도 무아의 경지인 '삼매'(三昧)에서 완벽에 도달하며, 이 경지는 유럽인들이 아는 한 무의식의 상태와 동일하다. 요가 수행자들이 유럽인의 무의식을 "보편적인 의식"이라고 불러도 달라지는 것은 아무것도 없다. 요가 수행자들의 경우에 무의식이 자아의식을 삼켰다는 사실은 그대로 남는다. 요가 수행자들은 "보편적인 의식"이라는 표현 자체가 모순이라는 사실을 깨닫지 못하고 있다. 배제와 선택, 구별이 "의식"이라는 이름을 내세우는 모든 것의 뿌리이고 핵심이기 때문이다. "보편적인 의식"은 논리적으로 무의식과 동일하다. 그럼에도 불구하고, 팔리어 경전이나 '요가수트라'(Yoga-sutra)에 묘사된 방법들을 정확하게 적용하면 의식의 놀라운 확장이 일어난다는 말은 진실이다. 그러나 의식의 내용물은 점점 확장됨에 따라 세부사항의 뚜렷함을 상실한다. 그러다 보면 결국엔 의식이 모든 것을 포용하게 되지만 흐릿해진다. 무한한 수의 사물들이 불명확한 전체로, 말하자면 주체와 대상이 거의 완전히 동일해지는 상황으로 혼합되기 때문이다. 이것은 참으로 아름답긴 하지만, 북회귀선 북쪽에서는 어디서도 권할 만하지 않다.

이런 이유로, 서양인은 다른 해결책을 찾아야 한다. 서양인은 자아의식을 믿고, 현실이라고 부르는 것을 믿는다. 북쪽의 풍토의 현실들이 어쨌든 너무나 설득력 있기 때문에, 서양인은 그 현실들을 잊지 않을 때 훨씬 더 큰 행복을 느낀다. 서양인에게는 현실에 관심을 두는 것이 이치에 맞다. 그러므로 유럽인의 자아의식은 무의식을 삼키는 경향이 있으며, 만약에 그런 경향이 제대로 먹히지 않는다면 유럽인은 무의식을 억압하려 든다. 그러나 무의식을 제대로 이해한다면, 그것은 절대로 삼켜질 수 없다. 우리는 또한 무의식을 억압하는 것도 위험하다는 것을 알고 있다. 왜냐하면 무의식이 생명력이고, 신경증에서 나타나듯이, 무의식을 억압하면 이 생명력이 우리에게 등을 돌릴 것이기 때문이다.

의식과 무의식 중 어느 하나가 다른 하나에 의해 억압되고 상처받을 때, 둘은 하나가 되지 못한다. 만약에 의식과 무의식이 서로 싸워야 한다면, 적어도 양측이 동등한 권리를 갖고 공정한 싸움을 벌이도록 해주라. 둘은 삶의 양상들이다. 의식은 자신의 이성을 지키고 스스로를 보호해야 하며, 무의식의 혼란스런 생명력에게도 우리가 견뎌낼 수 있는 한 자신의 길을 걸을 수 있는 기회를 최대한 줘야 한다. 이것은 곧 공개적인 갈등과 공개적인 협력이 동시에 일어나는 것을 의미한다. 틀림없이, 그것이 인간의 삶의 길이 되어야 한다. 그것은 역사 깊은, 망치와 모루의 수법이다. 망치와 모루 사이에서, 철(鐵)이랄 수 있는 환자가 하나의 파괴 불가능한 전체로, 즉 "개인"으로 벼려진다.

대략적으로, 이것이 내가 개성화 과정이라는 용어로 의미하는 바이다. 그 명칭이 보여주듯이, 그것은 두 가지 근본적인 정신적 사실들 사이의 갈등에서 일어나는 발달의 한 과정이다. 나는 에세이 '자아와 무의식의 관계'(The Relations between the Ego and the Unconscious)에서 이 갈등의 문제들의 근본적인 요소들을 다뤘다. 그러나 특별히 중요한 부분은 의식과 무의식이 만나는 최종 단계를 이론적으로만 아니라 실질적으로 이해하는 데 대단히 중요한, 개성화 과정의 상징체계이다. 지난 몇 년 동안 나의 연구는 주로 이 주제에 관한 것이었다. 그 결과, 정말 놀랍게도, 상징의 형성이 연금술의 사상들과, 특히 "통합시키는 상징"의 개념들과 너무나 밀접한 관계가 있는 것으로 드러났다. 당연히 이것들은 심리적 치료가 시작하는 단계에서는 전혀 아무런 의미를 지니지 않는 과정들이다. 한편, 해결되지 않은 전이 문제를 안고 있는 환자를 비롯한 보다 힘든 환자들은 이 상징들을 발달시킨다. 이런 부류의 환자를 치료할 때, 특히 교양 있는 환자를 다룰 때, 그 상징들에 관한 지식이 대단히 중요하다.

의식과 무의식의 자료를 조화시키는 과제를 해결하는 방법은 처방 같은 형식으로 제시될 수 없다. 그것은 명확한 상징들로 표현되는 하나의 비합리적인 생명의 과정이다. 자신이 제공할 수 있는 모든 도움을 두루 동원하면서 이 과정을 지원하는 것이 분석가의 과제일 수 있다. 이런 경우에, 상징들에 대한 지식은 불가결하다. 의식적, 무의식적 내용물의 결합이 바로 상징들 속에서 정점에 이르기 때문이다. 이 결합으로부터 새로운 상황들과 새로운 의식적 태도가 나온다. 따라서 나는 상반된 것들의 결합을 "초월적 기능"이라고 불렀다. 당연히, 이런 식으로 인격을 하나의 전체로 완전하게 다듬는 것이 단순히 징후들을 치료하는 그 이상의 작업이라고 주장하는 모든 심리 요법의 목표가 되어야 한다.

11장

개성화 과정에 관한 연구[134]

도(道)가 만물이 되는 것은 오로지 모호하고 어슴푸레하구나.

어슴푸레하고, 오, 모호하구나!

그 안에 모양들이 들어 있네.

모호하고, 오, 어슴푸레하구나!

그 안에 만물이 들어 있네.

심오하고, 오, 진정으로 어둡구나!

그 안에 근원이 들어 있네.

그것의 근원은 참 진리라네.

그 안에 믿음이 들어 있네.

예로부터 지금까지

그것의 이름이 사라지지 않는구나.

그것으로 만물의 시작을 헤아리니.

내가 어떻게 만물의 시작이 그것이라는 것을 알겠는가?

바로 그것(道)을 통해서로구나!

---

134   1933년에 '에라스노 연감'에 처음 발표했다가 1950년에 전면적으로 수정 작업을
거친 글이다.

1920년대에 나는 미국에서 학구적일 만큼 교육 수준이 높은 어느 부인을 알게 되었다. 앞으로 그녀는 미스 X라고 불릴 것이다. 심리학을 9년이나 공부한 사람이었다. 그녀는 심리학 분야의 최근 저작물을 거의 다 읽었다. 55세이던 1928년에 그녀는 나의 지도 아래 공부를 계속하기 위해 유럽으로 건너왔다. 탁월한 아버지의 딸로서 그녀는 관심사가 다양하고, 대단히 세련되었으며, 생생하고 밝은 마음씨를 가졌다. 그녀는 결혼을 하지 않았지만, 무의식적으로 인간 파트너에 버금가는 존재, 즉 아니무스(여자의 내면에 있는 남성적인 모든 것의 인격화)와, 교육 수준이 높은 여자들에게서 자주 확인되는 그런 특징적인 관계를 맺는 가운데서 함께 살았다.

자주 일어나듯이, 미스 X의 이 같은 발달은 긍정적인 아버지 콤플렉스에 바탕을 두고 있었다. 그녀는 "아빠의 딸"이었으며, 따라서 그녀의 어머니와 좋은 관계를 유지하지 못했다. 그녀의 아니무스는 그녀에게 괴팍한 생각을 안기는 그런 종류가 아니었다. 그녀는 타고난 지성과 타인의 의견에 관용을 베풀려는 마음의 준비 덕분에 그런 현상으로부터 보호를 받을 수 있었다. 아니무스가 존재하는 상황에서 결코 기대할 수 없는 이런 훌륭한 자질은 피할 수 없었던 일부 힘든 경험과 결합하면서 그녀로 하여금 자신이 어떤 한계에 도달해 거기에 "갇혀 있다"는 느낌을 받도록 했다. 따라서 그녀가 난국에서 빠져나올 길을 모색하는 일이 급히 필요하게 되었다. 그것이 그녀가 유럽을 여행한 이유 중 하나였다.

유럽 여행과 연결되는, 우연적이지 않은 동기가 한 가지 더 있었다. 어머니 쪽을 따지면, 그녀는 스칸디나비아인의 후손이었다. 그녀와 어머니의 관계가 많이 아쉬운 상태였기 때문에, 그녀 자신이 분명히 깨달았듯이, 만약에 어머니와의 관계가 어떤 기회를 얻기만 한다면, 그녀의 본성중 어머니로부터 물려받은 부분이 달리 발달할 수도 있을 것 같다는 느낌이 점점 커져 갔다. 유럽으로 가기로 결정하면서, 그녀는 자신이 그 기원으로 돌아가서 어린 시절 중에서 어머니와 연결된 부분을 다시 활성화하려 한다는 것을 알고 있었다.

취리히로 오기 전에, 그녀는 어머니의 나라인 덴마크로 갔다. 거기서 그녀에게 가장 강력하게 영향을 끼쳤던 것은 풍경이었으며, 그녀는 뜻밖에도 그림을, 무엇보다 풍경을 그리고 싶다는 욕망을 느꼈다. 그때까지 그녀는 자신에게 그런 미적 경향이 있다는 것을 전혀 알아채지 못했으며, 그림을 그리는 능력도 부족했다. 그녀는 수채화를 그리려고 노력했다. 그녀가 그린 소박한 풍경들이 그녀에게 이상한 만족감을 크게 안겨주었다. 풍경을 그리는 행위가 그녀에게 새로운 생명을 불어넣는 것처럼 느껴졌다고 그녀는 나에게 말했다.

취리히에 도착해서도 그녀는 그림을 그리려는 노력을 계속 폈으며, 처음 나를 찾은 그 전날에는 또 다른 풍경을 그리기 시작했다. 이번에는 옛날의 기억을 떠올리며 그리는 그림이었다. 그녀가 그 그림을 그리는 동안에 어떤 공상적인 이미지가 돌연 그녀와 그림 사이를 비집고 들어왔다. 그녀는 몸의 아래쪽 반이 땅의 바위에 갇혀 있는 자신을 보았다. 주변은 둥근 돌이 군데군데 자리하고 있는 해변이었다. 배경은 바다였다. 그녀는 거기 갇혀서 옴짝달싹 못한다는 느낌을 받았다. 그러다가 갑자기 그녀는 중세의 마법사로 위장한 나를 보았다. 그녀는 도움을 청했고, 이어 내가 다가가서 마법의 지팡이로 바위를 건드렸다. 그 즉시 바위는 산산조각 깨어졌고, 그녀는 아무런 상처를 입지 않은 상태에서 바위에서 빠져 나왔다. 이어서 그녀는 풍경 대신에 이런 공상적인 이미지를 그려서 다음날 나에게 갖고 왔다.

그림 1

초심자와 손재주가 전혀 없는 사람들에게 일반적으로 일어나듯이, 이 그림을 그리는 일은 그녀에게 상당한 어려움을 야기했다. 그런 경우에 무의식이 그림 속으로 잠재의식적 이미지들을 아주 쉽게 밀어 넣는다. 그래서 커다란 둥근 돌들이 그림에 진짜 모습으로 나타나지 않고 뜻밖의 모양을 취했다. 둥근 돌들 중 일부는 둘로 나눈 삶은 달걀 같다. 가운데에 노른자가 있다. 다른 돌들은 피라미드처럼 그려졌다. 미스 X가 갇힌 곳이 바로 이 피라미드 중 하나였다. 뒤로 날리고 있는 그녀의 머리카락과 바다

그림 1

그림 2

그림 3

그림 4

그림 5

그림 6

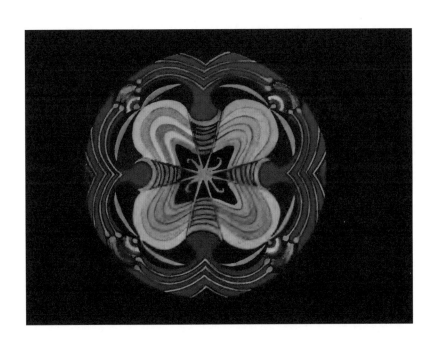

그림 7

그림 8

그림 9

그림 10

그림 11

그림 12

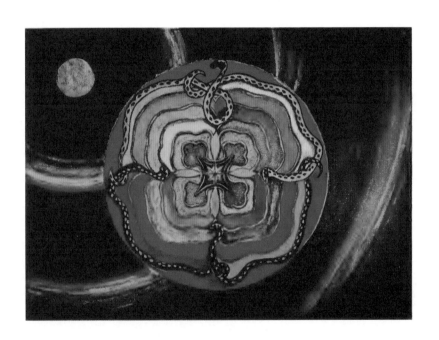

그림 13

그림 14

그림 15

그림 16

그림 17

그림 18

그림 19

그림 20

그림 21

그림 22

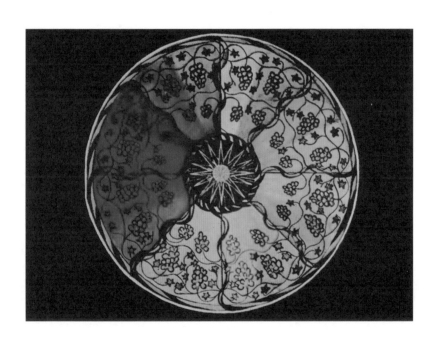

그림 23

그림 24

의 움직임은 강한 바람을 암시했다.

무엇보다 먼저 그림은 갇혀 있는 그녀의 상태를 보여주지만, 아직 해방의 행위를 보여주지는 않는다. 그렇다면 그녀가 땅에 달라붙어 있는 곳은 거기, 즉 그녀의 어머니의 땅이었다. 심리학적으로, 이 상태는 무의식에 갇혀 있다는 것을 의미한다. 그녀와 어머니의 부적절한 관계가 뒤에 발달할 필요가 있는 시커먼 무엇인가를 남겼다. 그녀가 조상의 땅의 마법에 굴복하고 이것을 그림으로 표현하려고 노력했기 때문에, 그녀가 여전히 어머니 대지에 몸의 반을 갇힌 채 있는 것이 확실하다. 다시 말해, 그녀는 여전히 부분적으로 어머니와 동일시하고 있다. 그것도 그녀가 한 번도 묻지 않았던 어머니의 비밀을 포함하고 있는, 육체의 그 부분을 통해서.

미스 X가 나 자신이 오랫동안 이용해 왔던 적극적 상상이라는 방법을 스스로 발견했기 때문에, 나는 그림이 알려주는 바로 그 지점에서 문제에 접근할 수 있었다. 그녀는 무의식에 갇혀서 마법사에게 기대듯이 나로부터 마법의 도움을 바라고 있었다. 그리고 그녀가 심리학 지식 덕분에 일부 가능한 해석을 잘 알고 있었기 때문에, 해방을 부를 마법사의 지팡이를 암시하는 것을 이해하도록 할 필요는 전혀 없었다. 순진한 많은 마음에게 너무도 중요한 성적 상징체계 같은 것은 그녀에게는 발견도 아니었다. 그녀는 지적으로 훨씬 앞서 있기 때문에 그런 종류의 설명은 다른 측면에서는 제아무리 옳을지라도 그녀의 예에서는 전혀 아무런 중요성을 지니지 않는다는 사실을 너무도 잘 알고 있었다.

그녀는 해방이 일반적으로 어떤 식으로 가능한지에 대해 알고 싶어 하는 것이 아니라, 그녀 자신에게 해방이 어떤 식으로, 또 어떤 길로 올 수 있는지에 대해 알고 싶어 했다. 그리고 그것에 대해 나도 그녀만큼 모르고 있었다. 나는 그런 해결책이 미리 예측할 수 없는 개인적인 방법으로만 올 수 있다는 것을 알고 있다. 사람은 그런 해결책을 부르는 수단과 방법을 인위적으로 떠올리지 못한다. 그럴진대 하물며 그 수단과 방법을 사전에 어떻게 알 수 있겠는가. 그런 지식은 단순히 집합적이고 평균적인 경험에 바탕을 두고 있으며, 따라서 개인적인 경우에 완전히 부적절하고 완전히 엉터리일 수 있기 때문이다. 게다가 환자의 나이를 고려할 때, 환자가 의사만큼이나 잘 알고 있는, 기성품 같은 해결책과 거듭 활용되는 일반 법칙을 적용하려는 노력은 애초부터 포기하는 것이 바람직하다.

오랜 경험은 무엇이든 미리 알려고 하지도 말고, 또 더 잘 알려고 하지도 말고, 그냥 무의식이 앞장서서 나아가도록 내버려두라고 가르쳤다. 삶의 이 단계에서 일어나는 문제들 때문에 우리의 본능들이 너무나 자주 힘겨워 하는데도 아무 탈 없이 버티고 있는 것을 보면, 변화를 가능하게 하는 변형의 과정이 무의식에서 오랫동안 준비되면서 놓여날 기회만을 기다리고 있었다고 확신해도 무방하다.

그녀가 살아온 역사를 바탕으로, 나는 무의식이 자신의 암시들을 은근히 주입시키기 위해 환자가 그림을 잘 그리지 못한다는 사실을 어떤 식으로 이용하는지를 이미 볼 수 있었다. 나는 둥근 돌들이 몰래 알로 바뀌었다는 사실을 간과하지 않았다. 알은 대단한 상징적 중요성을 지니는 생명의 근원이다. 그것은 단순히 우주발생론적인 상징에 그치지 않는다. 그것은 또한 "철학적" 상징이기도 하다. 우주발생론적인 상징으로서 알은 세상의 시작인 오르페우스의 알이고, 철학적 상징으로서 알은 중세 자연 철학자들의 철학자의 알이다. 연금술 작업이 끝날 때, 철학자의 알과 연결된 관(管)에서 호문쿨루스, 즉 영적이고 내적이고 완전한 인간인 안트로포스가 나온다. 중국 연금술에서 이 인간은 진인(眞人: "완벽한 인간")이라 불린다.

따라서 이 암시로부터, 나는 무의식이 어떤 해결책을 염두에 두고 있었는지를 이미 알 수 있었다. 바로 개성화였다. 개성화가 무의식에 대한 집착을 느슨하게 놓아주는 변형의 과정이기 때문이다. 그것은 명확한 해결책이며, 다른 모든 방법들은 그것을 위해 보조적이고 일시적인 임시변통의 역할을 한다. 한동안 나 혼자만 알고 있던 이 지식이 나에게 조심스럽게 행동하라고 명령했다. 따라서 나는 미스 X에게 해방의 행위를 단순히 공상 이미지로 그냥 흘려보낼 것이 아니라 그것을 그림으로 그려 보라고 조언했다. 그림이 어떤 식으로 나올 것인지 나는 짐작할 수 없었지만, 그것은 유익한 일이었다. 그렇게 하지 않을 경우에 내가 순수한 마음에서 도우려다가 자칫 미스 X를 엉뚱한 길로 이끌 수도 있었기 때문이다.

그녀는 예술 쪽에 대한 억제 때문에 그 과제가 지극히 힘들다는 사실을 깨달았다. 그래서 나는 그녀에게 가능한 것으로 만족하고, 기술적 어려움을 우회할 목적으로 공상을 이용하라고 조언했다. 이 조언의 목적은 공상을 그림 속으로 최대한 끌어들이는 것이었다. 그런 식으로 접근하는 경우에 무의식이 내용물을 드러낼 최고의 기회를 누리기 때문이다. 나는 또한 그녀에게 밝은 색깔을 두려워하지 말라고 조언했다. 경험을 통해서, 강렬한 색깔들이 무의식을 유인하는 것 같다는 느낌을 받았기 때문이다. 이어서 새로운 그림이 나왔다.

그림 2

다시 둥근 돌들이 있고, 둥글고 뾰족한 형태들이 있지만, 둥근 돌은 더 이상 알이 아니다. 그것들은 완전한 원이며, 뾰족한 형태들은 끝 부분에 황금빛을 띠고 있다. 둥근 형태들 중 하나는 황금 번개에 폭파되어 원래의 자리에서 빠져 나왔다. 마법사와 마법의 지팡이도 더 이상 없다. 나와의 개인적 관계가 중단된 것처럼 보인다. 그림이 비개인적인 자연스런 과정을 보여주고 있다.

미스 X는 이 그림을 그리는 동안에 온갖 종류의 발견을 했다. 무엇보다, 그녀는 자신이 무슨 그림을 그리게 될 것인지에 대해 전혀 아무것도 알지 못했다. 그녀는 처음의 상황을 다시 상상하려고 노력했다. 바위투성이 해안과 바다가 그것을 뒷받침하는 증거이다. 그러나 알은 추상적인 구(球) 또는 알로 변했으며, 마법사의 건드림이 그녀의 무의식의 상태를 관통하는 한 줄기 번갯불이 되었다. 이런 변형을 통해서, 그녀는 철학자의 알의 역사적 동의어, 즉 안트로포스의 원래의 둥근 형태인 '로둔둠'(조시모스는 이것을 '둥근 원소'라고 부른다)을 다시 발견했다. 이것은 고대 이래로 안트로포스와 연결된 사상이다. 전통에 따르면, 영혼도 둥근 형태이다. 하이스터바흐 수도원의 수도사가 말하듯이, 영혼은 "달의 영역 같을 뿐만 아니라 모든 방향으로 눈을 갖고 있다". 뒤에서 두 개 이상의 눈을 가진 형상을 다룰 때 이 모티브로 다시 돌아올 것이다. 이 수도사의 발언은 틀림없이 어떤 초(超)심리학적 현상, 즉 세상 어딜 가든 놀랄 정도로 일관되게 "영혼"으로 여겨지는 "빛의 구(球)"를 가리킨다.

해방의 번갯불은 파라켈수스와 연금술사들에 의해서도 동일한 것을 상징하는 것으로 사용되었다. 바위를 깨뜨려 생명의 물을 흘러나오게 했다가 뒤에 뱀으로 변한 모세의 지팡이도 그 배경을 보면 어떤 무의식적 반향일 수 있다. 번개는 정신의 조건이 갑작스럽게 압도적으로 변했다는 것을 의미한다.

"이 불빛의 영(靈) 속에 위대하고 전능한 생명이 존재한다."고 야코프 뵈메는 말한다. "둘의 예리한 부분을 때릴 때, 자연의 모진 날카로움이 스스로를 더욱 날카롭게 하며 최고도로 흥분된다. 그러면 자유가 하나의 불꽃으로 빛나며 튀어나온다."[135] 그 불꽃이 "빛의 탄생"이다. 그것은 변형의 힘을 갖고 있다. "만약 내가 매우 잘 보고 있고 그것이 어떻게 생겨나는지를 잘 알고 있는 불꽃을 나의 몸으로 이해할 수 있다면, 나는 그것으로 인해 나의 몸을 명쾌하게 밝히고 변모시킬 것이며, 그러면 나의 몸이 밝은 빛과 영광으로 빛날 것이기 때문이다. 그렇게 되면 나의 몸은 더 이상 짐승의 육체를 닮거나 그것과 부합하지 않고 신의 천사들과 부합할 것이다."[136] 다른 곳에서 뵈메는 이렇게 말한다. "생명의 불꽃이 신의 권력의 한가운데에서 위로 솟을 때, 그 안에서 신의 모든 영들이 생명을 얻고 크게 기뻐하리라."[137]

"근본 영" 메르쿠리우스에 대해, 뵈메는 그것이 "불의 번쩍임 속에서 일어난다."고 말한다. 메르쿠리우스는 "동물적인 영"이다. 이 영은 루시퍼의 몸에서부터, "구멍에서 나온 어떤 불같은 뱀처럼 신의 살니테르 초석(硝石) 속으로 튀어 들어갔다. 마치 불같은 번개가 신의 본성 또는 어

---

135 'The High and Deep Searching of the Threefold Life of Man'(Works, Ⅱ), p. 11.

136 'Aurora'(Works, Ⅰ), Ⅹ. 17, p. 84.

137 Ibid., Ⅹ. 53, p. 87.

떤 거센 뱀 속으로 들어가듯이". 이때 번개는 마치 자연을 갈가리 찢어놓을 듯이, 군림하고 화내고 사납게 날뛴다.[138] "가장 깊은 곳에서 벌어지는 영혼의 탄생"을 짐승 같은 육체는 "한 순간만 흘끗 볼 수 있을 뿐이다. 마치 그 탄생이 번개 치듯 일어나듯이."[139] "의기양양한 신의 탄생은 우리 인간의 안에서는 오직 번쩍하는 순간만 이어진다. 따라서 우리의 지식은 부분적일 수밖에 없는 반면에, 그 불꽃은 신의 안에서 변함없이 영원히 그렇게 서 있다."[140](도표 1 참조)

이 맥락에서, 나는 뵈메가 번개를 그 외의 다른 어떤 것과도 연결시키고 있다는 점에 대해 언급하고 싶다. 그것은 바로 다음 그림들에서 중요한 역할을 하는 4개 1조이다. 4가지 "특징" 또는 4개의 "영"(靈)에게 잡혀서 누그러질 때, "불꽃 또는 빛은 하나의 가슴으로서 한가운데 또는 중심에 있다". "한가운데 또는 중심에 서 있는 빛이 4개의 영들 속으로 빛날 때, 4개의 영들의 힘이 그 빛 속에서 일어나고, 이어서 그 영들은 생생하게 살아나며 빛을 사랑한다. 말하자면, 그 영들은 빛을 자신의 안으로 받아들이며 빛이 스며들도록 한다."[141] "힘들 속에서 생겨난 번득임이나 나무, 핵심 또는 가슴은 한가운데 또는 중앙에 서 있는 상태로 남으며, 그것이 아들이다. … 그리고 이것이 진정한 성령이며, 이 성령을 우리 기독교인들은 신의 세 번째 위격으로 존경하고 숭배한다."[142]

다른 곳에서 뵈메는 다음과 같이 말한다. "불의 번득임이 시커먼 물질

138 Ibid., ⅩⅤ. 84, p. 154.

139 Ibid., ⅩⅠⅩ. 19, p. 185.

140 Ibid., ⅩⅠ. 10, p. 93.

141 Ibid., Ⅺ. 27–28, p.94.

142 Ibid., Ⅺ. 37, p. 95.

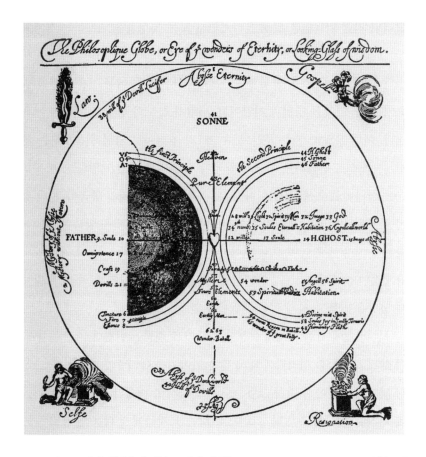

도표 1. 야코프 뵈메의 '영혼에 관한 40가지 질문'(XI Questions concerning the Soule)(1620)에 실려 있는 만다라.

그림은 1647년에 출간된 영국판에 실린 것이다. 4개 1조는 성부와 성령, 태양, 땅 또는 땅의 인간으로 구성되어 있다. 2개의 반원이 서로 마주 보지 않고 등을 돌리고 있는 것이 두드러진 특징이다.

에 닿을 때, 그것은 엄청난 공포이다. 그 공포에 차가운 불이 놀라서 마치 사라지듯이 뒤로 물러났다가 무력해지면서 자신 속으로 가라앉는다. …

그러나 지금 번득임은 위로 올라가면서 모든 특성들을 내포하는 십자가를 그린다. 여기서 영이 그 핵심 속에서 일어나서 이런 모습(♁)으로 서 있다. 여기서 이해력을 발휘할 수 있다면, 당신은 더 이상 질문을 던질 필요가 없다. 그것은 영원과 시간이고, 사랑과 분노의 신이고, 천국과 지옥이다. 이런 모양(◡)인 아랫부분은 제1의 원리이고 영원히 분노하는 본성, 즉 스스로 만족하는 어둠의 왕국이다. 그리고 이런 모양(♈)인 윗부분은 살니테르 초석(硝石)이다. 원 위의 십자가는 영광의 왕국이다. 이 왕국은 자유로운 욕망의 의지 속에서 기쁨에 겨워하며 빛을 발하는 불에서 나와서 자유의 권력 속으로 나아간다. 이 영적인 물은 자유로운 욕망의 육체적인 존재이고, … 그 안에서 불과 빛의 광택이 팅크제, 즉 어떤 발아와 성장을 만들고, 불과 빛이 색깔들을 만든다."[143]

나는 번개에 관한 뵈메의 논문을 일부러 오랫동안 살폈다. 이유는 우리가 살필 그림들의 심리학에 대해 많은 이야기를 들려주기 때문이다. 그러나 뵈메의 논문은 우리가 그림들을 직접 조사할 때에만 분명하게 드러날 몇 가지를 예고하고 있다. 그러므로 나는 독자들에게 다음 설명을 듣는 내내 뵈메의 의견을 기억해 달라고 부탁해야 한다. 앞에 소개한 인용들을 통해서, 번개가 뵈메에게 무엇을 의미하는지, 그리고 번개가 현재의 예에서 어떤 종류의 역할을 하는지는 분명하다. 마지막 인용은 특별히 관심을 쏟을 가치가 충분하다. 그것이 나의 환자가 그린 그림들의 중요한 모티브들, 즉 십자가와 4개 1조, 분리된 만다라 등을 예고하기 때문이다. 나의 환자가 그린 분리된 만다라의 경우에 아래쪽 반은 사실상 지옥에 해당하고, 위쪽 반은 보다 가벼운 "살니테르"의 영역에 해당한다. 뵈메에게 아래쪽

143 'De Signatura Rerum', XⅣ. 32-33,p. 116.

반은 "불 속으로까지 확장되는 영원한 어둠"을 의미하고, "살니테르"의 위쪽 반은 제3의 원리, 말하자면 "최초의 다른 원리의 한 발산인, 눈에 보이는 원소의 세계"에 해당한다. 십자가는 두 번째 원리, 즉 "마법의 불"인 번개를 통해서 계시되는 "영광의 왕국"에 해당한다. 뵈메는 번개를 "신의 움직임의 계시"라고 부른다. "불의 광택"은 "신의 단일성"에서 나오며 신의 의지를 드러낸다. 그러므로 만다라는 "그 자체로 영속적인 위대한 어둠"인 "자연의 왕국"을 나타낸다.

한편, "신의 왕국" 또는 "영광"(즉 십자가)은 '요한복음' 1장 5절에서 말하는 그 빛이다. "그리고 빛이 어둠을 비추어도 어둠은 그것을 알아보지 못한다." "영원한 빛으로부터 스스로 떨어져 나와서 특성들의 개성 속으로 들어가듯 대상 속으로 들어가는" 생명은 "오직 공상적이고 어리석기만 하다. 악마 같은 것들이 그러했고, 저주 받은 것들의 영혼들이 그러하듯이, 그리고 네 번째 숫자를 근거로 확인할 수 있듯이." "자연의 불"이 뵈메에 의해서 네 번째 형태로 불리고, 그는 자연의 불을, "견고함[즉, 마르고 응고된 살니테르]과 움직임[신의 의지]의 지속적 결합으로 인해 존재하는 영적인 생명의 불"[144]로 이해하고 있다. '요한복음' 1장 5절의 내용과 꽤 비슷하게, 번개의 4개 1조, 즉 십자가는 영광의 왕국에 속하는 반면에, 자연, 즉 눈에 보이는 세계와 어두운 심연은 사중의 빛에게 건드려지지 않은 채 남아 어둠 속에 살고 있다.

완전을 기하기 위해서, 나는 ☿ 가 가장 중요한 수은 광물인 시너바(HgS)[145]를 나타내는 기호라는 점에 대해 언급해야 한다. 두 가지 상징의

---

144 'Four Tables of Divine Revelation', p. 14.

145 황화수은으로 이뤄진 적색의 광물을 말한다. 한자 명칭은 진사(辰砂)이다.

우연의 일치는 뵈메가 메르쿠리우스에게 부여하는 중요성의 관점에서 보면 우연일 수 없다. 마르틴 룰란트(Martin Ruland: 1569-1611)는 시너바가 의미하는 바를 정확히 규정하기가 어렵다는 사실을 발견한다. 유일하게 확실한 것은 철학자들의 시너바가 그리스 연금술에 있었고, 그것이 변형되는 물질의 루베도(적화(赤化)) 단계를 상징한다는 것이다. 따라서 조시모스는 이렇게 말한다. "(앞의 과정이 끝난 뒤에) 당신은 황금이 피처럼, 불 같은 빨간색을 띤다는 것을 발견할 것이다. 그것이 철학자들의 시너바이고 금으로 변한 구리 인간이다."[146] 시너바는 또한 우로보로스 용과 동일시되는 것으로 여겨졌다. 플리니우스(Gaius Plinius Secundus: A.D. 23년경-A.D. 79년)의 글에서도 시너바는 '용의 피'로 불렸으며, 이 용어는 중세 내내 사용되었다. 시너바는 붉은 색깔 때문에 종종 철학자의 황과 동일시되었다. 한 가지 특별한 어려움은 포도주 색의 시너바 수정들이 루비와 석류석, 자수정 등과 같은 모든 붉은색 돌들이 속한 탄소들과 같이 분류되었다는 사실이다. 그것들은 모두 불타는 석탄처럼 빛난다. 한편, 무연탄은 "냉각된" 석탄으로 여겨졌다. 이 연상들은 금과 안티몬과 석류석을 나타내는 연금술의 기호들이 서로 비슷한 이유를 설명해준다.

수은 다음으로 중요한 "철학적" 물질인 금(☉)은 "레굴루스"[147] 또는 "단추" 안티모니로 알려진 것과 기호를 공유하며, 우리의 인용을 끌어낸 '시그나투라 레룸'(Signatura rerum: 1622)[148]을 쓰기 전 20년 동안에, 안티모니는 변형의 성격을 지닌 물질과 만병통치약으로 특별한 명성을 누

146　Berthelot, 'Alch. grecs', Ⅲ, ⅩⅩⅨ, 24.
147　광석을 제련할 때 바닥에 고이는 불순한 금속을 뜻한다.
148　야코프 뵈메의 책으로, '사물의 서명'이란 뜻이다.

렸다. 바실리우스 발렌티누스(Basilius Valentinus: 1565년경-1624년경)의 '안티모니의 개선 행진차'(Triumphal Car of Antimony)는 17세기 첫 10년 때쯤 출간되어 곧 아주 널리 알려지게 되었다. 석류석의 기호는 ☌ 이고, ⊖는 소금을 의미한다. 작은 원이 있는 십자가(-♀-)는 구리를 의미한다(이 기호는 금성을 뜻하는 ♀ 에서 비롯되었다). 치유력을 가진 타르타르산은 ♀ 로 표시되며, 타르타르산 수소 포타슘(hydrogen potassium tartrate)의 기호는 ⊖♀ 이다. 타르타르는 용기의 바닥에 가라앉는다. 용기의 바닥은 연금술사들의 언어에서 저승, 즉 타르타로스를 의미한다.

여기서 나는 뵈메의 상징들을 해석하지 않고, 단지 우리의 그림에서 어둠과 "단단함"을 깨뜨리는 번개가 검은 혼돈의 덩어리를 깨뜨려 거기서 둥근 것을 끌어내고, 그 안의 어떤 빛에 불을 붙인다는 점만을 강조할 것이다. 틀림없이, 검은 돌은 암흑, 즉 무의식을 의미한다. 바다와 하늘과 여자 형상의 위쪽 반이 의식의 범위를 암시하듯이 말이다. 뵈메의 상징이 그와 비슷한 어떤 상황을 가리킨다고 가정해도 무방할 것이다. 번개는 바위로부터 구체의 형태를 떼어내고, 그럼으로써 일종의 해방을 야기했다. 그러나 마법사가 번개로 대체된 것처럼, 환자가 구(球)로 대체되었다. 따라서 무의식은 그녀에게 그녀가 의식의 도움 없이 사고했다는 생각을, 또 그것이 원래의 상태를 근본적으로 바꿔놓았다는 생각을 제시했다. 이런 결과를 끌어낸 것은 또 다시 그림을 그리지 못하는 그녀의 무능이었다. 이 해결책을 발견하기 전에, 그녀는 인간의 형상을 이용해서 해방의 행위를 그리려고 두 번 시도했지만 조금도 성공을 거두지 못했다. 그녀는 원래의 상황, 그러니까 그녀가 바위 안에 갇혀 있는 상황이 이미 비합리적이고 상징적이기 때문에 합리적인 방법으로는 해결될 수 없다는 사실을 간과했다. 그 상황은 똑같이 비합리적인 과정에 의해서 해결되어야 했다. 그것이 내가 그녀에게 인간 형상을 그리려는 노력이 실패하는 경우에 상형문자 같은 것을 이용하도록 조언한 이유였다. 그때 그녀에게 구체가 개별 인간을 위한 상징으로 적절하겠다는 생각이 들었다.

그 생각이 우연한 생각이라는 점은 그런 식으로 특징적으로 표현하는 방식을 떠올린 것이 그녀의 의식적 마음이 아니라 무의식이라는 사실에 의해서 입증된다. 우연한 생각은 꽤 저절로 "떨어지니" 말이다. 그녀가 자신만을 하나의 구체로 표현할 뿐이며, 그녀를 치료하는 나를 그런 식으로 표현하지는 않는다는 점이 강조되어야 한다. 나는 단지 번개로만, 그러니까 순수하게 기능적으로만 표현되고 있다. 그래서 그녀에게 나라는 존재는 단순히 "촉진하는" 요인일 뿐이다. 한 사람의 마법사로서 나는 그녀에게 헤르메스 킬레니오스(Hermes Kyllenios)의 역할을 하고 있는데, '오디세이아'는 헤르메스 킬레니오스에 대해 이렇게 말한다. "한편 헤르메스 킬레니오스는 찬란한 황금 지팡이를 든 채 청원자들의 영혼을 모으고 있었다. 그는 황금 지팡이로 우리의 눈에 마음대로 마법을 걸거나 우리를 깊은 잠에서 깨울 수 있다." 헤르메스는 '영혼들의 창시자'이다. 헤르메스는 또한 '꿈들의 안내자'이다. 다음 그림들을 해석하기 위해서, 숫자 4가 헤르메스에게로 돌려지고 있다는 점을 기억하는 것이 특별히 중요하다. 마르티아누스 카펠라(Martianus Capella: 5세기에 활동)는 "숫자 4는 킬레니오스에게 할당된다. 그만이 사중의 어떤 신에게 속박되어 있기 때문이다."고 말한다.

그 그림이 취한 형태는 환자의 의식적 마음에 무조건적으로 환영받지는 못한다. 그러나 다행하게도 그 그림을 그리는 동안에 미스 X는 거기에 두 가지 요인이 개입하고 있다는 것을 깨달았다. 그녀의 말을 빌리면, 이 요인은 이성(理性)과 눈이다. 이성은 언제나 그림을 타당하다고 생각되는 쪽으로 그리기를 원했지만, 눈은 자신이 본 환상에 강하게 집착하면서 최종적으로 그림을 합리적인 기대와 상관없이 원래의 모습 그대로 그리도록 강요했다. 그녀에 따르면, 그녀의 이성은 햇빛이 구체를 쉽게 녹이는 그런 낮의 장면을 진정으로 그리려 했지만, 눈은 "모든 것을 깨뜨리는 위험한 번개"가 있는 밤의 장면을 선호했다. 이 깨달음은 그녀가 자신의 예술적 노력의 실질적인 결과를 알아보도록 도왔으며, 또 그것이 실은 객관적이고 비개인적인 어떤 과정이지 개인적인 어떤 관계가 아니라는 점을 인정하도록 도왔다.

프로이트의 견해처럼 정신의 사건들을 인격주의적으로 보는 견해를 가진 사람에게는 여기서 정교한 억압 그 이상을 보기가 쉽지 않을 것이다. 그러나 만약 여기에 어떤 억압이라도 있다면, 그것에 대한 책임을 의식적 마음으로 돌리지 못한다. 왜냐하면 의식적 마음은 틀림없이 개인적인 난국을 훨씬 더 재미있는 것으로 여기며 선호했을 것이기 때문이다.

억압은 처음부터 무의식에 의해서 조종되었음에 틀림없다. 이 같은 사실이 의미하는 바를 반드시 고려해야 한다. 무의식의 가장 독창적인 힘인 본능이 동일한 무의식에서 비롯된 어떤 계획에 의해 억압되거나 자신에게 등을 돌리게 되다니! 여기서 "억압"에 대해 말하는 것은 정말로 헛된 짓이다. 왜냐하면 무의식은 자체의 목적을 향해 곧장 나아간다는 것을, 그리고 그 목적은 두 동물들을 단순히 짝을 짓게 하는 것이 아니라 개인이 완전해지도록 하는 것에 있다는 것을 우리가 잘 알고 있기 때문이다.

이 목적을 위해서, 구체(球體)로 표현되는 전체성이 인격의 핵심으로 강조되고 있다. 한편, 그녀를 치료하는 나는 번개가 번득하는 1초도 안 되는 파편으로 축소되고 있다.

환자가 번개를 연상한 것을 근거로, 번개가 직관을 나타낸다고 볼 수 있다. 그다지 엉뚱한 추측은 아니다. 직관이 종종 "번개처럼" 떠오르니까. 더욱이, 미스 X가 감각 유형이라고 판단할 충분한 근거들이 있다. 그녀 자신부터 스스로 감각 유형이라고 생각했다. 그렇다면 "열등" 기능은 직관일 것이다. 그런 것으로서, 직관은 해방시키거나 "구원하는" 기능을 의미할 것이다. 경험을 통해서, 우리는 열등 기능이 언제나 "우월" 기능을 보상하고, 보완하고, 균형을 맞춘다는 것을 알고 있다. 나의 정신적 특이성이 나를 이 측면에서 투사(投射)의 적절한 매개체로 만들 것이다. 열등 기능은 의식이 가장 적게 사용하는 기능이다. 이것이 열등 기능이 분화되지 않은 동시에 신선함과 활력을 갖고 있는 이유이다. 열등 기능은 의식적 마음이 마음대로 사용하지 못한다. 열등 기능은 오랫동안 사용된 뒤에도 자율성과 자발성을 절대로 잃지 않으며, 잃더라도 매우 제한적인 범위 안에서만 잃는다. 그러므로 열등 기능의 역할은 대부분 '데우스 엑스 마키나'의 역할이다.

열등 기능은 자아에 의존하지 않고 자기에 의존한다. 따라서 열등 기능은 번개처럼 뜻밖에 의식을 때리고, 간혹 파괴적인 결과를 낳는다. 열등 기능은 자아를 옆으로 밀치고, 상위의 어떤 요소, 말하자면 한 인간의 전체를 위한 공간을 마련한다. 한 인간의 전체는 의식과 무의식으로 이뤄져 있으며, 따라서 자아보다 훨씬 더 멀리까지 확장한다. 이 자기는 언제나 있었지만, 니체의 "돌 속의 이미지"처럼 잠자고 있었다. 그것은 사실 돌의 비밀이고, 철학자의 라피스의 비밀이다. 돌 안에 메르쿠리우스의 영이나 "달의 원", "둥글고 정사각형인 것", 호문쿨루스, 톰섬과 안트로포스가 잠자고 있으며, 연금술사들은 이것들을 그 유명한 철학자의 라피스로 상징화했다.

이 모든 생각들과 추론들은 당연히 나의 환자에게 알려지지 않았으며, 그것들은 나에게도 그 원을 자기의 전체성을 심리학적으로 표현하는 만다라로 인식할 수 있게 되었을 때에야 비로소 알려졌다. 이런 상황에서, 내가 그녀에게 무심코 연금술 사상을 전염시켰다는 의심은 제기될 수 없다. 그 그림들은 기본적으로 무의식의 순수한 창작이며, 그 그림들의 근본적이지 않은 양상들(풍경 모티브)은 의식적 내용물에서 비롯되었다.

비록 빛을 발하는 붉은색 중앙을 가진 구체와 번개의 황금색 번득임이 중요한 역할을 할지라도, 몇 가지 다른 알들 또는 구체들이 있다는 것을 간과해서는 안 된다. 만약에 구체가 환자의 자기를 의미한다면, 우리는 이 해석을 다른 구체들에도 적용시켜야 한다. 따라서 다른 구체들은 그녀와 가까운 사람들을 나타낼 확률이 아주 높다. 두 그림 모두에서, 2개의 다른 구체가 분명히 암시되고 있다. 그래서 나는 미스 X와 지적 관심을 공유하는 여성 친구 2명이 평생 동안 우정을 쌓아 왔다는 사실에 대해 언급해야 한다. 그들 세 사람은 마치 운명에 의해 서로 얽힌 것처럼 동일한 "땅"에, 즉 셋 모두에게 해당되는 동일한 집단 무의식에 뿌리를 박고 있다. 두 번째 그림이 무의식이 의도한 결정적인 밤의 성격을 갖고 있고 또 의식적 마음의 소망에 단호히 반대하는 것은 아마 그 때문일 것이다.

여기서, 첫 번째 그림의 뾰족한 피라미드들이 두 번째 그림에 다시 나타나며, 거기서 피라미드들의 뾰족한 부분들이 실제로 번개에 의해 금칠로 강조되고 있다는 점도 언급해야 한다. 나는 그것들을 무의식적 내용물이 집단 무의식의 많은 내용물처럼 의식의 빛 속으로 "밀고 올라오는" 상황을 뜻하는 것으로 해석할 것이다. 첫 번째 그림과 반대로, 두 번째 그림은 보다 강렬한 색인 빨강과 금색으로 그려져 있다. 금은 햇빛과 가치, 신성을 표현한다. 그러므로 금은 '철학자의 금'(aurum philosophicum)이나 '마시는 금'(aurum potabile)이나 '유리 금'(aurum vitreum)에서 보듯, 라피스의 인기 있는 동의어이다.

이미 밝힌 바와 같이, 나는 당시에 미스 X에게 이런 생각들을 전달할 입장이 아니었다. 이유는 간단하다. 나 자신이 그런 것들에 대해 아직 아무것도 몰랐기 때문이다. 나는 이 같은 상황에 대해 다시 언급할 필요성을 느낀다. 왜냐하면 곧 소개할 세 번째 그림이 틀림없이 연금술을 가리키는 모티브를 제시하고, 그것이 실제로 나로 하여금 옛날의 거장들의 저작물들을 철저히 연구하도록 자극했기 때문이다.

그림 3

첫 두 점의 그림처럼 자연스럽게 그려진 세 번째 그림은 무엇보다도 밝은 색깔이 두드러진다. 구름 속을, 하늘을 자유롭게 떠다니는 것은 짙은 청색의 구체이다. 구체의 가장자리는 포도주 빛깔이다. 구체의 둘레에 물결 모양의 은색 띠가 둘러져 있으며, 환자의 설명에 따르면, 이 은색 띠가 "동일하고 상반된 힘들"을 바탕으로 구체가 균형을 유지하도록 한다. 구체 오른쪽 위로 황금 고리들을 가진 뱀이 떠다니고 있다. 뱀의 머리는 구체 쪽을 향하고 있다. 이것은 분명히 그림 2에 나오는 황금 번개가 발달한 것이다. 그러나 그녀는 어떤 "고찰" 때문에 뱀을 그렸다.

전체는 "형성 중인 행성"이다. 은색 띠의 한가운데에 숫자 12가 적혀 있다. 띠는 진동을 일으키며 빠른 속도로 움직이는 것으로 여겨졌으며, 따라서 그것은 파도 모티브였다. 띠는 구체를 떠 있도록 하는 진동 벨트 같다. 미스 X는 그것을 토성의 고리와 비교한다. 그러나 분리된 위성들로 이뤄져 있는 토성의 고리와 달리, 그녀의 고리는 목성이 가지고 있는 것과 같은, 미래 위성들의 기원이었다.

은색 띠의 검은 선들을 그녀는 "역선"(力線)이라고 불렀다. 그 선들은 구체가 운동 중이라는 점을 암시했다. 나는 질문을 던지듯 이렇게 말했다. "그렇다면 구체가 떠 있도록 유지하는 것은 띠의 진동이겠군?" 이 말에 그녀는 이렇게 대답했다. "물론이죠, 진동은 신들의 사자(使者)인 메르쿠리우스의 날개거든요. 은색은 수은이구요!" 이어 그녀는 이런 말을 덧붙였다. "메르쿠리우스이지요. 그것은 헤르메스이고, 누스이고, 마음 또는 이성이지요. 그것은 안에 있지 않고 여기 밖에 있는 아니무스지요. 아니무스는 진정한 인격을 숨기고 있는 장막 같은 것이지요." 그녀의 이런 발언은 잠시 그냥 두고, 그 앞의 두 점의 그림의 맥락과 달리 특별히 풍부하고 넓어진 맥락을 먼저 살필 것이다.

이 그림을 그리는 동안에, 미스 X는 앞서 꾼 두 가지 꿈이 자신의 환상과 결합하고 있다는 것을 느꼈다. 두 개의 꿈은 그녀의 삶에 관한 "큰" 꿈이었다. 그녀는 내가 방문했던 아프리카 원시인들의 꿈에 관한 이야기를 통해서 "큰"이라는 표현이 뜻하는 속성을 알고 있었다. "큰"이라는 표현은 우리가 알고 있는 바와 같이 특이한 어떤 초자연성을 지니는 원형적인 꿈들을 나타내는 데 쓰이는 "구어적인 용어"가 되었다. 그 표현은 미스 X

에 의해서도 그런 뜻으로 쓰였다. 몇 년 전에, 그녀는 큰 수술을 받은 적이 있었다. 그때 마취 상태에서, 그녀는 다음과 같은 꿈 또는 환상을 보았다.

그녀는 회색 지구의를 보았다. 은색 띠가 적도 부근을 감고 있었으며, 진동 횟수에 따라서 응축과 증발의 지대를 번갈아 형성했다. 응축의 지대에는 1에서 3까지의 숫자가 나타났지만, 숫자는 12까지 증가하는 경향을 보였다.

이 숫자들은 인간의 역사적 발달에 어떤 역할을 맡은 "마디점" 또는 "위대한 인격들"을 의미했다. "숫자 12는 (앞으로 있을) 가장 중요한 마디점 또는 위대한 인간을 의미했다. 왜냐하면 그 숫자가 발달 과정의 절정 또는 전환점을 나타내기 때문이다."(이것은 미스 X 본인의 말이다.)
또 다른 꿈은 첫 번째 꿈보다 1년 앞서 꾼 것이다.

그녀는 하늘에서 황금색 뱀을 한 마리 보았다. 그 뱀은 큰 규모의 군중 속의 한 젊은이에게 제물로 바쳐질 것을 요구했다. 그러자 젊은이는 슬픈 표정을 지으며 그 요구에 순순히 응했다.

이 꿈은 조금 뒤에 되풀이되었는데, 그때는 뱀이 꿈을 꾸는 사람 본인을 제물로 골랐다. 거기에 모인 사람들은 그녀를 동정하는 눈빛으로 보았지만, 그녀는 그 운명을 "당당하게" 받아들였다.
그녀가 나에게 밝힌 바에 따르면, 그녀는 자정 직후에 태어났다. 그래서 그녀가 태어난 날이 28일인지 29일인지를 놓고 말이 있었다. 그녀의 아버지는 그녀가 정해진 시간보다 일찍 태어난 게 분명하다는 식으로 말하며 딸을 놀리곤 했다. 그녀가 새 날이 "막 시작하려는 때"에 세상에 태어났기에 사람들이 "밤 12시"에 태어난 것으로 믿을 수도 있기 때문이다. 그녀가 말한 바와 같이, 숫자 12가 그녀에게는 이제야 도달한 삶의 정점을 의미했다. 말하자면, 그녀는 그 "해방"을 자신의 삶의 정점으로 느꼈다. 삶의 정점은 꿈을 꾼 사람의 출생의 시간이 아니라 자기의 탄생 시간이다. 이 구분을 잊지 말아야 한다.

여기서 확립된 그림 3의 맥락은 약간의 논평을 필요로 한다. 첫째, 환자가 이 그림을 그리는 순간을 자신의 삶의 "절정"으로 느꼈고, 그 그림을 그런 것으로 묘사했다는 사실이 강조되어야 한다. 둘째, 두 개의 "큰" 꿈들이 그 그림에 융합되었으며, 그럼으로써 그 그림은 그녀의 삶의 절정의 의미를 더욱 높이고 있다. 그림 2에서 바위로부터 폭발하듯 떨어져 나온 구체는 지금 보다 밝은 대기에서 하늘 쪽으로 오르고 있다. 땅에서 밤의 어둠이 사라졌다. 빛의 증가는 의식적인 깨달음을 암시한다. 해방이 의식에 통합된 하나의 사실이 된 것이다. 환자는 공중을 떠다니는 구체가 "진정한 인격"을 상징한다고 이해했다. 그러나 지금으로서는, 그녀가 자아와 "진정한 인격"의 관계를 어떤 식으로 이해하고 있는지가 확실하지 않다. 그녀에 의해 선택된 용어는 연금술의 '호모 콰드라투스'(homo quadratus: 정방형의 인간)와 너무나 비슷한 중국의 '진인', 즉 "진정한 인간 또는 완전한 인간"과 놀라운 방식으로 일치하고 있다. 그림 2를 분석하면서 강조했듯이, 연금술의 '둥근 것'은 "둥글고 장방형"인 메르쿠리우스와 동일하다. 그림 3에서, 그 연결이 메르쿠리우스의 날개라는 중재의 생각을 통해서 구체적으로 드러나고 있다. 메르쿠리우스는 뵈메의 글에 대한 기존의 지식 때문이 아니라 자체의 힘으로 그 그림에 끼어든 것이 분명하다.

연금술사들에게, 연금술 작업에 의해 표현되는 개성화 과정은 세상을 창조하는 것과 비슷했으며, 연금술 작업 자체는 신의 창조 작업과 비슷했다. 인간은 세상의 완전한 축소판인 하나의 소우주로 여겨졌다. 미스 X의 그림에서, 우리는 인간의 내면에서 우주에 해당하는 것이 무엇인지를, 어떤 종류의 진화론적 과정이 세상과 천체들의 창조와 비교될 수 있는지를 본다. 이 진화론적 과정이 바로 하나의 소우주로 나타나고 있는 자기의 탄생이다.

중세 연구가들이 생각하듯이, 세상에 "해당하는 것"은 경험적인 인간이 아니라, 말로 표현할 수 없는, 정신적 또는 영적 인간의 전체성이다. 그 전체성을 형언하지 못하는 이유는 그것이 무한한 범위의 무의식뿐만 아니라 의식으로 이뤄져 있기 때문이다. 소우주라는 용어는 안트로포스처럼 "완전한" 인간이 세상만큼 크다는, 공통적인 직관(당연히 나의 환자에게도 있다)이 존재한다는 것을 증명한다. 우주적인 유추는 이미 그보다 훨씬 전에, 마취 상태에서 꾼 꿈에 나타났으며, 그 꿈도 마찬가지로 인격의 문제를 포함했다. 진동이 강했던 마디들이 역사적으로 중요성을 지니는 위대한 인격들이었으니 말이다. 일찍이 1916년에 또 다른 여자 환자에게서, 이 그림들이 보여주는 것과 비슷한 개성화 과정을 관찰한 바가 있다. 그 여자 환자의 경우에 다음과 같이 묘사되는 세계 창조가 있었다(도표 2 참조).

왼쪽에서, 3개의 방울이 미지의 원천으로부터 떨어지면서 4개의 줄 또는 2쌍의 줄로 소멸된다. 이 선들은 이동하면서 4개의 별도의 경로를 형성한다. 그런 다음에 이 경로들은 규칙적으로 마디점에서 결합하고, 따라서 어떤 진동 체계를 형성한다. 나의 옛 환자가 나에게 들려준 바와 같이, 마디들은 "위대한 인격들과 종교들의 창설자들"이다. 그것은 틀림없이 우리의 환자에게 나타나는 것과 동일한 생각이며, 우리는 그것을 원형

도표 2. 1916년에 그려진 어느 그림의 스케치

꼭대기의 태양은 12개의 부분으로 나뉜 무지개 색 광배에 둘러싸여 있다. 왼쪽은 하강의 변형 과정이고, 오른쪽은 상승의 변형 과정이다.

적이라고 부른다. 거기에 세상의 시기적 구분이나 결정적인 변화, 영겁의 세월을 인격화하는 신들과 반신(半神)들과 같은 보편적인 사상들이 존재하기 때문이다. 당연히 무의식은 그 이미지들을 의식적인 고찰을 통해 내놓는 것이 아니라, 파시 교도들[149]의 시기별 세상 구분, 힌두교의 대년(大年)과 화신, 황소와 숫양의 신들을 둔 점성술의 플라톤 월(月), 기독교식 시대 구분에 따른 "위대한" 물고기자리 등과 같은 개념을 형성하려는 인간의 체계의 보편적인 경향으로부터 내놓는다.

우리 환자의 그림 속의 마디들이 숫자를 의미하거나 포함하고 있는 것은 풀기가 언제나 쉽지만은 않은 무의식적인 숫자 신비주의의 한 단면이다. 내가 아는 한, 이런 산술적인 현상학에는 두 가지 단계가 있다. 첫 번째 단계는 3까지 가고, 뒤의 두 번째 단계는 12까지 간다. 2개의 숫자, 즉 3과 12가 특별히 언급되고 있다. 12는 3의 네 배이다. 여기서 나는 다시 마리아의 경구가 우리를 힘들게 하고 있다고 생각한다. 3과 4의 그 특이한 딜레마 말이다. 이 딜레마에 대해 나는 다른 곳에서 이미 여러 차례 논했다. 그것이 연금술에서 대단히 중요한 역할을 하기 때문이다.

이 대목에서 나는 그리스 연금술에서처럼 '테트라메리아'(tetrameria)를, 말하자면 3개의 각 부분이 4개의 단계를 거치는 그런 변형 과정을 다뤄야 한다고 감히 말하고 싶다. 이 과정은 황도대의 12가지 변형과 황도대가 4개로 구분되는 것과 비슷하다. 자주 일어나고 있듯이, 숫자 12는 단순히 개인적인 의미를 지니는 것이 아니라(예를 들면, 환자의 출생 시간), 시대와 관련 있는 어떤 의미를 지닐 것이다. 현재 물고기자리에 있는

---

149 이슬람교도의 종교 박해를 피해 인도로 건너간, 페르시아의 조로아스터교도들의 후손을 말한다.

춘분점이 물고기자리의 끝에 가까워지고 있고, 그와 동시에 물고기자리가 황도대의 열두 번째 궁이니 말이다. 여기서 유스티누스(Justinus: A.D. 2세기 활동)의 영적 인식에 나타나는 것과 같은 그노시스주의 사상들이 떠오른다. "성부"(엘로힘)가 반은 여자이고 반은 뱀인 에뎀과의 사이에 "아버지 같은" 천사를 열둘 낳고, 에뎀은 이들 외에 "어머니 같은" 천사를 열둘 낳는다. 심리학적 용어로 표현하자면, 이 "어머니 같은" 천사들은 "아버지 같은" 열두 천사들의 그림자이다. "어머니 같은" 천사들은 셋씩 4개의 범주로 나뉘는데, 이것은 낙원의 4개의 강에 해당한다. 이 천사들은 원을 그리며 춤을 춘다. 아득히 먼 옛날의 이런 연상들을 가설적으로 서로 연결시키는 것도 합당하다. 왜냐하면 그것들이 모두 같은 뿌리에서, 말하자면 집단 무의식에서 나오기 때문이다.

우리의 그림에서 메르쿠리우스는 일반적으로 뱀으로 표현되는, 세계를 감고 있는 띠를 이루고 있다. 메르쿠리우스는 연금술에서 한 마리의 뱀 또는 용이다. 정말 이상하게도, 이 뱀은 구체와 어느 정도 거리를 둔 채 마치 치기라도 하려는 듯이 아래쪽으로 구체를 표적으로 삼고 있다. 구체는 크기가 똑같은 상반된 힘들에 의해 떠 있으며, 그 힘들은 수은이나 어쨌든 수은과 연결되는 것에 의해 표현되고 있다. 옛날의 견해에 따르면, 메르쿠리우스는 이중적이다. 다시 말하면 메르쿠리우스 자체가 하나의 대립이다. 메르쿠리우스 또는 헤르메스는 마법사이고 마법사들의 신이다. 헤르메스 트리스메기투스로서, 그는 연금술의 창시자이다. 그의 마법의 지팡이, 즉 카두케오스는 두 마리 뱀에게 감겨 있다. 동일한 속성은 의사들의 신인 아스클레피오스의 특징이다. 이런 생각들의 원형은 분석이 시작되기 전에 이미 환자에 의해 나에게 투사되었다.

수은을 두른 구체의 바탕에 깔려 있는 원초적인 이미지는 아마 뱀에게 감겨 있는 세계의 알일 것이다. 그러나 우리 환자의 경우에 메르쿠리우스의 뱀의 상징이 진동하는 수은 분자들의 장(場)이라는 일종의 사이비 물리학자의 개념으로 대체되고 있다. 이것은 자기 또는 자기의 상징이 메르쿠리우스의 뱀에게 감겨 있는 진짜 상황을 지적으로 가리려는 노력처럼 보인다. 환자가 다소 정확하게 말했듯이, "진짜 인격"이 수은 띠에 의해 가려지고 있다. 그렇다면 이것은 아마 천국의 뱀에게 똘똘 감겨 있는 이브 같은 그 무엇일 것이다.

이 같은 인상을 주는 것을 피하기 위해서, 메르쿠리우스는 옛날에 확립된 패턴에 따라 기꺼이 두 가지 형태로 나뉘었다. 하나는 불완전한, 즉 일상적인 수은이고, 다른 하나는 황금색 번개의 뱀 또는 누스(지성, 정신)의 뱀으로서 하늘을 맴도는, 지금 활성화되지 않은 철학자의 메르쿠리우스(메르쿠리우스 영, 헤르메스-누스)이다. 수은 띠의 진동에서 전율하는 흥분이 확인된다. 마치 공중에 떠 있는 것이 이런 식으로 팽팽한 기대를 표현하고 있는 것 같다. "고통 속에 허공에 내걸린 채 맴돌며 망설여라!" '트락타투스 아우레우스'(Tractatus aureus)의 주석에 담긴, 앞에 언급한 만다라가 보여주듯이, 연금술사들에게 수은은 메르쿠리우스라는 영(靈)의 구체적이고 물질적인 표현을 의미했다. 중심점은 메르쿠리우스이고, 사각형은 4가지 원소로 나뉜 메르쿠리우스이다. 메르쿠리우스는 세계의 영혼이고, 우파니샤드 철학의 아트만처럼 맨 안쪽의 가장 깊은 점이면서 동시에 세계를 에워싸고 있는 존재이다. 그리고 수은이 메르쿠리우스의 구체화이듯이, 금은 땅 속 태양의 구체화이다.

언제나 사람들을 놀라게 하는 상황은 바로 연금술이 언제 어디서나, 라피스 또는 그것의 원물질의 개념을 가장 위대한 인간이라는 개념, 즉 안트로포스와 함께 끌어내고 있다는 점이다. 우리의 예에서도 바위에서 폭발하듯 깨어져 나온 검은색 둥근 돌이 인간의 정신의 전체성 같은 추상적인 사상을 나타내고 있다는 것도 놀랍긴 마찬가지이다. 땅과 특히 무겁고 차가운 돌은 물질성의 전형이며, 환자의 생각에 아니무스(마음, 누스)를 의미하는 것으로 여겨졌던 금속성의 수은도 마찬가지로 물질성의 전형이다. 일반적으로 사람들은 자기와 아니무스, 그리고 공기와 숨결과 바람 등의 이미지를 나타내는 상징으로 기체 같은 것을 기대할 것이다. '돌 아닌 돌'이라는 고대의 공식은 바로 다음과 같은 딜레마를 표현하고 있다. 우리가 '상반된 것들의 결합'을, 그러니까 어떤 조건에서는 입자처럼 행동하고 어떤 조건에서는 파동처럼 행동하면서도 본질적으로는 둘 다인 빛의 본성과 같은 무엇인가를 다루고 있는 것이다.

이런 역설적이고 이해하기 힘든 무의식의 진술과 관련해서는 이런 종류의 무엇인가를 추측해야 한다. 그런 진술은 의식적인 마음의 발명이 아니라, 의식의 통제를 받지 않는 어떤 정신의 자발적인 표현일 수 있는 것이다. 이 정신은 우리의 의식적 의도를 전혀 고려하지 않는 견해들을 마음대로 표현하는 자유를 누린다. 메르쿠리우스의 이중성, 말하자면 금속성을 지녔으면서도 기체 같기도 한 그의 본성은 안트로포스 같은 극히 영적인 개념을 물질적이면서 진정으로 금속성을 지닌 금으로 상징하는 것과 비슷하다. 이 대목에서, 무의식은 영과 물질을 단순히 동등한 것으로 여기는 것이 아니라 실질적으로 동일한 것으로 여기는 경향을 갖고 있다고 결론 내리지 않을 수 없다. 이런 경향은 어떤 때는 물질에 영적 의미를 부여하기를 원하고 또 어떤 때는 영을 물질화하기를 원하는 의식의 지적 편파성과 극적 대조를 이룬다.

라피스, 또는 우리의 예의 경우에 떠다니는 구체가 이중적인 의미를 지닌다는 것은, 그것이 두 가지 상징적인 색깔로 두드러지게 그려진 것을 근거로 할 때, 아주 분명하다. 붉은색은 피와 감정 외에, 영(靈)을 육체와 결합시키는 생리적 반응을 의미하고, 푸른색은 영적 과정(마음 또는 누스)을 의미하니 말이다. 이 이중성은 제 3의 것, 즉 아니마에 의해 '물질과 영의 인대(靭帶)'로 결합된, 물질과 영이라는 연금술의 이중성을 떠올리게 한다. 뵈메에게 초록과 결합되는 "높고 깊은 청색"은 "자유", 즉 다시 태어난 영혼의 내면의 "영광의 왕국"을 의미한다. 붉은색은 뵈메의 만다라의 주변을 이루는 불의 영역과 "어둠의 심연"으로 이어진다(도표 1 참조).

그림 4

그림 4는 의미 있는 변화를 보여준다. 구체가 바깥쪽의 막과 내부의 핵으로 나뉘었다. 외부의 막은 살점 색깔이고, 그림 2에 있던, 원래 구름 같았던 붉은색의 핵심은 지금 분화된 내부 구조를 갖고 있다. 구조는 분명히 셋으로 이뤄진 성격을 드러내고 있다. 원래 수은 끈에 속했던 "역선들"은 지금 전체 핵체(核體)를 관통하면서, 자극이 더 이상 외적이지만은 않고 가장 깊은 핵심까지 이르렀다는 것을 암시하고 있다. 환자는 "지금 엄청난 어떤 내적 활동이 시작되었다."고 말했다. 셋으로 이뤄진 구조의 핵은 아마 수태 중인 여성의 신체 기관이며, 식물처럼 보이도록 다듬어져 있으며, 정충이 핵의 막을 뚫고 있다. 정충의 역할을 메르쿠리우스의 뱀

이 맡고 있다. 뱀은 검고, 어둡고, 원시적이며 지하의 음란한 헤르메스 같지만, 메르쿠리우스의 황금의 날개를 갖고 있으며, 따라서 메르쿠리우스의 공기 같은 성격을 소유하고 있다. 그래서 연금술사들은 자신의 이중적인 메르쿠리우스를 날개가 있으면서도 날개가 없는 용으로 표현하면서 날개가 있는 부분을 여성적인 것으로, 날개가 없는 부분을 남성적인 것으로 여겼다.

우리 그림 속의 뱀은 정충을 나타내기보다는, 더 정확히 말하면, 음경을 나타낸다. 레온 에브레오(Leone Ebreo: 1460년경-1520년경)는 '사랑의 대화'(Dialoghi d'amore)에서 행성 수성을 하늘의 남근이라고, 즉 '가장 위대한 인간'(homo maximus)으로 인식되는 대우주의 '남근'이라고 부른다. 정충은 오히려 뱀이 핵의 한가운데를 둘러싸고 있는 외피를 뚫고 주입하고 있는 황금색 물질과 일치하는 것 같다. 2개의 은색 꽃잎(?)은 아마 받아들이는 용기(容器), 말하자면 태양의 씨앗(금)이 쉬게 될 달 그릇을 나타낼 것이다. 꽃 아래에, 난소 안에 보라색의 작은 원이 하나 있다. 그 색깔을 근거로 할 때, 그것은 "결합된 이중적 본성"을, 영이며 육체인 것(푸른색과 붉은색)을 암시한다. 뱀은 연한 노란색 후광을 갖고 있는데, 이것은 뱀의 초자연성을 나타낸다.

뱀이 번개의 번득임에서 생겨났거나 번개의 번득임의 변형된 형태이기 때문에, 나는 번개가 이와 똑같이 계몽하고, 생기를 주고, 비옥하게 하고, 변형시키고, 치료하는 기능을 갖고 있는 비슷한 예를 하나 제시하고 싶다. 우리 환자의 경우에 이 기능은 뱀에게 주어지고 있다(도표 3 참고). 두 가지 양상이 표현되고 있다. 첫째, 깊은 우울의 상태를 상징하는 검은 구체이고, 둘째, 이 구체 속으로 내려치는 번개이다. 일상적인 언어도 동

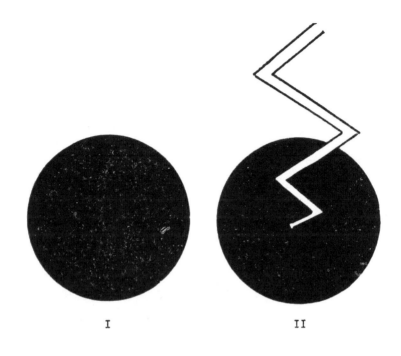

I   II

도표 3. 치료 초기부터 심인성 우울증을 보인 젊은 여자 환자가 그린 그림의 스케치

도표 중 Ⅰ은 어두운 절망의 상태를, Ⅱ는 치료 효과의 시작을 보여준다. 이보다 앞선 어느 그림에서 구체는 바다의 바닥에 놓여 있었다. 일련의 그림들이 보여주듯이, 구체는 우선 검은 뱀이 태양을 삼켰기 때문에 생겨났다. 이어서 8개의 광선을 가진, 완전히 새카만 만다라가 생겨났다. 거기엔 8개의 은색 별로 만든 화관이 있었다. 중앙은 검은 호문쿨루스였다. 그다음에 검은 구체는 붉은 중심을 발달시켰다. 그 중심으로부터 붉은 광선 또는 피의 흐름들이 촉수 모양의 말단들 속으로 흘렀다. 전체가 한 마리의 게나 문어처럼 보였다. 그 뒤의 그림들이 보여주듯이, 환자 자신이 그 구체 안에 갇혀 있었다.

일한 이미지를 이용한다. "계시의 번득임" 속에서 무엇인가가 "가슴을 때렸다"는 식으로 쓰니 말이다. 유일한 차이는 일반적으로 이미지가 먼저 오고 그 다음에 환자가 "이것이 가슴을 때렸어."라고 말하도록 하는 깨달음이 온다.

그림 4의 맥락에 대해, 미스 X는 자신을 가장 심하게 방해한 것이 그림 3의 수은 띠였다는 점을 강조했다. 그녀는 검은 뱀을 형성하기 위해서 은색 물질은 "안쪽"에 있어야 하고 검은 역선들은 바깥쪽에 있어야 한다고 느꼈다. 이제 검은 뱀이 구체를 둘러쌀 것이다. 그녀는 처음에 뱀을 "끔찍한 위험"으로, "구체의 보존"을 위협하는 무엇인가로 느꼈다. 뱀이 핵의 막을 뚫는 지점에서, 불이 일어나고 있다(감정). 그녀의 의식적인 마음은 이 화재를 구체가 보이는 방어적인 반응으로 해석했으며, 따라서 그녀는 그 공격을 격퇴되고 있는 것으로 묘사하려고 노력했다. 그러나 그 같은 시도는 그녀의 "눈"을 만족시키지 못했다. 그녀가 그 시도를 연필로 스케치한 것까지 나에게 보여주었음에도 말이다.

그녀는 분명히 딜레마에 빠져 있었다. 그녀는 뱀을 받아들일 수 없었다. 왜냐하면 나의 도움을 받지 않아도 뱀의 성적 의미가 너무나 분명하게 보였기 때문이다. 나는 그녀에게 그냥 이렇게만 말해주었다. "이것은 당신이 받아들여도 아무런 문제가 없을 만큼 잘 알려져 있는 과정입니다." 그러면서 나는 그녀에게 내가 갖고 있는 자료 중에서 어떤 남자가 그린 비슷한 그림을 보여주었다. 공중에 떠 있는 구체가 아래쪽에서부터 남근 같이 생긴 검은 물체에게 뚫리고 있는 그림이었다. 후에 그녀는 "돌연 훨씬 더 비개인적인 방법으로 전체 과정을 이해하게 되었어요."라고 말했다. 그것은 성(性)도 따르고 있는 어떤 생명의 법칙에 대한 깨달음이었다. "자아가 중심이 아니었으며, 저는 어떤 보편적인 법칙을 따르면서 태양의 주위를 돌았지요."

그 결과, 그녀는 뱀을 "성장 과정에 필요한 부분"으로 받아들일 수 있었으며, 그림을 만족스러운 방향으로 신속하게 마무리할 수 있었다. 오직 한 가지만 지속적으로 어려움을 안겨주었다. 그녀가 뱀을 어딘가에 배치해야만 했던 것이다. 그녀는 "눈을 만족시키기 위해서는 뱀을 100퍼센트 중앙의 꼭대기에 놓아야 했어요."라고 말했다. 틀림없이 무의식은 가운데 맨 꼭대기의 가장 중요한 위치에만 만족할 것이다. 이것은 내가 앞서 그녀에게 보여주었던 그림과는 정반대였다. 내가 말했듯이, 그 그림은 남자가 그린 것이며, 아래로부터 만다라로 들어가고 있는, 위협적인 검은색 상징이었다. 여자의 경우에 무의식에서 나오는 전형적인 위험은 위에서, 아니무스에 의해 인격화된 "영적" 영역으로부터 오는 반면에, 남자의 경우에 위험은 "세상과 여자"의 땅 속 같은 영역에서, 즉 세상으로 투사된 아니마에서 온다.

여기서 다시 유스티누스의 영적 인식에서 발견된 비슷한 사상들을 소환해야 한다. 아버지 같은 천사들 중 세 번째가 바룩이라는 사상이다. 바룩은 또한 낙원의 생명의 나무이다. 어머니 같은 천사들 쪽에서 그에게 해당하는 짝은 선과 악의 지혜의 나무이며 뱀인 나하스(Naas)이다.

두 번째 구성원으로서 엘로힘[150]이 신성한 3인 1조("선"(善)과 "성부"와 에뎀으로 이뤄졌다)의 첫 번째 구성원에게로 물러나면서 에뎀의 곁을 떠났을 때, 에뎀은 성부가 인간의 안에 남겨놓은 성부 자신의 프네우마를 추구했으며, 그 일이 성부의 프네우마가 나하스에게 괴롭힘을 당하는 원인으로 작용했다. 나하스는 이브를 범했고, 또한 아담을 비역의 상대로 삼았다. 그러나 에뎀은 영혼이고, 엘로힘은 영이다. "영혼은 영에 맞서고,

---

150 히브리어 단어로 신들이라는 뜻이다. 형태만 복수일 뿐 실제로는 하느님을 강조하는 것으로 여겨진다.

영은 영혼에 맞선다." 이 사상은 우리의 만다라에 나타나는 붉은색과 푸른색의 양극성에 대해, 또 지식을 나타내는 뱀에 의한 공격에 대해 설명해준다. 그것이 우리가 진리에 대한 지식을, 이 예의 경우에, 그림자에 대한 지식을 두려워하는 이유이다. 따라서 바룩은 인류에게 예수를 보냈다. 인류가 다시 "선" 쪽으로 돌아서도록 이끌기 위해서였다. 그러나 "선한 존재는 프리아포스[151]이다". 엘로힘은 백조이고, 에뎀은 레다[152]이다. 엘로힘은 금이고, 에뎀은 다나에[153]이다. 계시의 신은 예로부터 뱀의 형태를 취한다는 것을 잊지 않아야 한다. 예를 들면, 아가토다이몬이 있다. 에뎀도 뱀이자 처녀로서 이중적인 성격을 지니고 있으며, "두 개의 마음을 가졌고 두 개의 몸을 가졌다". 중세의 연금술에서 에뎀의 형상은 양성의 메르쿠리우스의 상징이 되었다.

그림 3에서 평범한 수은이 구체를 감싸고 있다는 것을 기억하자. 이것은 신비한 구체가 조잡한 이해력에 둘러싸여 있거나 가려져 있다는 것을 의미한다. 환자 본인도 "아니무스가 진정한 인격을 가리고 있다"는 의견을 내놓았다. 그렇다면, 생물학적일 것 같은 일상적인 세계관이 여기서 성적 상징을 붙잡으며 그것을 공인된 패턴에 따라 구체화했다고 단정해도 틀리지 않을 것이다. 용서 받을 수 있는 실수라고 해야 할까! 보다 정확한 또 다른 견해는 이해가 너무나 어렵기 때문에, 사람은 자연히 잘 알려져 있고 언제든 가까이서 이용할 수 있는 무엇인가에게 의존하는 쪽을

---

151   남근으로 그려지는 풍요의 신이고, 정원과 포도밭의 수호신이다.

152   그리스 신화에서 스파르타의 왕비가 된다. 백조로 변신한 모습으로 구애한 제우스와의 사이에 헬레네를 낳았다.

153   그리스 신화 속 인물로, 아르고스의 왕 아크리시오스와 에우리디케의 딸이며 페르세우스의 어머니이다.

선호한다. 그러면 그 무엇인가는 그 사람 자신의 "합리적인" 기대를 충족 시키고, 동시대인들의 찬사를 들을 것이다. 그러나 그 사람은 결과적으로 자신이 가망 없는 곤경에 갇혀 위대한 모험을 시작했던 바로 그 지점에 다시 도착했다는 사실을 깨닫게 된다.

외설스런 뱀이 무엇을 의미하는지는 분명하다. 공기 같고 지적이고 영 적인 모든 것은 위에서 오고, 열정적이고 육체적이고 어두운 모든 것은 아래에서 온다. 뱀은 예상과 반대로 영적 상징으로, 영적 메르쿠리우스 같은 것으로 드러난다. 이것은 환자 자신이 자아가 성적 관심을 변덕스럽 게 조작하고 있음에도 불구하고 보편적인 어떤 법칙을 따르고 있다는 말 로 표현했던 그 깨달음이다. 그러므로 우리 환자의 경우에 섹스는 전혀 문제가 아니다. 이유는 섹스가 보다 높은 변형 과정에 종속되고, 그 과정 안에 포함되기 때문이다. 섹스가 억압되고 있는 것이 아니라, 대상이 없 을 뿐이다.

이어서 미스 X는 그림 4가 마치 전체 과정의 전환점을 나타내는 것처 럼 가장 어렵다고 말했다. 나의 의견에도 그녀가 그렇게 본 것이 틀리지 않는 것 같다. 왜냐하면 그렇게 애지중지하며 중요하게 여겼던 자아를 무 모하게 옆으로 밀치는 것은 절대로 쉬운 문제가 아니기 때문이다. 우리가 그것을 명상이라고 부르든, 정관(靜觀)이라고 부르든, 요가라고 부르든, 아니면 영적 훈련이라고 부르든, 보다 높은 모든 영적 발달의 필수 조건 을 이런 식으로 놓아주는 것은 충분한 이유가 있다. 그러나 이 예가 보여 주듯이, 자아를 포기하는 것은 의지의 행위도 아니고 자의적으로 만들어 낸 결과도 아니다. 그것은 하나의 사건이며, 그것의 강력한 내적 논리는 의도적인 자기기만에 의해서만 숨겨질 수 있다.

이 예에서 이 순간에 자아를 "놓아줄 수 있는" 능력이 결정적으로 중요하다. 그러나 모든 것은 흘러가기 마련이므로, 포기했던 자아가 원래의 기능을 다시 복구해야 하는 때가 올 것이다. 자아를 놓아주는 것은 무의식에게 그 동안 기다려왔던 기회를 제공한다. 그러나 무의식이 상반된 것들로, 낮과 밤, 밝음과 어둠, 긍정과 부정으로 이뤄져 있고, 선과 악이고, 따라서 모호하기 때문에, 개인이 모범적인 욥(Job)처럼 파국적일 만큼 균형을 잃는 것을 피하기 위해서 자신을 꼭 붙들어야 하는 때가, 말하자면 파도가 되돌아오는 때가 반드시 올 것이다. 자신을 꼭 붙드는 것은 오직 의식적 의지, 즉 자아에 의해서만 성취될 수 있다. 그것은 자아의 위대하고 대체 불가능한 중요성이지만, 여기서 보듯이, 그 중요성은 그럼에도 불구하고 상대적이다. 상대적이기는 무의식을 통합시킴으로써 얻을 수 있는 이점도 마찬가지이다. 그러나 보다 넓은 시야를 추구하려는 의식의 충동은 멈춰질 수 없다. 시야가 인격을 깨뜨리는 일이 벌어지지 않으려면 인격의 범위를 확장시켜야 한다.

그림 5

미스 X에 따르면, 그림 5는 그림 4로부터 아무런 어려움 없이 나왔다. 구체와 뱀이 따로 떨어져 있다. 뱀은 아래로 가라앉고 있으며 위협적인 성격을 상실한 것처럼 보인다. 그러나 구체는 풍요로워졌다. 구체는 더 커졌을 뿐만 아니라 매우 생생한 색깔로 꽃까지 피우고 있다. 핵은 4개로 나뉘어졌다. 분할 같은 것이 일어났다. 이것은 생물학 교육을 받은 사람에게 자연스럽게 떠오를 수 있는, 의식적인 고찰 때문이 아니다. 과정이

나 핵심적인 상징을 4개로 나누는 것은 언제나 존재해 왔다. 그런 현상은 호루스의 네 아들이나 에제키엘(Ezekiel)의 네 천사, 또는 바르벨로 그노시스주의에서 프네우마에 의해 잉태된 메트라(자궁)로부터 네 아이온의 탄생, 또는 뵈메의 체계에서 번개(뱀)에 의해 형성된 십자가 등에서 시작하여, 연금술 작업과 그 작업의 구성 요소(4개의 원소, 4개의 특성, 4개의 단계 등)의 테트라메리아에서 끝난다. 각각의 경우에 4개 1조는 하나의 통일체를 형성한다. 이 그림에서 그 통일체는 넷의 중앙에 있는 초록색 원이다.

4개는 분화되지 않았으며, 각각은 틀림없이 왼쪽으로 향하고 있는 어떤 소용돌이를 형성한다. 일반적으로 왼쪽으로 움직이는 것은 무의식으로 향하는 움직임을 암시하는 반면에, 오른쪽(시계방향)으로 움직이는 것은 의식 쪽으로 움직이는 것을 암시한다고 말해도 무방하다. 왼쪽으로의 움직임은 "불길하고", 오른쪽으로의 움직임은 "옳고" "맞다". 티베트에서 왼쪽으로 움직이는 만(卍)자는 뵌(Bön) 종교[154]의 표시이고, 검은 마술의 표시이다. 그러므로 사리탑은 시계 방향으로 돌아야 한다. 왼쪽으로 도는 소용돌이는 무의식으로 들어가고, 오른쪽으로 도는 소용돌이는 무의식의 카오스에서 빠져 나온다. 그러므로 티베트에서 오른쪽으로 움직이는 만자는 불교의 상징이다. (도표 4 참고)

우리 환자에게 그 과정은 가장 먼저 의식의 분화를 의미하는 것처럼 보였다. 자신의 심리학 지식을 바탕으로, 그녀는 넷을 적응력 있는 의식의 4가지 기능, 즉 사고와 감정, 감각, 직관으로 해석했다. 그러나 그녀는 이 4가지 기능은 다 다른데 그림 속의 넷은 똑같은 모습이라는 것을 알아차렸

---

[154] 불교가 전래되기 전에 티베트에 있었던 토착 종교를 말한다.

다. 이 같은 사실은 그녀에게는 아무런 질문을 야기하지 않았지만 나에게는 질문을 야기했다. 그것들이 의식의 4가지 기능적인 측면이 아니라면 도대체 무엇인가? 나는 이것이 그것들에 대한 해석으로 충분한지에 대해 의문을 품었다. 그 넷은 그것 이상인 것처럼 보였으며, 그것이 아마 그것들이 다르지 않고 동일한 이유일 것이다. 그 넷은 정의상 서로 다른 4가지 기능들을 이루지 않으며, 그것들은 4가지 기능을 형성할 선험적인 어떤 가능성을 나타낼 수 있다.

이 그림에는, 4개 1조, 즉 다양한 해석을 허용하는 원형적인 4가 있다.

도표 4. 몰타의 도시 타르신에 있는 신석기 시대의 부조

나선형들은 덩굴손을 나타낸다.

역사가 보여주고 내가 다른 곳에서 보여주었듯이, 원형적인 4는 무의식의 내용물이 의식으로 오는 것을 보여주며, 따라서 그것은 우주발생에 관한 신화에 자주 나타난다. 만다라가 4개로 나뉘는 것이 의식이 되어 가는 과정을 나타내는 때에, 4개의 소용돌이가 분명히 왼쪽으로 돌고 있다는 사실은 정확히 무엇을 의미하는가? 이 물음이 중요하지만, 나는 대답을 피할 것이다. 대답에 필요한 자료가 아직 충분하지 않기 때문이다. 푸른색은 공기 또는 프네우마를 의미하고, 왼쪽으로의 움직임은 무의식적 영향의 강화를 의미한다. 아마 이것은 감정을 의미하는 붉은색이 강하게 강조되는 데 대한 영적 보상으로 여겨져야 할 것이다.

만다라 자체는 연한 붉은색이지만, 4개의 소용돌이는 주로 녹색이 감도는 차가운 푸른색이다. 이 푸른색을 환자는 "물"과 동일시했다. 이것은 왼쪽으로의 움직임과 맞아떨어진다. 물이 무의식의 훌륭한 상징이니까. 중앙에 있는 원의 초록색은 원시적인 의미에서 생명을 의미한다. 그것은 연금술사들의 "축복받은 초록"이다.

이 그림과 관련해 의문스러운 점은 검은 뱀이 상징적인 원의 밖에 있다는 사실이다. 전체성을 실제로 이루기 위해서는 뱀이 정말로 원 안에 있어야 할 것이다. 그러나 뱀의 불길한 의미를 기억한다면, 뱀이 정신적 완전성의 상징으로 동화되는 것이 어려움을 야기할 수 있다는 것도 이해될 것이다. 만약에 4개의 소용돌이가 왼쪽으로 움직이는 현상에 관한 우리의 짐작이 옳다면, 그 움직임은 검은 뱀이 동화될 수 있는, 영(靈)의 깊고 어두운 쪽을 향하는 어떤 경향을 뜻할 것이다. 뱀은 기독교 신학 속의 악마처럼 그림자를, 말하자면 개인적인 것을 넘어서기 때문에 악의 원리와 비교될 수 있는 그런 그림자를 나타낸다. 그것은 인간이 드리우는 거대한 그림자이며, 우리 시대는 이 그림자를 절망적으로 경험해야 했다.

이 그림자를 우리의 질서에 맞게 변화시키는 것은 절대로 쉬운 일이 아니다. 단순히 악에게 등을 돌리기만 하면 악을 피할 수 있다는 견해는 시대에 뒤진 순진에 속한다. 그것은 순전히 현실 도피에 불과하며, 악의 실체에는 전혀 아무런 영향을 끼치지 않는다. 악은 선이 필요로 하는 상반된 것이며, 악이 없으면 선도 절대로 있을 수 없다. 악을 존재하지 않는 것으로 생각하는 것도 불가능하다. 그러므로 검은 뱀이 밖에 머문다는 사실은 악이 우리의 전통적인 세계관에서 차지하고 있는 위험한 위치를 나타내고 있다.

그림의 배경이 양피지 색으로 연하다. 나는 이 사실에 대해 특별히 언급한다. 이유는 이어지는 그림들이 이 점에서 특징적인 변화를 보이기 때문이다.

그림 6

그림 6의 배경은 구름 같은 회색이다. 만다라 자체는 대단히 생생한 색깔로, 밝은 빨간색과 초록, 청색으로 그려져 있다. 붉은 외부의 막이 청색과 초록으로 된 핵심 속으로 들어가는 지점에서만 붉은색이 피의 색깔로, 연한 청색이 군청색으로 진해진다. 앞의 그림에서 보이지 않던 메르쿠리우스의 날개들이 (그림 4에서 검은 뱀의 목에 있었듯이) 여기서 핏빛 붉은색 피스톤의 목에 다시 나타난다. 그러나 가장 두드러진 점은 틀림없이 오른쪽으로 도는 스와스티카의 등장이다. (이 그림들은 1928년에 그려졌으며, 그 당시에 세상에 거의 알려져 있지 않았던 동시대의 공상들과 직

접적인 연결을 전혀 갖지 않는다는 사실이 덧붙여져야 한다.) 초록색 때문에, 스와스티카는 식물 같은 무엇인가를 암시하지만, 동시에 그것은 이전의 그림에 있던 4개의 소용돌이의 물결 같은 성격을 지닌다.

이 만다라에서 상반된 것들을, 말하자면 붉은색과 청색을, 바깥과 안을 결합시키려는 시도가 이뤄진다. 그와 동시에, 오른쪽으로 움직이는 동작은 의식의 빛 속으로의 상승을 초래하는 것을 목표로 잡고 있다. 이유는 아마 배경이 두드러지게 어두워졌기 때문일 것이다. 검은 뱀은 사라졌지만, 검정을 전체 배경에 퍼뜨리기 시작했다. 이것을 보상하기 위해서, 빛을 향해 올라가는 움직임이 만다라에 있다. 분명히 의식을 환경의 암흑화로부터 구하려는 시도이다. 그림은 며칠 전에 있었던 꿈과 연결되었다. 미스 X는 이런 꿈을 꾸었다.

> 그녀는 시골에서 휴일을 보내고 도시로 돌아왔다. 정말 놀랍게도 그녀는 자신이 작업하는 방 한가운데에서 나무 한 그루가 자라고 있는 것을 발견했다. 그녀는 "그렇지, 껍질이 이만큼 두껍다면, 이 나무는 아파트의 난방을 견딜 수 있을 거야."라고 생각했다.

나무와의 연결은 나무의 모성적 의미로 이어진다. 나무는 만다라 속의 식물 모티브를 설명할 것이고, 나무의 갑작스런 성장은 보다 높은 수준 또는 오른쪽으로의 움직임에 의해 야기된 의식의 해방을 나타낸다. 똑같은 이유로 "철학"의 나무는 우리가 알고 있는 바와 같이 일종의 개성화 과정인 연금술 작업의 상징이다.

유스티누스의 영적 인식에서 비슷한 생각들이 발견된다. 천사 바룩은 엘로힘의 프네우마를 나타내고, "어머니 같은" 천사 나하스는 에덴의 간교함을 나타낸다. 그러나 두 천사들은 내가 말한 바와 같이 나무이기도 하다. 바룩은 생명의 나무이고, 나하스는 지식의 나무이다. 이 천사들의 구분과 양극성은 그 시대(A.D. 2세기-3세기)의 정신과 조화를 이룬다. 그러나 그 시대에도, 히폴리토스(Hippolytus)[155]에게서 확인할 수 있듯이, 사람들은 개성화 과정에 대해 알고 있었다. 엘로힘이 "예언자" 헤라클레스에게 "아버지"(프네우마)를 12명의 사악한 천사들의 권력으로부터 풀려나게 하는 과제를 안긴 것으로 전해진다. 이것이 결과적으로 헤라클레스의 12과업을 낳았다. 지금 헤라클레스 신화는 사실 개성화 과정의 모든 특징을 두루 보이고 있다. 사방으로의 여행, 4명의 아들, 무의식을 상징하는 여성적 원리(옴팔레[156])에 대한 복종, 그리고 데이아네이라의 옷으로 야기된 자기희생과 부활 등이 그런 요소들이다.

나무의 "두꺼운 껍질"은 만다라에 "살갗의 형성"으로 나타나는 보호 모티브를 암시한다. 이것은 만다라의 내용물을 외부 영향으로부터 차단하는, 보호 기능을 가진 검은 새의 날개라는 모티브에서 표현되고 있다. 피스톤처럼 생긴, 주변의 붉은 물질이 확장된 부분은 감정이 영적인 안쪽으로 들어갔다는 것을 암시하는 남근의 상징이다. 확장된 그 부분들은 분명히 그 안에 거주하고 있는 영을 자극하고 풍요롭게 만들게 되어 있다. 이 "영"은 물론 지성과 아무런 관계가 없으며, 오히려 우리가 영적 물질(프네우마)이나 현대적 표현으로 "영적 삶"이라고 불러야 하는 뭔가와 관계가 있다. 밑바탕에 깔린 상징적인 생각은 틀림없이 '클레멘스 설교

---

155   'Elenchos', V, 26, 27ff.
156   그리스 신화에서 리디아 왕국의 여왕의 공주로 나온다.

집'(Clementine Homilies)에 담긴 견해, 즉 영과 육체는 신 안에서 하나라는 견해와 동일하다.

만다라는 정신적 통일성으로서 자기의 상징에 불과함에도 동시에 신의 이미지이다. 중심점과 원과 4개 1조가 신의 잘 알려진 상징이기 때문이다. "자기"와 "신"을 경험적으로 구분하지 못하는 그 불가능성은 인도 신지학에서 개인적이고 초개인적인 푸루샤와 아트만의 동일시로 이어졌다. 연금술 문헌에서와 마찬가지로, 교회 문헌에도 "신은 무한한 원(또는 구체)인데, 그 원의 중심은 어디에나 있고 원주는 어디에도 없다."는 말이 종종 인용된다. 이 사상은 일찍이 파르메니데스(Parmenides: B.C. 510년 경-B.C. 450년경)의 시대에도 완전히 발달한 상태에서 발견된다. 그 단락을 인용하고 싶다. 그것이 우리의 만다라의 바탕에 깔려 있는 것과 같은 모티브들을 암시하기 때문이다. "보다 좁은 고리들은 섞이지 않은 불로 채워져 있었고, 그것들 옆에 있는 것들은 밤으로 채워져 있었지만, 이것들 사이에 불꽃이 돌진해 온다. 그리고 이것들의 한가운데에 모든 것을 안내하는 여신이 있다. 여신은 처음부터 끝까지 출생과 짝짓기를 엄격히 관리하면서 여자가 남자와 짝을 짓도록 하고, 거꾸로 다시 남자가 여자와 짝을 짓도록 한다."[157]

배움이 깊은 예수회 수사인 니콜라 코생(Nicholas Caussin: 1583-1651)은 이집트의 신전들에서 어떤 경우에 바퀴들이 회전하는 가운데 돌려졌다는, 알렉산드리아의 클레멘스의 보고와 관련해서 압데라의 데모크리토스가 신을 '둥근 불 속의 마음'이라고 불렀다고 논평한다. 코생은 이렇게 덧붙인다. "이것은 또한 신을 '왕관'으로, 시뻘겋게 타는 불로 이

---

157 Freeman, 'Ancilla to the Pre-Socratic Philosophers', p. 45.

뤄져 있는 원으로 정의한 파르메니데스의 견해이기도 했다. 그리고 신비 의식에 관한 이암블리코스(Iamblichus: A.D. 245년경-A.D. 325년경)의 책에도 그 관점이 매우 분명하게 확립되어 있다. 이집트인들은 습관적으로 신, 즉 세계의 지배자를 수생 식물인 연꽃에 앉아 있는 것으로 나타낸다. 이 식물은 잎뿐만 아니라 열매도 둥근데, 이것은 어디서든 자기 자신에게로 돌아가는, 마음의 순환적인 움직임을 암시한다." 이것은 또한 천체의 운동을 모방하는 의례적 변형 또는 순환의 기원이기도 하다고 코생은 말한다. 그러나 스토아학파 철학자들은 천체들을 "둥글게 회전하는 신"이라고 불렀다. '시편' 12장 8절("신앙 없는 자들이 원을 그리며 떠돌아다닌다")에 관한 "상징적" 설명은 바로 그것을 가리킨다고 코생은 말한다. 신앙 없는 자들은 바로 신이 있는 중심에 절대로 닿지 못하고 주위를 돌기만 한다는 뜻이다. 나는 만다라 상징체계에 담긴 바퀴 모티브는 다른 곳에서 세세하게 다루었기 때문에 여기서는 가볍게 언급만 하고 지나갈 것이다.

그림 7

그림 7에서 정말로 밤으로 바뀌었다. 만다라가 그려진 종이 전체가 검은색이다. 모든 빛은 구체에 집중되고 있다. 색깔들은 광도를 잃고 채도를 얻었다. 검은색이 중심까지 침투한 것이 특별히 놀랍다. 그렇다면 우리가 두려워했던 무슨 일이 이미 일어났다. 뱀과 회색빛 주변의 검정은 핵심에 의해 동화되었으며, 그림이 보여주듯이, 검정은 그와 동시에 중심에서 나오는 금색 빛에 의해 보상되고 있다.

광선들은 팔 길이가 동일한 십자가를 형성한다. 이 십자가는 앞의 그림에 나오는 스와스티카를 대체하고 있다. 여기서 스와스티카는 단순히 오른쪽으로 회전한다는 점을 암시하는 4개의 갈고리에 의해서만 표현되고 있다. 절대 암흑에 이르고, 특히 그 암흑이 중심에 위치함에 따라, 상향의 움직임과 오른쪽 방향의 회전은 종말에 이른 것 같다. 한편, 메르쿠리우스의 날개들은 주목할 만한 분화를 이뤘다. 분화는 아마 구체가 완전한 어둠 속으로 가라앉지 않고 스스로 떠 있을 만큼 충분한 힘을 갖추었다는 것을 의미할 것이다. 십자가를 형성하고 있는 금빛 광선들은 넷을 함께 묶어 놓는다. 이것은 중심까지 침투한 검은 물질에서 나오는 파괴적인 영향을 차단하는 하나의 방어로서 내부 결속과 강화를 낳는다. 우리에게 십자가는 언제나 고통의 의미를 지닌다. 그렇기 때문에 이 그림의 분위기가 내적 외로움의 시커먼 심연 위로 다소 고통스럽게 허공에 매달려 있는 분위기와 비슷하다고 생각해도 무방할 것이다. 날개들을 기억하라!

앞에서, 나는 "십자가를 만드는" 뵈메의 번개에 대해 언급했으며, 이 십자가를 4가지 원소와 연결시켰다. 실제로, 존 디(John Dee: 1527-1608)는 4개의 팔 길이가 똑같은 십자가로 4가지 원소를 상징적으로 표현했다. 이미 말한 바와 같이, 가운데에 작은 원이 있는 십자가는 연금술에서 구리를 나타내는 기호이며, 금성의 기호는 ♀이다. 정말 놀랍게도, ♀는 옛날에 약제사가 타르타르산을 표시하던 기호이며, 글자 그대로의 뜻은 '저승의 영(靈)'이다. ♀는 또한 붉은 적철광(혈석)을 나타내는 기호이다. 따라서 위에서 오는 십자가뿐만 아니라, 뵈메의 예와 우리의 만다라에서 보듯, 아래에서 오는 십자가도 있는 것 같다. 바꿔 말하면, 번개는 뵈메의 이미지와 어울리게, 아래로부터 피에서, 베누스나 타르타로스로부터 오는 수도 있다. 뵈메의 중성적인 "살니테르"는 일반적으로 소금과 동일하며, 소금의 기호들 중 하나는 ✛⊕✛ 이다. 신비한 물질의 기호로 이것보다 더 훌륭한 것을 상상하기는 어려울 것 같다. 소금은 16세기와 17세기의 연금술사들 사이에 불가사의한 물질로 여겨졌다. 소금은 연금술의 용도에서만 아니라 교회의 용도에서도 지혜의 상징이며 '마태복음' 5장 13절("너희는 세상의 소금이니라")에서 보듯 선택된 인격의 상징이다.

만다라 속의 수많은 물결선 또는 층은 외부의 영향에 맞서 보호하는 살갗 층의 형성을 나타내는 것으로 해석될 수 있다. 물결선 또는 층들은 내부 강화와 똑같은 목표에 이바지한다. 이 피질들은 아마 작업실에 "껍질이 두꺼운" 나무가 자라던 꿈과 관계있을 것이다. 살갗의 형성은 다른 만다라들에서도 발견되며, 그것은 외부에 맞서 단단해지거나 밀봉하는 것을, 껍질이나 "숨길 곳"을 규칙적으로 만들어내는 것을 의미한다. 이 현상이 카발라[158]에 언급된 피질 또는 비늘을 설명할 수도 있다. "그런 것이 신성의 밖에 거주하는 것을 위한 이름이기 때문이다." 신성의 밖에 거주하는 것으로는 추락한 왕들 일곱과 아쿠라임(Achurayim) 넷[159]이 있다. 그들로부터 피질이 온다. 연금술에서와 마찬가지로, 이것들은 찌꺼기이며, 거기에 복수성(複數性)과 죽음의 특성이 따른다. 우리의 만다라에서 피질들은 내부 통합을 표시하며, 그 통합을 뱀에 의해 인격화된, 해체시키는 힘을 가진 외부의 검정으로부터 보호하는 경계선이다. 동일한 모티브가 연꽃의 꽃잎과 양파 껍질에 의해 표현되고 있다. 외부의 층들은 시들고 말랐지만 안쪽의 부드러운 층들을 보호한다. 아기 호루스의 연꽃좌,

---

158   유대교 신비주의 사상을 말한다.

159   추락한 일곱 왕은 이전에 "사라진" 세상들을, 아쿠라임 넷은 '신의 등'을 가리킨다.

인도 신들의 연꽃좌, 부처의 연꽃좌는 이런 의미에서 이해되어야 한다. 횔덜린(Friedrich Hölderlin)도 동일한 이미지를 이용하고 있다.

> 잠자는 아기처럼 운명을 모른 채
>
> 천상의 존재들이 숨 쉬고 있구나.
>
> 정숙한 봉오리 속에서
>
> 순결을 간직한 채 그들의 영들은
>
> 영원히 꽃을 피우는구나.

기독교 비유에서, 마리아는 신이 누워 숨어 있는 꽃이거나, 영광의 왕이자 세상의 심판관이 권좌에 앉아 있는 장미창이다.

원형의 층들이라는 생각은 뵈메에게서도 함축적으로 발견된다. 삼차원적인 그의 만다라에서 가장 바깥 부분의 고리가 "악마 루시퍼의 의지" "영원의 심연" "어둠의 심연" "악마들의 지옥" 등으로 불리고 있으니 말이다(도표 1 참고). 뵈메는 '아우로라'(Aurora)(18장 6절)에서 이것에 대해 다음과 같이 말하고 있다. "보라, 루시퍼가 무리와 함께 신의 본성에 분노의 불을 불러일으켰을 때, 그리하여 신이 루시퍼 대신에 자연에 분통을 터뜨렸을 때, 자연 속에서 가장 바깥쪽의 출생이 또 하나의 특성을, 그러니까 몹시 격노하고, 메마르고, 차갑고, 맹렬하고, 모질고, 심술궂은 특성을 얻었다. 예전에 자연 속에서 섬세하고 점잖은 특성을 가졌던 사나운 영은 가장 바깥쪽의 출생에서 더없이 뻔뻔하고 끔찍한 것이 되었다. 지금 가장 바깥쪽의 출생에서 그 영은 바람 또는 공기 원소로 불린다." 이런 식으로 4가지 원소가 생겨났다. 특히 흙은 수축과 건조의 과정에 의해 생겨났다.

뵈메가 히브리 신비주의에 대해 파라켈수스만큼 많이 알지 못했을지라도, 여기서도 히브리 신비주의의 영향을 짐작할 수 있다. 뵈메는 히브리 신비주의를 주술 같은 것으로 여겼다. 4가지 요소들은 4개의 아쿠라임에 해당했다. 그 요소들은 내적 프네우마 같으면서도 육체적인 성격을 가진 4개 1조에서 나오고 있는, 일종의 두 번째 4개 1조를 이룬다. 연금술사들도 아쿠라임을 암시한다. 예를 들어, 메넨스(Gulielmus Mennens: 1525-1608)는 이렇게 말한다. "신의 신성한 이름이 4개의 글자를 드러낼지라도, 만약에 당신이 그 이름을 정확히 본다면, 거기서 3개의 글자만 발견된다. 글자 'ה'가 두 번 발견되는 것이다. 그 글자들이 동일한 것, 즉 성자(聖子)를 의미하는 공기와 물이기 때문이다. 땅은 성부이고, 불은 성령이다. 따라서 신의 이름에 담긴 네 글자는 분명히 가장 신성한 삼위일체와 물질을 의미한다. 이 물질은 마찬가지로 삼중이며, 동일한 것[즉, 신]의 그림자로도 불리고, 모세에 의해서 물질로부터 창조되는 것 같은 신의 등으로 명명되었다."[160] 이 진술은 뵈메의 견해를 뒷받침한다.

여기서 우리의 만다라로 돌아가도록 하자. 원래의 4개의 소용돌이는 그림의 중앙에 있는 물결 모양의 사각형들로 합체했다. 소용돌이가 있던 자리는 무지개 색깔들을 발산하는, 바깥 테두리(이전의 그림에서 발달했다)의 금색 점들이 차지하고 있다. 이 색깔들은 연금술에서 공작의 꼬리로서 중요한 역할을 하는, 공작의 눈의 색깔들이다. 연금술 작업에서 이 색깔들의 출현은 명백한 최종적 결과보다 앞서는 어떤 중간 단계를 나타낸다. 뵈메는 "사랑에 대한 욕망 또는 색깔들의 아름다움"에 대해 말한

---

160 'Aurei velleris', I, cap. X, in 'Theatr. chem.', V, pp. 334f.

다. "여기서 모든 색깔들이 생겨난다." 우리의 만다라에서도 무지개 색깔은 감정을 의미하는 붉은색의 층에서 나온다. "구체의 바퀴"에서 결합하는 "자연과 영의 생명력"에 대해 뵈메는 이렇게 말한다. "그리하여, 말하자면 서로의 속으로 뒤섞인 채 서 있는 물과 불과 같은, 자연의 영원한 어떤 본질이 우리에게 알려지게 된다. 거기서 불의 번개처럼 연한 푸른 색깔이 오고, 이어서 그 색깔은 수정들과 하나의 본질 속으로 뒤섞인 루비처럼, 또는 검은 물로 뒤섞인 노란색과 하얀색과 붉은색과 청색처럼 어떤 형태를 취한다. 그것은 초록색 속의 푸른색 같다. 각각의 색깔이 여전히 광도를 가진 채 빛을 발하기 때문이다. 물만이 그 색깔들의 불에 저항한다. 그래서 어디에도 조금의 낭비도 없으며, 2개의 신비 속에서 서로 결합된 영원한 한 가지 본질만 있을 뿐이다. 비록 2가지 원리, 즉 두 종류의 생명이 서로 다를지라도." 색깔들의 현상이 존재하는 것은 "경이롭고 근본적인 생명이 태어나는 곳인 위대한 신비의 상상력"[161] 덕분이다.

이를 근거로 할 때, 뵈메가 미스 X와 많은 다른 환자들을 사로잡았던 것과 동일한 정신 현상에 몰입하고 있었던 것이 분명하다. 뵈메가 연금술로부터 공작의 꼬리와 테트라메리아라는 개념을 받아들였을지라도, 그는 연금술사들처럼 경험적 토대 위에서 작업하고 있었다. 이 경험적 토대는 현대 심리학에 의해 다시 발견되었다. 어떠한 영향도 불가능한 자발성을 바탕으로 동일한 패턴과 배열을 재현하는 적극적 상상의 산물들도 있고 꿈들도 있다. 좋은 한 예가 어느 여자 환자가 꾼 다음과 같은 꿈이다.

그녀는 거실에 있었다. 거기에 탁자와 3개의 의자가 놓여 있었다. 그녀

---

161 'Mysterium pansophicum', pp. 416f.

옆에 서 있던 미지의 남자가 그녀에게 앉으라고 권했다. 그녀는 거기 앉기 위해서 조금 떨어진 곳에 놓여 있던 의자를 갖고 왔다. 이어서 그녀는 테이블에 앉아 책을 펼치고 책장을 넘기기 시작했다. 건물을 짓는 놀이를 위한 것인 듯, 푸른색과 붉은색 정육면체의 그림들이 들어 있는 책이었다. 그런데 갑자기 신경 써야 할 다른 일이 있다는 생각이 들었다. 그녀는 방을 나와서 노란색 집으로 갔다. 비가 거세게 내리고 있었으며, 그녀는 초록색 월계수 밑에서 비를 피했다.

탁자와 3개의 의자, 앉으라는 초대, 4개의 의자를 만들기 위해 갖고 와야 했던 다른 의자, 정육면체, 건물 짓기 놀이 등은 모두 구성의 어떤 과정을 암시한다. 이것은 단계적으로 일어난다. 먼저 푸른색과 붉은색의 결합이 있고, 이어서 노란색과 초록색의 결합이 있다. 이 4가지 색깔은 우리가 본 바와 같이 다양한 방식으로 해석될 수 있는 4가지 특성을 상징한다. 심리학적으로, 이 4개 1조는 방향성 있는 의식의 기능들을 가리키며, 이 기능들 중 적어도 하나는 무의식이며, 따라서 의식적으로 그것을 이용하는 것은 불가능하다. 여기서 그 기능은 초록색, 즉 감각 기능일 것이다. 왜냐하면 환자와 현실 세계의 관계가 드물게 복잡하고 서툴기 때문이다. 그러나 "열등" 기능은 바로 무의식이라는 점 때문에 집단 무의식에 쉽게 감염되는 이점을 누리고, 의식과 무의식 사이의 간극을 메우는 다리로 이용될 수 있으며, 따라서 무의식과의 결정적인 연결을 복구할 수 있다. 이것이 그 꿈이 열등 기능을 월계수로 나타내고 있는 깊은 이유이다.

이 꿈에서 월계수는 미스 X가 꿈에서 자신의 방에서 자라는 것으로 확인한 그 나무와 똑같이 내적 성숙의 과정과 연결된다. 그것은 기본적으로 연금술사들의 '철학의 나무'와 동일한 나무이다. 이 나무에 대해서 나는 『심리학과 연금술』에서 상세히 설명했다. 전통에 따르면, 월계수는 번개나 혹한에 아무런 해를 입지 않는다는 것도 기억해야 한다. 따라서 월계수는 모든 여자들의 모델인 동정녀 마리아를 상징했다. 그리스도가 모든 남자들의 모델이듯이. 월계수에 관한 역사적 해석이라는 관점에서 보면, 그 나무는 이 맥락에서 연금술의 나무처럼 자기의 상징으로 받아들여져야 한다. 그런 꿈을 꾸는 환자들의 순진함은 언제나 매우 인상적이다.

다시 우리의 만다라로 돌아가도록 하자. 피스톤에서 끝나는 황금색 선들은 정충 모티브를 재현하고, 따라서 생식의 의미를 가지며, 4개 1조가 새롭고 보다 명확한 형태로 다시 나타날 것이라는 점을 암시한다. 4개 1조가 의식적 깨달음과 관계있기 때문에, 우리는 이 상징들로부터 의식적 깨달음의 강화를 추론할 수 있다. 그 같은 강화는 중심에서 발산되고 있는 황금색 빛에 의해서도 암시되고 있다. 그것은 아마 어떤 종류의 내적 계몽일 것이다.

이 그림을 그리기 이틀 전에, 미스 X는 다음과 같은 꿈을 꾸었다.

그녀는 시골집의 아버지의 방에 있었다. 그녀의 어머니가 그녀의 침대를 벽에서 떼어내서 방의 한가운데로 옮겨놓고 거기서 잠을 자고 있었다. 그녀는 화가 머리끝까지 치밀어 올랐으며, 침대를 다시 원래의 자리로 옮겼다. 꿈에서 침대 커버는 붉은색이었다. 그림에 그려진 붉은색과 정확히 똑같았다.

그녀의 이전 꿈에 나타난 나무의 모성적 의미가 여기서 무의식에 포착

되었다. 이번에 어머니는 방 한가운데서 잠을 잤다. 이것이 미스 X에게는 자신의 영역에 대한 불쾌한 침입처럼 보인다. 그곳이 그녀의 영역이라는 것은 그녀에게 아니무스의 의미를 지니는 그녀의 아버지의 방에 의해 상징되고 있다. 그러므로 그녀의 영역은 어떤 영적 영역이며, 그녀는 자신의 아버지의 방을 빼앗았듯이 그 영적 영역을 빼앗았다. 따라서 그녀는 "영"과 동일시했다. 그녀의 어머니가 이 영역으로 침투하면서 처음에 나무의 상징을 통해서 중앙의 자리를 차지했다. 그러므로 그녀의 어머니는 영과 반대인 피시스를, 즉 자연적인 여성적 존재를 나타낸다. 꿈을 꾼 사람도 그런 여성적인 존재이지만, 그런 존재가 그녀에게 검은 뱀처럼 보였기 때문에 그것을 받아들이지 않을 것이다. 그녀는 즉각 그 침투를 바로잡지만, 그럼에도 불구하고, 시커먼 지하의 원리, 즉 검은 물질은 그림 7이 보여주듯이 그녀의 만다라의 중심까지 침투했다. 그러나 바로 그것 때문에 황금색 빛이 나타날 수 있다. "어둠으로부터 빛이!" 우리는 어머니를 뵈메의 모체 사상과 연결시켜야 한다. 뵈메에게 모체는 모든 분화 또는 깨달음의 필요조건이며, 모체가 없으면 영은 공중에 매달려서 절대로 땅으로 내려오지 못한다. 아버지의 원리와 어머니의 원리(영과 자연)의 충돌은 하나의 충격처럼 작용한다.

이 그림을 그린 뒤에, 미스 X는 자신이 감정과 연결시켰던 붉은 색깔의 새로운 침투를 불쾌한 무엇인가로 느꼈으며, 지금 그녀는 자신의 분석가(= 아버지)와의 "관계"가 부자연스럽고 불만스럽다는 것을 발견했다. 그녀는 자신이 거드름을 피우며 지적이고 이해력 깊은 학생인 척(영성의 강탈!) 굴었다고 말했다. 그러나 그녀는 나의 판단과 상관없이 자신이 매우 어리석다고 느꼈으며 실제로 어리석다는 점을 인정해야 했다. 이 같은 인정이 그녀에게 깊은 안도감을 안겨주었으며, 또 그녀가 섹스는 "단순히 아이를 낳는 과정만도 아니고 최고의 열정을 표현하는 것만도 아니며 지극히 평범하게 생리적이고 자기성애이기도 하다"는 것을 마침내 볼 수 있도록 도왔다. 이런 뒤늦은 깨달음은 그녀를 공상의 상태로 이끌었으며, 거기서 그녀는 일련의 외설적인 이미지들을 의식하게 되었다.

마지막에 그녀는 커다란 새의 이미지를 보았다. 그녀가 "땅의 새"라고 부른 그 새는 이제 막 땅에 내려앉았다. 새들은 하늘을 나는 존재로서, 잘 알려진 영의 상징들이다. 그 새는 그녀 자신의 "영적" 이미지의 변형을, 말하자면 그녀의 영적 이미지가 여성의 두드러진 특징인 보다 세속적인 버전으로 변한 것을 나타냈다. 이 부분은 오른쪽 위로 향하던 강력한 움직임이 정지했다는 우리의 의심을 뒷받침한다. 새가 땅으로 내려오고 있는 것이다. 이 상징화는 뵈메가 일반적으로 "사랑 욕구"라고 묘사하는 것이 필요한 방향으로 추가로 분화되었다는 것을 보여준다. 이 분화를 통해서 의식은 확장될 뿐만 아니라 현실을 직면하게 된다. 그러면 내면의 경험은 말하자면 명확한 어떤 지점에 묶이게 된다.

그 다음 며칠 동안, 환자는 자기 연민의 감정에 휩싸였다. 아이를 가져본 적이 없다는 사실이 너무나 후회스러운 일로 다가오는 것이 분명했다. 그녀는 버림받은 동물이나 길을 잃은 아이처럼 느껴졌다. 이런 분위기는 세상에 대한 비관적인 감정으로 발달했으며, 그녀는 "만물을 가엾게 여기는 여래(부처)"처럼 느꼈다. 그녀는 이런 감정에 완전히 굴복한 다음에야 다른 그림을 그릴 수 있었다. 진정한 해방은 고통스런 감정 상태를 얼버무리고 넘어가거나 억압하는 것으로는 오지 않으며, 그 감정 상태를 충실히 경험함으로써만 가능하다.

그림 8

그림 8을 보자마자 눈길을 끄는 것은 안쪽 거의 전체가 검은 물질로 채워져 있다는 점이다. 물의 청록색은 응축되어 짙은 청색의 4개 1조가 되었고, 중심의 황금빛은 반대 방향으로, 시계 반대 방향으로 돌고 있다. 새가 땅에 앉고 있다. 말하자면, 만다라는 지하의 어둡고 깊은 곳 쪽으로 움직이고 있다. 만다라는 아직 떠 있다. 메르쿠리우스의 날개들이 그 같은 사실을 보여주고 있다. 그러나 만다라는 이제 암흑에 훨씬 더 가까워졌다. 분화되지 않은 내적 4개 1조는 미스 X가 의식의 4가지 기능과 동일시했던 분화된 외적 4개 1조에 의해 균형이 맞춰지고 있다. 의식의 기능들에 그녀는 다음과 같은 색깔을 부여했다. 노란색은 직관, 밝은 푸른색은 사고, 살색 분홍은 감정, 갈색은 감각 기능을 나타낸다. 이들 4개의 방위들 각각은 셋으로 나뉘고, 따라서 숫자 12가 다시 나타난다.

2개의 4개 1조의 분리와 특징에 대해 언급할 필요가 있다. 날개들로 이뤄진 바깥쪽 4개 1조는 진정으로 그 원형을 나타내는, 분화되지 않은 안쪽 4개 1조의 분화를 실현하는 것처럼 보인다. 카발라에서, 이 관계는 한편으로 '메르카바'(Merkabah)[162]의 4개 1조와, 다른 한편으로는 '아쿠라임'의 4개 1조와 일치하며, 뵈메에게서 그것들은 신의 네 영과 네 가지 원소이다.

만다라의 중앙에 있는, 식물 같은 형태의 십자가는 환자도 언급하듯이 다시 나무("십자가의 나무")와 어머니를 가리킨다. 따라서 그녀는 이전에 금기시되었던 이 요소가 지금 받아들여져서 중심적인 자리를 차지하

---

162 유대교 신비주의의 한 파.

고 있다는 점을 분명히 밝히고 있다. 그녀는 이것을 충분히 의식하고 있었으며, 이것은 당연히 그녀의 이전 태도에 비하면 큰 전진이었다.

이전의 그림과 정반대로, 이 그림에는 안쪽 피질이 전혀 없다. 이것은 논리적인 발달이다. 왜냐하면 피질이 배제하게 되어 있던 것이 지금 중심에 있고, 방어가 불필요하게 되었기 때문이다. 대신에, 피질은 황금색 고리로서 어둠 속으로 물결처럼 동심원을 그리며 퍼지고 있다. 이것은 봉쇄된 자기가 환경에 광범위하게 끼치고 있는 어떤 영향력을 의미할 것이다.

그녀는 이 만다라를 그리기 나흘 전에 이런 꿈을 꾸었다.

내가 어떤 젊은 남자를 창문으로 데려가서 흰색 물감을 적신 붓으로 그의 눈의 각막에 있는 검은 얼룩을 제거했다. 그러자 동공 한가운데에서 작은 황금 램프가 보였다. 젊은 남자는 안도감을 깊이 느꼈으며, 나는 그에게 치료를 위해 다시 와야 한다고 말했다. 나는 "너의 눈이 성하다면, 너의 온 몸이 빛으로 가득할 것이오."('마태복음' 6장 22절)라고 말하면서 잠에서 깼다.

이 꿈은 변화를 묘사하고 있다. 환자는 더 이상 그녀의 아니무스와 동일하지 않다. 말하자면, 아니무스가 눈병이 나서 그녀의 환자가 되었다. 실제로, 아니무스는 언제나 사물을 "사팔뜨기"의 눈으로 보고, 종종 매우 불확실하게 본다. 여기서 각막의 검은 얼룩이 눈 안에서 나오는 황금빛을 흐릿하게 만들고 있다. 아니무스는 "사물을 지나치게 검게" 보았다. 자신의 만다라를 "철학적 구(球)나 그대들의 영원한 경이의 눈, 지혜의 거울" 등으로 부르는 뵈메를 통해 알 수 있듯이, 눈은 만다라의 원형이다. 뵈메는 이렇게 말한다. "영혼의 본질과 이미지는 아름다운 꽃을 피우는 땅을 닮았고, 불과 빛을 닮았을 것이다. 땅은 하나의 중심이고 전혀 생명이 아님에도 근본적이며, 거기서 땅과 같지 않은 아름다운 꽃이 성장하니 꽃의 어머니이다." 영혼은 "불 같은 눈이고, 제1 원리와 비슷하고, 자연의 중심이다"[163].

우리의 만다라는 정말로 하나의 "눈"이며, 만다라의 구조는 무의식 속의 질서의 중심을 상징한다. 눈은 속이 빈 구체이며, 안쪽이 검고, 반액체인 유리체액으로 채워져 있다. 밖에서 눈을 보면 검은 중심이 있고 둥글고 색깔이 있는 표면인 홍채가 보이고, 이 중심으로부터 황금빛이 반짝인다. 뵈메는 눈을, 시력이 눈에서 발산한다고 믿던 옛날의 사상에 맞춰 "불 같은 눈"이라고 부른다. 눈은 당연히 자신의 배경 속을 들여다보고 있는 의식(사실은 하나의 지각 기관이다)을 나타낸다. 눈은 거기서 자신의 빛을 보며, 이 빛이 맑고 순수할 때 전체 몸이 빛으로 가득해진다. 어떤 조건에서 의식은 순화하는 효과를 발휘한다. 이것이 아마 '마태복음' 6장 22절이 의미하는 바일 것이며, 그 사상은 '누가복음' 11장 33절에 더욱 명료하게 표현되고 있다.

눈은 또한 잘 알려진 신의 상징이다. 따라서 뵈메는 자신의 "철학적 구(球)"를 "영원의 눈"이나 "본질 중의 본질"이나 "신의 눈"으로 부른다.

어둠을 받아들임으로써, 환자는 분명히 그것을 빛으로 바꿔놓지 않았지만, 내면의 어둠을 밝힐 어떤 불을 붙였다. 낮에는 어떠한 불도 필요하지 않다. 만약 밤이라는 사실을 모른다면, 당신은 결코 불을 밝히지 않을 것이다. 어둠의 공포를 겪지 않았다면, 당신을 위해서 어떤 불도 붙이지

---

163 'A Summary Appendix of the Soul', p. 117.

않을 것이다. 이것은 교화를 위한 텍스트가 아니고 단순히 심리학적 사실을 밝히는 진술일 뿐이다. 그림 7에서 그림 8로 변화하는 과정을 깊이 생각해 보면, "어둠의 원리를 받아들인다"고 할 때 그것이 무엇을 의미하는지가 대략적으로 파악될 것이다. 그 말이 뜻하는 바를 어느 누구도 명확하게 이해하지 못한다는 반대가 간혹 제기되었다. 이것이 가장 중요한 윤리적인 문제이기 때문에, 이 같은 반대는 유감이 아닐 수 있다. 그렇다면 이 "받아들임"을 보여주는 실질적인 한 예가 여기에 제시되고 있으니, 나는 그 과정의 윤리적 측면들을 파악하는 일은 철학자들에게 넘겨야 한다.

그림 9

그림 9에서 처음으로 빨간색 바탕에 푸른색 "영혼의 꽃"이 등장한다. 미스 X도 (당연히 뵈메에 대해 모르는 가운데) 그런 식으로 묘사했다. 그녀가 언급한 대로, 가운데에 램프 형태의 금색 빛이 있다. 피질은 대단히 두드러지지만, (적어도 만다라의 위쪽 반에서는) 빛으로 이뤄져 있으며 밖으로 발산하고 있다. 빛은 떠오르는 태양의 무지개 빛깔로 이뤄져 있다. 그것은 진짜 공작의 꼬리이다. 여섯 묶음의 태양 광선이 있다. 이것은 팔리어 경전에 담긴, 옷에 관한 부처의 설법을 떠올리게 한다.

가슴이 자비와 동정과 즐거움과 평정으로 가득 넘치는 가운데, 그는 자비와 동정과 즐거움과 평정을, 공간의 한 방위 쪽으로, 그 다음에 두 번째 방위 쪽으로, 이어서 세 번째 방위 쪽으로, 다시 네 번째 방위 쪽으로, 그리고 위와 아래로, 그리하여 온 방향으로 발산하며 살고 있다. 모든 곳에서, 넓은 세상의 모든 장소 속으로, 동정으로 넘치는 그의 가슴은 증오에서도 자유롭고 온갖 반감으로부터도 자유로운 상태에서 앞으로, 깊고 넓게, 무한히 흐르고 있다.

그러나 불교 색채가 강한 동양의 만다라와 비슷한 것은 여기서 이뤄질 수 없다. 왜냐하면 이 만다라가 위쪽 반과 아래쪽 반으로 나뉘어 있기 때문이다. 위쪽 반을 보면, 고리들이 무지개로서 많은 빛깔로 빛난다. 아래쪽 반을 보면, 고리들이 갈색 흙으로 이뤄져 있다. 위쪽에 3마리의 흰 새(삼위일체를 의미하는 프네우마들)가 맴돌고 있다. 아래에서는 염소가 까마귀 2마리(보탄의 새들)와 몸통을 꼬고 있는 뱀들을 데리고 올라오고 있다. 이것은 독실한 불교도가 그릴 수 있는 그림이 아니라 기독교 배경을 가진 서양인이 그릴 수 있는 그림이다. 서양인의 빛이 검은 그림자를 드리우고 있으니 말이다. 게다가, 3마리의 새들은 칠흑같이 검은 하늘을 날고 있고, 시커먼 진흙에서 올라오는 염소는 밝은 주황색의 벌판을 배경으로 하고 있다. 정말 이상하게도, 밝은 주황색은 불교 승려가 걸치는 옷의 색깔이지만, 환자가 의식적으로 의도하지 않은 것이 확실하다. 바탕에 깔린 생각은 분명하다. 검은 것 없이는 흰 것도 없고, 사악한 것 없이는 신성한 것도 없다는 것이다. 상반된 것들은 서로 형제들이며, 동양인은 자신의 '니르드반드바'와 '네티 네티'(neti neti)[164]에 의해서 그런 것들로부터 해방되려고 노력하거나, 아니면 도교의 경우처럼 다소 신비한 방식으로 그런 것들을 견뎌낸다. 동양과의 연결은 만다라에 '주역'의 4가지 괘를 그려 넣음으로써 환자에 의해 고의로 강조되고 있다.

164 이것도 아니고 저것도 아니라는 뜻이다.

왼쪽 위에 있는 기호는 "예"(豫)[165]라 불리는 16번 괘이다. "천둥이 지축을 흔들며 온다"는 뜻이다. 말하자면, 무의식에서 나오는, 음악과 춤으로 표현되는 어떤 움직임을 의미한다. 공자는 다음과 같이 해석한다.

> 결의가 돌과 같으니, 어찌 한나절이 필요하겠는가?
> 판단으로 알 수 있으니.
> 군자는 숨겨진 것도 알고 드러난 것도 안다.
> 또 약함도 알고 강함도 안다.
> 그러므로 무수한 남자들이 그를 우러러보리라.
> 즐거워함도 아름다움의 원천이 될 수 있으나, 그것 또한 현혹할 수 있느
> 니라.

위쪽의 두 번째 괘는 "손"(損)이라 불리는 41번 괘이다. 윗부분 3개의 효(爻)는 산을 의미하고, 아랫부분 3개의 효는 호수를 의미한다. 산이 호수 위로 우뚝 높이 선 채 호수를 "제한하고" 있다. 그것은 자제와 유보, 즉 외관상 자기 자신의 축소로 해석하게 하는 그런 "이미지"이다. 이것은 "예" 괘에 비춰보면 의미심장하게 다가온다. "그러나 더 이상 별도의 집이 없으니"라는, "손"괘의 첫 번째 효는 집을 두지 않는 불교 승려의 처지를 뜻한다. 심리학적 차원에서 보면, 이것은 그처럼 철저한 포기와 독립을 가리키는 것이 아니라, 모든 관계의 조건적인 성격과 모든 가치의 상대성, 그리고 만물의 무상함에 대한 환자 본인의 되돌릴 수 없는 통찰을 가리킨다.

165 여기서는 '인심이 화락한 상태'를 뜻한다.

아래 오른쪽에 보이는 기호는 46번 "승"(升) 괘이다. "땅 안에서 나무가 자라 위로 올라가는 이미지이다." 이 괘는 또한 "사람이 빈 도시로 올라가고, 왕이 그에게 기산(岐山)을 제공한다"고 말한다. 그래서 이 괘는 인격이 땅을 뚫고 나오는 식물처럼 성장과 발달을 성취한다는 의미이다. 앞의 만다라에 나오는 식물 모티브에 의해 이미 예고된 주제이다. 이것은 미스 X가 실제 경험을 통해서 배운 중요한 가르침을, 말하자면 그림자가 받아들여지지 않으면 어떤 발달도 있을 수 없다는 가르침을 암시한다.

왼쪽의 괘는 50번 "정"(鼎)괘이다. 솥은 제물을 마련할 때 사용하는 청동 그릇으로, 손잡이와 발까지 달려 있다. 대체로 잔치 같은 때에 음식을 담는 데 쓰인다. 아래쪽 3개의 효는 바람과 나무를 의미하고, 위쪽 3개의 효는 불을 의미한다. 따라서 "정"괘는 "나무 위의 불"로 이뤄져 있다. 연금술의 그릇이 불이나 물로 이뤄져 있듯이. 솥 안에는 "맛있는 음식"("꿩 기름")이 담겨 있지만, "손잡이가 낡고 다리가 부러져" 솥이 쓸모없게 된 탓에 음식을 먹지 못한다. 그러나 "지속적인 자기 부정"의 결과로, 인격이 분화되고("솥이 손잡이로 황금 고리와 심지어 비취 고리까지 갖게 되었다") 순화되었다. 그러다 인격은 마침내 소중한 비취의 "견고함과 부드러운 광택"을 얻기에 이르렀다.

4개의 괘가 고의로 만다라에 그려졌음에도, 그것들은 '주역'에 몰두한 데 따른 순수한 결과물이다. 그러므로 나의 환자의 내면에서 일어나고 있는 발달 과정의 양상과 단계는 '주역'의 언어로 쉽게 표현될 수 있다. 왜냐하면 '주역'도 도교와 선불교의 중요한 관심사 중 하나인 개성화 과정의 심리학에 근거를 두고 있기 때문이다.

동양 철학에 관한 미스 X의 관심은 그녀의 삶과 그녀 자신에 대한 보다 나은 지식이 그녀에게 남긴 깊은 인상 때문에 생겨났다. 그 인상은 인간 본성에 엄청난 모순이 존재하는 것 같다는 느낌을 주었다. 그녀가 직면했던 해결 불가능한 갈등은 그녀로 하여금 갈등 없이 잘 어울리는 것 같은 동양의 치료 체계들에 더욱 몰두하도록 만들었다. 기독교에서 조화를 이루지 못하는 상반된 것들이 흐릿하게 지워지거나 얼버무려지지 않고, 만다라의 통일성 속으로 뚜렷한 모습 그대로 담겨질 수 있었던 것은 아마 부분적으로 동양에 대한 이런 친숙함 때문일 수 있다. 뵈메는 이런 결합을 결코 성취하지 못했다. 반대로, 뵈메의 만다라에서 밝은 반원과 어두운 반원은 서로 등을 맞대고 있다. 밝은 반쪽은 "성령"으로 불리고, 어두운 반쪽은 "성부", 즉 만물의 창시자 또는 "제1 원리"라 불린다. 반면에, 성령은 "제2 원리"라 불린다. 이 양극성은 상반된 것들의 짝인 "태양"과 "땅의 인간"에서 드러난다. "악마들"은 모두 어두운 "성부" 쪽에 있으며, 만다라의 주변에 나타나고 있듯이, 그 악마들은 성부의 "분노의 불"을 이루고 있다.

뵈메의 출발점은 철학적 연금술이었으며, 내가 알기로, 그는 기독교의 우주를 하나의 완전한 실체로서 만다라에 담으려고 노력한 최초의 인물이었다. 그 시도는 실패했다. 그가 두 개의 반쪽을 하나의 원으로 결합시키지 못했으니 말이다. 한편, 미스 X의 만다라는 양(陽)과 음(陰)이라는 중국의 원리의 도움을 받은 결과 상반된 것들을 서로 화해시키며 포함시키고 있다.

중국 철학에서 양과 음은 서로 협력을 통해서 세상이 돌아가게 만드는 두 가지 원리로 꼽힌다. 단호함(陽)과 양보(陰)를 나타내는 효(爻)들을 가진 괘들은 이 과정의 어느 단계를 보여준다. 그러므로 괘들이 위와 아래 사이에서 중재하는 위치를 차지하는 것은 옳다. 노자(老子)는 "높은 것은 낮은 것 위에 선다."고 말한다. 너무도 명백한 이 진리가 만다라에서 은밀히 암시되고 있다. 3마리의 새들이 어두운 들판을 맴돌고 있지만, 짙은 회색의 염소는 연한 주황색의 배경을 갖고 있다. 따라서 동양의 진리가 슬며시 스며들며, 상반된 것들의 결합을, '주역'이 풀어내는 비합리적인 생명 과정 안에서 적어도 상징적인 예고를 통해서 가능하게 한다. 여기서 우리가 어떤 동일한 과정의 상반된 양상들에 관심을 두고 있다는 사실은 다음 그림에 의해 확인된다.

그림 10

미스 X가 취리히에서 시작했다가 고국을 다시 방문한 뒤에야 완성할 수 있었던 그림 10에서도, 앞에서 본 위와 아래의 구분이 똑같이 나타난다. 중앙의 "영혼의 꽃"은 동일하지만, 사방으로 짙은 청색 하늘에 둘러싸여 있다. 하늘에서 달의 4가지 위상이 보이고, 초승달은 아래의 어둠의 세계와 일치한다. 세 마리의 새가 두 마리가 되었다. 새들의 털이 검어졌지만, 한편에서는 염소가 뿔과 밝은색 얼굴을 가진 두 명의 반(半)인간으로 변했으며, 4마리의 뱀들 중에서 2마리만 남았다.

두드러진 변화는 육체를 나타내는 아래쪽의 지하 같은 반원에 두 마리의 게가 등장하고 있다는 점이다. 게는 기본적으로 점성술의 게자리 기호와 동일한 의미를 지닌다. 불행하게도 미스 X는 여기서 아무런 맥락을 제시하지 않았다. 그런 경우에 문제가 되고 있는 대상이 일반적으로 과거에 어떤 쓰임새로 쓰였는지를 조사하는 것이 바람직하다. 과학 이전의 시대에는 꼬리가 긴 게(가재)와 꼬리가 짧은 게(흔히 말하는 게)를 명확히 구분하지 않았다.

12궁의 하나로서, 게자리는 부활을 의미한다. 게가 껍질을 벗기 때문이다. 고대인들은 주로 '은둔의 게'를 생각했다. 그런 게는 껍질 속에 숨으며 공격을 받지 않는다. 그러므로 그것은 경계와 선견, 다가오는 사건들에 대한 지식을 의미한다. 그것은 "달에 의존하고 달과 함께 커진다". 달의 위상을 처음으로 보는 바로 그 만다라에 게가 나타난다는 사실은 언급할 가치가 충분하다. 점성술적으로, 게자리는 달의 집이다. 뒤로나 옆으로 움직인다는 사실 때문에, 게는 미신과 구어적 표현("crabbed"(난해한), "catch a crab"(헛젓다))에서 불운한 동물의 역할을 맡는다.

고대로부터 게자리를 뜻하는 'cancer'는 선(腺)들의 악성 종양을 뜻했다. 게자리는 태양이 물러나기 시작하는, 말하자면 낮이 짧아지기 시작하는 황도대이다. 위(僞) 칼리스테네스(Pseudo-Kallisthenes)는 게들이 알렉산더의 배들을 바다로 끌었다는 이야기를 들려주고 있다. "카르키노스"(Karkinos)는 헤라클레스가 레르나의 괴물과 싸울 때 그의 발을 물었던 게의 이름이다. 헤라는 그에 대한 보답으로 자신의 공범이 별이 되도록 했다.

점성술에서, 게자리는 여성적이고 물의 성격이 강하며, 하지가 그 안에서 일어난다. '멜로테시아이'(melothesiae)[166]에서, 게자리는 유방과 연결된다. 게자리는 서쪽 바다를 지배한다. 프로페티우스(Propertius: B.C. 1세기)의 글에서 게자리는 불길한 모습으로 나타난다. "8개의 발을 가진 게의 불길한 등을 두려워하라." 드 구베르나티스(De Gubernatis: 1840-

---

166 신체 부위와 거기에 영향을 끼치는 행성을 서로 연결시킨 그림을 말한다.

1913)는 "게가 어떤 때는 태양 영웅의 죽음을, 또 어떤 때는 괴물의 죽음을 야기한다."고 말한다. '판차탄트라'(Panchatantra)[167]는 어느 어머니가 액막이 주술로 아들에게 준 게가 검은 뱀을 죽임으로써 그의 생명을 구해준다는 이야기를 들려주고 있다. 드 구베르나티스가 생각하는 바와 같이, 게는 앞으로 움직이느냐 뒤로 움직이느냐에 따라 어떤 때는 태양을, 어떤 때는 달을 나타낸다.

미스 X는 게자리 별자리의 한자리 수의 각도(실제로 3도 정도)에서 태어났다. 그녀는 자신의 별점을 알고 있었으며, 출생의 순간의 의미를 잘 알고 있었다. 말하자면, 그녀는 떠오르는 별자리(상승궁)의 각도가 별점의 특성을 규정한다는 것을 알고 있었다. 틀림없이 그녀는 별점이 만다라와 비슷하다고 짐작했을 것이기 때문에 자신의 정신적 자기를 표현할 것으로 여겨지는 자신의 개인적 별자리를 그림 안에 담았다.

그림 10에서 끌어낼 수 있는 기본적인 결론은 그림을 관통하고 있는 이중성이 언제나 내적으로 균형이 맞춰지고 있으며, 그래서 그 이중성은 예리함과 양립 불가능성을 상실하고 있다는 것이다. 물타툴리(Multatuli: 1820-1887)가 말하듯이, "그 어떤 것도 꽤 진실하지 않으며, 이 말마저도 꽤 진실하지 않다". 그러나 이 힘의 상실은 램프가 빛을 발하며 사방으로 다양한 색깔의 광선을 발산하고 있는 중심의 단일성에 의해 상쇄되고 있다.

상반된 것들의 대칭적인 쌍들을 통해서 내면의 균형을 성취하는 것이 아마 이 만다라의 주요 의도였을지라도, 무의식적 내용물이 분화되면서 의식적인 것이 되려고 할 때, 복사(複寫) 모티브가 일어난다는 사실이 간과되어서는 안 된다. 꿈에 종종 나타나듯이, 무의식적 내용물은 동일하

167 고대 인도의 설화집.

거나 약간 다른 두 개의 반쪽들로 찢어진다. 이 반쪽들은 이제 막 생기려고 하는 내용물의 의식적인 측면과 여전히 무의식적인 측면에 해당한다. 이 그림으로부터, 나는 그것이 결정과 구분이 일어나는 곳인 일종의 지점(至點) 또는 절정을 나타내고 있다는 인상을 받는다. 그 이중성은 기본적으로 '예스'와 '노'이고 화해 불가능한 반대들이지만, 삶의 균형이 유지되려면 그것들이 결합되어야 한다. 이 결합은 행위와 고통이 서로 균형을 맞추는 곳인 중심을 확고히 유지함으로써만 성취될 수 있다. 그것은 "면도날처럼 날카로운" 경로이다. 보편적인 상반된 것들이 충돌하는 곳인 이 같은 절정은 동시에 넓은 시야가 종종 과거와 미래로 열리는 순간이다. 일반적인 의견이 고대 이후로 확립한 바와 같이, 이것은 공시적인 현상이 일어나는 심리적인 순간, 즉 먼 것이 가까이 나타나는 때이다. 16년 뒤, 미스 X는 치명적인 유방암에 걸렸다.

그림 11

여기서 나는 중앙에서 발산되고 있던 다양한 색깔의 광선이 줄어들면서 그 다음 몇 점의 그림에서는 거의 사라진다는 사실에 대해서만 언급할 것이다. 해와 달은 지금 밖에 있으며, 만다라의 소우주에 더 이상 포함되지 않는다. 태양은 황금색이 아니라 칙칙한 오크 색조를 띠고 있으며, 게다가 분명히 왼쪽으로 돌고 있다. 태양이 자체의 흐릿한 상태로 향하고 있는 것이다. 게자리 그림(지점(至點)) 다음에는 그런 식으로 전개되어야 한다. 달은 상현에 있다. 태양 근처의 둥그스름한 덩어리들은 아마 뭉게구름일 것이지만, 잿빛을 띤 붉은 색조 때문에 그것들은 볼록한 혹처럼 보이기도 한다. 만다라의 안쪽에는 지금 별들이 식물의 5엽 배열처럼 놓여 있다. 가운데의 별은 은과 금으로 되어 있다.

하늘의 반구와 땅의 반구로 나눈 만다라의 구분은 바깥의 세계로 나왔으며 안에서는 더 이상 보이지 않는다. 앞의 그림에 있던, 하늘을 나타내는 반구의 은색 가장자리는 지금 전체 만다라를 둘러싸고 있으며, '평범한 메르쿠리우스'로서 "진정한 인격을 가리는" 수은 띠를 떠올리게 한다. 아무튼, 이 그림에서 바깥 세계의 영향과 중요성이 만다라의 손상과 평가 절하를 부를 만큼 강해졌을 수 있다. 만다라는 (비슷한 상황에서 쉽게 일어날 수 있듯이) 깨어지거나 폭발하지는 않고 있지만, 별들과 천체들의 상징적 배열을 통해서 땅의 영향으로부터 배제되고 있다.

그림 12-24

그림 12에서 태양은 사실 지평선 아래로 지고 있으며, 달은 상현에서 빠져나오고 있다. 만다라의 발산은 모두 멈추었지만, 태양과 달과 지구에 해당하는 것들은 만다라 속에 동화되었다. 두드러진 한 가지 특징은 두 명의 인간 형상과 다양한 동물들에 의해서 만다라가 돌연 내적 생기를 얻는다는 점이다. 중심이 가졌던, 무리 짓는 성격은 완전히 사라지면서 일종의 꽃 모티브를 낳았다. 이 그림에 대한 설명이 전혀 없기 때문에, 불행하게도, 이 생기가 의미하는 바를 확정지을 수 없다.

그림 13에서 발산의 원천은 더 이상 만다라 안에 있지 않고 밖에, 만월의 모양 안에 있다. 만다라로부터 무지갯빛의 고리들이 동심원을 이루며 발산하고 있다. 만다라의 가두리가 검정색과 금색의 뱀 4마리로 장식되

어 있다. 이 뱀들 중 3마리의 머리는 중심을 향하고 있고, 네 번째 뱀은 머리를 위로 치켜들고 있다. 뱀과 중심 사이에 정충 모티브를 암시하는 것들이 있다. 이것은 외부 세계의 강력한 침투를 의미할 수 있지만, 그와 동시에 마법적 보호를 의미할 수도 있다. 4개 1조가 셋과 하나로 쪼개지는 것은 이 원형과 일치한다.

그림 14를 보면 만다라는 미스 X가 돌아간 뉴욕의 5번가의 불 켜진 골짜기 위의 공중에 떠 있다. 중앙의 푸른색 꽃 위에서 한 쌍의 "왕족"의 결합이 그들 사이에서 타고 있는, 제물을 바치기 위해 피우는 불에 의해 표현되고 있다. 왕과 여왕은 무릎을 꿇은 남녀 두 형상의 도움을 받고 있다. 그것은 전형적인 결혼 4개 1조이며, 그것의 심리학을 이해하기를 원하는 독자에게 나는 "전이의 심리학"(Psychology of Transference)에 담긴 설명을 참고할 것을 권한다. 이 내면의 결합은 외부에서 오는, 붕괴시키려는 영향력에 맞서는 어떤 보상적인 "강화"로 여겨져야 한다.

그림 15에서 만다라는 맨해튼과 바다 사이에 떠 있다. 다시 낮이며, 태양은 이제 막 떠오르려 하고 있다. 푸른색 중앙으로부터 푸른색 뱀들이 만다라의 붉은 살점 속으로 침투하고 있다. 뉴욕의 충격으로 야기된 감정의 내향이 절정을 넘긴 뒤, 에난티오드로미아가 시작되고 있다. 뱀들의 푸른색은 그것들이 프네우마의 성격을 획득했다는 것을 암시한다.

그림 16부터 스케치하고 색을 칠하는 기술이 결정적으로 향상되었음을 보여준다. 만다라들이 미학적 가치를 발휘하고 있다. 그림 17에서 내가 다른 사람들의 만다라에서도 관찰했던 일종의 눈 모티브가 나타난다. 나에게는 이 모티브가 '폴리옵탈미아'(polyophthalmia)[168] 모티브와 연결

---

168 기형학에서 2개 이상의 눈을 가진 상태를 말한다.

도표 5. 어느 여자 환자가 그린 만다라

58세인 이 환자는 예술적, 기술적 성취를 보여준다. 중앙에 알이 뱀에게 감겨 있다. 밖에는 액막이 날개들과 눈들이 있다. 이 만다라는 다섯의 구조를 가졌다는 점에서 예외적이다. (이 환자는 또한 셋의 구조를 가진 만다라들을 그렸다. 그녀는 의미와 상관없이 형태들을 갖고 놀기를 좋아했다. 그건 분명히 그녀의 예술가적 재능의 결과이다.)

되고 "복합적인 의식"으로 여겨질 수 있는, 무의식의 특이한 본질과 연결되는 것처럼 보인다. 나는 이 문제를 다른 곳[169]에서 상세하게 논했다.

---

169 'On the Nature of the Psyche'.

에난티오드로미아는 그 다음 해에 그림 19[170]에서야 절정에 이르렀다. 그 그림에서 붉은색 물질은 4개의 황금빛 광선을 가진 중앙의 별 주위에 배치되어 있으며, 푸른색 물질은 어디서든 주변으로 향하고 있다. 여기서 만다라의 무지갯빛 발산이 처음으로 다시 시작해 그때부터 10년 이상 동안 (여기에 소개하지 않은 만다라들에서) 지속되었다.

나는 이어지는 그림들에 대해서는 논평을 하지 않을 것이다. 그 그림들은 내가 말하듯이 10년 넘는 기간에 걸쳐 그려졌다. 그 그림들에 대해 논평하지 않는 이유는 내가 그것들을 적절히 이해하지 못하고 있다는 느낌이 들기 때문이다. 덧붙이자면, 그 그림들은 환자가 세상을 떠난 뒤인 최근에야 나에게 도달했으며, 불행하게도 거기엔 텍스트나 설명이 전혀 없었다. 이런 상황에서는 해석 작업이 매우 불확실해지며, 그래서 그런 시도를 하지 않는 것이 차라리 더 낫다. 또한 이 예는 단순히 그런 그림들이 어떤 식으로 나오게 되는지, 그리고 그것들이 의미하는 바는 무엇인지, 그 그림들에 대한 해석은 어떤 고찰과 관찰을 필요로 하는지를 보여주는 하나의 사례로 제시되었을 뿐이다. 어느 한 사람의 일생이 상징적인 형태로 어떤 식으로 표현되는지를 보여주는 것은 나의 의도가 아니다. 연금술 작업이라는 가공의 과정이 충분히 보여주듯이, 개성화 과정은 많은 단계

---

170   <그림 18-24>는 이 에세이의 초기 버전에는 실리지 않았으며, 나중에 환자가 분석 작업을 끝낸 뒤에 그린 그림 중에서 칼 융이 고른 것이다. 참고로, 환자가 그림을 그린 시기는 다음과 같다. <그림 1-6>은 1928년 10월, <그림 7-9>는 1928년 11월, <그림 10>은 1929년 1월, <그림 11>은 2월, <그림 12>는 6월, <그림 13>은 8월, <그림 14>는 9월, <그림 15>는 10월, <그림 16-17>은 11월에 각각 그려졌다. 이어 <그림 18>은 1930년 2월, <그림 19>는 8월, <그림 20>은 1931년 3월, <그림 21>은 1933년 7월, <그림 22>는 1933년 8월, <그림 23>은 1935년에 각각 그려졌으며, <그림 24>("밤에 피는 선인장")은 환자가 칼 융을 마지막으로 찾은 여행인 1938년 5월에 그려졌다.

를 거치고 많은 부침을 겪게 되어 있다.

결론

지금까지 본 일련의 그림들은 개성화 과정의 초기 단계들을 보여준다. 그 후에 어떤 일이 벌어지는지를 아는 것이 바람직할 것이다. 그러나 철학자의 금이나 철학자의 돌이 현실에서 절대로 만들어지지 않듯이, 어느 누구도 전체 방법에 대한 이야기를 적어도 인간의 귀에는 들려주지 못한다. 최종적으로 "모두 다 이루었다"고 말하는 것은 이야기를 하는 사람이 아니라 죽음이기 때문이다. 확실히 그 과정의 후반부 단계들에도 알아둘 가치가 있는 것이 많지만, 치료뿐만 아니라 가르침의 관점에서 본다면 초기의 단계들을 지나치게 빨리 건너뛰지 않는 것이 중요하다. 이 그림들이 미래 발달에 대한 직관적인 예고이기 때문에, 그림들을 놓고 오랫동안 꾸물대는 것이 바람직하다. 목적은 그 그림들의 도움을 받아서, 무의식의 아주 많은 내용물을 의식으로 통합시키기 위해서이다. 그러면 의식도 앞을 볼 수 있는 단계에 진정으로 도달할 수 있기 때문이다.

이런 정신적 진화들은 대체로 지적 발달의 속도를 따르지 못한다. 정말로, 그런 진화들의 첫 번째 목표는 너무 앞서 나간 의식을 무의식적 배경과 다시 접촉하도록 만드는 것이다. 우리 환자의 경우에도 문제는 그것이었다. 미스 X는 그녀의 땅을 다시 발견하기 위해 "고국"으로 돌아가야 했다. 말하자면, 퇴행해야 했던 것이다. 그것은 오늘날 개인뿐만 아니라 전체 문명이 직면하고 있는 과제이다. 우리 시대의 무시무시한 퇴행의 의미가 그것 아니면 뭐란 말인가?

과학과 기술을 통해 일어난 의식의 발달은 속도가 너무나 빨랐으며, 더 이상 의식과 속도를 맞출 수 없게 된 무의식은 저 멀리 뒤에 처지게 되었다. 그 때문에 의식은 방어적인 자세를 취하는 수밖에 없었으며, 그런 입장이 보편적인 파괴 의지로 나타나고 있다. 우리 시대의 정치적, 사회적 '이즘'(ism)들은 상상 가능한 온갖 이상(理想)을 설교하지만, 그것들은 이상이라는 가면 밑에서 개인적 발달의 가능성을 제한하거나 금지함으로써 우리 문화의 수준을 낮추는 목표를 추구하고 있다. 이즘들은 부분적으로 테러리즘의 지배를 받는 어떤 카오스를 목표로 잡고 있다. 말하자면, 삶에 최소한으로 필요한 것만을 충족시키는 한편으로, 소위 "암흑" 시대의 최악의 시기를 능가하는 공포 분위기를 조성함으로써 원시 상태로 돌아가려 하고 있다. 퇴화와 노예제의 이 같은 경험이 사람들로 하여금 보다 위대한 영적 자유를 몹시 절실히 느끼도록 함으로써 그것을 큰 소리로 요구하도록 할 것인지는 두고 볼 일이다.

이 문제는 집단적으로 해결될 수 없다. 왜냐하면 개인이 변하지 않으면 집단이 변하지 않기 때문이다. 동시에, 더없이 훌륭해 보이는 해결책조차도 개인에게 강요할 수 없다. 이유는 그것이 발달의 자연적인 과정과 결합될 때에만 훌륭한 해결책이 될 수 있기 때문이다. 그러므로 모든 것을 집단적인 방법과 절차에 거는 것은 가망 없는 짓이다. 일반적인 어떤 질병을 퇴치하는 것은 개인으로 시작해야 하며, 그것도 개인이 타인이 아니라 자기 자신에게 책임이 있다는 것을 깨달을 때에만 가능한 일이다. 이것은 당연히 자유 속에서만 가능할 뿐이며, 스스로 나선 독재자에 의해서든 아니면 폭도에 의해 추대된 독재자에 의해서든 힘의 지배에 의해서는 가능하지 않다.

일련의 그림들 중에서 초기의 그림들은 사람이 그때까지 뒤쪽에 잊힌 채 남아 있던, 인격의 그 부분에 마음을 주는 순간에 시작되는 특징적인 정신적 과정들을 보여준다. 자기의 상징들이 등장하면서 완전한 인격의 그림을 전달하려고 노력할 때에야, 겨우 그 연결이 확립된다. 이 같은 발달의 결과로, 의심하지 않는 현대인은 아득한 옛날부터 밟아온 경로, 즉 신성한 길로 들어선다. 그런데 그 길의 이정표들과 기념비들은 종교들이다. 그러면 현대인은 불쾌하지는 않더라도 이상해 보이는 것들을 생각하고 느낄 것이다. 아풀레이우스는 이시스 비전(秘傳)에서 자신이 "죽음의 문에 다가가서 프로세르피나[171]의 문턱에 한 발을 들여놓았으나 모든 요소들에 넋을 잃은 상태에서 돌아서 나가는 것이 허용되었다."는 이야기를 들려준다. "자정에 나는 태양이 정오처럼 빛나는 것을 보았다. 나는 저승의 신들과 지상 세계의 신들 앞으로 나아가서 그들 가까운 곳에 서서 그들을 숭배했다."[172]

그런 경험들은 우리의 만다라에도 표현되고 있다. 그것이 우리가 종교 문헌에서 그런 상황들의 상징과 분위기와 가장 비슷한 것들을 발견하는 이유이다. 만약에 이 상황들의 영향을 받는 개인이 충직한 신뢰와 확신에 필요한 도덕적 능력을 갖추고 있다면, 그 상황들은 정신적 성장과 인격의 성숙과 심화를 지속적으로 낳을 수 있는 강력한 내면의 경험이다. 그 상황들은 "신앙"의 단단한 토대가 되어야 하는, 오래된 정신적 경험들이다. 그런데 그 토대는 신앙만의 토대가 아니라 지식의 토대도 되어야 한다.

우리의 예는 그 정신적 과정의 자발성과 어떤 개인적 상황이 개성화의

---

171   그리스 신화 속의 저승의 신.

172   'The Golden Ass', trans. by Graves, p. 286.

문제로 변형되는 과정을, 즉 완전해지는 과정을 아주 뚜렷이 보여주고 있다. 인간이 최근에 습득한 의식이, 말하자면 앞으로 향하기만 하는 의식이 저 멀리 뒤처진 무의식과 어떻게 해야 다시 연결될 수 있을까? 모든 것들 중에서 가장 오래된 것은 본능적 토대이다. 본능을 간과하는 사람은 누구나 본능에게 매복 공격을 당할 것이며, 겸손하지 않은 사람은 누구나 힘이 꺾임과 동시에 자신의 가장 소중한 소유물인 자유를 잃을 것이다.

과학이 "단순한" 생명 과정을 묘사하려고 노력할 때면 언제나 문제가 복잡해지고 어려워진다. 그렇기 때문에 어떤 변형 과정의 세부사항들을 적극적 상상을 통해 시각적으로 드러내는 것이 엄청난 이해력을 요구한다 하더라도 절대로 놀라운 일이 아니다. 이런 측면에서 보면, 그 세부사항들은 다양한 생물학적 과정들과 비교할 만하다. 생물학적 과정들을 이해하는 데도 마찬가지로 전문적 지식이 필요하다. 그러나 우리의 예는 또한 특별한 지식을 갖추지 않아도 이 과정이 시작되고 경로를 밟을 수 있다는 점을 보여준다. 그러나 만약에 사람이 그 과정을 이해하고 그것을 의식으로 통합시키기를 원한다면, 어느 정도의 지식이 필요하다. 만약에 그 과정에 대한 이해가 전혀 이뤄지지 않은 상태라면, 그것이 아무런 결과를 낳지 않고 다시 무의식 속으로 빠지지 않기 위해서는 엄청난 강도를 유지할 수 있어야 한다. 그러나 그 과정의 감정들이 특별한 강도에 이른다면, 그 감정들이 어떤 종류의 이해를 강요할 것이다.

결과가 더 병적인 것으로 나타나는가 아니면 덜 병적인 것으로 나타나는가 하는 문제는 이 이해의 정확성에 달려 있다. 정신의 경험들은 제대로 이해되느냐 그르게 이해되느냐에 따라서 그 사람의 발달에 매우 다른 결과를 낳는다. 환자가 적절히 이해하도록 도울 수 있을 만큼 이런 것들에 대한 지식을 충분히 습득하는 것이 정신 요법 의사들의 중요한 의무 중 하나이다.

이런 종류의 경험들은 위험을 수반한다. 이유는 그 경험들이 무엇보다 정신병의 모체이기도 하기 때문이다. 어떤 상황에서도 오만하고 폭력적인 해석은 피해야 한다. 또 환자가 자연적으로, 또 자발적으로 일어나지 않는 발달을 꾀하도록 강요해서도 안 된다. 그러나 어떤 발달이 시작되기만 하면, 정신병의 가능성이 확실히 보이지 않는 한, 환자에게 거기서 벗어나라고 말하면 안 된다. 이 문제를 결정하는 데는 풍부한 정신 의학 경험이 필요하며, 원형적 이미지와 공상과의 연결은 그 자체로는 병적이지 않다는 점을 명심해야 한다. 병적인 요소는 단지 개인이 그런 이미지와 공상에 반응하는 방법과 그것들을 해석하는 방식에서 나타난다.

병적 반응의 두드러진 특징은 무엇보다 원형과의 동일시이다. 이 같은 현상은 일종의 팽창과, 그때 나타나고 있는 내용물에 의한 사로잡힘을 낳는다. 그러면 무의식의 내용물이 홍수처럼 쏟아지고, 그런 상황이 벌어지면 어떤 치료 방법도 그것을 멈추게 하지 못한다. 동일시는 호의적인 경우에 가끔 다소 무해한 팽창으로서 차츰 사라진다. 그러나 모든 경우에 무의식과의 동일시는 의식의 약화를 초래하며, 바로 거기에 위험이 있다.

당신은 원형과 당신 자신을 동일시하지 않지만, 당신은 무의식적으로 원형과의 동일시를 경험하면서 원형에 사로잡힌다. 따라서 보다 어려운 환자들의 경우에, 무의식의 산물들을 이해하고 동화시키는 것보다 자아를 강화하고 공고하게 하는 것이 훨씬 더 필요하다. 그 결정은 분석가의 진단과 치료의 기술에 맡겨야 한다.

*

이 논문은 만다라의 내적 과정들을 보다 쉽게 이해하도록 도우려는 노력에서 나왔다. 만다라의 내적 과정들은 말하자면 정신의 배경에서 진행되고 있는, 흐릿하게 느껴지는 변화들을 묘사하고 있다. 이 변화들은 "거꾸로 뒤집어진 눈"에 지각되어, 연필과 붓에 의해 그 모습 그대로, 이해되지 않은 상태로 시각화된다. 그 그림들은 무의식의 내용물을 나타내는, 일종의 표의문자이다. 나는 당연히 이 방법을 나 자신에게 적용했으며, 그 결과, 사람은 매우 복잡한 그림들을 그것들의 진정한 의미에 대해 전혀 모르는 상태에서도 그릴 수 있다고 단언할 수 있게 되었다.

그 과정들을 그림으로 그리는 동안에, 그림은 저절로 생겨나는 것처럼 보이며, 그림이 본인의 의식적 의도와 정반대로 나올 때도 종종 있다. 그림이 자주 그 사람의 기대를 매우 놀라운 방식으로 좌절시키는 것을 관찰하는 것은 매우 흥미로운 일이다. 적극적 상상의 산물들을 기록할 때에도 똑같은 일이 간혹 더욱 선명하게 관찰된다.

이 글은 나 자신이 치료 방법들에 대해 설명하면서 느꼈던 빈틈을 채워줄 것 같다. 나는 적극적 상상에 대해 글은 거의 쓰지 않았지만, 그것에 대해 말은 아주 많이 했다. 나는 이 방법을 1916년 이후로 사용하고 있으며, "자아와 무의식의 관계"(The Relations between the Ego and the Unconscious)에서 처음으로 그 방법에 대해 대략적으로 설명했다. 내가 만다라에 대해 처음 언급한 것은 1929년 『황금 꽃의 비밀』(The Secret of the Golden Flower)에서였다. 적어도 14년 동안, 나는 어떤 암시도 피하기 위해서 이 방법들의 결과에 대해 철저히 침묵을 지켰다. 나는 이것들,

특히 만다라들이 정말로 자발적으로 생산되고 나 자신의 공상에 의해서 환자에게 암시되지 않았다는 것을 스스로 확인하기를 원했다. 그때 나는 나 자신의 연구를 통해서 만다라가 모든 시대에 걸쳐서 세계의 모든 지역에서 바위에 스케치되고 그려지고 새겨졌다는 것을, 나의 환자들이 만다라들을 발견하기 오래 전에 확신할 수 있었다. 나는 또한 만다라들이 내가 훈련시키지 않은 정신 요법 의사들에게 치료를 받던 환자들에 의해서도 꿈으로 꾸게 되거나 그림으로 그려진다는 것을 확인하며 크게 안심할 수 있었다.

만다라 상징의 중요성과 의미를 고려한다면, 특별한 주의가 필요해 보였다. 이 모티브가 원형이 보편적으로 일어난다는 점을 보여주는 최고의 예처럼 보이니 말이다. 1939년과 1940년에 진행되었던 어린이들의 꿈에 관한 세미나에서, 나는 신의 사위일체에 대해 들었을 가능성이 전혀 없는 10세 소녀의 꿈에 대해 언급했다. 꿈의 내용은 소녀가 직접 글로 적은 것이었으며, 그것을 지인이 나에게 보내 주었다.

> 꿈에서 언젠가 나는 많은 뿔을 가진 동물을 보았다. 그 동물은 뿔로 다른 어린 동물들을 찔렀다. 그 동물은 뱀처럼 꿈틀꿈틀 움직였으며, 그것이 그 동물이 살아가는 방식이었다. 그때 푸른색 안개가 사방에서 몰려왔다. 그러자 그 동물은 먹는 행위를 멈추었다. 이어서 신이 왔으나, 거기에는 네 귀퉁이마다 신이 하나씩 있었다. 이어서 그 동물은 죽었고, 그 동물이 먹었던 동물들이 모두 다시 살아났다.

이 꿈은 무의식의 개성화 과정을 묘사하고 있다. 모든 동물들이 그 한 마리의 동물에게 먹히고 있다. 이어서 에난티오드로미아가 온다. 용이 신성한 사위일체를 의미하는 프네우마로 변하는 것이다. 이제는 죽은 자의 부활인 아포카타스타시스(apocatastasis)가 따른다. 너무도 "어린이답지 않은" 이 공상은 원형적이라고 보는 수밖에 없다. 미스 X도 그림 12에서 만다라에 많은 동물들을, 그러니까 뱀 2마리와 거북 2마리, 물고기 2마리, 사자 2마리, 돼지 2마리, 그리고 한 마리의 염소와 양을 담았다.

통합은 많은 것을 하나로 모은다. 이 꿈을 꾼 아이에게, 그리고 미스 X에게도 오리게네스(Origen: A.D. 185년경-253년경)가 (제물로 바쳐지는 동물들에 대해 말하면서) 이런 말을 했다는 사실은 절대로 알려지지 않았다. "이 제물들을 당신 자신 안에서 찾아라. 그러면 당신은 당신 자신의 영혼 안에서 그것들을 발견할 것이다. 당신 자신 안에 소 떼와 염소 떼와 양 떼가 있다는 것을 이해하라. … 하늘의 새도 당신 안에 있다는 것을 이해하라. 이런 것들이 당신 안에 있다고 하면 놀랄 것이 아니라, 당신 자신이 또 다른 작은 세계라는 것을, 당신 안에 해와 달과 별들이 있다는 것을 이해하라."[173]

이와 똑같은 생각이 다른 단락에 다시 등장하지만, 이번에는 심리학적 진술의 형태를 취하고 있다. "어느 한 순간에 화를 내다가 그 다음 순간에 슬퍼하고, 또 조금 있다가 즐거워하다가 또 다시 힘들어 하다가 만족하는 인간의 얼굴 표정을 떠올려 보라. … 자신이 하나라고 생각하는 사람도 하나가 아니라 기분의 변덕만큼이나 많은 인격을 갖고 있다. 미련한 자는 달처럼 변한다[174]는, '성경'의 말씀 그대로다. … 그러므로 신은 변할 수

173 'In Leviticum Homiliae', V, 2(Migne, P.G.. vol. 12, col. 449)
174 '집회서' 27장 11절.

506

없고, 변하지 않는다는 이유로 하나라 불린다. 또한 신의 이미지를 본떠 만들어진 신의 진정한 모방자는 완벽해질 때 하나이고 동질이라고 불린다. 그도 미덕의 정점에 이르러 고착될 때 변하지 않고 언제나 하나로 남기 때문이다. 모든 인간은 사악한 모습을 보일 때 마음이 많은 사물들 사이에 나눠지고 수많은 방향으로 찢기기 마련이다. 다양한 악을 저지르는 인간은 절대로 하나라 불릴 수 없다."[175]

여기서 많은 동물들은 인간이 쉽게 넘어가는 감정 상태들을 뜻한다. 이 단락에서 분명히 암시되고 있는 바와 같이, 개성화 과정은 많은 것을 하나에 종속시킨다. 그러나 그 하나는 신이며, 우리 안에서 신에 해당하는 것은 신의 이미지이다. 그러나 신의 이미지는, 야코프 뵈메를 통해 보았듯이, 만다라에서 스스로를 표현한다.

---

175 'In libros Regnorum homilitae', I, 4(Migne, P.G., vol. 12, cols. 998–99).

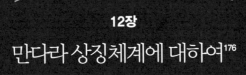

12장

만다라 상징체계에 대하여[176]

176   1950년에 '무의식의 계획들'(Gestaltungen des Unbewussten)에 처음 발표되었다.

다음 글에서 나는 다양한 종류의 그림의 도움을 받으며 상징들의 한 특별한 범주인 만다라에 대해 설명할 것이다. 예전에도 이 주제를 몇 차례 다뤘고, 『심리학과 연금술』에서는 개인을 분석하는 과정에 나타나는 만다라 상징들을 놓고 상황에 대한 해설과 함께 상세하게 설명한 바 있다. 이 책 앞부분에서도 만다라를 설명하려는 노력을 다시 했지만, 그 만다라들은 꿈에서 끌어낸 것이 아니라 적극적 상상에서 나온 것이었다. 이 논문에서는 한편으로 독자에게 개인의 공상에서 나오는 형태들이 놀랄 만큼 풍성하다는 인상을 주고, 또 한편으로 독자가 기본적인 요소들이 어떤 식으로 규칙적으로 일어나는지를 생각할 기회를 주기 위해서 아주 다양한 출처에서 나온 만다라를 제시할 것이다.

해설과 관련해서는 독자들이 다른 문헌을 참고하도록 권해야 한다. 이 논문에서 나는 암시들을 제시하는 것으로 만족할 것이다. 『심리학과 종교』와 이 책 앞부분에 묘사된 만다라들이 보여주듯이, 세세한 설명을 추구하다 보면 글이 훨씬 더 길어져야 하기 때문이다.

산스크리트어 단어인 '만다라'는 '원'을 의미한다. 종교 의례에서 그려진 원들을 의미하는 인도의 용어이다. 인도 남부의 마두라에 있는 대사원에서, 나는 이런 종류의 그림이 어떤 식으로 그려지는지를 직접 확인할 수 있었다. 그때 만다라는 어느 여인에 의해서 문간에 색깔 분필로 그려졌으며, 크기는 직경 3m 정도였다.

나와 동행했던 학자는 나의 질문에 자신은 그것에 대해 어떠한 정보도 줄 수 없다는 식으로 대답했다. 그런 그림을 그리는 그 여자만이 그림이 의미하는 바를 알 수 있을 뿐이라는 것이었다. 그 여자는 어떤 언질도 거부했다. 틀림없이 그녀는 작업이 방해 받기를 원하지 않았다.

붉은색 분필로 그린 정교한 만다라들은 백색 도료를 바른, 많은 오두막의 벽에서 발견된다. 가장 훌륭하고 가장 의미 있는 만다라들은 티베트 불교에서 발견된다. 한 예로, 나는 리하르트 빌헬름(Richard Wilhelm)을 통해서 관심을 갖게 된 티베트의 만다라를 이용할 것이다.

그림 I

이런 종류의 만다라는 의례에 쓰이는 '얀트라', 즉 명상의 도구이다. 이 만다라는 정신적 시야를 좁히고 중앙으로 제한함으로써 정신 집중을 돕게 되어 있다. 일반적으로 만다라는 검정색 또는 암청색으로 그려진 3개의 원을 포함한다. 이 원들은 밖을 차단하고 안쪽을 단단히 결합시킨다.

그림 1

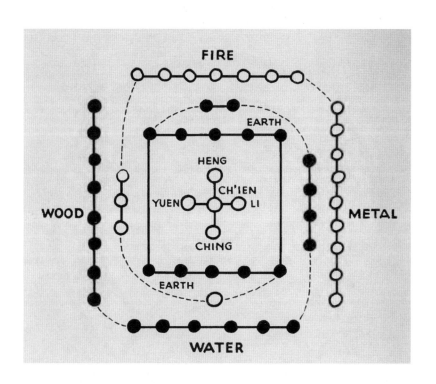

그림 2

그림 3

그림 4

그림 5

그림 6

그림 7

그림 8

그림 9

그림 10

그림 11

그림 12

그림 13

그림 14

그림 15

그림 16

그림 17

그림 18

그림 19

그림 20

그림 21

그림 22

그림 23

그림 24

그림 25

그림 26

그림 27

그림 28

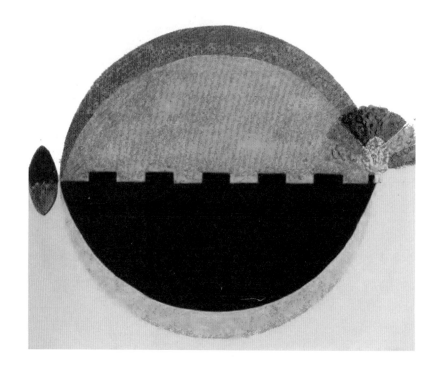

그림 29

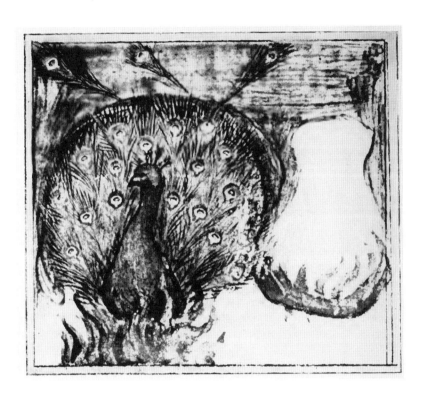

그림 30

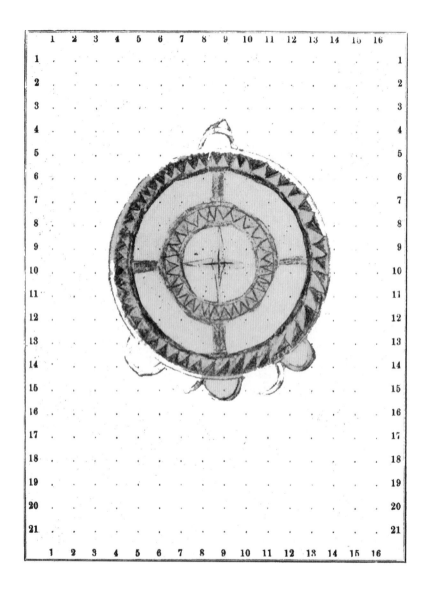

그림 31

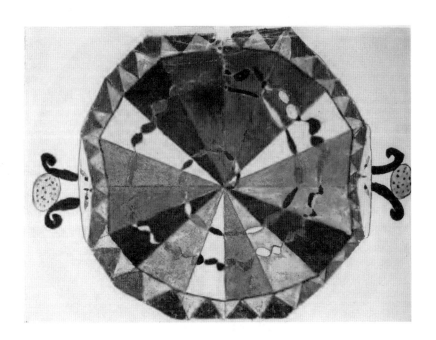

그림 32

그림 33

그림 34

그림 35

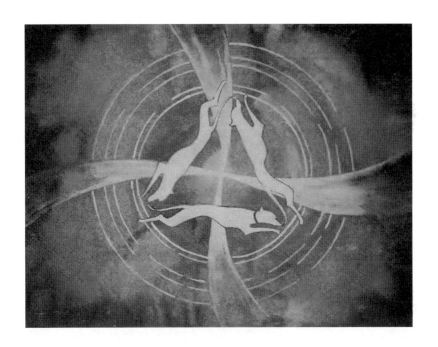

그림 36

그림 37

그림 38

그림 39

그림 40

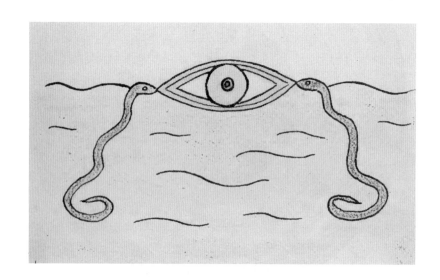

그림 41

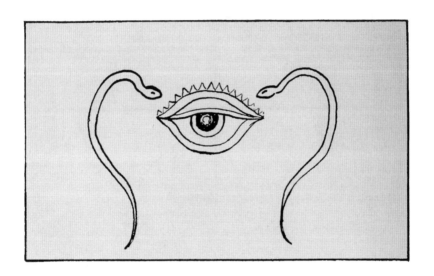

그림 42

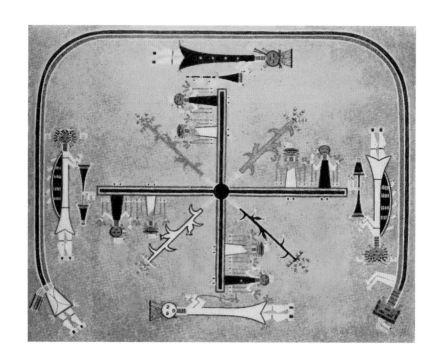

그림 43

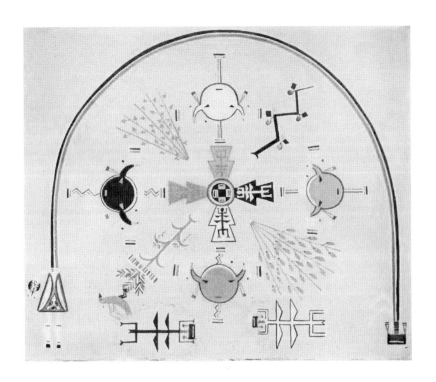

그림 44

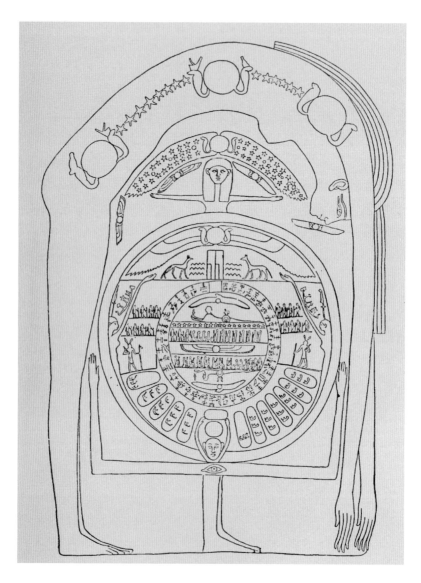

그림 45

그림 46

그림 47

DECIMA FIGURA.

그림 48

그림 49

그림 50

그림 51

그림 52

거의 틀림없이, 바깥쪽 테두리는 불로, 말하자면 지옥의 고통이 비롯되는 강한 욕망의 불로 이뤄져 있다. 묘지의 공포는 일반적으로 바깥쪽 테두리에 그려진다. 이 테두리 안에 전체 만다라를 하나의 연꽃으로 규정짓는 연잎 화환이 있다. 이어서 4개의 문을 가진, 일종의 수도원 뜰이 나온다. 그것은 신성한 은둔과 집중을 의미한다. 이 뜰에 대체로 4가지 기본적인 색깔, 즉 빨간색과 초록색, 흰색, 노란색이 나온다. 『티베트 사자의 서』(Tibetan Book of the Dead)가 보여주듯이, 이 색깔들은 4가지 방향과 정신적 기능을 나타낸다. 그 다음에, 일반적으로 또 다른 마법의 원의 보호를 받는 중심이 명상의 핵심적 대상 또는 목표로 온다.

이 중심은 의례상의 요구 조건과 명상하는 사람의 등급, 그가 속한 종파에 따라 아주 다양하게 다뤄진다. 대체로 중심은 세상을 창조하는 단계의 시바를 보여준다. 탄트라교의 교리에 따르면, 시바는 유일한 존재자(One Existent)이고, 완벽한 상태일 때 시간과 관계없는 존재이다. 전혀 확장되지 않은 이 점(點), 즉 시바점(Shiva-bindu)이 그것의 여성적인 측면인 샤크티의 영원한 포옹 속에서 등장할 때, 창조가 시작된다. 그러면 시바점은 헤겔의 용어를 빌리면 즉자적(卽自的) 존재[177]의 상태에서 벗어나서 대자적(對自的) 존재[178]의 상태에 닿는다.

쿤달리니 요가의 상징체계에서, 샤크티는 남근 형태의 시바인 링가(lingam)[179]를 세 바퀴 반을 감고 있는 뱀으로 표현된다. 이 이미지는 공간에서의 표현 가능성을 보여준다. 샤크티로부터 모든 개인적인 것들의 건

---

[177] 오직 자신에게만 매몰되어 있는 고립적인 상태의 존재를 일컫는다.

[178] 주관적인 자신까지 객관화시키며 반성적인 사유를 할 수 있는 높은 차원의 존재를 말한다.

[179] 인도에서 시바신의 숭배에 쓰이는 남근상을 말한다.

축 재료인 마야가 오며, 따라서 샤크티는 현실 세계의 여자 창조자이다. 현실 세계는 망상으로, 존재이자 비존재로 여겨진다. 현실 세계는 시바의 안에 있음에도 아직 용해된 상태로 있다. 그러므로 창조는 그 신 안에서 결합되어 있는 상반된 것들을 구분하는 행위로 시작된다. 상반된 것들을 찢어 놓는 행위로부터, 세상의 다양성이 거대한 에너지의 폭발과 함께 생겨나는 것이다.

만다라에 묘사된 과정들을 놓고 깊이 생각하는 행위의 목적은 요가 수행자가 내적으로 신을 의식하는 것이다. 명상을 통해서, 요가 수행자는 자신을 다시 신으로 인식하고, 따라서 개인적 존재라는 망상에서 벗어나 신성한 상태의 보편적인 전체성으로 돌아간다.

이미 말한 바와 같이, 만다라는 '원'을 의미한다. 여기에 만다라 모티브의 수많은 변형이 소개되지만, 만다라들은 모두 원의 사각형화에 바탕을 두고 있다. 만다라들의 근본적인 모티브는 정신 안의 일종의 중심점인, 어떤 인격의 중심에 대한 예고이다. 이 중심점은 모든 것과 연결되고, 모든 것을 배열하는 기준이 되고, 그 자체로 에너지의 원천이다. 중심점의 에너지는 하나가 되려는, 거의 저항 불가능한 충동으로 나타난다. 모든 유기체가 어떤 상황에 처하든 본래의 특징적인 형태를 취하려고 열심히 노력하는 것과 똑같다. 이 중심은 자아로 느껴지거나 여겨지지 않으며, 굳이 표현하자면 자기로 느껴지고 여겨진다. 중심은 가장 깊숙한 하나의 점으로 표현될지라도, 자기에 속하는 모든 것을, 말하자면 전체 인격을 이루고 있는 모든 상반된 것들을 포함하고 있는 주변에 둘러싸여 있다. 이 전체는 가장 먼저 의식을, 그 다음에 개인 무의식을, 마지막으로 무한한 크기의 집단 무의식을 포함한다. 이 집단 무의식의 원형들은 모든 인간에게 공통적이다. 이 원형들 중 일부는 인격의 범위 안에 영원히 또는 일시적으로 포함되며, 그것들은 이 접촉을 통해서, 가장 잘 알려진 것만을 언급하자면 그림자와 아니마, 아니무스로서 개인적 특성을 얻는다. 자기는 한편으로 보면 단순하면서도, 다른 한편으로 보면 극히 복잡하며, 인도인의 표현을 빌리면 하나의 "복합적인 영혼"이다.

라마교의 문헌은 그런 원을 그리는 방식과 그것을 이용하는 방식에 대해 세세하게 설명하고 있다. 형태와 색깔은 전통으로 내려오고 있으며, 그래서 변형도 상당히 좁은 범위 안에서 이뤄진다. 만다라를 의례에 사용하는 것은 실은 불교와 거리가 멀다. 어쨌든 만다라는 원래의 소승 불교에는 낯설며 대승 불교에서 처음 나타난다.

여기 소개하는 만다라는 명상에서 빠져 나와서 절대적인 상태로 들어간 사람의 상태를 묘사하고 있다. 그것이 지옥의 표상과 묘지의 공포가 보이지 않는 이유이다. 한가운데의 '도르제'(dorje), 즉 금강(金剛) 벼락은 남성적인 것과 여성적인 것이 결합하는 곳인 완벽한 상태를 상징한다. 마침내 망상의 세계가 사라졌다. 모든 에너지는 원래의 상태 속에 함께 모여 있다.

안뜰의 문들에 있는 4개의 도르제들은 생명의 에너지가 안으로 흐르고 있다는 것을 암시한다. 생명의 에너지는 대상으로부터 스스로를 분리시키며 지금 중심으로 돌아가고 있다. 전체성의 4개의 양상들 속에서 모든 에너지의 완벽한 결합이 성취될 때, 더 이상 변화에 노출되지 않는 어떤 정적 상태가 일어난다. 중국 연금술에서 이 상태는 중세 연금술의 '부패하지 않는 몸'에 해당하는 "금강체"라 불리고, 기독교 전통에서 말하는, 부패하지 않는 부활한 몸인 영광체와 동일하다. 그렇다면 이 만다라는 모든 상반된 것들의 결합을 보여주며, 양(陽)과 음(陰) 사이에, 하늘과 땅 사이에 위치하고 있으며, 영원한 균형과 변치 않는 지속의 상태이다.

보다 소박하게 심리학적 목적을 위해서, 우리는 동양의 형이상학적인 현란한 언어를 포기해야 한다. 요가가 이 수련에서 목표로 잡고 있는 것은 틀림없이 수행자의 정신적 변화이다. 자아는 개인적인 존재의 표현이다. 요가 수행자는 자신의 자아를 시바 또는 부처로 바꿔놓으며, 이런 식으로, 그 사람은 인격의 심리적 중앙을 개인적인 자아에서 비개인적인 비(非)자아로 이동시킨다. 이 비자아가 지금 인격의 진정한 "토대"로 경험되고 있다.

이 맥락에서 나는 이와 비슷한 중국인의 인식, 즉 '주역'이 근거하고 있는 체계에 대해 언급하고 싶다.

그림 2

중앙에 '하늘'(乾)이 있고, 거기서부터 공간을 뚫고 확장되고 있는 천상의 힘들처럼 4개의 방사가 퍼져나간다. 그리하여 다음과 같은 것들이 생기게 된다.

하늘(乾): 자연 발생의 창조의 에너지이며, 시바에 해당한다.

원(元): 생성의 힘.

형(亨): 모든 것에 스며드는 힘.

이(利): 이로운 힘.

정(貞): 불변의 결정적인 힘.

남성적인 이 힘의 중심 주위에 땅이 땅의 원소들과 함께 놓여 있다. 그것은 쿤달리니 요가에 나오는 시바와 샤크티의 결합과 동일한 개념이지만, 여기서는 땅이 하늘의 창조력을 받아들이고 있는 것으로 표현되고 있다. 하늘(乾)과 여성적이고 수용력 있는 땅(坤)의 결합은, 피타고라스(Pythagoras)의 경우처럼 모든 존재의 근본이 되는 테트락티스를 낳는다.

"하도"(河圖)[180]는 부분적으로 B.C. 12세기에 비롯된, 현재 모습의 '주역'의 전설적인 토대들 중 하나이다. 전설에 따르면, 어떤 용이 어느 강에서 "하도"의 마법적인 기호들을 건져냈다. 그 위에서 현자들이 그림을 발견했는데, 그 그림 안에 세계 질서의 법칙들이 담겨 있었다. 이 그림은 극히 오래된 나이와 어울리게 숫자들을 암시하는 매듭들을 보여준다. 이 숫자들은 주로 남성적이고 여성적인 특성들을 가진 원시적인 성격을 보여준다. 모든 홀수는 남성적이고 짝수는 여성적이다.

안타깝게도 나는 이 원시적인 개념이 그보다 훨씬 훗날에 나온 탄트라교의 만다라의 형성에 영향을 미쳤는지 여부에 대해서는 알지 못한다. 그러나 유사성이 너무나 뚜렷하기 때문에 유럽인 연구자는 이렇게 자문하지 않을 수 없다. 도대체 어느 쪽의 관점이 영향을 끼친 것일까? 중국인의 관점이 인도인의 관점으로부터 발달했는가, 아니면 인도인의 관점이 중국인의 관점에서 발달했는가? 내가 물었던 어느 인도인은 "당연히 중국인의 관점이 인도인의 관점으로부터 발달한 것이지요."라고 대답했다. 그러나 이 인도인은 중국인의 개념들이 얼마나 오래되었는지를 모르는 사람이었다. '주역'의 토대는 B.C. 3,000년경으로 거슬러 올라간다. 중국

---

180   글의 창조와 관련해서 중국 신화에 등장하는 고대 중국의 도형으로 황하의 지도로 여겨진다.

고전 철학에 탁월한 전문가인 나의 친구 리하르트 빌헬름은 두 관점 사이에 직접적인 연결이 전혀 없다는 의견을 보였다. 상징에 담긴 생각들이 근본적으로 유사함에도, 둘 사이에 직접적 연결이 있어야 할 필요는 전혀 없다. 이유는 경험이 보여주고 나 자신이 증명했듯이, 생각들이 서로 아무런 관계없이 독립적으로, 어디에나 존재하는 것 같은 어떤 정신적 모체로부터 자생적으로 거듭 일어나기 때문이다.

그림 3

라마교 만다라의 한 짝으로서, 나는 지금 티베트의 "세계 바퀴"를 소개한다. 이 만다라는 세계를 표현하고 있기 때문에 앞의 만다라와 뚜렷이 구분되어야 한다. 중앙에 3가지 원리, 즉 탐욕과 시기와 무의식을 상징하는 수탉과 뱀, 돼지가 있다. 바퀴는 중앙 가까운 곳에는 6개의 살을, 가장자리에는 12개의 살을 갖고 있다. 바퀴는 3개 1조 체계를 바탕으로 하고 있다. 바퀴는 죽음의 신 야마에게 붙잡혀 있다. (그림 32와 45에서 "방패를 붙들고 있는 다른 존재들"을 만날 것이다.) 고령과 병과 죽음의 슬픈 세계가 죽음의 악마의 발에 붙들려 있어야 하는 것은 이해가 된다. 놀랍게도, 존재의 불완전한 상태는 3개 1조 체계에 의해, 완전한 (영적) 상태는 4개 1조 체계에 의해 각각 표현되고 있다. 그러므로 불완전한 상태와 완전한 상태 사이의 관계는 3 : 4의 비율에 해당한다. 이 관계는 서양 연금술 전통에서 마리아의 경구로 알려져 있다. 그것은 꿈 상징체계에서도 상당한 역할을 한다.

*

　여기서 이제 무의식을 분석하는 과정에 환자들이 자발적으로 만들어
내는 개인적인 만다라로 넘어갈 것이다. 지금까지 논한 만다라들과 달리,
이 만다라들은 어떤 전통이나 모델에 근거하지 않고 공상의 자유로운 창
작처럼 보이지만, 그것을 만들어낸 사람들에게 알려지지 않은 어떤 원형
적인 생각에 의해 결정된다. 이런 이유로, 근본적인 모티브들이 너무나
자주 반복되기 때문에, 아주 다양한 환자들이 그린 그림에서도 두드러진
유사성이 확인된다. 이 그림들은 대체로 교육 받은 사람들에게서 나온 것
이지만 그 사람들은 민족들 사이에 정신적 산물의 유사성이 발견된다는
것에 대해서는 모르고 있었다. 그림들은 환자의 치료 단계에 따라서 크게
다르지만, 일부 중요한 단계들은 명확한 모티브들과 일치한다. 치료에 대
해 세세하게 파고들지 않고, 나는 단지 인격을 다시 배열하는 것은 중심
을 새로 잡는 작업을 수반한다는 말만 하고 싶다. 그것이 만다라들이 대
부분 방향 상실 또는 공황이라는, 정신적으로 혼란스런 상태에서 나타나
는 이유이다. 그렇다면 만다라들은 혼란을 질서로 바꿔놓는 목표를 갖고
있다. 그럼에도 이것은 절대로 환자의 의식적인 의도가 아니다.

　여하튼 만다라들은 질서와 균형, 완전성을 표현한다. 환자들 본인은 종
종 그런 그림들이 이롭게 작용하거나 진정시키는 효과를 강조한다. 보통
만다라들은 종교적인, 즉 초자연적인 생각을 표현하거나, 그런 것이 아니
면 철학적인 생각을 표현한다. 대부분의 만다라들은 직관적이고 비합리
적인 성격을 지니고 있으며, 상징적인 내용물을 통해서 무의식에 영향을
끼친다. 그러므로 만다라들은 아이콘처럼 어떤 "마법적" 중요성을 지니

며, 그 효과는 절대로 환자에게 의식적으로 느껴지지 않는다. 사실, 환자들이 아이콘들이 의미하는 바를 확인하는 것은 자신들이 그린 그림의 효과를 통해서다. 그 그림들은 환자들 본인의 공상에서 나왔기 때문에 효과를 발휘하는 것이 아니라, 환자들이 자신의 주관적 상상이 전혀 예상하지 않은 종류의 모티브와 상징들을 만들어냈다는 사실에 강한 인상을 받기 때문에 효과를 발휘한다. 더욱이, 그 모티브와 상징들이 자연의 법칙과 일치할 뿐만 아니라, 그들의 의식적인 마음이 큰 어려움을 겪어야만 파악할 수 있는 사상이나 상황을 표현하고 있으니 말이다.

이런 그림들 앞에서, 많은 환자들은 집단 무의식의 실체가 자율적인 독립체라는 것을 돌연 처음으로 깨닫게 된다. 여기서 이 점에 대해 길게 논하지 않을 것이다. 그 인상과 그것의 효과가 환자에게 끼치는 힘이 그림 몇 점을 통해서 충분히 분명하게 확인되기 때문이다.

이어질 그림들과 관련해 서문 형식으로 만다라 상징체계의 형식적인 요소들에 대해 짧게 몇 마디 하는 것이 바람직하다. 1) 그림들은 주로 둥글거나 구체이거나 알 모양이다. 2) 원은 한 송이 꽃(장미, 연꽃)이나 바퀴로 다듬어진다. 3) 중심은 일반적으로 4개, 8개 또는 12개의 광선을 가진 태양이나 별이나 십자가로 표현된다. 4) 원과 구체, 십자가 형상들은 종종 회전하는 상태(스와스티카)로 나타난다. 5) 원은 어떤 중심을 감고 있는 뱀에 의해 표현된다. 이때 중심은 고리 모양(우로보로스)이거나 나선형(오르페우스의 알)이다. 6) 원의 사각형화가 나타난다. 사각형 안에 원이 있는 형태이거나 그 반대이다. 7) 성과 도시, 안마당(성역) 모티브를 보인다. 정사각형이나 원의 형태이다. 8) 눈(동공과 홍채)이 나타난다. 9) 4개 1조의 형상들(그리고 넷의 배수) 외에, 훨씬 드물긴 하지만 3개 1조와 5개 1조도 있다. 곧 확인하게 되겠지만, 이것들은 "방해받은" 전체성의 그림들로 여겨져야 한다.

그림 4

이 만다라는 중년의 여자 환자가 그린 것이다. 그녀는 이것을 어떤 꿈에서 처음 보았다. 동양 만다라와 다른 점이 금방 눈에 띈다. 이 만다라는 형태도 빈약하고, 생각도 빈약하지만, 그럼에도 집단적이고 전통적인 어떤 구성을 따랐던 동양의 그림보다 환자의 개인적인 태도를 훨씬 더 명료하게 표현하고 있다. 그녀의 꿈은 다음과 같았다.

"나는 자수의 어떤 패턴의 뜻을 파악하려고 애쓰고 있었다. 언니는 그 패턴을 해독하는 방식을 알고 있었다. 나는 언니에게 헴스티치[181] 장식으로 손수건을 만들었는지 물었다. 언니가 '아니, 그래도 만드는 방법은 알아.'라고 대답했다. 그때 나는 올이 풀린 손수건을 보았지만, 아직 작업은 마무리되지 않은 상태였다. 중심 근처까지 정방형의 둘레를 몇 바퀴 돌고, 그 다음에는 원을 그려야 해."

나선형은 전형적인 색깔인 빨간색과 초록색, 노란색, 푸른색으로 그려져 있다. 환자에 따르면, 중앙의 사각형은 어떤 돌을 나타내며, 그것의 네 가지 양상은 4가지 기본 색깔로 표현되고 있다. 안쪽의 나선형은 쿤달리니처럼, 중앙을 세 번 반 감고 있는 뱀을 나타낸다.

181　천의 씨실을 뽑고 날실을 몇 가닥씩 묶은 가장자리 장식을 말한다.

꿈을 꾼 사람 본인은 자신의 안에서 벌어지고 있는 일, 즉 새로운 방향의 시작을 전혀 모르고 있었으며, 그녀는 그것을 의식적으로 이해하지도 못했을 것이다. 마찬가지로, 동양의 상징체계와 비슷한 것도 그녀에게는 전혀 알려져 있지 않았다. 그렇기 때문에 외부 영향은 불가능했다. 상징적인 그 그림은 그녀가 자신의 발달에서 어느 지점에 이르렀을 때 자동적으로 그녀에게 왔다.

불행하게도, 내가 이 그림들이 정확히 어떤 상황에서 일어났는지를 말하는 것은 가능하지 않다. 그런 것까지 파악하는 작업은 우리가 길을 멀리 벗어나도록 할 것이다. 이 논문의 유일한 목적은 개인적, 집단적 만다라들이 형식적으로 서로 비슷한 점들을 조사하는 것이다. 나는 또한 똑같은 이유로 어느 한 그림도 상황적으로 세세하게 해석될 수 없다는 점을 유감으로 생각한다. 그렇게 하는 경우에 환자의 분석적 상황에 대한 포괄적인 설명이 불가피해지기 때문이다. 현재의 그림에서처럼, 문득 떠오르는 어떤 힌트를 통해서 그림의 기원을 밝히는 것이 가능할 때마다, 나는 그렇게 할 것이다.

이 그림의 해석과 관련해서, 처음에 직각으로 배열되었다가 나중에 정방형 주위를 도는 원으로 배열된 뱀이 중앙 주위를 도는 행위와 중앙에 이르는 길을 의미한다는 점이 강조되어야 한다. 뱀은 땅 속에 살면서도 영적인 그런 존재로서 무의식을 상징한다. 아마 정육면체일 중앙의 돌은 철학자의 라피스의 4개 1조 형태이다. 4가지 색깔도 마찬가지로 그쪽을 가리키고 있다. 이 예에서 돌은 인격의 새로운 중심을, 말하자면 어떤 그릇에 의해서도 상징되는 자기를 의미하는 것이 분명하다.

그림 5

이 그림을 그린 사람은 정신 분열증을 앓던 중년 부인이었다. 그녀는 만다라를 몇 차례 자발적으로 그렸다. 만다라가 그녀의 혼란스런 정신 상태에 언제나 질서를 찾아주는 효과를 발휘했기 때문이다. 그림은 서양에서 연(蓮)과 동일한 것으로 여겨지는 장미를 보여주고 있다. 인도에서 연꽃은 탄트라 교도들에게 자궁으로 해석된다. 우리는 연꽃 속에 앉은 부처 (그리고 다양한 인도의 신들)를 그린 수많은 불화를 통해서 이 상징을 잘 알고 있다. 그것은 중국 연금술의 "황금꽃"과 장미십자회원들의 장미, 단테의 '천국'(Paradiso)에 나오는 장미에 해당한다. 장미와 연은 일반적으로 4개의 꽃잎이 집단을 이루는 것으로 배열된다. 이것은 원들의 사각형화 또는 결합된 상반된 것들을 암시한다. '성모 호칭 기도'에서 영감을 얻은 어느 기도에서 읽을 수 있듯이, 어머니의 자궁으로서 장미의 의미는 서양의 신비주의자들에게 전혀 낯설지 않다.

> 오, 장미 화관이여, 꽃을 피우는 그대의 모습이 인간들로 하여금 기쁨의
> 눈물을 흘리게 하고 있어요.
> 오, 장밋빛 태양이여, 불타는 그대의 모습이 인간들로 하여금 사랑하도
> 록 하고 있어요.
> 오, 태양의 아들이여,
> 장미의 아이여.
> 태양의 광선이여.
> 만발하고 불타는 모든 것들 위로

활짝 꽃피우는 십자가의 꽃이여, 순수한 자궁이여.

성스러운 장미여,

마리아여.

동시에, 그릇 모티브는 내용물의 표현이다. 샤크티가 시바의 실현을 나타내듯이. 연금술이 보여주는 바와 같이, 자기는 남녀 양성의 특징을 갖고 있으며, 남성적인 원리와 여성적인 원리로 이뤄져 있다. 콘라트 폰 뷔르츠부르크(Conrad von Würzburg: 1230년경-1287년)는 그리스도가 숨어 누워 있는 바다의 꽃 마리아에 대해 말하고 있다. 그리고 오래된 어느 찬가에는 이런 내용이 나온다.

온 하늘 위로 장미 한 송이가 나타나

밝은 꽃 드레스를 걸친다.

그 빛은 삼위일체로 반짝인다.

신이 직접 그것을 걸쳤으니.

그림 6

가운데의 장미는 루비로 묘사되고 있으며, 그 바깥쪽 고리는 바퀴 또는 문이 있는 벽일 것 같다(그래서 안에서도 밖으로 아무것도 나가지 못하고 밖에서도 안으로 아무것도 들어가지 못한다). 이 만다라는 어느 남자 환자를 분석하는 과정에 저절로 나온 산물이다. 그것은 어떤 꿈에 바탕을 두고 있다.

꿈을 꾸는 사람은 자신이 리버풀에서 3명의 젊은이들과 함께 여행하고 있다는 것을 알았다. 밤이었고, 비가 내리고 있었다. 대기는 연기와 검댕으로 가득했다. 그들은 항구에서 "위쪽의 도시"로 올라갔다. 정말 어둡고 불쾌했다. 도대체 어떤 인물이 여기에 도시를 건설했는지, 그들은 도무지 이해가 되지 않았다. 그들은 이 문제에 대해 말했고, 일행 중한 사람이 자기 친구 하나가 정말 이상하게도 거기에 정착했다고 말했다. 그 말에 모두 놀랐다. 이런 대화를 하는 중에 그들은 도심에 있던 공원에 도착했다. 공원은 정방형이었고, 중앙에 호수 또는 큰 연못이 있었다. 이제 막 몇 개의 가로등이 켜져 칠흑 같은 어둠을 밝혔으며, 연못에서 작은 섬이 하나 보였다. 그 위에 나무 한 그루가 서 있었는데, 영원한 햇빛 속에 신비스럽게 서 있던, 붉은 꽃을 피운 목련이었다. 나는 동료들은 이 기적을 보지 못했다는 것을 알아챘다. 한편, 나는 그 사람이 여기에 정착한 이유를 이해하기 시작했다.

이 꿈을 꾼 사람은 이렇게 말했다. "나는 이 꿈을 그림으로 그리려고 애썼다. 그러나 자주 일어나듯이, 그림은 다소 다르게 그려졌다. 목련이 루비 색깔의 유리로 만든 일종의 장미로 바뀌었다. 그 장미는 4개의 방향으로 빛을 발하는 별처럼 빛났다. 사각형은 공원의 벽을 나타냄과 동시에 사각형 안에 있는 공원을 도는 어떤 길을 나타냈다. 사각형으로부터 8개의 간선 도로가 방사되고, 이 간선 도로로부터 8개의 골목길이 나오며, 이 골목길들은 파리의 에투알 광장처럼 빛을 발하는 붉은색의 중심점에서 만난다. 꿈에 언급된 지인은 이 별들 중 하나의 모퉁이에 있는 주택에서 살았다." 따라서 만다라는 꽃과 별, 원, 성역이라는 고전적 모티브들과 성채를 가진 구역으로 나눠진 도시 계획을 연결시키고 있다. 꿈을 꾼 사람은 "전체가 영원 쪽으로 열려 있는 어떤 창문처럼 보였다."고 적었다.

그림 7

십자가가 있는 꽃의 모티브가 가운데에 있다. 사각형도 꽃처럼 배열되어 있다. 귀퉁이에 있는 4개의 얼굴들은 종종 4명의 신으로 묘사되는 4개의 기본 방위에 해당한다. 여기서 얼굴들은 악마의 성격을 띠고 있다. 이것은 환자가 네덜란드령 동인도에서 태어났다는 사실과 연결될 수 있다. 그곳에서 환자는 유모의 젖과 함께 현지의 특이한 귀신 숭배를 흡수했다. 그녀의 수많은 그림들은 모두 동양의 성격을 뚜렷이 보여주었으며, 그런 그림들은 그녀가 처음에 자신의 서양적인 사고방식과 조화를 이루지 못하는 영향들을 동화시키는 데 도움을 주었다.

그 다음 그림에서, 악마의 얼굴들은 여덟 개의 방향으로 장식적으로 다듬어졌다. 피상적인 관찰자에게, 꽃처럼 보이는 전체의 성격이 이 만다라가 내쫓으려는 사악한 영향을 숨기고 있는 것처럼 보인다. 환자는 "악마 같은" 효과가 도덕주의와 합리주의를 강조하는 유럽의 영향에서 나왔다고 느꼈다. 여섯 살까지 네덜란드령 동인도에서 자란 그녀는 후에 유럽의 전통적인 환경으로 돌아왔으며, 이 같은 사실이 그녀의 동양적인 영(靈)의 꽃 같은 특성에 파괴적인 영향을 끼쳤으며, 상당한 기간에 걸쳐 정신적 외상을 야기했다. 치료가 진행되는 동안에, 오랫동안 잠겨 있었던, 그

녀가 태어난 곳의 세계가 이 그림에서 다시 나타났으며, 그로 인해 그녀
는 정신적 회복을 이룰 수 있었다.

그림 8

꽃 같은 아름다운 발달이 더욱더 뚜렷해지며, 얼굴의 "악마 같은 모습"
을 능가하기 시작했다.

그림 9

뒤의 어느 단계가 여기서 보인다. 데생의 섬세함이 색깔과 형태의 풍부
함과 우열을 다툰다. 이 그림을 근거로, 환자의 특별한 집중뿐만 아니라
동양의 "꽃 같은 특성"이 서양의 주지주의와 합리주의와 도덕주의의 악
마를 누르고 승리를 거두고 있다는 것까지 확인할 수 있다. 그와 동시에,
인격의 새로운 거푸집이 눈에 드러난다.

그림 10

또 다른 젊은 여자 환자가 그린 이 그림은 4개의 기본 방위에서 4개의
생명체를 보여준다. 새와 양, 뱀, 그리고 인간의 얼굴을 한 사자가 그것들
이다. 4개의 구역을 칠한 4가지 색깔과 함께, 그 생명체들은 4가지 원리
를 구현하고 있다. 만다라의 안쪽은 비어 있다. 어쩌면, 만다라는 어떤 4
개 1조가 나타내는 "무"(無)를 포함하고 있을 수 있다. 이것은 개인적인

만다라들의 절대 다수와 일치한다. 대체로 만다라의 중심은 연금술을 통해 우리에게 알려진 '둥근 것'을 포함하거나, 네 겹의 방사 또는 원의 사각형화 또는, 더욱 드물긴 하지만, 안트로포스를 의미하는 환자의 형상을 포함한다. 연금술에서도 이 모티브가 발견된다.

4가지 동물들은 에제키엘의 환상에 나오는 천사들을 상기시킬 뿐만 아니라, 네 복음서의 저자들의 상징과 호루스의 네 아들을 상기시키기도 한다. 호루스의 네 아들도 가끔 이와 똑같은 방식으로, 말하자면 셋은 동물의 머리를, 하나는 인간의 머리를 가진 것으로 묘사되었다. 동물들은 일반적으로 만다라 안에서 서로 결합하게 되는, 무의식의 본능적인 힘들을 의미한다. 이런 본능들의 통합이 개성화의 전제 조건이다.

그림 11

나이 많은 환자가 그린 그림이다. 여기서 꽃은 만다라의 기본적인 문양으로 그려지지 않고 상승하는 분위기로 그려져 있다. 원의 형태가 사각형 안에 보존되고 있으며, 그래서 이 그림은 다소 다르게 그려졌음에도 불구하고 여전히 만다라로 여겨질 수 있다. 식물은 쿤달리니 요가 체계의 횡격막 차크라에 보이는 초록색 새싹처럼 성장과 발달을 나타낸다. 그 새싹은 시바를 상징하고 중심과 남성을 나타내는 반면에, 꽃받침은 발아와 출생의 장소인 여성을 나타낸다. 따라서 연꽃 안에 앉아 있는 부처는 싹트게 하는 신으로 여겨진다. 그 모습은 일어나고 있는 신이며, 매로 표현되는 라(Ra)나 둥지에서 날아오르는 피닉스나 나무 꼭대기의 미트라나 연꽃 속의 아기 호루스와 동일한 상징이다. 그것들은 모두 모체의 발아하는 곳에서 '태어나려 하고 있는 상태'의 상징들이다. 중세 찬가에, 마리아도 그리스도가 한 마리의 새로 아래로 내려와서 둥지를 틀 꽃받침이라는 칭송을 듣는다. 심리학적으로 그리스도는 통일성을 의미하며, 이 통일성은 교회의 신비체, 또는 꽃잎에 둘러싸인 신의 어머니의 육체("신비한 장미")에 감추고 있으며, 그리하여 현실로 나타난다. 그리스도는 하나의 이미지로서 자기의 상징이다. 식물이 성장을 의미하듯, 꽃은 중앙에서부터 펼쳐지는 것을 묘사한다.

그림 12

여기서는 중앙에서 방사되고 있는 4개의 광선이 그림 전체로 퍼지고 있다. 이 그림은 중심에 역동적인 성격을 부여하고 있다. 꽃의 구조는 넷의 배수다. 그림은 예술적 재능을 보였던 환자의 두드러진 인격을 잘 나타내고 있다. (그림 5도 그녀의 그림이다.) 예술 외에, 그녀는 기독교 신비주의에 강하게 끌렸으며, 이 신비주의는 그녀의 삶에 중요한 역할을 했다. 그녀에게는 기독교 상징체계의 원형적인 배경을 경험하는 것이 아주 중요했다.

그림 13

중년의 여성이 내적으로나 외적으로 페넬로페[182]와 비슷한 절망에 빠졌던 시기에 짠 양탄자를 찍은 사진이다. 그녀는 의사였으며, 몇 개월 동

182   그리스 신화에 오디세우스의 아내로 나온다.

안 매일 거기에 매달려 작업하면서, 자신의 삶의 어려움에 대한 평형추로서 자신의 주위로 이 마법의 원을 엮었다. 그녀는 나의 환자가 아니었으며, 따라서 나의 영향을 받을 수 없었다. 양탄자는 여덟 개의 잎을 가진 꽃을 포함하고 있다. 이 양탄자의 한 특성은 그것이 진정한 "위와 아래"를 갖고 있다는 점이다. 위는 빛이고, 아래는 상대적인 어둠이다. 어둠 속에 풍뎅이 같은 생명체가 있다. 어떤 무의식적 내용물을 나타내고 있는 이 생명체는 케페라(Khepera)[183]의 형태를 한 태양과 비교할 만하다. 간혹 "위와 아래"가 보호의 원 안에 있지 않고 원 밖에 있다. 그런 경우에 만다라는 상반된 것들로부터 보호하는 힘을 발휘한다. 말하자면, 갈등의 격렬함이 아직 인식되지 않았거나 견뎌낼 수 없는 것으로 느껴지지 않는다. 그때 보호의 원은 상반된 것들 사이의 긴장 때문에 일어날 수 있는 붕괴로부터 지켜준다.

그림 14

확장되지 않은 점, 즉 시바점을 그린 인도의 그림이다. 그림은 창조 이전의 신성한 힘을 보여준다. 상반된 것들이 아직 결합해 있다. 신은 점 안에서 쉬고 있다. 따라서 뱀은 확장을, 생성의 어머니를, 형태들의 세계의 창조를 의미한다. 인도에서 이 점은 또한 '황금 씨앗' 또는 '황금 알'이라는 뜻의 '히란야가르바'라 불린다. '사나추가티야'(Sanatsugatiya)에 이런 내용이 나온다. "방사하는 그 순수하고 위대한 빛, 신들이 숭배하고 태양이 빛나게 하는 그 위대한 영광, 그 신성하고 위대한 존재는 독실한 사람

---

183 고대 이집트 종교에서 스카라베(왕쇠똥구리)의 얼굴을 가진 신을 말한다.

에게 인식된다."

그림 15

중년 부인 환자가 그린 이 그림은 원의 사각형화를 보여준다. 식물들은 다시 발아와 성장을 의미한다. 중심에 태양이 있다. 뱀과 나무라는 모티브가 보여주듯이, 여기엔 낙원의 개념이 있다. 이와 비슷한 것은 나아세네파 그노시스주의에 나오는, 낙원의 4개의 강을 가진 에덴의 개념이다. 뱀이 만다라와의 관계에서 맡는 기능적 의미를 알고 싶은 독자는 앞의 논문(그림 3, 4, 5에 관한 해설)을 참고하길 바란다.

그림 16

이 그림은 신경증을 앓는 젊은 여인이 그린 것이다. 뱀이 중심에 누워 있다는 점에서 다소 특이하다. 뱀의 머리가 중심과 일치한다. 일반적으로 뱀은 안쪽 원의 밖에 있거나, 적어도 중심점을 똘똘 감고 있다. 여기서 안의 어둠이 오랫동안 기다려온 통합, 즉 자기를 숨기고 있는 것이 아니라, 환자의 원시적이고 여성적인 성격을 숨기고 있다는 의심이 가능하다. 그 뒤의 어느 그림에서 만다라가 폭발하고, 거기서 뱀이 빠져 나온다.

그림 17

그림을 그린 사람은 젊은 여인이다. 뱀이 4개의 광선을 방사하는 가운데의 점을 감고 있기 때문에, 이 만다라는 "합당하다". 뱀은 지금 거기서 나오려 하고 있다. 그것은 쿤달리니의 자각이며, 환자의 원시적인 본성이 활성화되고 있다는 것을 의미한다. 이것은 또한 바깥을 가리키고 있는 화살들에 의해서도 암시되고 있다. 실제 치료에서 그것은 환자가 자신의 본능적인 본성을 자각하게 된다는 것을 뜻한다. 고대에 뱀은 척수신경절과 척추를 나타냈다. 다른 예들에서 밖을 향하는 화살들은 그 반대를, 말하자면 안쪽을 위험으로부터 보호하는 것을 의미할 수 있다.

그림 18

나이 많은 환자가 그린 그림이다. 앞의 그림과 달리, 이 그림은 "내향적"이다. 뱀이 4개의 광선을 발산하는 중심을 감고 있으며, 머리를 흰색의 중심점(시바점) 위에 얹고 있다. 그래서 마치 뱀이 어떤 후광을 쓰고 있는 것처럼 보인다. 거기에는 일종의 중심점의 부화, 그러니까 보물을 지키는 뱀의 모티브가 있는 것 같다. 중심은 종종 "획득하기 힘든 보물"의 특징을 보인다.

그림 19

중년 부인이 그린 그림이다. 동심원들이 집중을 표현하고 있다. 그 같은 사실은 중심의 주위를 도는 물고기들에 의해 추가로 강조되고 있다. 숫자 4는 완전한 집중이라는 의미를 지닌다. 왼쪽으로 움직이는 것은 아마 무의식을 향한 움직임을, 즉 무의식에 잠기는 것을 암시할 것이다.

그림 20

이 그림은 그림 19와 비슷하며, 내가 바라나시에 있는 마하라자 궁전의 천장에서 본 물고기 모티브를 스케치한 것이다.

그림 21

뱀 대신에 물고기가 등장했다. 물고기와 뱀은 그리스도와 악마 둘 다의 속성이다. 물고기가 무의식의 바다에 소용돌이를 일으키고 있으며, 한가운데에서 귀중한 보석이 형성되고 있다. '리그베다'의 한 찬가는 이렇게 노래한다.

> 거기에 어둠이 어둠 속에 숨어 있었고,
> 빛 없는 바다는 밤에 잠겨 있었네.
> 그때 껍질 안에 숨어 있던 그 하나가
> 불같은 고문의 힘을 겪으며 태어났다네.
> 그 하나로부터 최초의 사랑 속에서
> 지혜의 근원이자 씨앗이 생겨났다네.

대체로 뱀은 무의식을 상징하고, 물고기는 일반적으로 무의식의 내용물 중 하나를 나타낸다. 만다라를 해석할 때에는 이런 미묘한 구분을 기억해야 한다. 왜냐하면 두 상징들이 발달의 서로 다른 두 단계에 해당할 가능성이 아주 크기 때문이다. 뱀은 물고기보다 더 원시적이고 더 본능적인 상태를 나타내며, 물고기는 역사 속에서도 뱀보다 더 높은 권위를 부여받았다(익투스 상징 참고).

그림 22

젊은 여인이 그린 이 그림에서, 물고기는 중심의 주위를 도는 행위를 통해 중심을 분화시켰다. 그 중심의 안에 어머니와 아이가 양식화된 생명 또는 지혜의 나무 앞에 서 있다. 여기서 물고기는 용과 비슷한 성격을 갖는다. 물고기는 괴물 같고, 일종의 리바이어던이다. 라스 샴라[184]에서 발견된 텍스트가 보여주듯이, 리바이어던은 원래 뱀이었다. 다시, 움직임이 왼쪽으로 일어나고 있다.

그림 23

황금 공은 황금 씨앗(히란야가르바)과 일치한다. 황금 공은 회전하고 있으며, 그 공을 감고 있는 쿤달리니가 두 마리로 늘었다. 이것은 의식적인 깨달음을 암시한다. 무의식에서 나오고 있는 내용물이 어느 순간에 두 개의 반쪽으로, 의식적인 것과 무의식적인 것으로 쪼개지고 있기 때문이다. 쌍으로 나누는 것은 의식적인 마음에 의해서 행해지는 것이 아니며, 무의식의 산물로서 저절로 나타난다. 날개들에 의해 표현된, 오른쪽으로 회전하는 것(스와스티카 모티브)도 마찬가지로 의식적 깨달음을 암시한다. 별들은 중심이 우주적 구조를 갖고 있다는 것을 보여준다. 중심은 4개

184　시리아 북쪽 해안에 있는 지역으로, 1928년에 설형문자 유물이 발견되었다.

의 광선을 갖고 있으며, 따라서 천체처럼 행동하고 있다. '샤타파타 브라마나'(Shatapatha-Brahmana)는 이렇게 말한다.

이어서 그는 태양을 올려다본다. 그것이 최종 목표이고, 안전한 방책이기 때문이다. 그 최종 목표 쪽으로, 그 안전한 방책 쪽으로, 그는 가고 있다. 이런 이유로 그는 태양을 올려다본다.

그는 "최고의 광선이여, 그대는 스스로 존재하는구려!"라고 말하며 위를 올려다본다. 태양은 정말로 최고의 광선이고, 따라서 그는 "최고의 광선이여, 그대는 스스로 존재하는구려! … 그대는 빛을 주고 있구려, 나에게도 빛을 주시오!"라고 말한다. 야즈나발캬(Yajnavalkya)[185]는 말했다. "브라만도 브라흐마에 의해 계몽된, 브라흐마 신봉자가 되기 위해서는 진정으로 이것을 추구해야 한다."

이어서 그는 "태양의 경로를 따라 이동해야겠어."라며 왼쪽에서 오른쪽으로 돈다. 그 최종적 목표에, 그 안전한 방책에 도달했기 때문에, 그는 이제 저쪽의 태양의 경로를 따라 움직인다.

이 태양은 7개의 광선을 갖고 있다. 어느 해설가는 그 광선들 중 4개는 4개의 방향을 가리키고, 하나는 위쪽을, 다른 하나는 아래쪽을, 일곱 번째이자 가장 "훌륭한" 것은 안쪽을 가리킨다고 말한다. 그것은 동시에 히란야가르바라 불리는 태양의 원반이다. '베단타 수트라'(Vedanta Sutras)에 관한 라마누자(Ramanuja: 1017년경–1137년경)의 해설에 따르면, 태양의 원반은 가장 높은 자기이고, "모든 개인의 영혼들의 집단적인 전체"이

---

185   B.C. 700년에 제작된 인도 경전에 언급되는 현인.

다. 태양의 원반은 가장 높은 브라흐마의 몸이며, 집단적인 정신을 나타낸다. 자기가 다수로 이뤄져 있다는 사상이라면, 오리게네스의 사상과 비교할 만하다. "우리 모두는 하나가 아니고 다수이며, 모두가 정당하지만, 하나가 왕관을 받는다."

그 환자는 예술적 재능을 가진 60세 여인이었다. 오랫동안 막혀 있다가 치료에 의해서 풀려난 개성화 과정은 그녀의 창조적 활동을 자극했으며 (그림 21도 같은 환자의 그림이다), 그 과정에 자신의 경험의 강도를 웅변으로 표현하는 일련의 그림들을 행복한 마음으로 그릴 수 있었다.

그림 24

동일한 환자가 그린 그림이다. 그녀 자신이 중앙에서 명상 또는 집중을 실천하고 있는 모습을 그리고 있다. 그녀가 물고기와 뱀들의 자리를 차지한 것이다. 이상적인 그녀 자신의 이미지가 소중한 알 주위에 자리 잡고 있다. 그녀의 다리는 물의 정령의 다리처럼 유연하다. 이런 그림의 심리학은 교회의 전통에 다시 나타난다. 동양의 시바와 샤크티는 서양에서 "여자에게 안긴 남자"로, 그리스도와 그의 신부인 교회로 알려져 있다. '마이트라야나 브라흐마나 우파니샤드'(Maitrayana-Brahmana Upanishad)와 비교해 보자.

그[자기]는 또한 생기를 주는 존재이고, 차례로 밝히는 불로서, 천 개의 눈을 가진 황금 알에 의해 숨겨진 태양이다. 그는 깊은 생각의 대상이고 추구의 대상이다. 살아 있는 모든 것에 작별을 고하고, 숲속으로 들어가고, 감각적인 모든 대상들을 포기한 사람이여, 그대는 그대 자신의 몸으로부터 자기를 찾도록 하라.

이 그림에서도 중심에서 나오는 방사가 보호의 원을 넘어서 멀리까지 퍼지고 있다. 이것은 의식의 내향적인 상태가 광범위하게 효과를 발휘하고 있다는 생각을 표현하고 있다. 그것은 또한 세계와의 무의식적 연결로 묘사될 수 있다.

그림 25

이 그림은 중년의 또 다른 환자가 그린 것이다. 개성화 과정의 다양한 단계들을 보여주고 있다. 아래쪽에 그녀가 땅 속에 뒤엉킨 뿌리들 안에 갇혀 있다(쿤달리니 요가의 '물라다라'[186] 차크라). 한가운데에서 그녀는 책을 읽으며 마음을 가꾸고 지식과 의식을 증대시키고 있다. 꼭대기를 보면, 다시 태어난 그녀가 천상의 구체의 형태로 계몽을 얻고 있다. 이 구체는 인격을 넓히고 해방시킨다. 구체의 둥근 모양은 다시 "신의 왕국"의 만다라를 나타내고 있다. 반면에, 아래쪽의 바퀴 모양의 만다라는 어둡고 원시적이다. 이 그림에는 자연적인 전체성과 영적인 전체성 사이의 대립이 있다. 만다라는 6개의 광선과 6개의 산봉우리, 6마리의 새, 3명의 인간 형상 때문에 특이하다. 게다가, 만다라는 뚜렷이 구분되는 위와 아래의 사이에 자리 잡고 있으며, 그 위와 아래가 만다라 안에서도 되풀이되고 있다.

186 '존재의 뿌리'라는 뜻이다.

위쪽의 밝은 구는 6개 1조 또는 3개 1조 속으로 하강하고 있으며, 바퀴의 테두리를 이미 통과했다. 옛 전통에 따르면, 숫자 6은 창조와 진화를 의미한다. 그것이 2와 3(짝수는 여성을, 홀수는 남성을 의미한다)의 어떤 결합이기 때문이다. 따라서 유대인 필론은 '6'을 "생성에 가장 적합한 숫자"라고 부른다. 필론에 따르면, 숫자 3은 표면 또는 평탄을 의미하는 반면에, 4는 높이 또는 깊이를 의미한다. 4개 1조는 "고체들의 속성을 보여주지만", 첫 3개의 숫자는 무형의 지성을 낳거나 규정한다. 숫자 4는 3개의 면을 가진 피라미드로 나타난다. 6개 1조는 만다라가 2개의 3개 1조로 구성되었다는 것을 보여주고 있으며, 위의 3개 1조는 스스로를 4개 1조로, 필론이 말하듯이, "균등과 정의"의 상태로 바꾸고 있다. 아래쪽에 먹구름이 흩어져 숨어 있다. 이 그림은 인격이 위쪽과 아래쪽으로 똑같이 확장될 필요가 있다는 일반적인 사실을 보여주고 있다.

그림 26, 27

이 만다라들은 일부 변칙적인 모습을 보이고 있다. 두 그림은 동일한 젊은 여자가 그린 것이다. 앞의 만다라처럼, 중심에 여자 형상이 있다. 마치 유리 구체나 투명한 거품 안에 있는 것처럼 보인다. 호문쿨루스 같은 것이 만들어지고 있는 것 같다. 일반적인 4개 또는 8개의 광선 외에, 두 만다라는 5개 1조의 요소를 보인다. 따라서 거기에는 4와 5 사이의 딜레마가 있다. 5는 5개의 부속 기관을 가진 하나의 몸통으로 이뤄진 "자연적인" 인간에게 주어진 숫자이다. 한편, 숫자 4는 의식적인 전체성을 의미한다. 숫자 4는 이상적이고 "영적인" 인간을 묘사하고, 그 영적인 인간을,

육체적인 인간을 묘사하는 5개 1조와 대조적인 하나의 전체성으로 공식화하고 있다.

스와스티카가 "이상적인" 인간을 상징하는 반면에 5각형 별모양은 물질적이고 육체적인 인간을 상징하는 것은 의미심장하다. 4와 5의 딜레마는 "문화"와 "자연" 사이의 갈등에 해당한다. 그것이 그 환자의 문제였다. 그림 26에서 그 딜레마는 4개 집단의 별들에 의해 암시되고 있다. 그 집단들 중 2개는 4개의 별을, 다른 2개는 5개의 별을 포함하고 있다. 두 개의 만다라들의 테두리에 "욕망의 불"이 보인다. 그림 27의 경우에 테두리는 불붙은 직물처럼 보이는 뭔가로 만들어져 있다. "빛을 발하는" 만다라와 두드러진 대조를 보이면서, 두 개의 만다라(특히 두 번째 만다라)는 "불타고" 있다. 그것은 타오르는 욕망이며, 증류기 안에 들어 있는 호문쿨루스의 욕망('파우스트' 2부)과 비교할 만하다. '파우스트'에서 이 증류기는 최종적으로 갈라테아(Galatea)의 권좌에 부딪혀 깨어졌다. 불은 성적 욕구를 나타내지만, 동시에 가장 깊은 자기 안에서 불타는 '아모르 파티'(amor fati)[187]를, 말하자면 환자의 운명을 구체화하고, 따라서 자기를 실현할 수 있도록 도우려고 노력하는 '아모르 파티'를 나타낸다. '파우스트'의 호문쿨루스처럼, 용기(容器) 안에 갇혀 있는 형상은 "생성"되기를 원한다.

환자 본인은 그 갈등을 잘 알고 있었다. 그녀가 두 번째 그림을 그린 뒤로 마음의 평화를 전혀 누리지 못했다고 나에게 밝혔으니 말이다. 그녀는 35세로 삶의 후반에 이르렀다. 그녀는 아이를 하나 더 가져야 하는가 하

---

187 '운명에 대한 사랑'으로 옮길 수 있는 라틴어 표현이다. 고통과 상실까지 포함하여, 자신에게 닥치는 모든 일을 좋은 것으로 여기는 태도를 말한다.

는 문제를 놓고 고민에 빠졌다. 최종적으로 그녀가 아이를 갖는 쪽으로 결정을 내렸지만, 운명은 그녀를 가만 내버려두지 않았다. 그녀의 인격의 발달이 틀림없이 다른 목표를, 생물학적인 것이 아니라 문화적인 목표를 추구하고 있었기 때문이다. 그 갈등은 문화적 목표를 추구하는 쪽으로 해결되었다.

그림 28

나이 많은 여자 환자가 그린 이 만다라는 다시 위와 아래로 나뉜다. 위는 하늘이고, 초록색 땅 위의 황금빛 물결들이 암시하듯이, 아래는 바다이다. 4개의 날개가 오렌지 레드 색깔의 점으로만 표시된 중심 주위를 왼쪽으로 돌고 있다. 여기서도 상반된 것들이 통합되고 있으며, 아마 상반된 것들은 중앙의 회전이 일어나는 원인일 것이다.

그림 29

2개 1조에 근거한, 전형적이지 않은 만다라이다. 황금색의 달과 은색의 달이 위와 아래의 가장자리를 이루고 있다. 안쪽의 위는 푸른색 하늘이고, 아래는 활 쏘는 구멍이 있는 검은 벽처럼 생긴 그 무엇이다. 그 위에 공작 한 마리가 꼬리를 펼친 채 앉아 있고, 왼쪽에 공작의 것으로 짐작되는 알이 하나 있다. 공작과 공작의 알이 함께 연금술과 그노시스주의에서 하는 중요한 역할에 비춰볼 때, 아래 위를 나누고 있는 검은 벽이 무너지기만 하면 공작 꼬리의 기적을, "모든 색깔들"의 등장(뵈메)을, 완전의 실현을 기대할 수 있다(그림 29 참고). 환자는 알이 쪼개지면서 새로운 무엇을, 아마도 한 마리 뱀을 낳을 수 있다고 생각했다. 연금술에서 공작은 불사조와 동의어이다. 어느 불사조 전설은 세멘다 새(Semenda Bird)가 스스로를 태우고, 그 재에서 어떤 벌레가 나오고, 그 벌레에서 새가 다시 생겨난다는 이야기를 들려주고 있다.

그림 30

이 그림은 취리히의 중앙 도서관에 소장되어 있는 '코덱스 알케미쿠스 레노비엔시스'(Codex Alchemicus Rhenoviensis)에 실린 그림이다. 여기서 공작은 불에서 다시 태어나고 있는 불사조를 나타낸다. 브리티시 박물관의 한 원고에도 이와 비슷한 그림이 있다. 다만 이 원고의 공작은 호문쿨루스처럼 플라스크 안에 갇혀 있다. 공작은 재생과 부활의 오래된 상징이며, 기독교인의 석관에서 자주 발견된다. 공작 옆에 놓인 용기 안에 변형 과정이 목표에 가까워지고 있다는 것을 알리는 신호로서 공작 꼬리의 색깔들이 나타나고 있다. 연금술 과정에서 메르쿠리우스의 뱀, 즉 용이 독수리나 공작, 헤르메스의 거위, 또는 불사조로 변한다.

그림 31

이 그림은 문제 있는 결혼에서 태어난 7세 소년이 그린 것이다. 소년은 원을 그린 일련의 그림들을 자신의 침대 주위에 매달아 놓았다. 소년은 그것들을 그의 "사랑"이라고 불렀으며 그것들을 옆에 두지 않고는 잠을 자려 하지 않았다. 이 그림은 그 "마법의" 그림들이 원래의 의미 그대로 그에게 보호하는 마법의 원으로서 기능했다는 사실을 보여준다.

그림 32

부모가 이혼하는 아픔을 겪은 11세 소녀는 힘들고 화날 때 만다라 구조를 분명하게 보여주는 그림을 다수 그렸다. 여기서 만다라는 바깥 세계의 어려움과 적대가 내면의 정신적 공간으로 들어오는 것을 막을 마법의 원들이다. 그 원들은 일종의 자기 보호이다.

티베트의 세계 바퀴(그림 3)에서처럼, 이 그림의 양 옆에 뿔 같은 것이 있다. 우리가 알고 있는 바와 같이, 뿔은 악마 또는 짐승 모양을 한 악마의 상징들 중 하나에 속한다. 뿔들 아래쪽의, 위로 찢어진 눈들과 코와 입을 나타내는 두 개의 자국도 마찬가지로 악마의 것이다. 이 그림은 꼭 만다라의 뒤에 악마가 숨어 있다고 속삭이는 것 같다. "악마들"은 마법적으로 힘을 발휘하는 그림에 가려져 있으며, 따라서 제거되었다. 이것이 바로 만다라의 목적일 것이다. 아니면 티베트의 세계 바퀴의 예에서처럼, 세상이 죽음의 악마의 발톱에 붙잡혀 있다. 이 그림에서 악마들은 단순히 가장자리 너머를 훔쳐보고 있을 뿐이다. 나는 이 그림이 의미하는 바를 또 다른 예에서도 보았다. 예술적 재능을 타고난 그 환자는 전형적인 4개 1조의 만다라를 그려서 그것을 두꺼운 종이에 붙여놓았다. 그 종이의 뒷면에는 성적 도착을 그린 스케치가 가득한, 어떤 원이 있었다. 만다라의 이 그림자 측면은 무질서하고 파괴적인 경향들을, 자기 뒤에 숨어 있다가 개성화 과정이 정지하거나 자기가 실현되지 않아서 무의식적인 것으로 남는 때에 위험한 방식으로 폭발할 "카오스"를 나타낸다. 심리의 이 조각은 연금술사들에 의해서 이중의 메르쿠리우스로, 한편으로는 비의(秘儀) 전수자이자 영혼의 인도자이고, 다른 한편으로는 독을 품은 용이고 사악한 영이고 "장난꾸러기 요정"인 그런 메르쿠리우스로 표현되었다.

그림 33

동일한 소녀가 그린 그림이다. 태양 주위에 눈들을 가진 원이 하나 있고, 그 원 주위를 우로보로스가 둘러싸고 있다. 2개 이상의 눈이라는 모티브는 개인적인 만다라에 자주 나타난다(앞 논문의 그림 17과 도표 5 참고). '마이트라야나-브라흐마나 우파니샤드' 6장 8절에서 알(히란야가르바)은 "천개의 눈을 가진 것"으로 묘사된다. 만다라 속의 눈들은 틀림없이 관찰 중인 의식을 의미하지만, 그림뿐만 아니라 텍스트도 똑같이 그 눈들을 신비한 형상, 즉 앞을 보는 안트로포스 같은 존재의 속성으로 돌린다는 점을 기억해야 한다. 나에게는 이것이 일종의 마법적 응시를 통해서 의식적인 마음의 주의를 끌고 있는 그런 매혹을 가리키는 것처럼 보인다(그림 36, 37 참고).

그림 34

중세 시대 도시의 그림이다. 성벽과 해자, 거리와 교회 등이 정사각형으로 배열되어 있다. 안의 도시는 다시 베이징의 자금성처럼 벽들과 해자들로 둘러싸여 있다. 건물들은 모두 안쪽으로, 중앙으로 열려 있으며, 중앙은 황금 지붕을 가진 성에 의해 표현되고 있다. 중앙도 마찬가지로 해자에 둘러싸여 있다. 그 성 주변의 땅에는 서로 결합된 상반된 것들을 나타내는 검정색과 흰색 타일이 깔려 있다. 이 만다라는 중년 남성이 그린 것이다.

이 같은 그림은 기독교 상징체계에도 알려져 있다. '요한 계시록'의 천상의 예루살렘은 모두에게 알려져 있다. 인도의 사상 세계를 보면, 세계의 산인 메루에 브라흐마의 도시가 발견된다. 『황금꽃의 비밀』에 이런 내용이 나온다. " '황색 성의 책'(Book of the Yellow Castle)은 이렇게 말한다. '1제곱 피트 크기 집의 1제곱 인치의 밭 안에서, 생명이 관리될 수 있다.' 1제곱 피트의 집은 얼굴이다. 얼굴에서 1제곱 인치의 밭이라면, 그것이 천상의 가슴이 아니고 무엇이겠는가? 1제곱 인치의 한가운데에 광채가 머물고 있다. 옥(玉)의 도시의 자주색 홀에 '절대 공(空)과 생명의 신'이 거주하고 있다."

그림 35

그림 11과 그림 28을 그린 환자의 그림이다. 여기서 "씨앗을 뿌리는 장소"가 회전하는 구체 안에 싸여 있는 아이로 묘사되고 있다. 4개의 "날개"에는 4가지 기본 색깔이 칠해져 있다. 아이는 히란야가르바와 연금술사들의 호문쿨루스에 해당한다. "신성한 아이"의 신화소는 이런 종류의 생각들에 바탕을 두고 있다.

그림 36

그림 21과 23을 그린 환자가 그린, 회전하는 만다라이다. 두드러진 특징은 황금 날개의 4개 1조가 중심을 도는 3마리의 개의 3개 1조와 결합되었다는 점이다. 개들은 중심을 등지고 있다. 이것은 개들에게 중심은 무의식에 있다는 것을 암시한다. 이 만다라는 기이한 특성을 한 가지 더 갖고 있다. 3개 1조의 모티브는 왼쪽으로 도는데, 날개들은 오른쪽으로 돌고 있다는 점이다. 이것은 우연이 아니다. 개들은 무의식을 "냄새 맡거나" "직관하는" 의식을 나타내고, 날개들은 당시에 환자의 상황에 맞춰 무의식이 의식 쪽으로 향하고 있는 움직임을 보여준다. 마치 개들이 중심을 보지 못함에도 그것에 매료된 것처럼 보인다. 개들은 의식적 마음이 느낀 끌림을 나타내는 것 같다. 그림은 앞에서 언급한 3 : 4의 비율을 구체화하고 있다.

그림 37

앞의 그림과 동일한 모티브이지만, 이번에는 그 모티브가 산토끼에 의해 표현되고 있다. 독일 파더보른에 있는 성당의 고딕 창문에서 얻은 그림이다. 회전 자체가 중심을 전제하지만, 눈으로 확인할 수 있는 중심은 어디에도 없다.

그림 38

젊은 여자 환자가 그린 그림이다. 이 그림도 3 : 4의 비율을, 따라서 플라톤의 『티마이오스』 시작 부분에서 다루는 그 딜레마를, 그리고 내가 말한 바와 같이 연금술에서 마리아의 경구로서 상당한 역할을 하는 그 딜레마를 보여준다.

그림 39

이 그림은 정신 분열증의 경향을 가진 젊은 여자 환자가 그린 것이다. 병적인 요소가 중심을 깨뜨리는 "선(線)들"에서 드러나고 있다. 이 선들의 날카롭고 뾰족한 형태들은 바라는 인격의 통합을 가로막고 있을지 모르는, 사악하고 해롭고 파괴적인 충동들을 암시한다. 그러나 중심을 둘러싸고 있는 만다라의 규칙적인 구조가 위험한 분열 경향을 억제할 수 있을 것 같다. 그리고 이것은 추가적인 치료 과정과 그에 따른 환자의 발달 속에서 사실인 것으로 확인되었다.

그림 40

만다라가 신경증 때문에 방해를 받았다. 미혼인 젊은 여자 환자가 갈등을 심하게 느끼던 상황에서 그린 그림이다. 그녀는 두 남자 사이에서 딜레마에 빠졌다. 바깥 테두리는 4가지 색깔을 보여준다. 중심은 이상한 방식으로 이중으로 만들어졌다. 검은 들판에서 불이 푸른 별의 뒤로부터 일어나는 사이에, 오른쪽으로 태양이 솟아오르고 있다. 태양 전체에 걸쳐 핏줄들이 자리 잡고 있다. 오각형의 별은 사람을 상징하는 5각형 별모양을 암시한다. 두 팔과 두 다리, 머리는 모두 동일한 가치를 지닌다. 내가 말한 바와 같이, 그 별은 순수하게 본능적이고, 원시적이고, 무의식적인 사람을 의미한다(그림 26과 27 참고). 별의 색깔은 푸른색이며, 따라서 차가운 성격의 색깔이다. 그러나 떠오르는 태양은 따뜻한 색깔인 노랑과 붉은색이다. (부화 중인 알의 노른자처럼 보이는) 태양 자체는 언제나 의식과 계몽, 이해력을 의미한다. 따라서 이 만다라와 관련해서 우리는 어떤 빛이 환자에게 점진적으로 비치고 있다고 말할 수 있다. 그녀는 순수하게 생물학적이고 합리적인 존재에 해당하는 이전의 무의식 상태에서 깨어나고 있다. (합리주의는 보다 높은 의식을 보증하는 것은 절대로 아니며, 단순히 편파적인 의식을 보증할 뿐이다.) 새로운 상태는 빨간색(감정)과 노랑 또는 황금색(직관)이 특징이다. 따라서 인격의 중심이 보다 따스한 가슴과 감정의 영역으로 이동하고 있다. 한편, 직관을 포함시키는 것은 완전성을 비합리적으로 더듬으며 이해하고 있다는 점을 암시한다.

그림 41

이 그림은 중년 여인이 그린 것이다. 신경증 환자였음에도 불구하고 영적 개발을 위해 노력하면서 그 목적을 이루기 위해서 적극적 상상을 이용한 사람이다. 그런 노력이 그녀가 무의식(바다)의 깊은 곳으로부터 새로운 통찰 또는 의식적 자각(눈)이 탄생하는 것을 그리도록 만들었다. 이 그림에서 눈은 자기를 의미한다.

그림 42

튀니스의 도시 모크니네의 어느 집 바닥에 있던 모자이크를 사진으로 찍어 거기서 모티브를 끌어냈다. 이 그림은 사악한 눈길을 쫓는 액막이를 나타내고 있다.

그림 43

나바호 인디언들이 그린 만다라이다. 그들은 장식 목적으로 색깔 모래로 이런 만다라를 엄청난 노력을 들여 그린다. 이것은 병자를 위해 행하는 '산의 노래 의식'(Mountain Chant Rite)[188]의 일부이다. 중앙 주위를 무지개 여신의 몸이 넓게 호(弧)를 그리며 둘러싸고 있다. 사각형의 머리는 여성적인 어떤 신을, 둥근 머리는 남성적인 신을 나타낸다. 십자가의 팔들 위에 4쌍의 신들을 배열한 것은 오른쪽으로 돌고 있는 스와스티카를 암시한다. 스와스티카를 둘러싸고 있는 4명의 남신은 똑같이 오른쪽으로 움직이고 있다.

그림 44

나바호 인디언들이 그린 또 다른 모래 그림이다. 이번에는 '남자의 사냥 노래'(Male Shooting Chant)의 일환으로 그린 것이다. 4개의 뿔을 가진 머리들은 4개의 방향에 해당하는 네 가지 색깔로 그려졌다.

[188] 나바호 인디언의 치료 의식으로 9일 동안 행해졌다.

그림 45

비교를 위해, 이것은 '이집트의 하늘의 어머니'(Egyptian Sky Mother)를 그린 그림이다. 이 어머니는 무지개 여신처럼 둥근 지평선을 가진 "땅" 쪽으로 허리를 구부리고 있다. 만다라의 뒤에 공기의 신으로 짐작되는 신이 그림 3과 32에 나오는 악마처럼 서 있다. 그 아래에, 카(ka)의 두 팔이 숭배의 뜻으로 높이 들려 있다. 눈 모티브로 장식된 카의 팔은 아마 "두 개의 땅들"의 완전성을 상징할 만다라를 꼭 붙잡고 있다.

그림 46

힐데가르트 폰 빙엔(Hildegard von Bingen: 1098-1179)의 원고에서 끌어낸 이 그림은 지구가 바다와 공기의 영역, 별이 빛나는 하늘에 둘러싸여 있는 모습을 보여주고 있다. 중심에 있는 지구의 실제 구체는 넷으로 나뉘어 있다.

뵈메의 책 '영혼에 관한 40가지 질문'에 어떤 만다라가 담겨 있다(앞의 장 도표 1 참고). 그 만다라의 주변은 서로 등을 맞대고 있는 밝은 반구와 어두운 반구를 포함하고 있다. 그 반구들은 서로 결합하지 않은 상반된 것들을 나타내며, 상반된 것들은 그것들 사이에 있는 심장에 의해 서로 묶여야 한다. 그 그림은 대단히 특이하지만, 기독교 세계관의 바닥에 깔린 해결 불가능한 도덕적 갈등을 적절히 표현하고 있다. 뵈메는 이렇게 말한다. "영혼은 영원한 심연 속의 눈이고, 영원과 비슷하고, 제1 원리의 완벽한 형상과 이미지이며, 영원한 본성 덕분에 성부를 닮았다. 영

600

원의 핵심과 본질은 그 자체만을 놓고 볼 때 우선 첫 네 가지 형태를 가진 자연의 바퀴이다." 같은 논문에서 뵈메는 이렇게 덧붙인다. "영혼의 본질과 이미지는 아름다운 꽃을 피우는 땅을 닮았을 수 있다." "영혼은 자연의 영원한 중심에서 나오는 불 같은 눈이며, 제1 원리와 비슷하다."[189] 하나의 눈으로서, 영혼은 "빛을 받는다. 달이 태양의 곁눈질을 받듯이. 영혼의 생명이 그 기원을 불에 두고 있기 때문이다"[190].

그림 47, 48

그림 47이 특별히 흥미롭다. 그림과 화가가 어떤 관계에 있는지를 아주 분명하게 보여주기 때문이다. 환자(그림 40을 그린 사람과 동일하다)는 그림자 문제를 갖고 있다. 그림 속의 여성의 형상은 그녀 자신의 어둡고 원시적인 측면을 나타내고 있다. 그녀는 4개의 살을 가진 바퀴 앞에 서 있으며, 그녀와 바퀴는 함께 광선이 8개인 만다라를 형성하고 있다. 그녀의 머리로부터 4마리의 뱀이 나오면서 의식의 4개 1조의 본질을 표현하고 있지만, 그림의 악마적인 성격에 맞게, 뱀들은 사악하고 흉악한 방식으로 그렇게 한다. 그 뱀들이 사악하고 파괴적인 생각들을 나타내고 있으니 말이다. 형상 전체가 불꽃에 휩싸여 있으며, 눈부신 빛을 발산하고 있다. 그녀는 불같은 악마 같고, 샐러맨더[191] 같고, 중세적 개념의 불의 요정 같다.

불은 치열한 변형 과정을 표현한다. 따라서 연금술의 원재료는 그 다음

189　'A Summary Appendix of the Soul', p. 117.

190　Ibid., p. 118.

191　불 속에서도 살 수 있다는 전설상의 동물이다.

그림(그림 48)이 보여주듯이 불 속의 샐러맨더에 의해 상징된다. 창 또는 화살촉은 "방향"을 표현한다. 창은 머리 한가운데에서 위쪽을 가리키고 있다. 불이 삼키는 모든 것은 신들의 자리까지 올라간다. 불 속에서 빛나는 용은 증발되고, 계몽은 불의 고문을 통해 온다. 그림 47은 변형 과정의 배경에 관한 이야기를 들려주고 있다. 그것은 한편으로 십자가형을, 다른 한편으로 바퀴에 매달린 익시온[192]을 떠올리게 하는 고통의 상태를 묘사한다. 이것을 근거로 할 때, 개성화, 즉 완전해지는 것은 '최고선'도 아니고 '가장 바람직한 것'도 아니며, 상반된 것들의 결합이라는 고통스런 경험일 뿐이다. 그것이 원 안의 십자가의 진정한 의미이며, 그것이 십자가가 액막이 효과를 갖는 이유이다. 왜냐하면 악 쪽을 가리키는 십자가가 악에게 이미 악이 거기에 포함되어 있는 까닭에 파괴적인 힘을 상실했다는 것을 보여주기 때문이다.

그림 49

이 그림은 비슷한 문제를 안고 있는 60세 여자 환자가 그렸다. 성격이 우락부락한 악마가 밤을 뚫고 어느 별을 향해 올라가고 있다. 거기서 악마는 혼란스런 상태에서 질서 잡히고 고착된 상태로 넘어간다. 별은 초월적인 전체성을 나타내고, 악마는 아니마처럼 의식과 무의식을 연결하는 고리인 아니무스를 나타낸다. 그림은 예를 들어 플루타르코스(Ploutarchos: A.D. 46년경-119년경)에게서 발견되는 고대의 상징체계를

---

192 그리스 신화에 나오는 인물로, 헤라를 범하려다가 제우스의 분노를 사서 영원히 돌아가는 불 바퀴에 묶였다는 이야기가 내려온다.

떠올리게 한다. 이 상징체계에 따르면, 영혼은 부분적으로만 육체 안에 있고 나머지 부분은 육체 밖에서 인간 위를 그 사람의 "수호신"을 상징하는 별처럼 떠돌고 있다. 이와 동일한 인식은 연금술사들 사이에서도 발견된다.

그림 50

앞의 그림을 그린 환자가 그린 이 그림은 영혼이 불꽃에서 나와서 헤엄치듯 올라가는 모습을 보여주고 있다. 이 모티브는 그림 51에서 반복된다. 이와 똑같은 그림이 취리히의 '코덱스 알케미쿠스 레노비엔시스'에서도 발견된다(그림 52). 의미도 똑같다. 불에 태워진 원물질의 영혼들은 증기로서 어린이들(호문쿨루스들)처럼 보이는 인간 형상들의 형태로 달아난다. 불 속에 땅 속 형태의 세계영혼인 용이 있는데, 지금 이 용은 변질되고 있는 중이다.

그림 51, 52

여기서 나는 환자가 연금술에 대해서 아무것도 몰랐다는 사실에 대해 언급해야 할 뿐만 아니라, 나 자신도 그 당시에 그 연금술 그림 자료에 대해 전혀 몰랐다는 사실을 밝혀야 한다. 이 두 그림 사이의 닮은 점은 두드러지긴 하지만 특별한 것은 전혀 없다. 철학적인 연금술의 위대한 문제와 관심이 무의식의 심리학의 바탕에 깔린 것, 즉 자기의 통합인 개성화와 동일하기 때문이다. 비슷한 원인들은 (다른 것들이 동일하다면) 비슷한 결과를 낳게 되고, 내가 연금술의 예에서 보여준 바와 같이, 비슷한 심리적 상황들은 원형적 토대에 바탕을 두고 있는 동일한 상징들을 이용하게 된다.

결론

나는 이 그림들의 도움으로 만다라 상징체계가 어떤 것인지에 대해 독자들에게 제대로 설명했을 것이라고 기대한다. 당연히 나의 논문은 비교 연구가 바탕으로 하고 있는 경험적 자료를 피상적으로 조사하는 것을 목표로 잡고 있다. 나는 역사적, 민족적 비교를 추가로 할 수 있는 길을 가리키는 비슷한 예들을 몇 가지 암시했지만, 보다 복잡하고 보다 철저한 설명은 지나친 면이 있기 때문에 삼갔다.

이미 이 주제에 대해 몇 차례 논한 바가 있기 때문에, 만다라의 기능적인 의미에 대해서는 몇 마디만 하면 충분하다. 더욱이, 약간의 감각만 있어도, 우리는 솜씨 없는 손으로 엄청나게 정성 들여 그린 이 그림들을 보고 환자가 거기에 담으려고 한 보다 깊은 의미가 무엇인지 짐작할 수 있다. 그 그림들은 인도에서 말하는, 명상과 집중과 자기몰입의 도구인 '얀트라'이다. 내가 『황금꽃의 비밀』에 관한 논평에서 설명했듯이, 그 목적은 내면의 경험을 깨닫는 것이다. 동시에 그 그림들은 내면의 질서를 초래하는 데도 이바지한다. 그것이 그 그림들이 시리즈로 나타날 때 종종 갈등과 불안이 뚜렷한 그런 혼란스럽고 무질서한 상태에 이어 나오는 이유이다. 그 그림들은 안전한 피난처라는 생각을, 내적 화해와 완전이라는 생각을 표현한다.

나는 세계의 모든 지역들로부터 훨씬 더 많은 그림들을 수집할 수 있었으며, 누구나 이 상징들이 개인적인 만다라들에서 관찰되는 동일한 근본적인 법칙들의 지배를 받는다는 사실 앞에서 크게 놀랄 것이다. 여기 소개한 모든 만다라들이 외부의 영향을 받지 않은 새로운 산물이라는 사실을 고려한다면, 시간과 장소를 불문하고 동일하거나 매우 유사한 상징들을 만들어낼 수 있는 모든 개인에게 의식을 초월하는 어떤 경향이 있음에 틀림없다는 결론이 불가피하다. 이 경향이 대체로 개인의 의식적 소유가 아니기 때문에, 나는 그것을 집단 무의식이라고 불렀다. 또 나는 집단 무의식이 상징적 산물을 내놓는 토대로서 원초적인 이미지들, 즉 원형들의 존재를 가정한다. 개인의 무의식적 내용물이 민족과 상관없이 동일하다는 점이 상징들의 형태뿐만 아니라 상징들의 의미에서도 나타난다는 사실에 대해서는 새삼 강조할 필요가 없을 것 같다.

사전에 무의식적으로 형성된 이 상징들의 공통적인 기원에 관한 지식은 우리 현대인에게 완전히 실종된 상태이다. 그 지식을 회복하기 위해서, 우리는 옛날의 텍스트들을 읽고 옛날의 문화들을 조사해야 한다. 그러면 환자들이 오늘 자신의 정신적 발달에 대한 설명으로 우리에게 갖고 오는 것들을 제대로 이해할 수 있을 것이다. 그리고 정신의 표면 아래로 조금 더 깊이 침투할 때, 거기서 우리는 역사적인 층들을 만나게 된다. 그런데 그 층들은 그냥 쓸모없이 죽어 있는 것이 아니라 모든 사람의 안에서 생생하게 살아서 지속적으로 작용하고 있다. 이 역사적인 층들의 활동은 아마 우리의 현재의 지식 수준으로는 상상 불가능할 것이다.